한국시민사회사

국가형성기 | 1945~1960

한국시민사회사
국가형성기 **1945~1960**

1판 1쇄 인쇄 | 2017년 12월 26일
1판 1쇄 발행 | 2017년 12월 30일

지은이 | 이나미
고 문 | 김학민
펴낸이 | 양기원
펴낸곳 | 학민사

등록번호 | 제10-142호
등록일자 | 1978년 3월 22일

주소 | 서울시 마포구 토정로 222 한국출판콘텐츠센터 314호(우 04091)
전화 | 02-3143-3326~7
팩스 | 02-3143-3328

홈페이지 | http://www.hakminsa.co.kr
이메일 | hakminsa@hakminsa.co.kr

ISBN 978-89-7193-248-3 (94330), Printed in Korea
     978-89-7193-243-8 (전3권)

이 도서의 국립중앙도서관 출판시도서목록(CIP)은 e-CIP홈페이지(http://www.no.go.kr/ecip)와
국가자료공동목록시스템(http://nl.go.kr/kolisnet)에서 이용하실 수 있습니다.
(CIP제어번호:CIP2017034458)

進賢
한국학

한국시민사회사
국가형성기 | 1945~1960

이나미 지음

학민사
Hakmin Publishers

그때에도 시민사회는 살아있었다

일제강점기 서울 신설동에는 큰 느티나무가 있었는데 그곳을 지나 산이 있는 방향으로 일본인 귀족 스가와(須川)의 집이 있었다. 그곳에는 일본인 헌병들이 늘 보초를 서고 있었다. 어느날 한 조선 청년이 그들에 의해 두들겨 맞고 있었다. 당시 드물지 않게 볼 수 있는 광경이다. 조선인과 일본인이 싸우면 대개 조선인만 벌을 받았다. 차별은 일상적인 것이었다. 헌병에게 맞는 사람은 아마도 '사상가'로서 배재중학교 학생일 가능성이 컸다. 당시 배재중학교에는, 오늘날 진보적 지식인으로 해석될 수 있는,'사상가'로 불린 이들이 많이 있었다. 이들은 일제강점기 뿐 아니라 해방 이후에도 시민사회의 주요 활동가들이었다(이경식 2017).

"만세! 대한 독립 만세!"

여기저기서 사람들이 달려 나왔다. 처음 보는 낯선 얼굴들이건만 길거리에서 만나는 모든 이가 부모형제인 듯 반가웠다. 죽마고우인 듯 정겨웠다.(⋯)

그날 오후, 휘문중학교 운동장에는 수많은 사람들이 모여들어 밤새 목청을 높여 만세를 불렀다. 저마다 손에 태극기를 들고 흔들었다. 태극기의 물결이 골목골목을 누비며 광장으로 나아갔다. 낯선 사람들과도 스스럼없이 손을 맞잡았다. 서로들 부둥켜안고 울었다. 옆 사람의 어깨를 다독여주며 울다가 웃었다. 사람들은 제자리에서 서서 만세를 부르는가 하면 운동장을 돌면서 만세를 불렀다. 운동장 밖에서도 군중들이 북적였다. 거리에는 밤이 이슥토록 걸어 다니며 만세를 부르는 사람으로 꽉 차 있었다. 사람들은 서울역 광장에서부터 종로를 비롯해 서대문로 일대에 이르기까지 거대한 인간 띠를 형성했다. 끝이 보이지 않는 흐름이었다(박선욱 2017: 139-140).

위의 글은 시인 박선욱이 묘사한 8.15 해방의 한 장면이다. 그런데 이 장면은 해방 당일보다는 그 다음날의 모습일 가능성이 크다. 일본천황이 종전을 알리는 방송을 한 날에는 사람들이 어리둥절해했고 거리는 조용했다고 증언하는 사람들이 있다. 휘문중학교는 다음날 시민들의 요청으로 여운형이 연설을 한 장소로서 집회는 그나마 일본 관료의 공작으로 중단되었다. 일본 군인과 경찰은 여전히 무장한 상태였고 시민들은 이들을 평소처럼 두려워했다. 간혹 누군가 거리로 나서 해방의 기쁨을 만끽했으나 곧바로 경찰의 총탄세례를 받아야 했다고 한다.

미군들이 진주하여 일본 경찰과 군인을 무장해제시키고 나서야 시민들은 마음껏 기뻐할 수 있었다. 그러나 미군들 역시 해방군이 아니었다. 이들은 점령군으로 행동했다. 또한 한국인들은 일제강점기 '미국, 영국은 귀신, 짐승'이라고 하는 귀축미영(鬼畜米英) 슬로건에 익숙해있어서 미군에 호감을 쉽게 갖기 어려웠다. 더구나 미군에 의한 성폭행이 다반사로 일어났고 이들은 차를 몰고 가다 사람을 치어도 그대로 지나갔다. 2002년 처음으로 열린 촛불집회의 발단인 미선·효순 사건의 시작은 이때부터 있었던 것이다.

그러나 당시에도 지금처럼 시민사회는 살아있었다. 특히 사상가들은 일제 강점기 군경에 맞섰을 뿐 아니라 미군정기에는 언론을 통해 미군의 만행을 낱낱이 밝혔다. 사상가들의 사상은 오늘날의 언어로 표현하면 좌익사상에 가깝다. 좌익사상은 '사상', 좌익사상가는 '사상가'라는 중립적 언어로 표현된 이유는 그만큼 당시 우익이 존재감이 없었기 때문이다. 여성이란 개념이 있어야 남성이 성립하듯 우익이 있어야 좌익이 성립되는 법이다. 해마다 열린 3.1절 기념식에 좌익과 우익이 따로 행사를 진행했다고 하나 우익이 주도하는 행사는 좌익이 주도하는 행사에 비하면 참여자가 턱없이 적었다. 오늘날 소위 '태극기 집회'와 촛불집회의 차이와 유사할 것이다.

그러나 우익은 한국전쟁 이후 힘을 얻었고 오늘날 사용되는 좌익에 대한 부정적 뉘앙스와 반감은 그때부터 생겨났다. 북한은 한국전쟁을 일으켰을 뿐 아니라 점령기간 중의 북한군의 행위가 많은 반대자를 낳았다. 특히 곡물징수가 반발을 불러일으켰는데 북한군이 쌀 낱알을 센 것에 대해 많은 이들이 분개했다. 경직된 사상에 대한 공산주의자들의 고착은 대중감정을 고려하지 않았다. 한국전쟁 이후 지배 권력 뿐 아니라 시민사회도 좌파를 용납하지 않았고 이들의 영향력을 축소되었다.

이밖에 한국전쟁은 시민사회의 많은 것을 변화시켰다. 사회는 전후 재건의 분위기를 갖기 보다는 전반적으로 음울하고 냉소적 느낌을 주었다. 당시 상황을 그린 영화를 보면 특징적인 것은, 남성의 좌절과 여성의 냉소이다. 전쟁 경험은 남성들에게 트라우마를, 여성에게는 불신과 억척스러움을 갖게 했다. 오늘날의 장애자에 대한 인권 의식이 없었던 당시 상이군인은 전쟁의 희생양이었음에도 불구하고 스스로는 퇴물, 병신으로 부를 만큼 사회 내 소외된 존재였다. 영화 〈오발탄〉을 보면 오늘날에는 훈장으로 여길 만한 옆구리의 총상마저도 당시에는 극심한 열등감의 원인이 된다. 그러면서 동시에 이들은 이미 전역했음에도 불구하고 서로를 곽하사, 중대상 등으로 부르는 등 군인으로서의 정체성과 자존심을 지키고자 했다. 한편 당시 여성들은 현재보다 더 강하고 억척스러움을 보인다. 이들은 누구도 믿을 수가 없으며 심지어 양색시를 하더라도 살아내지 않으면 안되는 것이었다.

사회가 이렇듯 암울한 것에는 정치가 가장 큰 원인이었다. 부정과 부패가 일상적이고 아무런 희망을 주지 않았다. 독재를 위한 부정선거는 부도덕의 바닥을 보여주었고 이에 결국 시민들은 일어섰다. 분노한 시민들이 일으킨 4월 혁명은 권력을 몰아내었고 다시금 새로운 사회를 건설할 수 있다는 희망을 가졌으나 그것은 다시 군인들의 군화에 의해 무참히 짓밟히고 만다. 이 시기의 암울함은 이후 박정희 정권 시대에 비하면 아무 것도 아니다. 혼란스러웠으나 그나마 자유가 존재했던 시기였다. 정치적 민주화란 측면에서 본다면, 우리 역사의 시기 구분은 '국가형성기-산업화기-민주화기' 대신 '혼란의 시기-억압의 시기-해방의 시기'라고 부를 수 있지 않을까 생각해본다.

이 책은 해방 후 찾아온 혼란에 시민사회가 대응해나간 국가형성기를 다루고 있다. 시기는 1945년부터 1961년 5.16 쿠데타 이전까지이다. 이 책은 2013년도 한국학중앙연구원 한국학진흥사업 〈한국학 교양총서(근현대 한국총서)〉 과제에 선정되어 집필되었다. 전체 연구주제는 한국 시민사회의 역사를 해방 후인 1945년부터 현대까지 고찰한 것으로, 한국 시민사회사를 크게 세 시기로 구분하여 각 시기를 다룬 총 세 권의 책을 발간하게 되었다. 국가형성기(이나미 저)는 해방 이후부터 2공화국까지, 산업화기(정상호 저)는 박정희 정부 시기부터 전두환 정부시기까지, 민주화기(주성수 저)는 1987년 민주항쟁 시기부터 현대까지를 다루고 있다. 『한국시민사회사』의 산업화기와 민주화기는 이미 발간되었다.

본 과제가 심사를 받을 때 한국 시민사회의 역사를 1945년 이후부터 다루는 것은 그 역사를 너무 짧게 본 것이 아닌가 하는 지적이 있었다. 한편, 일부 시민사회 이론가들은 1987년 이후에야 한국에서 시민사회가 등장했다고 보는 등 그 시기에 대해서는 의견이 분분하다. 필자는 조선시대 중반부터 '시민적'

성격을 갖는 주체들이 등장했고 구한말에 이미 시민사회가 형성되기 시작했다고 본다. 그러나 이 책 지면의 한계와 필자 역량의 부족으로 한국 현대사부터 시민사회를 보기로 했다. 그러나 구체적인 연구대상에 있어 그 뿌리가 해방 이전부터 존재하는 것은 그 시기를 거슬러 살펴보기로 했다. 예컨대 한국에서 가장 오래된 시민단체인 흥사단은 1913년 설립 때부터 고찰한다.

또 한가지 고백하고자 하는 것은 이 책이 시민사회의 모든 것을 다루지는 못했다고 하는 점이다. 또한 소소한 한 나무를 지나치게 자세히 묘사하고 정작 큰 숲은 그리지 못했다. 숲을 그리기에는 필자가 충분히 많은 나무들을 보지 못했기 때문이다. 사실상 따지고 보면 한 역사에서 시민사회와 관련되지 않은 것이 없다. 국가와 시장이 시민사회와 구분된다고 하나 이 책의 '제도' 장은 시민사회와 관련된 국가 영역을 다루는 것이며 각 장의 '경제' 분야는 시민사회와 관련된 시장 영역을 포함하고 있다. 따라서 당초 계획한 연구의 범위가 매우 넓어 관련 대상을 모두 살펴볼 수는 없었다. 따라서 필자는 나름의 기준을 가지고 연구의 범위를 제한했다. 일단 정치 분야는 이미 연구가 많이 되어 있어 새롭게 규명할 수 있는 것이 별로 없으므로 기존 연구를 충실히 정리하는 것으로 대신했다. 그 중에서도 오늘날까지 논란이 되고 있는 대상에 초점을 맞추었다. 우리나라 시민사회 연구는 정치사회 연구라고 해도 과언이 아닐 만큼 정치 분야의 연구는 과잉되어 있다. 한편, 경제와 문화 분야는 특정 영역에 연구가 집중되어 있는 경향이 있다. 필자는 그러한 부분은 기존 연구를 정리하되 연구가 되어 있지 않은 부분은 새롭게 쟁점을 발굴하고자 했다. 시민사회사에 있어 사회 분야는 연구가 거의 전무한 상태이다. 특히 시민의 생활과 관련하여서는 더욱 연구성과를 찾기 어려웠다. 이러한 부분에 대한 연구가 필자가 기여할 수 있는 것이라 생각되어 이 부분에 집중하고자 했다. 그러나 연구를 진행하면 할수록 새로운 연구대상이 계속 등장했고 결국 많은 미완의 과제를 남긴 채 책을 마무리하게 되었다.

이 책에서 새롭게 주목한 것들은 예컨대 생활사의 사회영역에서 '사랑의 깃' 같은 것이다. 구호의 계절이 되면 주로 정치인들이 가슴에 다는 '사랑의 열매'의 전신이라 할 수 있는 것들의 역사이다. 오늘날에는 그것을 다는 것이 개인의 자유이지만 과거에는 그것을 국가가 강매한 측면이 없지 않아 있었고 사람들은 그것을 여러 방법을 통해 피해가고자 했다. 필자는 사람들이 구호를 위해 사랑의 깃을 단 것 뿐 아니라 여러 방법을 강구하여 국가의 강압을 피한 것도 시민의 역사라고 본다.

2017년 올해 87년 6월 민주항쟁 30주년에 맞추어 이 책을 포함한 한국시민사회사 시리즈 세 권을 발간하기로 했다. 앞서 언급했듯이 산업화기와 민주화기는 이미 나왔고 국가형성기인 이 책이 가장 늦어졌는데 그것은 전적으로 필자의 게으름과 역량부족 때문이다. 산업화기의 저자인 정상호 교수님과 민주화기의 저자인 주성수 교수님은 필자에게 큰 도움을 주신 분들이다. 연구책임자이신 주성수 교수님의 탁월한 리더십과 정상호 교수님의 따뜻한 조언 덕분에 이 책이 나올 수 있었다. 이 책의 주제, 문제의식, 연구방법론은 전적으로 두 분의 작품이다. 필자는 거기에 살을 붙였을 뿐이다. 그나마 그것조차 제대로 하지 못했다. 또한 연구의 진행과정에서 실질적 도움을 주신 김이경 선생님께도 큰 감사를 드린다. 그밖에 이 주제에 관한 학술회의에서, 전재호, 이영재 교수님의 토론과 오현철, 정해구 교수님의 조언이 큰 도움이 되었다. 또한, 집필과정에서 격려를 아끼지 않고 또한 통일 관련 자료를 추천해준 서보혁 박사에게도 감사를 표한다.

2017년 11월 **이 나 미**

PART 04
한국 시민사회 생활사

PART 05
한국 시민사회 이념사

CONTENTS

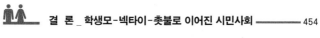

서 론

시민사회의
이론과 연구방법론

시민사회론의 형성과 정치적 지향

오늘날 시민사회는 일반적으로 국가, 시장과 구분된, 시민의 자율적 영역으로 이해되고 있다. 그러나 고대 시기에 시민사회는 정치사회나 국가와 구분되지 않았다. 시민사회는 공적 생활의 영역으로 개인적인 생활과 구별되는 것이었다. 이후 헤겔은 시민사회를 국가와 명확하게 구별한다. 헤겔에 의하면 시민사회는 "국가가 보장하는 법적 테두리 안에서 개인들이 자신들의 특수한 이익을 추구하는 영역이며 국가와 개인 가정 사이에 위치하는 것"이다. 토크빌도 국가를 시민사회와 구별했으나, 정부와 시민들 사이에서 이루어지는 관계로서의 정치사회와 시민들 상호간에 이루어지는 관계로서의 시민사회를 구분했다. 맑스는 시민사회를 '자유경쟁의 사회'로, 정치경제적인 입장에서 보았다(신명순 1995: 70-76). 그람시는 시민사회를 경제 영역이 아닌, 국가와 같은 상부구조로 파악했다. 또한 시민사회 영역에서는 지배계급 뿐 아니라 저항세력도 헤게모니를 조직하며 투쟁할 수 있다고 보았다. 하버마스는 근대사회를 국가의 공적 권위 영역과 시민사회 및 공공영역으로 이루어진 사적 영역으로 구분했다.

이후에는 사회를, 화폐와 권력이 조정하는 '체계'와, 사적 영역과 공론이 형성되는 공공영역으로 구성되는 '생활세계'로 나누고 공공영역을 재정치화해야 한다고 주장한다. 코헨과 아라토는 하버마스의 '체계-생활세계' 모델을 받아들여 '국가-경제-시민사회'의 삼분모델을 제시했다. 권력의 영역인 국가, 화폐의 영역인 경제, 생활세계의 제도적 차원인 시민사회로 삼분한 것이다(김호기 2001: 164-168).

시민사회가 국제사회에서 중요한 관심의 대상이 되기 시작한 것은 1980년 이후이다. 계기는 동유럽 국가들 내의 사회운동이었으며 이후 아시아 국가들에서도 시민사회는 권위주의 체제를 붕괴시키고 민주주의 체제를 세우는 데 결정적 기여를 했다. 이어서 시민사회운동이 남미 국가들의 민주화에도 영향을 미치자 시민사회는 체제변동에 핵심적인 요인의 하나로 인식되었다. 한국의 경우도 1987년 6월민주항쟁이 시민사회를 바탕으로 한 사회운동세력의 집결된 힘에 의해 성공했다고 여겨져 시민사회는 한국에서도 중요한 연구대상이 되었다(신명순 1995: 68-69).

따라서 한국에서 시민사회론이 1990년대에 등장한다. 김성국과 한상진 등이 기존의 노동-계급 패러다임을 대신한 국가-시민사회 모델을 제시했다. 이 모델이 중산층의 역할을 강조한 자유주의적 시민사회론이라면 최장집 등은 민중 주도의 시민사회론을 강조했다. 그는 국가와 시민사회 사이에 정치사회를 설정한 삼분모델을 주장한다. 이 이론은 이병천과 박형준 등 포스트맑스주의자들에 의해 수용되었다. 이들은 자본주의와 민주주의의 불균형 발전이 우리 사회의 국가와 시민사회 관계를 기형적으로 만들었으며 6월민주항쟁을 통해 시민사회가 형성될 수 있는 계기가 마련되었다고 주장한다. 한편 서구의 시민사회론이 우리 사회를 설명하는데 적절한 것인가 하는 비판도 제기되었다(김호기 2001: 169-175).

한편, 시민사회 연구는 정치적 지향과 관련성을 갖는다. 최장집의 경우 시민사회 내의 사회운동과 정치운동의 연대를 강조하고, 이병천과 박형준은 민주주의를 위한 시민사회의 재정치화를 주장한다(김호기 2001: 171). 반면, 정치적 입장을 배제하고자 하는 이론가들은 시민사회 연구에서 권익주창 등 정치적 활동을 제외시킨다. 대신, 시민사회의 공공서비스 제공 기능을 중시하며 재단과 자선단체들의 기부와 자원봉사 역할, 공공-민간 파트너십을 중시한다(주성수 2006: 237). 필자는 시민사회의 정치활동을 중시하며 또한 정치화를 강조하는 입장에 있지만 동시에 그동안 한국시민사회 이론가들이 비교적 등한시한 기부, 자원봉사 등 시민사회의 공공서비스 분야에도 많은 지면을 할애했다. 뿐만 아니라 기업 단체와 노동 등 시민사회와 관련된 경제 분야와 문화, 교육, 종교 등 시민사회 내의 모든 활동을 되도록 넓게 포함하는 방법을 채택했다. 이는 이후에 소개할 국제비영리조직유형(ICNPO) 분류에 따른 것이다.

이 책이 시민사회의 공공서비스, 문화, 종교 등 비정치적인 분야를 폭넓게 다룬다는 사실은 단순히 정치적 영역과 비정치적 영역의 균형있는 연구를 지향한다는 것을 의미하지 않는다. 오히려 비정치적 영역조차 정치적이란 점을 보여주고자 한다. 즉, 비정치적으로 보이는 시민의 일상적 활동이 사실상 또한 결과적으로 고도의 정치적 행동이 되었음을 주장하고 싶다. 그동안 시민사회사에서 대중의 일상에 초점을 맞춘 일부 연구자의 경향은 지배 권력이 오로지 일방적으로 강압적이었던 것만은 아니며 대중들이 '자발적으로' 권력에 순응하고 굴종한 측면에 주목하고 있다(정상호 2017: 20). 이들은 대중의 침묵과 순응을 권력에 동조한 것으로 본다. 이들은 거대담론에 치중하는 연구에서 벗어나 미시연구를 한다고 했는데 필자가 보기에 이들 연구는 충분히 미시적이지 않다. 즉 대중의 침묵과 호응을 통째로 볼 것이 아니라 미시적이고 선별적으로 봐야 한다. 같은 강압이라도 무엇에 침묵하고 무엇에 반응했는지 봐야 한다.

힘없는 대중 입장에서 최대한 할 수 있는 전략적 실천은 '침묵'과 '선별적 동조'이다. 어떤 침묵은 '대중의 동조'가 아닌 '시민의 불복종'이라는 것이다. 예컨대 일제강점기 동안 누구든 살아남기 위해서는 친일하지 않을 수 없었다는 주장이 있는데 이에 대해 우익임에도 불구하고 송진우가 했던 대응방식을 들고 싶다. 그는 친일하라는 일제의 압박을 '칭병' 즉 꾀병으로 피했다. 이는 무위를 통한 비협조이며 따라서 수동적이지만 그 나름대로의 저항이다. 해방 당일 침묵했던 시민들 중에는 너무나 기쁘지만 아직도 무장한 일본 경찰이 두려워 거리에 나서지 못했던 사람들과 친일 전력으로 일본 패망에 좌절했지만 주변 사람들이 두려워 슬픔을 표현하지 못한 사람들이 있었을 것이다. 그렇기 때문에 대중의 침묵을 구분해야 한다. 또 다른 예를 들면 시민들은 라디오 청취를 통해서도 저항했다. 즉 이들은 라디오의 특정 프로그램을 듣거나 듣지 않는 방식으로 자신들의 의사를 표현했다. 1980년 광주항쟁 당시 서울 시민들은 쉬쉬하는 가운데 "전두환이 광주 사람들을 죽이고 있다"는 말들을 서로서로 주고받았다. 이러한 시민들의 태도가 과연 권력에 동조하는 것이라고 할 수 있는가. 독립운동이나 민주화운동에 앞장서지 못하는 힘없는 시민들이 자신들만의 방식으로 저항하는 것이다. 이 책은 경제, 사회, 문화 등의 비정치적 영역과 시민들의 일상을 다루면서 이들이 어떤 다양한 방식으로 시민적 실천을 했는가를 고찰하고자 한다.

국가형성기 시민 개념과 시민사회론

기존 시민사회론에 관한 연구 중 국가형성기를 다룬 것은 매우 적다. 대체로 이론가들이 한국에서 시민사회의 성격이 구체적으로 드러나는 시기를 1960년 이후나 1987년 이후로 보아왔기 때문에 그 이전의 시기에는 시민사회 개념을 사용하여 한국사회 변화를 살펴보려는 연구가 부족하다. 이 시기 시민사회에 대해서는 진덕규(1992), 최장집(1993), 김호기(1999), 이혜숙(2003, 2009, 2014) 등의 연구가 있다. 성경륭(2000)의 "분단체제와 시민사회", 김동춘 (2010)의 "한국전쟁과 시민사회의 재편"은 한국전쟁이 한국 시민사회에 미친 영향을 직접적으로 다루고 있다. 성경륭은 한국전쟁이 "자발성, 자율성, 문명성을 주요 특성으로 하는 시민사회를 그 초기단계에서부터 파괴, 왜곡, 변형시켰으며" "불신사회, 사익사회, 야만사회"를 형성함으로써 시민사회의 저발전을 가져왔다는 점을 지적하고 있다. 김동춘(2010)은 한국전쟁을 거치면서 시민사회가 재편되는 과정을 "관변화와 사사화"의 개념으로 설명하고 있다 (이혜숙 2014).

한편 이 시기 시민사회를 여러 가지 '민' 개념을 통해 규명해보려는 연구가 있다. 대표적으로 박명규의 연구를 들 수 있다. 해방 후 친일파가 청산되지 않았고 이들이 우익세력으로 결집하면서 남한의 시민사회는 좌우의 극렬한 대립으로 분열되었다. 당시 통용된 민 개념들은 이를 반영한다. 이 시기 좌파는 인민, 우파는 국민을 선호했다. 시민은 지금과 달리 시에 사는 사람들 또는 개인주의적인 사람들로 그려졌다. 해방 후 19개 시는 전국 각 도를 대표하는 상징적 거점이 되었고 1950년대 들어서 시민은 점차 표준적 행정 단위인 시의 주민을 가리키는 의미로 대중화된다. 오늘날의 '참여하는 시민'에 가까운 개념은 이 당시에는 '인민'이었다. 인민은 현재 북한에서 쓰이는 말이 되었지만 당시만 해도 일반적으로 사용되는 용어였고 박정희 정부 시기까지도 쓰였다. 좌파들은 '시민적'인 것을 자본주의적이고 자유주의적인 것으로 간주하여 비판하거나 기피하곤 했다. 시민의 구체적 모습은 성장한 처녀, 신사, 숙녀, 모리배들, 눈정기 없는 청년 학생들이었다. 과거에 태극기를 흔들던 그들이지만 지금은 비원에 나와 사쿠라를 즐기는 사람들이, 인민도, 국민도 아닌 시민이라는 것이다. 심지어 우파의 관점에서도 시민은 종종 개인적 이해에 민감한 모리배, 상인, 자기중심적인 개인과 같은 이미지로 여겨졌다(박명규 2009: 232-233).

시민 개념의 폄하는 시민사회의 성장이 국가에 의해 방해받은 것과 부분적으로 관련이 있다. 미군정은 좌파의 득세를 우려하여 시민사회의 성장을 바라지 않았으며 기본적인 시민권을 부여하는 것도 주저했다. 일제강점기 관료들이 그대로 잔존했으며 군인, 경찰과 폭력적 우익단체들이 10월항쟁, 제주4.3항쟁을 강제로 진압했다. 미군정을 이은 이승만 정부도 경찰력을 확대하고 국가보안법과 같은 입법조치를 통해 강성국가를 구축했다. 자발적인 시민의 단체 결성을 막고 정부 종속적인 우익단체를 육성하여 시민사회의 성장을 가로막았다. 한국전쟁은 강압적 국가체제를 더욱 강화시켰고 이승만은 장기집권을 기도했다. 그러나 결국 시민사회의 반발에 부딪혀 물러나게 된다. 이 시기 경제는 해외 원조경제에 의지하였고 사회서비스 제공 역시 해외 구제단체의 지원으로 이루어졌다. 이익단체 등 사회단체들은 강한 정치 종속성을 띠었다. 즉 정치적 목적에 따라 동원되었고 또한 인물 중심으로 만들어지고 해산되었다(정영국 1995: 122-123).

다른 한편, 정상호의 연구에 의하면 해방 후 지식인들 사이에서만 사용되던 시민 개념이 초·중·고교의 사회과 교과목을 통해 조금씩 대중화되기 시작한다. 교과서에 시민의 의식이나 시민의 형성 등이 나타났고, 일제강점기에는 찾아볼 수 없었던 '민주적 시민' 개념이 등장한다. 또한 국가로부터 독립된 영역으로서의 시민사회라는 개념이 학술 서적 등에서 나타나기 시작한다. 역사적 분기점이 되는 것은 4월혁명으로 이때에 시민 개념에 일대 전환을 가져온다. 이전까지 시민 개념은 행정 단위인 시의 주민이거나 고대 그리스 또는 프랑스 혁명을 설명할 때만 사용되던 고담준론이었는데, 4월혁명을 거치면서 한국인들은 자신을 서구의 근대적 시민과 동등한 존재로 묘사하기 시작했고 자신들의 행위를 '시민혁명'이라는 이름으로 정당화하기 시작한다(정상호 2014: 281-282). 4월혁명은 2공화국을 등장시켰고 정부는 여전히 한계는 두었지만 비교적 시민들의 자유를 허용하고자 했다. 그러나 2공화국의 민주적 실험은 5.16쿠데타로 등장한 군사정부의 억압적 통치로 인해 결실을 거둘 수가 없었다.

이 시기는 정치적 격돌의 시기이기 때문에 시민사회에 대한 기존 연구도 대체로 정치적인 면에 집중되어 있다. 국가형성기는 좌우의 갈등, 분단, 전쟁, 혁명 등 '정치의 시대'이기도 하지만 또한 권력이 여타의 다른 분야에 개입하고 영향을 미쳤기 때문에 정치적 측면을 보지 않고는 다른 영역도 제대로 파악하거나 평가하기 어렵다. 본 연구는 국가형성기 시민사회의 제도, 조직, 생활, 이념을 보되, 정치 영역 뿐 아니라 경제, 사회, 문화 영역도 같이 탐구하며 그 방법은 앞서 언급한 바와 같이 ICNPO의 분류의 원용이다. 그리하여 이 시기 한국 시민사회를 종합적이고 다각적으로 고찰하여 그동안 다루어지지 않았던 시민사회의 다양한 모습을 그려내고자 한다.

시민사회 연구방법론

　본 연구는 독자적 연구대상이자 분석적 범주로서 '시민사회사'라는 개념을 새롭게 사용하고자 한다. 시민사회사란 시민사회의 형성·유지·발전 즉 시민사회의 역사를 말한다. '역사'의 사전적 정의는 '과거의 사건' 또는 "사람이나 제도의 삶과 발전과 관련된 사건들의 연대기적 기록"이다. 시민사회사는 다시 제도, 조직, 생활, 이념으로 범주화하여 제도사는 국내외 정치와 경제, 사회 변화에 따른 정부의 법과 제도와 정책, 조직사는 시민사회의 조직과 운동, 생활사는 시민생활과 시민참여, 이념사는 시민사회를 둘러싼 이념에 연구의 초점을 맞추었다. 시민사회사 연구의 흐름도를 그림으로 표현하면 아래와 같다 (주성수 2017: 14-15).

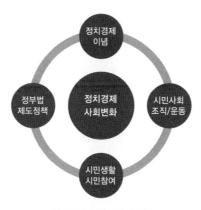

시민사회사 연구의 흐름도

　시민사회는 국가 영역이나 시장 영역과 구별되는 '제3섹터'(third sector)를 의미하는데 그 개념은 다양하게 정의되고 있다. 일반적으로는 "사람들이 공동의 이해를 추구하기 위해 모인 가족, 국가 및 시장 사이에 위치한 제도, 조직 및 개인들의 영역"(Anheier 2004: 22)으로 정의된다. 국제 NPO 표준화(ICNPO) 연구자들에 따르면, 비영리 교육기관, 병원을 포함한 각종 의료기관, 국가가 설립하거나 운영하지 않는 정치조직, 기업이 설립하거나 운영하지 않는 재단, 노동조합 등도 '시민사회'에 포함된다(UN 2003). '시민사회단체'는 NGO(non-governmental organization) 또는 NPO(non-profit organization)로도 불린다(주성수 2017: 14-15). NGO는 1947년 UN 헌장에서 최초로 사용된 이후 국제사회에서 많이 통용되며, NPO는 미국의 세법상 공익단체로, 세제 혜택을 받는 비영리단체를 의미한다. NPO는 한국에서도 널리 사용하는 개념이다(주성수 2004; 주성수 2008). 2003년 UN이 발행한 NPO 핸드북은 비영리섹터가 ① 제도화된(Institutional), ② 비정부적(Separate from government), ③ 비영리적(Non-profit-distributing), ④ 자율적(Self-governing), ⑤ 자발적 (Voluntary/ Non-compulsory)이라는 속성을 가져야 한다고 제시한다(UN 2003).

본 연구는 국제적으로 활용되고 있는 국제비영리조직유형(ICNPO)을 통해, 한국 시민사회의 제도, 조직, 생활사를 분석할 수 있는 연구방법론을 구축하여 진행되었다. ICNPO는 시민사회 조직을 교육, 문화, 예술, 사회복지 등으로 체계화한 분류로서, 시민사회의 복잡다양성을 조작 가능한 분석틀로 전환시켰다. 이 방법론은 1990년 존스홉킨스 대학의 프로젝트로 시작되어 1997년에는 13개국의 국제비영리조직분류법으로 활용됐고 1999년에는 22개국, 2004년에는 36개국으로 증가하여 비교연구의 폭이 확대되었다. 그러나 국제비영리조직분류법은 계량적 지표로 환산 곤란한 국가와 시민사회의 관계, 시장과 시민사회의 관계 등을 포괄하기 어렵다는 단점이 있다. 또한 한국의 환경단체, 노조, 민주변호사협회 등에 대한 분류 코드와 실제 활동 내용이 일치하지 않는 경우가 많아 그대로 적용하기 어렵다(Salamon and Anheier 1997: 75-76; 주성수 2017: 15-16).

그럼에도 불구하고 ICNPO는 광범위한 시민사회의 비영리단체를 포괄하며 그 유형에 따라 체계적인 분류를 했다는 장점을 갖고 있으므로 본 연구는 그 분류에 기초한 방법론에 의거하여 진행되었다. 세계적으로 가장 보편적인 것은 다음과 같은 ICNPO의 12분류 모형이다.

국제비영리조직분류(ICNPO) 체계

단체 분류	포함 범주
Group1 문화와 레크리에이션	미디어와 통신관련 단체/ 예술단체/ 역사, 문학 등의 인문 협회/ 박물관/ 동물원 및 수족관/ 스포츠/ 레크리에이션과 사교클럽/ 봉사 클럽
Group2 교육 및 연구	유·초·중·고등 교육/ 고등교육기관/ 직업·기술학교/ 성인·평생교육/ 의료연구소/ 과학기술연구기관/ 사회과학과 정책학
Group3 보건	병원/ 재활시설/ 개인병원(요양원 포함)/ 정신병원/ 정신건강치료소/ 급성정신질환지원서비스/ 공중보건과 건강교육/외래환자건강관리프로그램/ 재활의료/ 응급의료서비스
Group4 사회서비스	아동복지와 서비스, 탁아소/ 청소년 서비스와 청소년 복지/ 가족 서비스/ 장애인서비스/ 고령자서비스/ 자립프로그램을 포함한 사회 서비스/ 사고와 응급상황 예방과 통제/ 일시적인 피난처/ 난민지원/ 소득과 생계비 지원/ 물질적인 지원
Group5 환경	오염 감소와 통제/ 자연자원 보전과 보호/ 환경미화와 오픈 스페이스/ 동물보호와 복지/ 야생생물 보존과 보호/ 수의학 서비스
Group6 개발과 주거	공동체운동단체와 마을단체/ 경제발전기관/ 사회발전기관/ 주거협회/ 주거지원단체/ 직업훈련프로그램/ 직업상담과 조언/ 직업 재교육
Group7 법률, 권익주창, 정치	권익주창단체/ 시민권 단체/ 인종단체/ 시민단체/ 법률서비스/ 범죄예방과 공공정책/ 범죄자 사회복귀/ 피해자 지원/ 소비자보호협회/ 정당과 정치단체
Group8 박애 및 자원봉사	보조금 제공 재단/ 자원봉사 장려기관/ 자금제공기관
Group9 국제기구	교환·교류·문화 프로그램/ 개발지원단체/ 국제재난과 구호조직/ 국제인권과 평화단체
Group10 종교	종교집단/ 종교집단의 협회
Group11 기업과 협회, 노동조합	경영인협회/ 전문가협회/ 노동조합
Group12 비분류 집단	위에 포함되지 않은 조직

위의 ICNPO의 분류를 다시 정치, 경제, 사회, 문화로 나눠보면 아래와 같은 재분류가 가능하다.

정치	법률, 권익주창, 정치
경제	개발과 주거, 기업과 협회, 노조
사회	보건, 사회서비스, 환경, 박애 및 자원봉사, 국제기구
문화	문화와 레크리에이션, 교육 및 연구, 종교

이 연구는 위에서와 같이 정치, 경제, 사회, 문화 범주에 ICNPO 분류를 재배치하고 이를 시민사회의 제도, 조직, 생활, 이념의 영역에 적용하여 진행했다. 각 범주와 그것에 속한 항목이 명백히 일치한다고 주장하기는 어렵다. 예를 들면 경제에 속한 항목이지만 정치에 속하기도 하고, 문화에 속해 있지만 사회에 속하기도 하기 때문이다. 특히 문화의 경우 사회와 구별짓기 어렵지만, 이념적이거나 정신적인 것, 자유와 다양성이 확보되어야 하는 것인 경우 문화 범주에 포함시켰다. 또한 앞서 언급한 바와 같이 위 분류와 한국 시민사회 내의 특정 내용이 일치하지는 않을 때가 있다. 그러나 위 분류를 통한 분석은 한국 시민사회 연구가, 기존의 것처럼 어느 한 분야에 편중되지 않고 현대 사회의 복잡하고 다양한 여러 현상을 가능한 한 폭넓게 다룰 수 있게 하는 장점을 가진다.

본 연구는 또한 제도, 조직, 생활, 이념의 각 범주에서 두드러지는 사례를 뽑아 심층 분석했으며 그것이 당시 역사적 맥락에서 어떤 의미를 갖는 것인지 설명하고자 했다. 예를 들면 국가보안법, 흥사단, 적십자사, 재향군인회 등이 그러한 것들이다.

마지막으로 본 연구는 『한국시민사회사』 산업화기 및 민주화기와 다르게 문헌자료의 내용분석이 주된 연구방법임을 밝힌다. 충분한 연구가 이미 이루어진 분야의 경우 기존 연구 성과를 우선적으로 소개하고 필요시 다른 자료를 통해 보완했다. 이 시기는 공식적 자료 또는 수치나 지표로 표현되는 양적 연구를 위한 자료가 많지 않아 당시의 신문, 잡지, 교과서, 성명서, 저서, 회고록 등 문헌의 내용분석을 통한 연구를 주로 진행했다. 또한 이 시기 원자료의 본문을 인용할 경우 독자의 편의를 위해 되도록 현대적 표기로 바꾸었고 원문에 오탈자가 있는 경우 정정해서 표기했음을 밝힌다.

PART 01

1945

한국
시민사회
기원과 전개

~1960

한 국 시 민 사 회 사

01 _ 전통시대의 민과 사회

한국에서 시민사회가 형성된 시기에 대해서는 대체로 다섯 가지 정도로 의견이 나뉜다. 첫째는 조선 후기 동학혁명을 전후로 한 시기로, 이때 전통적 신분구조의 해체 및 상업자본가의 형성이 시작되었다는 것이다. 둘째, 일제 강점기로, 이 시기 중앙권력에 저항하는 3.1 운동과 같은 전국적 저항이 일어났다는 것을 근거로 삼는다. 셋째, 해방 직후 시기로, 이때 국가권력의 공백상태에서 노동단체, 청년단체, 문화단체 등 각종 사회단체가 설립되어 시민적 요구를 내세운 점을 강조한다. 넷째, 1960년대로, 이때 자본주의가 발달하고 도시중산층이 형성되어 4월혁명을 통해 국가권력에 대한 저항이 본격화된 점을 든다. 다섯째, 1980년대로, 이 시기에 교육받은 신중간계층을 중심으로 각종 단체가 설립되어 1987년 6월민주항쟁과 같이 국가권력을 견제한고 시민사회의 자율성을 획득했다는 점을 제시한다(박상필 2007: 53). 또는 한국 시민사회의 시기를 삼분하여, 19세기 말부터 1945년 해방이전까지를 '시민사회 예비기', 1945년 해방에서 1992년 김영삼 정권 수립 이전까지를 '시민사회 준비기', 1992년 김영삼 정권에서 현재까지를 '시민사회 성립기'로 보기도 한다(김성국 2009: 143-154).

이처럼 보는 관점에 따라 한국 시민사회 형성시기에 대해서는 다른 의견을 제시할 수 있다. 시민사회는, 일반적으로 근대 국가와 이를 견제하는, 권리를 가진 주체적 개인과 집단을 전제하므로 조선 시대나 일제강점기를 시민사회가 형성된 시기로 볼 경우 논란의 소지가 있다. 그러나 서구 중심적 관점에 서서 동양이나 한국 역사에 대한 천착 없이 단지 서구와 다르다는 이유로 우리의 과거를 시민이 부재한 역사로 단정짓는 것은 문제가 있다. 조선은 초기부터 공론을 통해 정치체제를 강화시켜갔고(이희주 2010),[1] 또한 이미 15세기에 지배 권력의 이념에 반하는 사상과 이념이 생겨났다. 조식은 백성의 혁명권을 인정했고 정약용도 혁명론의 정당성을 전개했다(안외순 2016, 77-78). 또한 홍길동, 임꺽정, 장길산 등 의적들이 일어났으며 18세기에는 민의 자율적 조직인 계가 널리 확산되었고 그 성격도 다양해졌다. 군포계, 호포계, 보민계 등이 과세에 대응하는 응세조직으로 출현한다(이영재 2015: 123, 131). 또한 본래 향촌 교화와 수령 보좌가 목적이었던 향회가 과세를 위한 논의의 장으로 변하면서 향회에 일반 백성이 참여한다. 계의 확대와 향회에의 민 참여는 과세와 민의 조직화가 서로 관련이 있음을 알 수 있다. 프랑스혁명이나 미국독립혁명도 그 출발은 과세 때문임을 다시 상기할 필요가 있다. 그렇다면 동서양 모두, 피치자들이 과세에 대응하는 과정과 시민사회의 형성 간에 관련성이 있다고 가정해볼 수 있겠다. 그 귀결은 평등, 권리, 정의 등 공공적 또는 보편적 가치의 주장이다. 사적 이해에서 출발했으나 그 과정에서 공적 가치로 나아가는 민중의 힘을 믿는 풀뿌리민주주의 사상의 근거가 여기에도 있다고 하겠다. 프랑스혁명이 자유, 평등, 박애 이념을 주장하게 되었듯이 1894년 동학농민혁명은 마침내 모든 인간이 하늘을 모셨다고 하는 '시천주'의 인간 평등을 주장했다. 뿐만 아니라 여성과 어린이 등 약자에 대한 배려와, 자연과 사물도 공경해야 한다는, 시대를 앞선 생태주의적 사상도 이 시기에 벌써 엿보인다. 또한 접·포 등 자율적 조직을 전국적으로 만들어 사상 뿐 아니라 조직적 측면에서도 현대 시민사회 못지않은 성과를 보였다.

조선의 민(民)은 서양의 민보다 그 위상이 더 높았다. 또한 중국, 일본과 비교해볼 때도 더 높았다. 왕과 민의 위상의 차이가 한·중·일 중 한국이 가장 적었다. 예를 들면 조선에서 왕이 궐 밖으로 행차할 경우 백성들이 몰려들어 구경을 할 뿐 아니라 왕에게 상소를 하기도 했다. 왕의 행차 목적 자체가 그런 민의를 듣기 위한 것이었다. 또한 대궐 문만 열면 왕이 바로 백성을 만날 수 있었고 그것을 '임어(臨御)'라 하여 왕이 백성과 소통하는 수단으로 삼았다. 반면 일본에서는 천황은 물론 쇼군도 거의 성 밖으로 외출하지 않았다. 또한 쇼군이 외출하게 되면 마을은 불 피우는 것이 금지되고 백성들은 어두운 집안에 머물러야 했다. 도로변 건물의 창문은 닫혔고 문에는 종이가 발라졌다. 쇼군이 통과하는 순간 다이묘는 집에서 길 쪽으로 무릎 꿇고 엎드린다. 1936년까지도 천황이 열차를 타고 갈 때 선로에서 25킬로미터 떨어진 마을 주민까지 왕이 통과하는 시간에 맞춰 선로 쪽을 향해 경례를 해야 했다. 쇼군에게 상소를 하려는 백성은 죽음을 각오해야 했고 실제로 상소를 들어주는 대가로 죽임을 당했다. 중국의 경우 황제는 궁 밖으로 자주 나갔으나 그 목적은 민의 생활을 알기 위해서가 아니었다. 강희제와 건륭제가 자주 밖으로 행차했는데 이는 사장된 현금을 쓰고 유람 다니기 위해서였다. 궁의 구조를 봐도 조선이 중국과 일본과 다르다. 중국의 자금성, 일본의 에도성은 주위가 거대한 호로 둘러싸여 있고 여러 개의 문으로 바깥과 차단되어 있다. 그 곳에 들어갈 수 있는 사람은 관리 뿐이다. 그러나 조선의 왕궁은 문을 열면 바로 일반인이 통행하는 도로와 닿아있다. 따라서 왕이 이 문 앞에서 백성과 대화하고 백성을 왕궁으로 부르기도 했다. 이 때문에 노비를 포함하여 백성들이 왕과 직접 접촉할 수 있었다(하라 다케시 2000).

조선에서 민의 위상이 높은 이유는 민이 하늘로 여겨졌기 때문이다. 반면 중국과 일본에서는 민 보다는 왕이 하늘에 더 가까운 존재였다. 중국의 황제는 천자였으며 일본의 천황은 그 자신이 직접 '현인신'이었다. 그러나 조선의 왕은, 신이 아님은 물론 천자도 아니었다. 따라서 제천의례를 행하지 않았다. 그러므로 조선에서는 하늘을 대신하여 모셔야 할 대상이 필요했으며 그것이 민이 되었다. 정도전은 "백성은 나라의 근본으로 임금의 하늘"이라 했고, 영조는

"하늘이 나에게 내린 것은 백성"이라 했다(하라 다케시 2000: 14).

또한 조선의 민은 단지 수혜를 받는 피동적 존재가 아니었다. 허균이, 호민(豪民)이라 명명한 백성은 현대적 의미의 시민을 연상시킬 정도로 각성되고 주체적인 존재이다. 다음은 허균의 「호민론」의 일부이다.

천하에 두려워해야 할 바는 오직 백성(民)일 뿐이다.

홍수나 화재, 호랑이, 표범보다도 훨씬 더 백성을 두려워해야 하는데, 윗자리에 있는 사람이 항상 업신여기며 모질게 부려먹음은 도대체 어떤 이유인가?

대저 이루어진 것만을 함께 즐거워하느라, 항상 눈앞의 일들에 얽매이고, 그냥 따라서 법이나 지키면서 윗사람에게 부림을 당하는 사람들이란 항민(恒民)이다. 항민이란 두렵지 않다. 모질게 빼앗겨서, 살이 벗겨지고 뼈골이 부서지며, 집안의 수입과 땅의 소출을 다 바쳐서, 한없는 요구에 제공하느라 시름하고 탄식하면서 그들의 윗사람을 탓하는 사람들이란 원민(怨民)이다. 원민도 결코 두렵지 않다. 자취를 푸줏간 속에 숨기고 몰래 딴 마음을 품고서, 천지간(天地間)을 흘겨보다가 혹시 시대적인 변고라도 있다면 자기의 소원을 실현하고 싶어 하는 사람들이란 호민(豪民)이다. 대저 호민이란 몹시 두려워해야 할 사람이다.

호민은 나라의 허술한 틈을 엿보고 일의 형세가 편승할 만한가를 노리다가, 팔을 휘두르며 밭두렁 위에서 한 차례 소리 지르면, 저들 원민이란 자들이 소리만 듣고도 모여들어 모의하지 않고도 함께 외쳐대기 마련이다. 저들 항민이란 자들도 역시 살아갈 길을 찾느라 호미·고무래·창자루를 들고 따라와서 무도한 놈들을 쳐 죽이지 않을 수 없는 것이다.

항민은 이루어진 것만을 즐거워하고 눈앞의 일에 얽매이고 법을 지키고 윗사람에게 부림을 당하는 사람들로서 순응적 존재, 원민은 다 빼앗기고 고통을 받아 윗사람을 원망하는 존재, 호민은 정보를 모으고(윗사람에 대한 정보가 많은 푸줏간에 들어가고), 주의 깊고(몰래 딴 마음을 품고) 삐딱하게 세상을 보다가(천지간을 흘겨본다) 기회를 만나면 자신의 생각을 실천하는 주도적인 존재로서 지배자의 입장에서 몹시 위험한 사람이다. 따라서 이들을 두려워하라고 허균은 말하고 있다. '호민'은 본래 쓰이던 개념으로, "세력이 있는 백성"을 의미했으며 홍길동이 전형적인 호민적 인물이다(김태준 1998: 131-132). 또한 호민은 속내를 쉽게 드러내지 않는 민으로, 매우 두려운 존재라고 평해졌다(강동엽 2003: 154).

이러한 허균의 민 분류는 지주, 부농, 빈농 등 재산유무를 중시한 계급이나 신분에 따른 구분이 아니며 따라서 이는 계급과 계급의식이 다른 점을 고려할 수 있다는 강점을 갖는다. 루카치의 개념을 빌리면 원민은 즉자적(卽自的), 호민은 대자적(對自的) 존재라고 할 수 있겠고 항민은 굳이 표현하면 '무자적(無自的)' 존재에 가깝다고 할 수 있다. 이는 민의 '성격(personality)'에 따른 분류로 볼 수도 있다. 서구에서 본격적으로 민의 성격에 관심을 갖기 시작한 것은 나치의 유대인 학살 이후이다. 이들은 대중이 어떻게 집단적으로 악을 행할 수 있는지에 관심을 가지면서 성격으로 민을 설명했다. 예컨대 아도르노(Theodor Adorno)는 '권위주의적 성격'이란 개념을 통해 민의 잔혹성을 설명했으며(크리스토퍼 브라우닝 2010: 247) 아렌트는 '평범성'으로 사람들의 악을 설명했다. 이렇듯 성격으로 민을 바라볼 경우 서구 학계는 주로 민의 부정적 측면에 주목했으며 이 점이 허균과 다른 점이다. 또한 허균의 민 분류는 민의 성격 뿐 아니라 지배층과의 관계, 변혁의 전망과도 연관되어 있다. 따라서 서구이론에서 성격으로 민을 본 경우 현상적인 측면에 치중했다는 비판을 받을 수 있으나, 허균의 민 개념은 신분과 계급으로만 구분할 수 없는 민의 다양하고도 변화무쌍한 측면을 포착할 수 있을 뿐 아니라 지배층과의 관계, 변혁주체로서의 민을 볼 수 있다는 강점을 가진다(이나미 2015).

또한, 반드시 그대로 일치하는 것은 아니나, 허균이 말하는 항민은 순응적 의미가 강한 '국민', 원민은 착취받는 '민중', 호민은 주도적인 '시민'에 가깝다.

조효제는 '국민'은 단지 붙여진 이름으로, '민중'은 억압받는 존재로, '시민'은 사회를 새로 창출하는 존재로 본다(조효제 2000). 정상호는 '인민'과 '민중'을 순응적 존재로, '시민'을 주도적 존재로 본다. 그는 "요순 시대를 상정해보면 인민이나 민중은 역사적 주체로서 정책 결정에 참여해야 한다는 이미지를 갖고 있지 않다"고 하면서 중국 인민들이 정치적 민주화 없이도 부국강병에 만족할 수 있음을 현대의 예로 들었다. 그러나 "시민은 아무리 부드러운 독재자라 할 수 있는 겸허하고 청렴한 통치자들이 좋은 선정을 펴더라도 만족할 수 없"고 "공적 결정에 적극 참여하고 토론하는 게 시민의 본질이기 때문에 여기에서 탈각된 체제와 시민은 맞지 않다"고 주장한다(정상호 2014: 285-286). 그런데 호민은 바로 이런 시민적 성격을 지니고 있다고 할 수 있다. 호민의 저항방식은 시대와 조건을 잘 헤아려 슬기롭게 체제 변혁에 성공하는 것이다. 즉 이들이 반드시 체제전복만을 꾀하는 것은 아니다. 현대의 시민이 그러하듯 이들은 체제에 협조할 수도 있다. 강원용은 호민이 "쓴소리를 해주는" 존재로 지배층은 이들의 지혜를 얻어야 한다고 조언한다. 항민과 원민은 어느 사회에나 있지만 진정한 민심은 아니며 "진짜 민심은 건전한 비판의식을 갖고 잘잘못을 가릴 줄 아는 '호민'"이라는 것이다. 그리고 "정치는 호민의 지혜를 얻어야 하며, 호민이 지지하면 모든 것이 순조롭게 잘 돼 갈 것"이라고 했다(강원용 2005). 시민을 강조하는 논자들은, 오늘날 호민으로 불릴 수 있는 '시민'은 무엇보다 다양성을 보는 존재로서 합리적 토론을 중시하고 타협할 줄 아는 것이 그 힘이라고 주장한다(이나미 2015).

02 _ 시민과 시민사회의 유래

서구의 경우 시민혁명의 기반이 된 부르주아는 본래 '성 안에 거주하는 부유한 자'들로서 주로 상인, 자영농, 직인, 자본가 등을 일컫는다. 동양문화권에서 시민 개념도 주로 상인을 의미했다. 시(市)는 장(場)과 함께 상업과 유통활동이 이루어지는 공간을 의미했다. '시에 존재하면서 주로 상업 활동을 영위하는 특정 직업 집단'을 시민으로 지칭하는 용례는 해방 이후 정부 수립 때까지 지속되었다(정상호 2013: 78).

조선시대에도 시민 개념은 서울의 시장 상인집단을 가리켰다(도회근 2013: 440). 이들은 착취받는 대상이기도 했으나 한편으로 관변 상인이기도 했다. 이들은 관에 대한 물자 조달과 판매권을 독점하던 봉건적 상인 계층으로 "동학농민군을 진압하는 데 시민들이 거액을 쾌척했다"는 기록을 볼 때 조정이나 정부에 대단히 종속적이었다(정상호 2014: 280). 그러나 동학의 창시자 최제우도 양반출신이지만 상인이었다. 동학에서 접(接)이 단위 조직이 된 것도 부상(등짐장수)의 조직을 모방한 것으로 추측할 수 있다. 부상은 보상보다 오래 전에 존재한 상인들로 조선 초기부터 조직이 잘 짜여져 있었다. 이성계의 건국에 협조하여 관과 밀착된 오랜 역사를 가졌으며 국난이 있을 때마다 도움을 주어 외세극복에도 힘이 되었다. 반면 난을 평정할 때도 관에 협조했다. 권력이 이들을 이용하기 위해 전국적 조직을 마련해주고 신분도 보장해주었기 때문이다. 부상조직은 지역단위로 접장을 두었다. 규율과 상부상조하는 공제제도도 마련되었고 접장은 투표로 선출되었다. 의견수렴은 정기총회로 했으며 1800년도에 전국적 조직으로 확대·통합되면서 8도에 도접장제가 마련되었다(표영삼 2004: 221-222). 이들은 전국 조직을 세울 때 민주적 절차를 거쳤다. 이들은 전국을 돌아다니는 직업적 특성상 정보에 누구보다도 밝았을 것이다. 따라서 상인이라는 특성상 현상유지를 바랄 수도 있으나 다른 한편으로는 사회 곳곳의 문제를 직접 목격하고 시대의 변화를 예감하는 선지자 역할을 할 수도 있다. 실제로 최제우가 그러했으며 임걱정, 장길산 등 체제전복을 꾀한 인물도 상인 집단과 관계가 깊었고 3.1운동 등 항일운동에도 보부상 출신이 앞장 선 예가 있다. 이 시기의 상인은 오늘날의 유통업, 정보통신업과 유사성을 가진다고 생각된다. 이들은 정보에 밝고 전국적 네트워크를 가졌으므로 '과거의 네티즌'들이다.

따라서 호민이 될 수 있는 여건을 갖춘 이들이다(이나미 2014).

송호근은 시민의 시초를 동학에서 찾는데 그 이유는 동학이 최초의 종교개혁이며 인민을 주체로 내세웠기 때문이다. 성리학의 '천'(天) 개념은 거대 신념이며 종교로서 양반의 전유물이었는데 "양반의 '하늘'을 인민의 것으로 인격화한 게 '한울님'이고, 동학에서 강조하는 수심정기(守心正氣)는 자신을 스스로 한울님과 일치시키는 과정"이라는 것이다. 그에 의하면 자신이 하늘이 될 수 있다는 말은 천지개벽 같은 것이었다. 주체의식을 지닌 동학도는 부분적이나마 한국 최초로 존재론적 자각을 품었던 근대인의 원형이라고 그는 주장한다. 또한 동학은 정치공론장을 제공했고, 『동경대전』, 『용담유사』 같은 교리문과 가사문학을 유행시켰다는 점에서 문예공론장의 성격도 포괄했다(송호근 2013).

이러한 시민적 존재의 등장은 조선 중기 이후 농업 생산력의 발전, 신분제 질서의 동요와 함께 민 사회가 변화했기 때문에 가능한 것이었다. 조선왕조는 이러한 변화를 의식하여 공론에 참여할 수 있는 범위를 확대함으로써 여론을 수렴하지 않을 수가 없게 되었다. 영·정조의 민과 가까워지려는 노력은 그러한 민압에 의해서였다고 할 수 있다. 이 시기에, 그동안 양반들만의 모임이었던 시 모임과 강학 모임을 중인과 평민들도 갖기 시작한다. 프랑스 신부 샤를 달레에 의하면 평민들도 거리, 길가, 주막에 모여 공적 문제에 대해 토론했다. 사대부 중심의 문학이 점차 평민문학, 여류문학으로 확대되어 간 것은 그만큼 백성들 간의 소통이 활발했음을 의미한다. 『홍길동전』은 백성들이 이미 국왕보다 더 우위에 있을 수 있는 존재를 생각했다는 것을 표현한 것이다. 손석춘은 이와 관련하여 하버마스의 공론장 개념이 유럽의 18세기의 카페, 선술집에서 시작해 문예공론장으로 전개되었다는 사실을 지적한다(손석춘 2004: 160-161).

특히 향회는 백성들이 모여 토론한 대표적 공간이다. 안확은 지방의 향회에서 수렴된 목소리가 당론의 형태로 표출되어 논쟁을 벌이게 되면서 붕당정치가 발생했다고 보았다(이현출 2002: 123). 안병욱에 의하면 민란의 중심에도 향회가 있었다. 백성들이 부당한 수취를 당하고 수령에게 항의할 때 그것이 수용되지 않으면 소요를 일으키기 마련인데 그 과정에서 공론의 마당으로 등장한 것이 향회이다. 향회는 본래 향촌의 교화 및 수령의 보좌를 목적으로 형성되었으며 또한 수령과 이서의 횡포를 견제하는 기능도 했다. 18세기까지는 불평등한 신분제 속에서 지배체제를 안정적으로 유지하기 위해 열리는 것이 대부분이었다. 그러나 점차 향회는 지방관이 잡세 부과를 위해 여론을 수렴하고 동의를 구하는 모임으로 변화된다. 그 결과, 과세라고 하는 현실적 문제로 관과 민이 협의하는 공간이 형성되면서, 사족이 아닌 민도 잡세 부과의 대상자로서 향회에 활발히 출입하게 된다(이헌창 2010: 147-148). 그러는 가운데 조세제도가 자주 바뀌면서 향촌의 여론을 의식한 향회가 변하기 시작했다. 정규적인 조세 외에 각종 명목의 수취가 행해졌는데 형식적으로라도 납세자의 동의를 얻어야 했으므로 그때 수령이 향회를 활용하여 의견을 구했다. 예를 들면 영조 21년에 고양군 군수는 주민의 여론을 조사해 동의를 얻었고 궐액이 생길 때는 모두 모여 공론으로 대안을 마련하도록 했다. 안정복은 향소에서 폐정을 보고하게 했고 장시에 직접 여론수집함을 설치하여 백성들의 의견을 알아보았다. 이후 요호(饒戶), 즉 농업, 상업, 하급 관직을 통해 부를 축적한 이들이 세도정치의 폐쇄적 공론구조에 한계를 느끼면서 그들 간의 연대를 가능케 한 향회에서 적극 활동했다. 이렇듯 정치적 공론장의 역할을 한 향회는 삼남 지역에서 민회로 불리기도 했는데 주로 민이 주도할 경우 그렇게 불렸다. 이 민회에의 활동이 민란으로 전환되기도 했다(손석춘 2004: 163-165).

백성들은 통문, 유언비어 등을 통해서도 소통했다. 또한 지배층의 비리와 학정을 공공연히 비난한 괘서, 지배층의 멸망을 예언함으로써 투쟁을 고취시키는 역할을 한 비기, 그 밖에 각종 노래도 여론의 역할을 했다. 일찍이 성종 18년 때에도 대간들은 임금에게 "진문공이 여송(輿誦)을 들은 것"을 들어 여론을 존중할 것을 강조했다. 여송이란 백성들이 조정이나 수령에 대한 불만을 노래로 표현한 것을 의미한다(『성종실록』 18년 7월 11일; 김영주 2002: 92-93).

1862년 한 해에 각 고을을 단위로 서로 뚜렷한 연계도 없는 상황에서 연속적으로 40여개 지방에서 농민항쟁이 일어났다. 이 시기 저항에는 과거와 달리 조직이나 중심인물이 확고하게 있는 것도 아니었는데 어떻게 그런 상황에서 항쟁이 일시에 전국적 범위로 확대될 수 있었는가에 대해 안병욱은 18세기 후반부터 민의 결집체로 나타난 향회가 그 이유라고 보았다(안병욱 1987: 154). 즉 19세기 후반 향회에 민이 적극 참여하면서 이 향회가 민회가 되고 이것이 저항의 조직으로 활용되면서 결국 민란이 야기되었다는 것이다. 이 민회는 개항 이후에도 자치와 저항의 조직으로 기능하였으며, 유럽의 의회와 같은 조직으로 인식되기도 했다. 이러한 민회가 이후 저항적 시민단체로 발전해갔다고 볼 수 있다. 19세기 후반 투쟁 집단 뿐 아니라 여러 다양한 성격의 단체도 생겨난다. 1891년 인천구락부, 1894년 독립구락부가 생겨나고 1896년에는 독립협회를 비롯하여 6개의 단체가 결성된다. 이어 1898년에 9개, 1904년 11개, 1905년 19개, 1906년 33개, 1907년 79개, 1908년 81개로 그 수가 급증한다(송호근 2013; 이영재 2015: 108).

03 _ 일제강점기의 시민사회

조선 중기 이후 대한제국기에 이르기까지 활발한 민의 활동에도 불구하고 일제의 강한 무력과 지배층의 무능함, 매국행위로 인해 결국 한국은 일본에 강제로 합병된다. 일본의 식민통치는 철저한 강압통치로서 헌병, 경찰, 관료를 통해 사회를 통제하는 국가우위체제를 유지했다. 1920년대 노동운동 등 각종 사회운동이 일어났으나 1931년 만주사변 후 철저히 탄압을 받았다(박상필 2003: 104). 일제 말기쯤 되면 강제합병 이후 태어난 인구가 많아져 자신을 일본인으로 여기는 한국인들의 수가 늘어난다. 물론 일본인과 한국인 간의 차별이 심해 한국인들은 박탈감을 뼈아프게 느꼈다. 이때 일본인들이 지배전략으로 쓴 것 중 하나는 '민족 등급매기기'였다. 일등 국민은 일본인, 이등은 조선인, 삼등은 대만인, 사등은 만주인, 오등은 중국인이었다고 한다. 이러한 전략은 한국인들로 하여금 자신들이 일본인보다는 못하지만 그래도 2등 국민이라고 만족해할 수 있도록 했다는 것이다(이경식 2017).

이러한 식민통치하에서 시민사회의 성장은 왜곡, 변형될 수밖에 없었다. 억압적인 식민지국가가 시민사회의 자발적인 조직화와 시민권, 시민의식의 성장을 가로막았다. 그러나 신문이나 잡지, 소설과 시, 대중가요와 영화 등을 통하여 일반 사람들은 제한적이나마 자신의 생각과 감정을 표현하고 서로 나누었다. 또한 독립운동과 연계되어 발생한 학생운동, 노동운동, 농촌운동, 야학운동 등은 일제에 저항하는 것이므로 국가폭력과 국가억압에 저항하는 시민사회의 논리를 식민지적 조건에서나마 생산했다(김성국 2009: 145).

대한민국임시정부 수립 이후 독립을 바라는 많은 조선인들에 의해 임정이 공포한 대한민국이 국가로 인식되기도 했다. 즉 식민지 하에서 조선인들은 총독부가 아닌 대한민국임시정부를 자신의 정부로 생각하고 임정 산하의 독립운동 조직에 참여하거나 기부를 함으로써 '대한민국의 시민' 역할을 했다. 이는 1919년 수립된 대한민국이 조선인들에게 국가로 인식되지 않았다는 점을 주된 논리로 삼는 '1948년 건국설'이 잘못된 인식임을 드러내준다. 또한 이는, 당시 주권이 부재했던 식민지 조선의 사회를 시민사회로 규정하기 어려우므로 서구 시민사회론의 국가-시민사회 관계를 식민지 조선에 그대로 적용하기 어렵다는 문제에 한가닥 해결의 실마리를 준다(정상호 2013: 106; 이영재 2016). 즉 조선의 식민지 상황 및 그러한 경험은 해당 시기의 한국 시민사회에 대해 기존의 국가-시민사회 규정으로 설명되기 어려운 복잡성을 갖게 하지만, 임시정부의 존재와 이에 대한 조선인들의 지지는 식민지 조선인들의 시민성 및 시민사회의 존재를 단순히 전면 부정하기는 어렵다는 결론으로 이끌며 아울러 한국 시민사회사에 있어서 국가-시민사회에 대한 논의가 좀 더 확대·심화될 필요가 있음을 시사한다.

PART 02

1945-

한국
시민사회
제도사

~1960

한 국 시 민 사 회 사

제 1 장

정치 제도

01_선거법

선거는 시민들이 국가에서 자신들을 대표할 사람들을 뽑는 것으로 시민이 국정에 참여할 가장 대표적인 방법 중 하나이다. 따라서 선거법의 공정성 여부는 국가와 시민사회의 관계가 공정한 것인지를 보여주는 중요한 기준이 된다. 국가형성기 한국의 선거법은 시종일관 국가가 시민사회를 왜곡하고 통제하도록 고안되었으며 따라서 이 시기 선거법은 국가가 시민의 정치적 권리를 어떻게 축소하려 했는지를 볼 수 있게 해준다.

(1) 과도입법의원

미군정은 1946년 5월 6일 제1차 미소공동위원회가 무기휴회되자 좌우합작운동을 지지하면서 중도파를 중심으로 과도입법의원을 구성하고자 했다. 군정장관 러치가 조선 법령을 조선인이 제정하는 입법기관 창설을 하지에게 건의하여 1946년 8월 24일 남조선과도입법의원의 창설을 발표한다. 입법의원은 통일임시정부가 수립될 때가지 법령 초안을 작성하는 임무를 가졌는데 이 기구가 군정 연장, 통일정부 지연을 의미하는 것으로 여겨져 반대에 부딪히기도 했다. 미군정은 입법의원이 관리임명을 인준하게 될 것이며 토론을 위한 광장이 되어 "국민의 자유로운 표현을 촉진하고 (…) 여론을 잘 전달하는 반향판"이 될 것이라고 전망했다. 그러나 이 기구의 모든 결정은 군정청의 검토와 거부권의 대상이 될 수 있어서 그 권한은 제한적인 것이었다(헨더슨 2013: 293).

입법의원은 90명의 의원으로 구성되었는데 절반은 선거에 의해 절반은 일제가 하던 방식대로 임명에 의해 채워졌다. 미군정보부대(CIC)는 한국인들에게 보통선거권을 주면 좌파가 승리할 것이 분명하다고 보아 민주적 선거를 피했다. 한 지역구에서 2명의 대표를 선출 또는 임명하는데 투표자에 대한 규칙이 없었고 선거권을 납세자에게 한정한다는 일제의 법률이 여전히 살아 있었다. 대부분의 경우 일제강점기부터 있었던 면장이 선거인을 임명했고 또는 스스로 선거인이 되기도 했다. 즉 공정한 선거를 위한 그 어떤 조치도 취해지지 않았다. 어느 도의 내무국장으로 있던 한 미군은 미 특파원에게 "전략적으로 이것은 우파를 입법의원에 진출시킬 수 있는 절호의 기회"라고 설명했다. 따라서 과도입법의원으로 선출된 45명 중 32명이 우파, 11명이 중도우파, 2명이 제주도에서 선출된 좌파였다. 그나마 좌파는 인민공화국파의 지시에 따라 참여를 거부했다. 김규식이 선거의 비민주성을 들어 선거 무효를 주장하자 하지는 임명제 의원 45명 가운데 30명을 중도파 또는 좌파로 임명했다. 그러나 한민당이 이에 즉각 거부하여 결국 과도입법의원은 유명무실해졌다(헨더슨 2013: 293-295).

입법의원에서 통과시킨 법령에는 남조선과도입법의원법, 하곡수집법, 미성년자노동보호법, 입법의원선거법, 민족반역자·부일협력자·간상배에 대한 특별법, 조선임시약헌, 사찰령 폐지에 관한 법령, 공창제도 등 폐지령, 미곡수집령 등이 있다. 입법의원에서 처리하여 공포된 것은 11건에 지나지 않은 반면 입법의원을 거치지 않고 군정법령으로 공포된 것이 80건이나 되어 군정의 입법의원 설치 취지가 무색했다고 할 수 있다. 입법의원은 1948년 5월에 해산된다.

(2) 국회의원 선거법

과도입법의원에서 제정한 법률 제5호 입법의원선거법을 기초로 국회의원 선거법이 1948년 3월 17일 미군정법령 제175호로 공포되어 총선 준비가 시작됐다. 국회의원선거법은 자유·평등·비밀선거를 원칙으로 하고 소선거구제로 결정했다. 선거인 연령은 21세 이상, 피선거인 연령은 25세 이상으로 하고 선거 비용을 국고에서 부담하였으며 의원 임기는 2년, 정원은 200명으로 했다. 이 내용은 모두 제헌헌법에 그대로 수용된다. 다만 친일파의 피선거권은 제한됐다.

국회의원선거법 제정은 유엔한국임시위원단(UNTCOK)이 총선거를 감시, 감독하기 위해 한국에 온 것이 계기가 되었다. 유엔은 격론 끝에 남한에 선거를 실시하기로 결정했고 이에 위원단은 찬성 4(중국, 필리핀, 엘살바도르, 인도), 반대 2(호주, 캐나다), 기권 2(시리아, 프랑스)로 이를 가결했다(경향신문 1948. 3. 13). 캐나다와 호주는 극우단체를 제외한 한국 내의 모든 정치집단이 선거를 거부한다는 이유로 선거를 반대했다.[2]

위원단은 3개 분과로 나뉘어 활동했는데, 제1분과위원회의 임무는 선거를 위한 자유분위기를 확보하는데 필요한 수단과 방법을 마련하는 것, 제2분과위원회는 한국인이 제출할 여러 문서를 검토하고 위원단의 활동에 도움이 될 한국 내의 여러 성명서를 수집하는 것, 제3분과위원회는 남북한의 선거법 및 그 세칙을 비교·검토하고 이를 위해 한국, 미국, 소련의 여러 관리 및 전문가의 의견을 청취하는 것이었다(전상인 2000: 454-455).

남한만의 단독선거가 결정되고 나서 위원단은 '자유로운 선거 분위기'에 관련되어 문제가 있음을 지적했다. 1948년 3월 1일 "유엔한국임시위원단은 위원단에게 부과된 사명을 완수할 것이나 결국 위원단이 들어갈 수 있는 조선의 일부 지역에서 선거실시를 감시하며 동 선거는 늦어도 5월 10일 이내에 실시

되어야 하며 총회 결의에 따라 선거는 성년자가 참가하는 무기명투표로 언론·
집회의 자유 등 민주적 제 권리가 인정·존중되는 자유로운 분위기 속에 실시
되어야 한다는 조건을 고려에 넣을 것"이라고 했다(권영설 2000: 524). 3월 17일
위원단은 '선거 자유분위기 달성에 관한 건의안'을 채택하여 미군정 당국에 제
출했다. 건의안 내용은 법률문제, 강박문제, 언론자유, 정치범문제 등 네가지
분야로 나뉜다. 위원단은 "선거 자유 분위기를 충분히 보장하는 법령 혹은 증
언이 없다"고 지적했다. 건의안 중 선거와 관련된 조항은 다음과 같다(동아일보
1948. 3. 21).

1. 조선 인사와 사계의 전문가 견해를 참작하면 본 위원단은 선거에 필요한 자유
   분위기가 현존 법규에 의하여 어느 정도 보장될지 결정하기 곤란하다는 결론
   에 도달하였다.
4. 그러나 본 위원단의 의견에 의하면 상기의 자유 가운데에 투표권, 기권 그 어
   느 편이나 평화적, 합법적 수단에 의하여 지지하는 권리가 포함되어야 할 것을
   부언하며 이 점을 보증한 1948년 3월 3일 남조선 군사령관 하지 중장의 중대
   한 증언을 주목한다.
5. 본 위원단은 선거 자유 분위기를 충분히 보장하는 법령 혹은 증언이 없다는
   사실을 잘 알고 있다. 위원단은 이 법령의 적용과 집행에 있어 경무부가 중대
   한 역할을 한다는 증언에 주목한다.(…)
8. (…) 즉 관계당국은 청년단체의 지도자들에게 그 단원의 행동은 국련[3])의 감시
   하에 있으며 또 그들의 일거일동은 조위[4])가 총회에 보내는 보고서의 중요한
   요인이 된다는 것을 알려야 된다는 것.
9. 청년단체의 단원들이 정당한 선거를 방해치 못함을 보장하기 위하여 첫째로
   관계당국 특히 경찰은 단체지도자들에게 그들의 불법행위는 타 시민의 불법행
   위와 같이 묵인될 수 없으며 또 그들은 단체의 행동을 엄중단속하기를 명심하

도록 해야 된다는 것.

10. 또 그 우에 청년단체는 의무적으로 관계당국에게 등록을 해야만 되는데 그 단체는 정치적 색채를 가지고 있는가를 명시해야 된다. 그리고 만약 가지고 있다면 어느 정당을 지지하는가 또 자기 자신이 정당을 구성하고 있는가를 명시하여야 된다는 것.

11. (…) 즉 어느 청년단체를 막론하고 단원은 자기 자신의 투표 목적 이외에는 투표장 부근에 모집하지 말 것.

13. 본 위원단은 미군당국에게 선거에 관한 정보의 공평한 살포의 활발하고 열렬한 운동을 할 것을 건의함. 본 위원단은 이번 선거는 조선 최초의 것이라는 것을 잘 지실(知悉)하고 있다. 당에 소속치 않은 자에 대한 계몽운동이 극히 필요하다.

15. (…) 입후보자나 정당이 방송국을 사용할 시에는 공평한 입장에서 사용될 것이며 방송시간을 매수하는 방법을 취해서는 안 된다.

위원단은 위에서 보이는 바와 같이 정당한 선거를 방해할 수 있는 청년단체의 활동에 우려를 표명했다. 또한 위원단은 선거관리기구가 한민당 당원을 중심으로 구성되어 있어서 공정성을 결여하고 있다고 지적했다(전상인 2000: 456). 이후 선거법이 수정됐으며 1948년 4월 1일 하지는 권리장전과 같은 기본적인 규정을 열거한 '시민권선언'을 발표했다(헨더슨 2013: 296).

그러나 법 수정에 영향을 미친 위원단의 활동이 자유로웠던 것은 아니다. 위원단은 24시간 보호·감시되었고 단독선거에 비판적인 한국인들과의 접촉이 차단되었다(서울신문 1948. 2. 20, 1948. 3. 6; 조선일보 1948. 3. 6). 또한 위원단에게 제공된 통역관들은 모두 우익인사들이었다(전상인 2000: 457). 1948년 4월 25일 미군정 공보실에서 발행한 한국 언론 기사 요약문을 보면, 위원단의 그랜드(Grand)가 "우리가 가는 곳마다 한국인들은 남북통일을 원했다. 통일이 이루어지지 않은 그 어떤 해결책도 국민들을 만족시키지 못할 것이다"라고 말했다. 또한 만일 현장 조사를 통해 선거를 위한 조건이 충족되지 않았다고 생각되더라도 선거를 감독할 것인가에 대해 그랜드는 만일 위원단이 선거 감독을 거부하더라고 군정은 선거를 예정대로 밀고 갈 것이라고 답변했다(주한미24군단본부 공보실, 한국독립운동사정보시스템). 따라서 미군정이 위원단의 건의는 존중했으나 중요한 문제의 결정에는 크게 고려하지 않았음을 알 수 있다.

제정된 선거법으로 1948년 5월 10일 제헌국회의원을 선거했으나 이 법은 한시법이어서 1950년 제2대 국회의원선거를 위해 4월 12일 국회의원선거법이 새로 공포되었다. 내용 면에서 이전과 큰 차이는 없었다. 선출방법은 직선제, 선거구는 소선거구, 선출방식은 단순다수대표제, 후보등록은 선거인 추천제였다. 1948년 선거법에서는 제헌국회 임기가 2년이었으나 새로 제정된 선거법에서는 국회의원 임기가 4년이었다. 선거과정에서 야당후보와 지지자들은 국가보안법 또는 선거법 위반으로 종종 체포되었으며 후보등록 방해 등 여러 가지 방법으로 부정선거가 자행되었다. 그럼에도 불구하고 여당 후보는 고전을 겪었고 이승만은 국회 내에서의 지지기반 확보를 위해 개헌을 추진했다(한배호 2000: 404).

선거법은 이후 이승만의 재집권을 위해 계속 개정된 헌법과 정치상황에 따라 여러 차례 개정되었다. 2공화국에 때에는 참의원과 민의원의 양원제 국회가 설치되었고 관련 법 역시 '참의원의원선거법'과 '민의원의원선거법'으로 각각 제정되었다.

02_경찰제도

경찰제도는 정부가 시민의 생명과 재산을 보호하고 공공질서를 유지하기 위해 시민사회를 보호 또는 통제하는 제도이다. 경찰제도는 시민의 안전을 지키기 위한 것이지만 또한 이를 위해 시민의 자유를 제한할 수 있게 하므로 국가가 시민사회를 통제할 수 있는 제도이다. 따라서 이 제도는 잘못 적용될 경우 시민사회를 위축시킬 수 있는데 국가형성기에 경찰력은 남용되어 시민사회를 압박하는 수단으로 사용되었다.

(1) 미군정기 경찰제도

일본이 항복할 무렵 한반도 전체 경찰 수는 2만3천명 정도였다. 이 중 40%에 해당하는 9천명 정도가 한국인으로, 주로 하급경찰이었다. 일제강점기 관료조직 가운데 한국인이 가장 많이 투신한 곳이 경찰이다. 이들 중 약 85%가 해방 후에도 현직에 머물렀고 북한에서 내려온 전직 경찰관도 남한 경찰에 흡수되었다. 일제강점기 때 훈련받은 나이 많은 경찰관들 600여명이 1950년 후반까지 남아있었다. 이들은 요직을 차지하고 있었고 낡은 전통도 그대로 유지됐다. 이들은 심지어 미군정 초기 몇 개월 동안 일본경찰 제복을 그대로 착용했다. 제복공장이 가동이 안됐기 때문이지만 이는 그만큼 미군정이 한국인의 민심을 전혀 고려하지 않았음을 보여준다. 현직에 남은 경찰 가운데 많은 수가 동포를 체포·고문했던 전력을 가졌던 인물이었으며, 구타, 물고문, 전기고문 등 잔인한 고문수법이 일제강점기 때와 마찬가지로 자행되었다. 특히 일제시기 고문경찰로 유명했던 노덕술이 여전히 고문으로 악명을 떨쳤다. 그는 한 피고인을 고문하다 그가 죽자 한강에 버렸는데 시신이 발견되자 재판받기 전에 사라졌다. 이후 그는 활동을 재개했고 자유당을 위해 산업박람회를 개최하기도 했다(헨더슨 2013: 274-278, 327).

1946년대 초까지 약 1만4천명의 일본인 경찰이 면직, 송환되어 약 1만5천명의 한국인 경찰이 그 자리를 메웠으며 다른 조직에 비해 많은 수인 63명의 미국인 고문관이 경찰에 파견됐다. 기존의 경제경찰, 사상경찰은 해체되었고 위생경찰은 공중위생국으로, 경계업무는 기동대로 분할되었으나, 전체적으로 경찰 권력은 강화됐다. 1946년 7월 경찰관이 2만5천명으로 증가했고 서울에만 1만명이 상주했다. 무장도 칼, 곤봉에서 소총과 기관총으로 바뀌었으며 자동차가 제공되고 전화와 무선전신망이 정비됐다. 한국전쟁 기간 중에는 경찰 수가 7만5천명으로 증가했다(헨더슨 2013: 275-276).[5]

미군정은 시민사회를 다루는데 있어 다른 기관보다 경찰에 주로 의지했다. 정치활동에 관한 정보 수집도 경찰이 담당했다. 군정청은 경찰에 모든 좌파지도자들과 선동자들을 무조건 체포하라는 지시를 비밀리에 내렸다. 경찰은 대중시위, 출판, 문서배포에 대한 허가권을 갖고 있었는데 좌파에 대해서는 허가를 쉽게 해주지 않았다. 또한 우파 지도자들이 연설할 때 경찰은 철저하게 호위했으나 좌파나 중도파는 거의 보호하지 않았다(헨더슨 2013: 275-278).

일제강점기 경찰 부패가 극심했는데 이러한 관행이 미군정기에도 이어졌다. 미군은 1945년 경찰금고에서 비밀자금 수백만 엔을 발견했다. 미군정기에도 경찰은 지위가 높은 경우 많은 액수의 정보수집용 비밀자금을 용도를 밝히지 않고 사용할 수 있었다. 1945년 대구에서는 '이웃사랑협의회'라는 단체가 경찰의 앞잡이 노릇을 하며 금품을 갈취했다. 경찰의 금품강요는 일상적인 것으로 1958년에도 이런 기부에서 나오는 수입이 기본급의 50배에서 80배에 달했다. 경찰은 이런 갈취에 골몰하여 교통정리와 같은 대민업무는 소홀히 했다(헨더슨 2013: 278-279).

경찰은 전국적 규모의 미곡징수도 담당했는데 정부에 공출되는 쌀을 시장가격보다 훨씬 낮은 가격으로 징수했다. 지방위원회에 출석하여 각 농가에 대한 할당량을 임의로 결정하기도 했다. 당시 급격한 인플레이션 시대라 이러한 권한은 막강한 것이었고 이러한 경찰의 행위는 농민의 큰 원망을 샀다. 1946년 전국적으로 파업이 확대되었는데 그 해 곡물수확량은 예년보다 40% 감소했다. 군정청은 쌀 공출과 쌀 가격통제를 실시했는데 경찰이 쌀 공출을 할당하면서 우익에 유리하게 적용했으며 또한 미군이 곡물가격을 폭락시킨 것은 일본을 흉내낸 것이라는 소문이 나면서 경찰에 대한 분노가 더욱 커졌다. 그리하여 경찰과 시민과의 충돌이 격화됐다. 1946년 10월 1일 대구에서 시민들이 식량을 요구하는 시위를 벌이던 중 노동자 한 명이 사살되자 군중들이 경찰서를 점거하고 무기를 탈취했으며 경찰관을 집까지 쫓아가 사살하고 쌀을 빼앗았다. 부상을 입은 경찰들이 병원에서 끌려나와 살해되기도 했다. 의사들도 군정당국이 독립시킨 보건부의 관할권을 경찰이 빼앗았다 하여 분노했으므로 경찰의 치료를 거부했다. 53명의 경찰들이 중상을 입거나 피살되었다. 미군사령부가 계엄령을 선포하고 미군 전투부대를 동원하여 이를 중단시켰다. 전주에서는 경찰이 비무장 군중에게 발표하여 20명이 사살되었는데 죽은 사람 대부분이 부녀자와 어린이였다(헨더슨 2013: 278-282).

경찰의 권한 남용과 시민 탄압은 다음의 유엔한국임시위원단의 건의안 내용을 봐도 알 수 있다(동아일보 1948. 3. 21).

2. 그러나 본 위원단은 남조선 인민의 시민 자유를 증진하기 위하여 "형사수속의 변경"을 가능케 하는 법령 초안이 준비되어 있다는 말을 군정장관으로부터 들었다. 신 법령에 의하여 영장 없이 체포할 수 없으며 영장 없이 체포하는 특별한 경우에 있어서도 구인장 없이는 40시간 이상 유치할 수 없으며 보호인, 변호인에 대한 조항과 권력 남용에 대한 징벌책이 보장되어야 한다. 본 위원단은 이 법령이 시민 자유를 보장하는 방향으로 발전하는 중대한 단계라고 생각한다.

5. 본 위원단은 선거 자유 분위기를 충분히 보장하는 법령 혹은 증언이 없다는 사실을 잘 알고 있다. 위원단은 이 법령의 적용과 집행에 있어 경무부가 중대한 역할을 한다는 증언에 주목한다. 본 위원단은 조선 사람 가운데에 경무부가 그 업무를 수행하는 방법, 때에 따라서는 경무부의 개조까지 희망한다는 여러 가지 의견에 일치점이 없다는 결론에 도달하였다.(…)

6. 따라서 본 위원단은 선거하는 동안에 경찰이 담당할 역할만을 문제(問題)하며 경찰의 태도를 세밀 감시하는 것이 우리의 임무며 감시의 결과가 자유스러운 분위기에서 선거가 실시되었다는 것을 총회에 보고할 수 있는 여부를 결정하는 중대한 요인이 된다는 것을 관계당국에 충고하고 싶다.

7. 또 관계당국이 선거자유 분위기에 대한 그와 같은 태도를 위하여 경찰력을 재방향전환시키도록 건의함.

위 건의안을 보면 그동안 경찰이 영장 없이 사람들을 체포·수감하는 등 권력을 남용해왔음을 알 수 있다. 경무부 즉 경찰에 대한 여론은 일치되어 있지 않다고 했는데 이는 위원단이 접촉한 인물이 제한되었기 때문에 나온 결론일 것이다. 그럼에도 불구하고 종합적으로 볼 때 위원단은 경찰 역할에 부정적 견해를 밝혔으며 "경찰의 태도를 세밀 감시하는 것이 우리의 임무"라고까지 했다. 위원단은 미군정을 '경찰국가'로 평가하면서, 경찰개혁과 함께 정치범의 석방을 요구했다(전상인 2000: 456). 위원단은 범죄를 선동하는 것이 아닌 불법집회에 참가하거나 삐라를 살포하는 자들을 석방대상이 되는 정치범으로 규정했다. 또한 폭동, 사기행위, 방화, 위조 등을 하지 않은 정치범도 무조건 석방해야 한다고 했다. 더 나아가 정치범의 석방이 공공안전에 위험이 없는 한 당국은 그들에게 사죄하기를 건의했다. 또한 석방할 수 있는 죄수 종류에 대해 위원단은 상의할 용의가 있다고 표명했다(동아일보 1948. 3. 21).

1947년 6월 시점에 정치범 수는 약 7천명이었다. 전체 수감자 수는 약 2만 2천명인데 이는 일제강점기 남한 재소자 수의 약 1.4배이다. 일제강점기 말기 한반도 전체 죄수의 수가 3만명이 조금 넘었고 그 중 남한 감옥에 수감된 죄수는 1만6200명이었다. 위원단이 조사할 당시 하지는 처음에는 정치범의 존재 자체를 부정했다. 이후 총 6,260명 정도의 수감자가 정치적인 사건에 연루되어 있고 그 가운데 3,140명이 정치범으로 분류될 수 있다고 보고했다. 3월 31일에 이들은 특사를 받았다. 이후 경찰제도가 일부 변화했고 탄압적인 법률 몇 개는 폐지되었다(헨더슨 2013: 276, 282, 296).

(2) 경찰의 권력 남용

경찰의 위력 확대와 권력 남용은 1948년 제주 4.3항쟁 때 더욱 심해졌다. 또한 1948년 4월 16일 이후 군정청은 '향토방위대' 또는 '국토방위단' 등 여러 이름으로 불리던 대규모 경찰 예비대를 창설했다. 이 단체원을 모집하기 위해 경찰은 일제의 수법을 부활시켰다. 18세 이상 25세 이하 젊은이들에게 무급으로 참가해달라고 호소했다. 이들은 몽둥이, 손도끼 등의 무기를 가지고 마을을 순찰했으며 주민들의 일상에 간섭했다. 경찰과 청년단체들이 시민들을 구타, 위협, 강탈했으며 선거권 미등록자로부터 배급표를 빼앗는 사건들이 유엔한국임시위원단에 보고되었다. 1948년 말까지 경찰은 국내 치안 뿐 아니라 38도선의 안전 등 국방도 책임졌다. 한국전쟁 기간 중 경찰은 7만5천명 정원으로 그 세력이 최고조에 이르렀다. 1955년까지 주로 게릴라 소탕에서 중요한 군사적 역할을 했다(헨더슨 2013: 276, 326-327).

이후 경찰을 필요로 하는 군사작선이 줄고 야당의원과 경제원조당국이 균형예산을 강력하게 요구하여 자유당은 경찰관 수를 서서히 줄였다. 그 수는 1956년에는 4만7천명, 1958년에 3만9천명, 1963년에 약 3만명으로 줄었다. 1950년대 말 이후 권력은 경찰에서 육군으로 옮겨갔다. 육군은 유엔군과의 밀접한 관계를 통해 새로운 도덕률과 기준을 흡수했다.[6] 더구나 4월혁명은 경찰의 위세를 땅에 떨어뜨렸다. 이때 많은 고참 경찰관들이 해임되고 새 인물로 교체되었는데 이들은 대학 졸업자로서 이제까지의 경찰 전통에 반감을 가진 사람들이 적지 않았다. 또한 이 시기에 일본 경찰에 몸담았던 간부들이 노령화로 물러나서 조직이 변화하기 시작했다. 1961년부터 1964년까지 군사정부는 국민통제를 경찰보다는 중앙정보부에 더 의존했다. 그러나 1964년 이후 경찰

정원이 다시 늘어났다. 1963년 3만명이었는데 이후 갈수록 수가 점점 증가했다. 1986-87년 대규모 시위 때는 서울에서만 7만명 이상의 경찰이 상주했다(헨더슨 2013: 277).

한국의 경찰 체계는 국민보다는 중앙 권력에 봉사하도록 짜여져 있다. 왜냐하면 한국의 행정체계는 서구의 체계를 일본을 거쳐 받아들였는데 이러한 행정조직의 특징은 대통령을 정점으로 한 중앙정부에 가장 큰 영향을 받았고 경찰이 특히 그러한 성격을 지녔기 때문이다(김진혁 2005: 251). 1948년 9월 2일 대한민국 정부조직의 출범과 더불어 국립경찰의 역사가 시작된다. 내무부 치안국이 경찰의 중앙조직으로 되고 경찰의 위상은 독립적 행정부처에서 내무부의 보조기관으로 변경되었다. 또한 군정경찰과는 다른, 법치국가의 경찰이라는 새로운 기치를 내걸었다. 경찰제도는, 그 책임이 지방정부에 있는 지방분권화 체제, 중앙정부의 직접적 통제하에 있는 중앙집권화 체제, 중앙과 지방이 경찰업무를 분담하는 통합형 체제로 나눌 수 있다. 한국경찰은 1948년 국립경찰이 창설된 이후부터 지금까지 중앙집권적 국가경찰체제이다. 경찰 중립화 및 자치경찰 논의가 없었던 것은 아니다. 미군정기 군정경찰의 "영미법계 경찰제도 구상", 1955년 9월 정례국무회의에서 의결된 "경찰법안", 1960년대 제4대 국회의 "경찰중립화 법안"(1960.5), 1960년 경찰행정개혁심의회의 "경찰중립화 법안"(1960.6) 등 경찰 중립화 문제가 간헐적으로 제기되었으나 논의에만 그쳤다(최종술 2003: 303-306).

조병옥은 그 자신이 막강한 경찰력으로 정권에 비판적인 세력을 억압했음에도 불구하고 이후 입장을 바꾸어 이승만 정권의 탄압과 강한 경찰력을 비판했다. 그는, 일인 지배는 국민을 위할 수가 없으며, 따라서 국민들 자신이 지배해야겠다고 생각한 것이 민주정치인데 그것의 좋은 방법은 국민들이 서로 의견을 교환, 비판, 토론하는 것이라고 보았다. 그렇기 때문에 헌법에서도 집회, 결사의 자유를 국민에게 주고 있으며 이 결사의 자유에 의지하여 정당을 조직하게 되어있다는 것이다. 그 이유는 국민은 흩어지면 미약한 반면 국가는 군대와 경찰을 가지고 있으므로 국민은 개인적으로는 국가 앞에 무력할 수밖에 없기 때문이라는 것이다(조병옥 1959: 75). 그런데 언론, 집회, 출판, 결사의 자유가 헌법으로는 보장되어 있으나 실제적으로는 그렇지 못하며 정당도 없는 것이나 마찬가지라고 비판했다. 자유당이 있지만 이 당은 이승만이 영도하는 여당으로, 경찰관, 반장들이 돌아다니면서 당원을 모집하는 등 정당인지 관당(官黨)인지 구별이 안되며, 야당은 여당과 차별을 받고 있다는 것이다(조병옥 1959: 76-77).

독재화된 민주주의 정치체제가 기형적으로 발달되어 모든 것을 경찰력으로만 해결하려고 할 것이다. 그리하여 경찰은 국민으로 하여금 공포적 존재로 밖에 인식하지 않을 수 없게 될 것이다(조병옥 1959: 113).

경찰은 정치적 불편부당의 입장에서 국민의 사생활까지 간섭하지 말아야 할 것이다. 그러나 우리 대한민국의 경찰은 정부반대당의 정치인을 반역시하여 사찰의 요시찰인물로 만들어놓고 또 야당계 산업인에게 대하여는 경제적 봉쇄정책을 쓰고 있음은 물론 심지어는 야당계 신문까지 구독금지를 하고 있는 판이다. 그리고 국민의 신성한 권리의 하나인 선거권을 침해하는 것도 일쑤이지만 민의 아닌 관제민의를 조작하는 것도 경찰이 마음대로 하고 있다. 이래가지고서는 정치적 평등의 민주적 혜택을 국민이 받을 리가 없을 뿐만 아니라 이대로 가다가는 경찰국가로서의 암흑정치가 나타나지 않으리라고 누가 보장할 것이냐. 즉 경찰권의 한계가 무한정하여 경찰의 권력행사가 국민의 사생활에까지 간섭을 하게 될 때 국민은 암흑의 장막 속에서 안심하고 자유스럽게 살아나갈 도리가 없게 될 것이다. 이러한 경찰만능의 정치적 체제하에서는 정치적 평등이나 정치적 민주주의가 있을 수는 없는 것이다(조병옥 1959: 113-114).

이승만 정부 시기 동안 경찰은 각종 부정선거에 개입하여 정권의 사조직과 같은 기능을 했다. 역사적으로 한국의 경찰기구는 어느 시기를 막론하고 진압담당 기구의 변화가 가장 두드러지게 나타난다. 이는 한국경찰의 기능이 범죄예방이나 민생치안 등 대국민 봉사보다는 주로 시위 진압 위주의 사회통제를 중점적으로 수행했음을 의미한다. 당시 대국민 봉사라는 개념의 정립은 거의 없었다고 할 수 있다. 6공화국 이후에서야 민원, 면허관련, 소년사범 처리에서 조금씩 대민봉사의 실현이 이루어졌다(김진혁 2005: 253-255).

03 _ 형사소송법과 변호사법

국가에 의해 침해될 수 있는 인권을 보호하기 위한 법으로는 형사소송법과 변호사법이 있다. 형사소송법은 정부가 범죄를 저지른 사람들을 체포, 구금하고 형벌을 과하는 절차를 규정한 법이다. 이 법은 경찰과 이를 비호하는 정부에 의해 제대로 지켜지지 않았다.

(1) 형사소송법

미군정기 형사소송법은 유엔에 의해 수정됐다. 미군정은 유엔 건의에 답하여 1948년 3월 군정법령 제176호 '형사소송법의 개정'을 발표했다. 초안을 작성한 형사소송법 수정위원회에서 발표한 내용은 다음과 같다(동아일보 1948. 3. 26).

1. 본 법령은 불법 구류에 대한 국민의 자유권을 충분히 보장하기 위하여 종래의 형사소송법을 개정하는 것이니 하인이라도 재판관이 발행하는 '구속장' 없이는 구인, 구류, 체포 또는 구속 등의 신체 구속을 받지 아니하는 것이다(제1조,

제3조). 특히 법령이 지정한 예컨대 긴급 조치를 필요로 할 때에는 재판관의 영장 없이 구속할 수 있으나 이러한 때는 48시간(법원 없는 군(郡), 도(島)는 5일) 이내에 영장을 얻어야 하고 영장을 얻지 못할 경우에는 즉시 석방하여야 한다.

2. 재판관의 영장으로 신체가 구속되면 즉시로 구체적 범죄 사실과 또는 변호인을 선임할 수 있는 것을 알아야 할 것이고 선임된 변호인은 피의자와의 접견과 신서(信書)가 자유로 왕래할 수 있고 또 유리한 증거를 제출할 권리가 있다. 만일 접견과 신서의 왕래가 금지된 경우에는 법원에 대하여 그 금지에 해제령을 신청할 수 있다(제11조, 제13·4조).

3. 관변 또는 타인에게 신변의 구속을 당한 자는 그 친족 또는 변호인은 해 법원에 그 구속에 적법의 유무의 심사를 신청할 수 있다(제17조).

4. 사법경찰관 또는 검찰관이 개인의 신체를 구속한 경우에는 재판소의 허가를 얻어 10일간 연장할 수 있으나 그 기간 내에 송청 또는 공소 제기를 하지 않으면 석방하여야 한다(제8조).

5. 구속된 피의자가 공판에 회부 후 30일 이상 공판이 개정되지 않으면 보석할 수 있으며 재판소는 경찰청 또는 경찰서에 구속된 개인을 수사자유로 보석할 수 있나(제19조).

6. 구속뿐 아니라 가택을 수사하고 물품을 압수당하는 때에도 재판소의 수사 영장이 없이는 못할 것이다(제5조 제20조).

7. 검찰관은 불법 구속의 유무를 조사하기 위하여 관하 경찰서 유치장을 매일 1회 이상 반드시 감찰하여야 하고 이를 방해하는 자는 6개월 이상 7개년 이하의 징역에 처한다.

8. 일제시의 악법인 행정집행령과 조선형사령 제12조부터 16조를 폐지하고 만일 불법 구속을 하는 경우에는 불법 구속 기간 중 1일당 천원씩의 손해를 배상키로 되었는데 만일 이 법령을 준수하지 않는 경우에는 6개월 이상 7개년 이하의 징역에 처할 뿐 아니라 지방 검찰청장 관구경찰청장 경찰서장이 직접 부하 직

원이 본 법령에 위반하는 것을 방임한 때는 즉시 파면되며 그 후 2개년 간 사법부 또는 경무관 직에 취임하지 못한다.

위 기사 내용은 미군정기에 시민들이 경찰에 의해 정당한 절차 없이 체포, 구금되었음을 시사한다.

마침 서울지방검찰청의 29명의 검사들이 피의자 고문 여부에 대한 검찰관의 검증을 경찰이 거부하자 하지 사령관, 김병로 사법부장, 이인 검찰총장에게 진정서를 제출했다. 동아일보 3월 19일자 "검찰관의 검증을 경관 거부는 위법" 기사에 나타난 진정서 내용은 아래와 같다.

절도 혐의로 서울시 서대문경찰서에 구금되어 있는 사법부 내 미인고문관실 전속자동차 운전수 윤종인(23)이 심한 고문을 당하여 빈사 상태에 있다는 정보를 접하고 인권 옹호에 만전을 기할 것을 지상 명령으로 하고 있는 우리 검찰관으로서는 그대로 방치할 수 없으므로 서울지방검찰청 조동진 검찰관을 동 경찰서에 출장케 하여 그 진상 여하를 조사하려 하였으나 동서 수사주임 김원기가 수도관구경찰청장의 명령 없이는 유치장을 검찰관이라도 보여줄 수 없다고 완강히 거절하므로 (…) 수도관구청장에게 전화로 조회하였던바 법률에 근거 없는 명령을 발하고 있다고 수도청장은 말하였는데 사법경찰관이 유치장 검열을 거부한다는 것은 남조선의 현행 법규로 보아서 도저히 있을 수 없는 일이며 그 부당성은 삼척동자라 할지라도 이해할 수 없는 일이다. 만일 경찰관의 이러한 태도가 용인된다면 남조선에 있어서의 인권 옹호는 불가능할 것이다. 더구나 자유로운 분위기 속에서 총선거가 긴급 문제로 되어 있는 오늘 경찰관의 이 같은 비민주주의적 불법 태도를 방임하여서는 안 된다. 원컨대 현명하신 각하께서 선처하시와 경찰관 측의 이 같은 독재적 경향을 급속히 시정하여 주시기를 절망하오며 우리들의 이 지당한 요청을 각하께서 청납하지 않으면 하는 수 없이 유엔 조위에 호소할 것이고 여하한 방법에 의하여서라도 이 부당성을 시정하여야 할 것입니다.

위 진정서는 경찰이 법을 무시하고 있다는 것을 보여준다. 마지막에 유엔 조위(유엔한국임시위원단)에 호소하겠다고 한 것은 그동안 미군정이 경찰 횡포를 눈감아줬다는 것을 의미한다.

법을 무시하는 경찰의 행태는 이후에도 계속됐다. 1948년 3월 20일자 서울신문을 보면 장택상의 담화가 나오는데 그는 검찰관은 수도청장을 경유하여 일선 경찰과 연락하라고 말하고 있다. 1948년 3월 22일 조병옥 담화문 역시 법 위에 있는 경찰의 위상을 보여준다(동아일보 1948. 3. 23). 최근에는 검찰의 정치적 행태가 문제가 되고 있지만 당시에는 경찰의 막강한 권한이 검찰의 정당한 법 집행마저도 제한했음을 알 수 있다.

기실 현행 형사소송법의 규정에 의하면 수사상 법리적 권한으로서 검찰이 주(主)요 경찰은 종(從)이란 관계에 있음이 분명하다. (…) 국립경찰은 남조선 특수 사정에 의하여 중앙 집권의 독립적 체계를 고지하고 있으나 (…) 검찰 당국에서는 국립경찰의 특수 성격을 인식하여 그 명령 계봉의 유지에 필요한 모든 절차를 답습하기를 요청하는 바이다. (…) 경찰이 교섭 절차에 있어 타 외부기관과 동일하게 검찰을 율(律)한 취지와 그 반면에 검찰이 국립경찰의 특수성을 망각하고 형사소송법에 규정한 검찰과 사법경찰의 관계를 문자 그대로 적용하려는 사실에서 무용의 오해 충절이 생겼다고 나는 본다.

남한 단독정부 추진세력인 한국독립정부수립대책위원회는 1948년 3월 25일 개정된 형사소송법을 반대하는 내용의 성명을 발표했다. 위원회는 유엔 한국임시위원단 마저 공산주의자로 몰았다(동아일보 1948. 3. 26).

유엔조선위원단이 (…) 자유로운 분위기 양성을 너무 고조한 결과 남조선까지 소련의 위성국화 하게 하려고 하는 것 같은 인상을 우리에게 주게 되는 것은 우리의 심히 의아하여 마지않는 바이다. 그 계획의 실현이 금번에 발포된 형사소송법 개정에 있다고 볼 수 있는 것이니 그것은 자유스러운 분위기를 양성하는 데 공헌할 수는 없을 것이요, 도리어 자유스러운 분위기를 파괴하여 총선거를 불가능하게 하여 (…) 소련이 보이콧한 그 결과를 나타내려고 하는 것이 될 것이니 우리는 그 태도에 대하여 단호히 반대하지 아니할 수 없다. (…) 4월 1일부터 그 개정법이 그대로 시행되면 남조선에는 파괴 분자들의 행동을 조장하여 입후보자들의 생명도 보장하기 어려울 것이고 투표인을 제지하여 기권케 하고 투표소 습격 등 무한한 불상사를 연출하게 될 것이다. 그 책임은 유엔조선위원단과 이 법령 개정에 참획한 대법원장, 사법부장, 민정장관에게 돌아가고 말 것이다. (…) 그 법령을 그대로 실시하는 것은 도저히 용인할 수 없다는 것을 재삼 고조하는 바이다.

형사소송법은 이후 현재까지 국가보안법이 침해하는 인권문제를 보완하는 성격을 가졌다. 2015년 5월 19일 보수단체인 바른사회시민회의가 주최한 토론회에서 서석구 변호사가 민변을 비판하면서 "국가보안법 위반 사건마다 형사소송법상 피의자 접견 및 신문 참여권을 악용해 사건 실체적 진실 규명과 수사를 방해했다"고 발언한 것이 그 증거이다. 당시 국보법이 반민법으로부터 친일파를 보호하기 위한 것이라면 그것과 마찬가지로 형사소송법이 국보법으로부터 좌파를 보호할 것이라는 우려가 있었다.

(2) 변호사법

한국의 최초의 변호사 제도는 1905년 11월 8일 법률 제5호 '변호사법'이 제정 공포되면서 시행되었다. 그리고 한국에서 최초로 만들어진 변호사회는 1907년 9월 23일 발족한 '한성변호사회'다. 한성변호사회는 1905년 제정된

'광무변호사법'(법률 제5호)에 따라 설치되었다. 광무변호사법은 전국에서 변호사회를 경성에 설치하게 하고 각 지방재판소 소재지에 분회를 두도록 했다(21조). 변호사회의 설립이 이렇듯 국가에 의해 이루어졌다. 이후 1909년 7월 22일 '한국의 사법 및 감옥사무를 일본국정부에 위탁하는 건에 관한 각서'라고 하는 기유각서가 조인되면서 조선의 사법사무는 일본에 완전히 빼앗기게 된다. 일제강점기 변호사제도는 조선총독부의 '변호사규칙'과 '조선변호사령'에 의거했다.

해방 후 미군정은 1945년 11월 14일 미군정청 법무국지령 제1호로 '변호사자격부여'의 지령을 공포했고 이 규정은 1948년 7월 1일 미군정법령 제207호로 '변호사법'이 제정되면서 폐지됐다. 정부 수립 후 1949년 11월 7일 변호사법이 제정됐으며 그 취지 중 하나는 "정부기관의 준법 여부를 민간의 입장에서 감시 또는 보좌하는 변호사제도를 확립하려는 것"이라고 했다. 이는 변호사가 정부기관의 준법여부를 감시하는 역할을 맡았음을 의미한다.

04 _ 언론 · 출판 관련 법

국가가 시민사회를 활성화 또는 억압하는 대표적인 제도 중 하나가 언론 · 출판 관련 제도이다. 이 시기 언론 · 출판을 다룬 법에는 광무신문지법, 미군정 포고 2호, 군정법령 88호, 국가보안법 등이 있다. 해방이 되었어도 언론과 출판의 자유는 보장되지 않았다. 심지어 1907년 친일내각이 만든 '광무신문지법'이 1952년 3월 19일 제2대 국회가 폐기할 때까지 효력을 가졌다. 광무신문지법은 1907년(광무 11년) 7월 일제가 조선인 민족운동을 억압하기 위해 통감부, 이완용 친일내각을 통해 법률 제1호(1908년 법률 제8호로 일부 개정)로 공포한 언론탄압법으로 미군정 시기와 이승만 정부 초기에 통제법으로 계속 적용됐다.

이 법은 "황실의 존엄을 모독하거나 국헌을 문란하거나 국대교의를 조해할 사항을 신문지에 게재할 수 없다"고 했고 "내무대신은 안녕질서를 방해하고 또는 풍속을 괴란하였다고 인정할 시는 신문지의 발매, 반포를 금지하고 이를 압수 또는 발행을 정지 혹은 금지할 수 있다"고 했다. 이와 같은 조항을 위반하면 해당 신문의 "발행인, 편집인, 인쇄인을 3년 이하의 역형에 처하고 그 죄에 공용한 기계를 몰수한다"고 했다. 이 법의 전문 41조 중 30조목이 언론을 탄압하는 내용으로 되어 있다(동아일보 1952. 3. 20). 예를 들면 1조는 신문발행 허가제 규정, 3조는 범죄인 찬양 금지, 10조는 신문 발행에 앞서 관할관청에 2부를 납부할 것, 12조는 비밀사항 게재 금지, 14조는 공판 중인 재판사건 게재 금지, 15조는 허위사실이나 명예훼손사항의 게재 금지, 21조는 동법을 위반할 경우 발행금지, 배포금지, 압수, 정간 등의 행정처분과 함께 언론인에 대한 가혹한 신체형, 벌금형을 명문으로 규정했다(이희훈 2010: 357). 미군정이 조선인민보를 폐간시킬 때 이 법을 적용했고 정부 수립 후에는 국제신문, 국민신문, 세계일보 등이 이 법에 의해 폐간되었으며 1951년 11월 9일 부산지방검찰청이 동아일보 필화사건을 공보처장의 고발에 의해 수사기소하면서 이 법을 적용했다(동아일보 1952. 3. 20).

　　미군정 법령도 정부 수립 후 국회에서 강하게 문제가 제기되거나 대체법안이 있을 때에만 폐기됐다. 시국사범과 언론출판인 처벌을 광범위하게 할 수 있게 만들어 악명을 떨친 미군정의 포고 2호는 정부수립 2년 후인 1950년 4월 21일에 폐지됐다. 1946년 5월 4일 공포된 법령 제72호 '군정에 대한 범죄'는 군정 위반에 대한 80여 종의 범죄를 제시한 것이다. 그 중 대표적인 내용은 유언비어, 포스터, 삐라 살포 등으로 질서를 교란하는 행위를 처벌할 수 있다는 것이다. 언론과 직접 관련된 군정법령 제88호 '신문기타정기간행물의허가'는 1946년 5월 29일 정기간행물 발행을 허가제로 하여 제재를 강화한 것으로 그 내용을 보면 신문 등 정기간행물의 발행은 미군정청 상무부의 허가를 얻어야 하며 허가신청서에 허위 또는 오해를 일으킬 신고나 태만이 있을 때(1항), 이러한 요구를 결한 신청서기재사항변경신고에 유탈이 있을 때(2항), 법률에 위반이 있을 때에 허가당국이 그 허가를 취소 또는 정지할 수 있으며(3항), 외국간행물의 배포에도 상무부장의 허가를 요한다고 규정되어 있다. 또한 이 법률을 위반하는 자는 미군정 재판에 의해 처벌받았다.

1948년 3월 유엔한국임시위원단이 제출한 건의안 중 언론 관련 조항을 보면, "본 위원단은 미당국의 언론, 보도, 집회의 자유를 인정하고 존중하는 민주적 권리를 보장한다고 생각하는 현존 법규집의 제출을 건의"하며 "이 법규집은 후일 이 문제에 관하여 미당국의 언명에 기초가 될 것"이라고 했다. 또한 신문용지는 "시장에서 구매하는 기술에 의거치 말고 관계당국의 손으로 공평한 입장에서 배급된다는 것을 보장하는 방법을 강구하기를 건의"한다고 했다(동아일보 1948. 3. 21). 이를 보면 위원단 역시 미군정이 한국인의 언론 자유를 보장하고 있지 않다고 인식했음을 알 수 있다.

제헌헌법은 기본적으로 언론 자유를 보장하도록 제정되었으나 법률유보의 형태로 제한됐다. 즉 대한민국 헌법 제13조는 "모든 국민은 법률에 의하지 아니하고는 언론, 출판, 집회, 결사의 자유를 제한받지 아니한다"고 되어있다. 이에 대해 유진오는 우리 헌법상 언론, 출판의 자유는 절대적 자유가 아니라 제한할 수 있는 자유라는 것을 의미한다고 밝혔다. 또한 28조에 "국민의 자유와 권리를 제한하는 법률의 제정은 질서유지와 공공복리를 위하여 필요한 경우에 한한다"라는 일반적 법률 유보조항이 있다. 13조는 28조와 같이 자유를 제한하는 법률의 목적과 방법이 규정되어 있지 않으므로 과도한 제한을 할 가능성을 열어둔 것이었다(이희훈 2010: 350).

이승만 정부는 미군정보다 언론에 대해 더 엄격한 조치를 취했다. 언론단속조치 7개항을 채택했는데 그 내용은 1) 대한민국의 국시나 국책을 위반하는 기사 2) 정부를 모략하는 기사 3) 공산당과 이북 괴뢰정권을 인정 내지 비호하는 기사 4) 허위의 사실을 날조 또는 선동하는 기사 5) 우방과의 국교를 저해하고 국위를 손상하는 기사 6) 자극적 논조나 보도로서 민심을 격양 또는 소란케 하는 외에 민심에 악영향을 끼치는 기사 7) 국가의 기밀을 누설하는 기사 등이다. 이승만 정부는 이를 근거로 하여 언론 통제를 강화했다. 언론단속조치 7개항은 언론의 통제범위를 포괄적으로 규정하여 언론을 단속할 수 있게 했다는 점에서 명확성의 원칙에 반하는 위헌적 규정이다(이희훈 2010: 367). 뿐만 아니라 이승만 정부는 광무신문지법, 미군정법령 88호를 통해서도 언론 자유를 억압했다. 이들 법에 의해 정간물의 발행을 허가제로 운용했으며 사전검열을 할 수 있도록 했는데 이 역시 사전제한금지의 원칙에 반하는 위헌적 규정이다. 이승만 정권은 1952년 3월 출판물의 단속을 목적으로 하는 출판물 법안을 국회에 제출하였으나 언론계의 반대와 국회의 거부에 부딪혔다. 또한 국회는 광무신문지법의 폐지에 관한 법률을 1952년 3월 19일에 통과시켜 1952년 4월 4일 법률 제237호로 공포했다(이희훈 2010: 356-358).

동아일보와 대구매일신문의 오식사건은 당시 정부의 언론에 대한 과민반응을 보여준다. 동아일보는 1955년 3월 15일 '고위층 재가 대기 중'이란 제목 앞에, 다른 기사 제목('괴뢰 휴전 위반을, 미 중대시')에 들어갈 단어인 '괴뢰'를 실수로 삽입하여 '괴뢰 고위층 재가 대기 중'이란 제목이 되어버렸다. 당시 고위층은 대통령을 포함한 단어였다. 이 사건으로 관련자들이 국가보안법, 형법상 명예훼손으로 구속됐고 동아일보는 한달간 무기정간처분을 받았다. 또한 1950년 8월 29일 대구매일신문은 '이대통령(大統領)'을 '이견통령(犬統領)'으로 내보내는 실수를 범했는데 이로 인해 신문은 무기정간조치를 당했고 사장은 두달 간 구속되었다.

4월혁명 후 언론·출판에 대한 제재는 완화된다. 1960년 3차 개정헌법 13조는 "모든 국민은 언론, 출판의 자유와 집회, 결사의 자유를 제한받지 아니한다"라고 개정되어 법률유보조항이 삭제됐다. 28조 2항도 "국민의 모든 자유와 권리는 질서유지와 공공복리를 위하여 필요한 경우에 한하여 법률로써 제한할 수 있다. 단, 그 제한은 자유와 권리의 본질적인 내용을 훼손하여서는 아니되며, 언론, 출판에 대한 허가나 검열과 집회, 결사에 대한 허가를 규정할수 없다"고 개정됐다. 언론, 출판에 대한 허가나 검열을 금지하는 규정을 두었다는 점에서 제헌헌법보다 진일보했다고 할 수 있다. 위 개정 헌법에 따라 1960년 7월 1일 법률 제553호 '신문 및 정당 등의 등록에 관한 법률'이 제정, 공포됐다. 핵심적 내용은 신문, 잡지에 대한 허가제가 아닌 등록제를 규정했으며 이로써 미군정법령 88호는 사실상 폐기됐다. 정간물에 대한 허가제도 폐지됐다(이희훈 2010: 351, 358). 미군정법령 88호가 정식 폐지된 것은 1961년 12월 법률 제903호를 통해서이다. 국가보안법에서도 언론조항이 삭제된다.

05_ 정당에 관한 규칙

정당을 포함하여 정치단체는 시민들이 자신의 의사를 국가에 전달하거나 시민들이 직접 정치적 주체가 됨으로써 시민사회가 국가에 압력을 행사할 수 있게 하는 중요한 통로가 된다. 어떤 이론가는 이러한 단체를 시민사회와 국가 사이에 정치사회 영역을 따로 두어 배치할 만큼 이에 특별한 의미를 부여한다. 따라서 국가나 정부는 이들과 자신과의 관계를 규정하는 법·제도 수립에 큰 주의를 기울인다. 그리고 그러한 법과 제도는 그 나라의 시민사회의 힘과 위상을 알 수 있게 해준다.

해방 후 남한에 진주한 미군정은 한국시민사회의 정치적 힘을 견제하는 데 주력했다. 미군정이 1945년 9월 7일 공포한 포고 제1호는 '남한의 모든 통치권은 당분간 맥아더 사령부의 군정 아래 둔다'는 것이다. 포고 제2호는 "항복문서의 조항 또는 태평양미국육군최고지휘관의 권한 하에 발한 포고, 명령,

지시를 범한 자, 미국인과 기타 연합국인의 인명 또는 소유물 또는 보안을 해한 자, 공중치안, 질서를 요란(擾亂)한 자, 정당한 행정을 방해하는 자 또는 연합군에 대하여 고의로 적대행위를 하는 자는 점령군군법회의에서 유죄로 결정한 후 동회의에 결정하는 데로 사형 또는 타형벌에 처함"이라고 되어 있다. 포고 제2호는 그 포괄적 내용 때문에 대표적 악법으로 평가된다(상허학회 2006: 277).

미군정은 남한 시민사회에 대해 해방군으로서보다는 점령군으로서의 태도를 취했다. 사령관 하지는 남한 통치를 위해 『육군민정요람(Army Civil Affairs Manual)』에 주로 의지했는데 이 책은 해방지역이 아닌 점령지역에 관한 것이었다. 그 책은 통치 지역에서 "정치의식 면에서 아무리 건전하다 하더라도, 이미 조직되어 있는 민간정치 집단을 군정부의 정책결정에 참여시켜서는 안 된다"고 했으며 그런 집단과 접촉할 때는 신중해야 한다고 권고했다. 또한 "미국의 정책은 미군정 당국이 이른바 대한민국임시정부나 기타 정치조직을 승인하거나 이들을 정치적 목적에 이용하는 것을 금한다"는 것이었다. 이에 따라 미군정은 임정을 포함하여 어떠한 정치조직도 인정하지 않았다. 즉 "정부 행세를 하려는 어떤 정치조직도 불법적인 활동으로 간주"했다(핸더슨 2013: 247-249). 이같은 미군정의 태도는 시민사회 내에 이미 형성된 정치적 구심점을 약화시키고 사회가 사분오열되게 하는 결과를 초래했다.

더구나 1946년 2월 23일 공포된 군정법령 제55호 '정당에 관한 규칙'은 3인 이상의 단체의 등록을 지시함으로써 군소 정치단체의 난립을 가져왔다. 동 법령 제1조는 정당의 등록에 대한 것으로, 정치와 관련된 3인 이상의 단체는 정당으로서 등록하라는 것이다. 이로 인해 정당이 아닌 정치단체들도 정당으로 등록했다. 제2조는 당 사무소를 이전할 때는 먼저 등록을 해야 하고 이를 어길 시 정당의 해체를 명할 수 있다는 것과 당 자금과 재산을 정확히 보고하라는 것이다. 제3조는 법률상 공직에 처할 자격을 상실한 자는 당원이 될 수 없으며 은밀한 입당은 위법이고 당원 이외의 출처에서 오는 기부나 원조는 일체 불법이라는 것이다. 제4조는 민형사상의 책임에 대한 것으로 보통 당원 이상의 직무를 처리하거나 권능을 행사하는 당원은 이 법령에 위반하는 행위에 대해 연대책임을 져야 한다는 것이다.

이 법은 유명무실한 군소단체도 등록이 가능하게 했다. 1945년 10월 24일 군정청에 등록된 정당 수는 54개였는데 1946년 3월에는 약 134개의 정당이 등록을 마쳤다. 1946년 8월말에 86개의 전국적 단체와 86개의 지방 단체가 등록했다. 이후에도 정당 수는 계속 늘어나 300개에 이르게 된다. 친구 모임이나 동창회 등에서 단체를 만들어 정당으로 등록하는 경우도 생겼다. 그 결과 정치가 안정되지 못했고, 북한에서와 달리 남한에서는 정치적 통합체가 형성되지 못했다(헨더슨 2013: 258).

군정법령 55호는 남한 정부수립 이후에도 적용되었다. 1959년 1월 13일 법무장관은 데모, 삐라 살포행위에 대해 당시 적용하고 있었던 경범죄처벌법보다 엄중한 법으로 처벌한다고 하면서 군정법령 55호를 적용할 것이라고 했다(동아일보 1959.1.14.). 이 법령은 이렇듯 늦게까지 법적 효력을 가졌다. 1950년대 말에 가시야 이 법령이 가진 위헌적 성격이 논란이 됐다. 4월혁명 후에 정치단체 관련 제도에 큰 변화가 나타난다. 정당보호조항이 신설되며 헌법에서 기본권 제한조항이 철폐된다.

06 _ 국가보안법

이 시기에 만들어져 오늘날까지 시민사회를 억압하는 대표적 법률이 바로 국가보안법이다. 국보법은, 국가의 '사회에 대한 전쟁'이 법과 결합되어 전개된 것으로 이해되기도 한다(강성현 2012: 90).

이 법의 탄생은 반민족행위처벌법의 제정과 관련이 있다고 해석되기도 한다. 반민족행위처벌법이 제정·공포되고 친일파들이 이에 반발하던 즈음 내란행위특별처벌법(국보법의 전 명칭)이 제안되었다. 이는 반민법에 대한 공포로 인한 대응이었다. 또한 국보법으로 인해 친일파가 다시 득세할 것이라고 하는 사회 내의 반발에 대해, 반민법이 만들어져서 괜찮다고 하는 논리가 제시되었다. 즉 사실상 친일 보호의 법이 국보법인 것이다. 국보법은 이렇듯 좌익이 대상이라기보다는 친일파를 척결하고자 하는 반일주의자가 대상이었다고 볼 수 있다. 당시 야당을 자처한 한민당이 국보법 제정에 앞장 선 이유도 한민당 대다수가 친일세력이었기 때문에 반민법 제정에 부담을 느꼈기 때문이다. 당시 주한미군 정보보고서는 국보법을 '어떠한 불평분자도 구속할 수 있는' 법안이라고 평가했다(변동명 2007: 104).

1948년 9월 20일 김인식 의원 등이 발의한 입법 동의안에서 내란행위특별처벌법 내지는 내란행위방지법이라는 명칭으로 국가보안법 제정이 최초로 공식 거론된다. 1948년 9월 29일 국회 본회의에서 의사국장이 '대한민국 내란행위 특별처벌법'을 보고했다. 그러나 곧바로 상정되지 않고 지연되던 중에 여순사건이 발발했다. 11월 6일 법사위가 전문 5조의 국가보안법을 본회의에 제출했으며 이어 이 법을 폐기하자는 동의안이 접수되는 등 이후 격렬한 질의 토론을 수반한 독회가 잇따랐다. 결국 11월 19일 법안이 본회의에서 가결되었다. 1948년 12월 1일 정부가 법률 제10호로 공포하여 시행했다. 이 법은 일반 형법(1953.9.18. 법률 293호)보다 5년이나 먼저 제정되었다. 당시에는 전문 6개조로 구성된 간략한 법률이었다. 그 중에는 1) 국헌을 위배하여 정부를 참칭하거나 그에 부수하여 국가를 변란할 목적으로 결사 또는 집단을 구성하는 행위 2) 살인, 방화, 파괴 등 범죄행위를 목적으로 하는 결사나 집단을 조직하는 행위 3) 이러한 목적 또는 그 결사 집단의 지령으로서 그 목적한 사항의 실행을 협의, 선동 또는 선전하는 행위 및 방조하는 행위 등을 처벌 4) 대통령이 이들 결사나 집단의 해산을 명할 수 있다는 규정이 있다.

결사 또는 집단을 구성하는 행위는 헌법상의 권리로서 그 자체가 범죄가
될 수 없다. 국가변란의 목적을 갖고 그러한 행위를 할 경우에 범죄가 되는 것
인데 이를 알 수 있는 방법으로 행위자의 사상을 본다는 것이다. 이때 어떤 사
상을 가진다는 것은 변란을 목적한 것이라는 논리가 성립된다.[7] 이는 제헌헌
법에도 있는 요소이다. 헌법 12조 양심의 자유 조항은 사상의 자유를 적대적으
로 배제했고 국보법은 이를 법률형식으로 표현한 것이다. 그러면서 국보법은
헌법에서 보장하는 다른 기본권의 효력도 정지시켰다(강성현 2012: 95-100).

또한 국보법은 기존 형법상의 내란죄 처벌 규정과 구별하기 위해 제정되
었다. 특히 여순사건 이후 내란행위 자체보다는 내란유사의 목적을 가진 결사
·집단의 구성이나 혹은 그에 대한 가입을 처벌하는 것으로 그 중심이 바뀌었
다(변동명 2007: 92-93). 즉 내란행위특별처벌법이 국가보안법으로 개명되면서
반국가적인 단체나 정당 등의 조직과 활동을 사전에 봉쇄함으로써 내란을 미
연에 방지하기 위한 법안으로 그 성격이 바뀐 것이다.

이 법은 국회에서 발의될 때부터 많은 반대에 부딪혔다. 당시 우익 일색인
의원들이 국가보안법 제정을 반대했는데 그 이유는 내란을 금하고 좌익을 규
제한다는 명목 하에 새로이 특별법을 제정하려는 시도에 반대했기 때문이다.
내란은 기존 법규로 충분히 대응할 수 있다는 것이다. 또한 장차 남북통일에
장애가 될 것이라고 하는 우려도 있었다. 이는 당시 사회가 여전히 통일을 염
원했다는 것을 보여준다. 그러나 여순사건이 국회 분위기를 일거에 변화시켰
다. 그럼에도 불구하고 제정을 반대하는 의원들은 이 법이 무고한 양민을 괴롭
힐 수 있다고 주장했다. 특히 친일관리들이 애국지사를 탄압할 것이라는 우려
가 있었다. 당시 친일경찰이 잔존한 상태에서 애국자가 다시 잡힐 것이 걱정되
었던 것이다. 국보법은 이렇듯 좌익이나 사상문제보다는 친일파 문제와 연결
되었다. 그런데 그러한 상황에서, 반민법이 통과되었으므로 그럴 위험이 없다

는 반론이 제기된다. 즉 반민법과 국보법이 연동되었던 것이다(변동명 2007: 96-100). 즉 당시 여론은 좌익이 아니라 독립운동가 세력, 반일세력이 국보법에 의해 탄압받을 것이라는 것이었다. 사람들은 국보법에 기대어 친일세력이 다시 부활 준동하리라 예상했다. 왜냐하면 친일세력들이 반공에 가장 앞장섰고 친일척결을 주장하는 사람들은 공산주의자로 몰려 공격당했기 때문이다.

1948년 12월 1일 법안이 공포된 날부터 좌익 사범이라는 이유로 사람들이 체포되기 시작했다. 역사상 최단 기간에 최대 인원이 처벌되었다(강성현 2012: 99). 6일간 서울에서만 100여건의 영장이 발부되었다. 춘천에서 30명이 검거되었으며 철도경찰청에서 12월 9일까지 270명이 구속되었다. 12월 27일에 서울에서 최초로 국보법을 적용한 재판이 열렸다. 1949년 한 해에만 국보법에 의해 118,621명이 검거·투옥되었으며 검사가 한 해에 기소한 전체 사건의 8할이 좌익과 관계된 것이었다(변동명 2007: 105). 국회 조사에서도 복역자의 50~80%가 국가보안법 위반자들로 밝혀졌다(헨더슨 2013: 308).

계층을 막론하고 그 어느 누구도 이 법 적용에서 자유롭지 못했다. 전국 주요 조직과 단체가 검거선풍의 대상이 되었다. 문교부 장관은 1948년 12월 7일 좌익을 해고하기 위해 전 교직원의 상세한 이력서를 제출하도록 산하 교육기관에 명령했다. 장교와 하사관의 3분의 1 이상이 처형, 투옥, 해고된 것으로 추정되었다. 1949년 5월까지 주요 신문 7개와 통신사 하나가 폐쇄되었다. 많은 기자들이 체포되었고 발행인들과 편집인들이 추방되었는데 대부분 국가보안법에 의한 것이었다(헨더슨 2013: 309).

또한 결정적으로 반민특위 활동을 종결시킨 것이 국보법이다. 국보법은 6월공세의 주역이 되었다. 국회의원을 남로당 첩자로 기소한 국회프락치사건에 국보법이 유효했다. 김구에게 용공의 올가미를 씌워 제거하려 한 것도 국보법과 무관하지 않다. 6월공세, 국보법으로 반일세력이 일거에 제거당하게 되었고 친일파 생존이 가능해졌다. 반공이데올로기가 확립되었고 이후 친일파 문제가 사회적인 중심의제로 등장하지 않았다. 즉 민주화 이후 과거청산 문제가 다시 쟁점이 되기 전까지 국보법 제정을 계기로 친일파 문제는 소멸되었다. 또한 국보법으로 인해 국회, 사회에 모두 매커시즘적 분위기가 만연해졌다. 친일을 거론하면 공산주의로 몰려 제거될 수 있음을 의미했다. 국회의원들은 '빨갱이라고 둘러쓸까봐 두려워하여 전전긍긍'하고 '국민들이 압박에 못 견디고 마음이 불안해서 살 수가 없다'는 당시 비판이 제기됐다. 온 나라가 극우적 분위기로 휩싸였다(변동명 2007: 108-112).

1949년 12월 2일 국보법 개정 논의가 시작되어 1949년 12월 19일 법률 제85호로 개정이 공포됐다. '좌익사범'의 폭발적 증가로 수용시설이 부족해졌으며 업무량이 폭주하여 감당할 수 없는 게 이유였다(변동명 2007: 110). 그 결과 법정 최고형을 사형으로 높이고 미수죄가 신설되었다. 심급을 단심제로 전환했으며 전향 유도를 위해 보도구금제가 시행되고 보도소가 설치됐다. 보도구금제는 일제의 사상범 보호관찰제에서 연유한 것으로 여러 사항이 매우 유사했다. 소급효도 인정되었는데 이는 법률불소급원칙에 어긋난 것으로, 국회프락치사건으로 소급시키고자 한 목적을 가졌다(강성현 2012: 105). 법 조항을 총 18개로 늘리고 사법적 질자를 줄여 행정의 편의를 도모하고 처벌의 강도를 높이는 방향으로 개정되었다(변동명 2007: 110). 지원결사에 대한 처벌규정도 신설되었다. 지원결사는 변란 목적의 결사와 집단을 지원하는 것을 목적으로 하는 결사를 말한다. 지원결사 개념은 1941년 치안유지법의 지원결사와 준비결사에서 나온 것으로 보인다. 국보법은 이런 면에서 일제강점기 1925년과 1941년의 치안유지법을 많이 닮았다. 법 조문의 자구까지 똑같은 것이 곳곳에서 발견된다(강성현 2012: 103).

2달 후 다시 2차 개정안이 제출되었다. 인권유린이라는 비난, 조항 간의 모순, 시행상의 난점 때문이었다. 단심제가 다시 삼심제로 되고 구류갱신 제한, 소급효 폐지 등 다소 개선이 이루어졌다. 개정안은 1950년 4월 21일자 법률 제128호로 공포된다. 그러나 한국전쟁이 발발하자 비상사태를 이유로 다시 단심제로 돌아갔다.

자유당 정권은 1958년 8월 5일 독소조항이 더욱 강화된 국가보안법 개정안을 제출한다. 4대 대선을 앞두고 12월 19일 법사위에서 3분 만에 날치기 통과시킨 후 야당 의원들을 구타, 감금하고 12월 24일 본회의에서 통과시켰다. 이것이 '2·4파동'이다. '신국가보안법'으로 불린 이 법은 시민사회를 억압하는 대표적인 법률로서, 법체계상 헌법의 하위법인데도 불구하고 헌법보다 상위에 군림했다. 헌법이 보장하고 있는 기본권을 유린한다는 평가를 받으며 현재까지 유지되고 있다(박영선 2010: 40, 45). 기존 조항 외에 정치적 언론의 자유를 구속하는 여러 조항이 신설되었다. 또한 반국가단체를 위하여 또는 그 지령을 받고 군사행동에 관한 단체를 구성하는 행위를 별도로 구별하여 처벌했다. 간첩죄의 처벌 범위를 확대하여 국가의 기밀 탐지, 수집 외에 "적을 이롭게 할 목적으로 국가의 정치, 경제, 사회, 문화, 군사에 관한 정보를 수집"라는 행위와 관공서, 정당, 단체, 또는 개인에 관한 정보를 수집하는 행위를 별도로 처벌하는 규정이 신설되었다. 반국가단체의 지령을 받거나 받음이 없어도 이를 이롭게 할 목적으로 그 목적사항의 실행을 협의·선전 또는 선동하는 행위, 그리고 반국가단체의 목적사항을 선전하기 위하여 문서 등 표현물을 제작·복사·반포하는 행위와 그러한 목적으로 상기 표현물을 보관·취득·운반 또는 휴대하는 행위가 새로이 처벌대상으로 규정되었다. 대표적인 언론규제조항인 유언비어죄를 "공연히 허위인 사실을 적시 또는 유포하거나 사실을 왜곡하여 인심을 혹란하게 함으로써 적을 이롭게 하는 행위"로 규정하여 처벌했다. 반국가단체를 위하여 또는 그 지령을 받고 공연히 대통령, 국회의장, 대법원장 등 헌법기관을 상대로 한 명예훼손을 별도로 가중 처벌했다. 또한 이들 범죄에 편의를 제공하는 일체의 행위가 처벌대상이 되었다. 이들 범죄 중 유언비어죄가 징역 5년 이하, 나머지는 모두 10년 이하의 징역이라는 무거운 법정형이 규정됐다.

특별 형사소송절차 규정으로서 관련 사건에서 법원의 구속적부심사나 보석결정에 대한 검사의 즉시항고가 허용됐으며, 검사 외의 수사기관에서 진술한 피의자의 신문조서가 증거능력을 인정받았다. 이는 정부에 대한 비판을 효과적으로 탄압할 수 있는 여러 장치를 마련한 것이다. 초기에 만들어진 국보법이 치안, 군사적 목적을 주로 반영했다면 3차 개정 국보법은 적용대상을 빨치산과 공비 뿐 아니라 국내 반정부인사에게까지 확대하는 결과를 가져왔다(박용상 2012: 114).

1960년 4월혁명으로 수립된 과도정부는 국가보안법을 개정했다. 언론관계 독소조항을 거의 삭제했으며 반국가단체의 구성원이나 그 지령을 받은 자 이외에 반국가행위를 하는 자는 처벌할 수 없게 했다. 그러나 불고지죄와 자진지원, 금품수수죄가 새로이 규정됐다.

07 _ 계엄법

계엄법은 국가보안법과 더불어 시민사회를 억압해온 대표적인 법이다. 계엄법은 1949년 11월 24일 법률 제69호로 공포되었으나 실상은 그 이전부터 계엄이 작동되고 있었다. 해방 후 계엄이 처음 포고된 것은 1946년 10월항쟁 때 미군정에 의해서이다. 10월 3일 군정경찰이 대구에서 치안통제력을 상실하자 99군정중대는 군 투입을 요청하면서 대구에 계엄을 선포했고 10월 21일에 해제했다. 이는 해당 지역의 정치적 소요 및 무질서에 대응하여 진압하기 위해 전술부대를 개입시키는 하나의 절차였다. 주한미군정은 'Standard of Procedure for Martial Law'라는 매뉴얼을 하달했다. 계엄이 선포된 지역에서 군이 질서회복이란 명목 하에 무력으로 모든 것을 장악할 수 있었던 것은 당시 조선경비대 수뇌부에 강한 인상을 심어주었다(강성현 2012: 112). 이것이 계엄이

군사작전으로 이해되는 계기가 되었다.

이후 1947년 제주4·3항쟁 때 계엄이 포고되었고 1948년 10월 19일 여순사건이 발발하여 10월 22일 이승만이 김백일 사령관의 계엄선포를 추인했다. 1948년 10월 25일 국무회의 의결을 통해 계엄선포가 공포되었다(대통령령 13호). 계엄선포자가 계엄선포를 지역사령관에게 임시로 위임하는 것은 일본 계엄령의 전형적 특징이다. 김백일은 만주군 출신이므로 중일전쟁 후 만주에서 실시된 계엄 상황을 경험했을 가능성이 크다. 제주도에서 11월 17일 송요찬 연대장이 계엄을 선포할 때 그 목적과 절차를 몰라 만주에서 경찰로 근무했던 홍순봉 제주도경찰국장에게 도움을 요청하여 계엄을 선포할 수 있었다. 이처럼 정부 수립 후에는 일제강점기 만주 계엄령 실시 경험에 따라 계엄이 실시되었다. 따라서 특정 지역을 계엄지역으로 설정해서 무조건 발포하는 것이 계엄이라는 인식이 첫 실시 때부터 형성되었다. 즉 사람을 함부로 죽일 수 있는 것이 계엄령이라는 인식이 이때부터 굳어진 것이다. 여순지역과 제주도의 주민들은 당시 모든 일이 계엄령 때문이라고 기억한다. 진압에 참여했던 군인들도 계엄을 마음대로 사람을 죽여도 좋은 것으로 이해했다(강성현 2012: 111-112).

1948년 11월 2일 국회 94차 본회의에서, 여순사건에서의 계엄령이 헌법 몇 조에 의해 발포된 것인지 질문이 있자 법무장관은 "이번 여수 순천에 실시한 계엄령은 헌법 제52조에 의한 일반 행정권에 의한 것이 아니라 국부적으로 계엄법에 의해서 현지 군사령관이 사건을 진압하기 위해서 실시한 것"이라고 답했다(경향신문 1948.11.3.). 그러나 문제는 당시 계엄 실시가 계엄법이 없는 상황에서 행해졌다는 것이다. 이것에 대해 문제가 제기되자 서둘러 계엄법 제정이 추진됐다. 1948년 12월 4일 계엄법 제정 시도가 언론에 표출되었다. 그동안 법이 없이 계엄이 선포된 것에 대해 위헌이라는 주장이 제기되자 법제처 행정법제국은 그 법적 근거를 1882년 8월 포고된 일제 계엄령에서 구할 수 있다고 주장했다. 이는 정부 수립이후에도 일제 계엄령의 계속성을 당연하게 법리적으로 해석하고 있었다는 것을 의미한다. 그러자 그것에 대한 반론으로 조선인민을 차별, 억압하는 모든 법률의 효력을 폐지한 미 군정법령 11호 2조에 의해 일제 계엄령이 폐지되었다는 주장이 제기되었다. 이에 대해, 군정법령 11호 1조에 폐기해야 할 일제 구법령은 구체적으로 적시되었는데 그 목록에 계엄령이 포함되지 않아서 여전히 유효하다고 주장되었다. 또한 군정법령 21호에 의해, 이미 폐지된 것을 제외한 모든 법률과 명령은 존속되었으므로 계엄령도 효력을 가지며, 제헌헌법 100조에도 현행법령은 헌법에 저촉되지 않는 한 효력을 가진다고 했으므로 제헌헌법 이전의 현행법령 즉 일제 법령 등의 구법령을 인정해야 한다는 것이었다. 민법의 경우도 일제 때부터 써온 법률이 해방 후에도 존속했다는 것이다. 이 주장은 제주4·3항쟁, 여순사건 때의 계엄선포는 일제 법에 근거한 것이며 일제의 법이 여전히 효력이 있다는 것을 인정한 것이다(강성현 2012).

계엄법 제정 시작은 6월공세로 제헌국회 내 소장파가 위축된 1949년 6월 말에 비롯되었다. 6월 22일 지대형 의원 외 14인이 계엄법안을 제출하여 1949년 11월 24일 제헌헌법 64조에 근거하여 법이 제정되었다(동아일보 1949. 11. 29). 계엄법은 일본 계엄령의 기본 틀을 계승하여, 계엄 선포권자인 대통령이 지역사령관에게 선포권을 위임하는 형식을 취했다. 또한 계엄법은 민간인을 군법회의로 처리할 수 있도록 했으며, 국회의 승인을 거침으로써 자의적 권력 행사를 견제할 수 있는 장치를 두지 않고 국회에 통고만 하면 선포할 수 있게 했다. 이에 대해 국회 내에서 격렬한 반대가 있었지만 결국 통과되었다. 김장렬 의원은 "민주국가인 우리가 대통령이 계엄을 선포한다고 단순히 규정한다면 군국주의를 재판(再版)하는 것"이라고 주장했다. 그러나 이 주장은 국회가 계엄해제요구권을 갖고 있으므로 통고만으로 충분하다는 의견에 밀렸다(강성현 2012: 114).

이후 계엄은 한국전쟁 때 선포되었다. 7월 8일 전라도 이외의 지역에, 7월

21일 전국에 선포되었다. 이 비상계엄은 이전에 저지른 행정부와 군경의 초헌법적 행위에 합법성을 부여했으며 자국민에 대한 학살을 적법화시켰다(강성현 2012: 118).

08 _ 반민족행위처벌법

친일청산은 해방 후 국가와 시민사회를 새롭게 재건하도록 해주는 제1과제로서 모든 시민의 숙원이었으나 미군정의 정책에 의해 지연되었다. 1946년 3월 반민족행위자에 대한 처벌 논의가 본격화됐다. 1946년부터 과도입법위원에 의해 '민족 반역자, 부일협력자, 간상배에 대한 특별법'이 추진된다. 그러나 최종 통과된 1947년 7월의 특별법은 그 처벌의 범주와 강도가 상당히 축소되었고 그 마저도 미군정의 인준 지연으로 실현되지 못했다(이민영 2013: 432).

1948년 6월 헌법기초위원회의 회의에서 "반민족 행위에 대하여 국회에 특별법안을 제정할 수 있기로 되어 있다"고 확인했으며(동아일보 1948. 6. 24), 이후 정부 내에 있는 친일파 숙청에 관한 논의가 이어졌다. 그러나 이에 대해 이승만이 미온적 태도를 보여 문제가 되었다. 국회는 "정부 고관급에 친일파가 개재되어 있다는 사실을 지적하고 대통령에 대하여 그들의 숙청을 건의하는 동시에 그 구체적 인물을 심사 적발하여 건의하고자 임시특별위원회를 구성하고 조사하여 오던 바" "우선 민희식, 유진오, 임문환 삼씨만을 친일배로서 지적"했는데 "이 문제에 대한 대통령의 태도는 상금 미온적인 것이며 이미 제1차 건의 당시에 대통령은 임차관 경질만을 언급하였을 뿐"이었다는 것이다(동아일보 1948. 8. 24). 국회는 반민법 제정 이전에 우선 행정부 내의 친일파를 추방하고자 했으나 이러한 난관에 부딪혔다.

1948년 9월 7일 반민법이 제정되고 22일 공포되었다. 그 중 제5조는 친일파를 공직에서 추방하는 조항이었는데, 이는 친일세력이 공조직에 기대어 독립운동세력을 탄압할 수 있다는 우려를 반영한 것이다. 반민법이 공포되자 9월 23일 반민법을 망민법이라 하고 그 제정에 앞장선 의원들을 적구라고 비난하는 친일세력 주도의 대규모 관제 반공시민대회가 서울운동장에서 열렸다. 이 대회에 이승만을 비롯하여 국무총리, 국무위원이 참석했고 치사가 낭독되었다. 친일세력이 대다수였던 한민당은 반민법 제정에 부담을 느꼈다. 이렇게 친일파들의 반대가 극심할 즈음에 국가보안법이 처음 발의된다.

반민특위는 1949년부터 본격적인 활동을 시작했다. 1월 8일 화신재벌 박흥식, 일본첩자 이종형, 강우규 열사를 체포한 김태석, 중추원 부의장을 지낸 박중양, 최린, 김연수, 노덕술, 김갑순, 최남선, 이광수, 배정자 등이 체포되었다. 반민특위가 친일파를 체포하기 시작하자 반대파의 공격이 시작됐다. 반민법 제정 자체를 반대했던 이승만은 노덕술 등 친일경찰을 석방하라고 특위위원을 불러 압박을 가했다(임영태 2008: 133). 이승만은 반민특위 활동이 위헌이라며 담화 발표만 6차례나 했다. 2월 15일 정부의 반민법 개정안이 국회에 제출되었는데 국회에서 이를 부결시켰다. 이에 정부와 친일세력이 특위 관계자를 암살하려는 데까지 이르렀다. 당시 온 사회가 온통 반민법과 반민특위 활동에 쏠려 있었다(변동명 2007: 106).

이후 반민법과 반민특위를 규탄하는 관제반공대회가 열렸다. 반민족행위자를 처벌하기 위한 특별재판부를 '김일성 법정'이라며 거부하는 친일파가 등장했다. 그러나 반민특위 활동에 여론은 압도적 지지를 보냈다. 따라서 이승만 정부와 친일세력은 국면을 반전시키기 위해 '6월공세'를 시도했다. 6월 6일에 경찰이 반민특위를 습격했으며 반민특위 활동을 주도하던 소장파 의원들 몇몇을 남로당과 연계되었다는 혐의로 체포했다. 또한 김구를 살해했다. 이것이 6월공세의 절정이 되었다. 김구의 피살은 온 사회를 공포의 도가니로 몰아넣었다. 이어 7월 6일 이승만의 요구대로 국회는 반민법을 개정하여 특위 활동을 사실상 종결시켰다.

제 2 장

경제 제도

01_ 농지개혁

일제강점기에 많은 농민들이 토지조사사업과 토지개량사업으로 땅을 빼앗겨 농촌 중간층이 몰락했다. 토지개량사업은 주로 수리조합이 설치되어 이것이 관개수리 조직체로 기능하면서 강제적으로 추진됐다. 수리조합은 일본인 지주가 중심이 되어 군수나 면장과 짜고 부정한 방법으로 인가를 받았다. 따라서 그 설립과 운영은 결국 일본인 대지주의 이익에 맞게 되었고 조합의 대부분을 차지하는 조선인 중소지주나 농민은 크게 불이익을 당했다. "수세의 과중한 부담과 조합 측의 계획적 압박, 간계에 의하여 빈약한 조선인 소지주는 생활이 어려워서 염가로 투매하게" 되어 수리조합 관내의 조선인 토지는 점차 일본인 소유로 귀속되어 갔다(동아일보 1923.2.1.). 이렇듯 조선인 소지주의 부담과중으로 인한 전매와 방매로 일본인 지주의 토지 겸병이 촉진되었다.

일본 본토의 농업정체는 식민지 조선의 산미증식운동으로 타개되었다. 한국에 전형적인 식민지형 미단작(米單作) 체제를 구축한 것이다. 그 결과 쌀 생산성 향상에도 불구하고 농민 빈곤이 심화되어 농민분화가 촉진되었다. 지주제가 확대되었고 농업의 영세구조가 심화되었다. 농촌빈곤문제가 심각해지자 일제는 1933년 3월 농가경제갱생 계획수립의 일환으로 10개년 계획을 발표한다. 갱생계획의 주요방침은 1) 자력갱생을 기본으로 농민을 자각자분시키는 정신개발에 중점 2) 갱생계획의 대상은 집단이 아닌 개인으로 하고 부락 내 각 호를 대상으로 계획 수립 3) 자급자족을 원칙으로 하여 기업적 영리주의를 경계하고 경영의 합리화, 다각화 추진 4) 지방의 실정에 비추어 식량의 충실화, 부채의 정리, 농가경제의 현금수지균형 달성이다. 이는 기본적으로 농촌빈곤의 원인과 해결을 농민 개인에게 돌리는 것이다. 백남운은 조선총독부의 농촌진흥운동과 그 일환인 자작농창정안, 조선농지령, 복고정책 등은 대공황기 일제 수탈정책의 방향을 보여주는 것이라 주장했다. 또한 일제는 한반도에서 남한을 식량공급지로 활용했으므로 공업은 부진하고 농업만 발달해 있었다. 전근대적 지주-소작관계를 유지해왔으므로 1945년 당시 전체 농민의 85% 이상이 소작농이었다. 따라서 해방 후 한국인들이 가장 큰 관심을 가진 것 중 하나는 토지개혁이었다.

미군정은 소작료 최고한도를 과거의 50%였던 것을 3분의 1로 감축했다. 그러나 3분의 1이란 소작료도 적은 것이 아니었고 더구나 미군정이 현물납세를 고수함으로써 농민의 부담을 높여 거센 저항을 받았다. 화폐를 마구 찍어내 인플레가 계속됐고 쌀을 밀반출하여 식량사정이 악화된 상황에서 일제강점기 자행된 식량공출제도를 부활시켰다. 그 결과 쌀이 많이 부족해져서 당시 어느 시위이건 간에 쌀을 달라는 요구가 빠지지 않았다. 쌀 문제는 당시 가장 심각한 문제였다(임영태 2008: 84-87). 1946년 10월항쟁의 큰 원인 중 하나도 미군정의 쌀 정책의 실패이다. 미군정은 남조선과도입법의원의 개원과 더불어 토지개혁을 실시하려 했으나 지주가 다수인 한민당의 미온적 태도로 결국 정부 수립 이후의 과제로 미뤄졌다. 1948년 3월 미군정은 중앙토지행정처를 설치하여 2정보 이하의 일본인 소유의 토지를 소작인에게 우선권을 주어 유상 분배했다. 소작인의 수가 1945년 당시 전체 인구의 약 75%에서 약 33%로 줄었으며 이것이 농촌의 불안정성을 감소시켰다(헨더슨 2013: 298). 한편 북한에서는 무상

몰수, 무상분배의 원칙에 따라 토지개혁이 실시되어 일본인, 친일파의 토지는 모두 몰수되어 소작농에게 분배됐다.

제헌헌법은 "농지는 농민에게 분배"한다고 규정했고 그 중 86조는 농지 분배 방법, 소유의 한도, 소유권의 내용과 한계를 법률로 위임했다. 1948년 9월부터 정부는 농지개혁법 제정을 위해 법안을 마련하기 시작했다. 조봉암 초대 농림부장관은 농민의 불만의 표적이 되고 있던 미곡공출제도를 폐지하고 적정 가격으로 매상하는 방침을 세웠다. 또한 농업협동조합을 조직하고 농지 개혁을 실시하려고 했다. 그러나 한민당계의 반대로 입법은 지연되었고 조봉암은 1949년 2월 초 사퇴한다(송건호 2002: 97). 결국 농지개혁법은 1949년 6월 21일에야 국회를 통과하여 1950년에 들어서 실시할 수 있게 되었다. 당시 의회를 장악하고 있던 지주 중심의 한민당과 그 뒤를 이은 민국당은 토지개혁 법안이 국회에 제출되자 방해공작을 폈다. 이승만은 토지개혁에 대한 북한의 공세와 한민당 견제라는 두가지 측면을 고려했으므로 농지개혁을 실시하고자 했다. 여러 가지 한계가 있었지만 농지개혁을 통해 지주가 대부분 사라지고 농민적 토지소유가 확립됐다(임영태 2008: 135-137).

02 _ 귀속재산처리법

해방 후 조선 내 일본인 재산은 군정법령 2호로 동결되었다가 군정법령 33호로 그 소유권이 미군정청에 귀속된다. 귀속재산의 관리인은 대부분 미군정, 한민당, 이승만과 가까운 사람들로 선정됐다. 이들은 나라 경제의 발전보다는 개인적 치부에 더 관심이 많았다. 1947년부터 귀속재산의 불하가 시작됐는데 주로 관과 유착한 사람들에게 돌아가면서 막대한 국유재산이 헐값에 넘어갔다(임영태 2008: 87).

개발은 시민사회 경제 분야에서 중요한 문제인데 그 주요 쟁점 중 하나는 자원과 산업의 국유·공유 문제이다. 제헌헌법 84조는 "모든 국민에게 생활의 기본적 수요를 충족할 수 있게 하는 사회정의의 실현과 균형있는 국민경제의 발전을 기"한다고 되어 있고 "각인의 경제상 자유는 이 한계 내에서 보장"된다고 했다. 85조는 법률에 따라 천연자원 및 자연력을 "공공필요에 의하여 일정한 기간 그 개발 또는 이용을 특허"할 수 있다고 하고 있다. 즉 천연자원 및 자연력의 개발과 이용을 법률이 정하는 바에 따라 특허할 수 있게 한 것이다. 그러나 관련 기업의 국유는 명시하지 않고 있다. 87조는 "중요한 군수, 통신, 금융, 보험, 전기, 수리, 수도, 까스 및 공공성을 가진 기업은 국영 또는 공영으로 한다. 공공필요에 의하여 사영을 특허하거나 또는 그 특허를 취소함은 법률의 정하는 바에 의하여 행한다. 대외무역은 국가의 통제하에 둔다."고 규정했다. 즉 87조는 국공영으로 지정된 중요 기업도 법률이 정하는 바에 따라 사영을 특허할 수 있도록 했다. 해방 당시 적산이 국부의 8할 정도를 차지했으나 이렇듯 특허 규정과 법률 유보 규정을 삽입해 광범한 사유화의 길을 열 수 있도록 했다. 또한 85조와 87조는 천연자원, 자연력의 국유와 중요기업의 국공유를 명시적으로 규정했는데, 이에 반해 "국방상 또는 국민생활상 긴절한 필요에 의하여" 사기업을 국공유화하거나 그 경영을 통제·관리하도록 하여 사영기업의 국공유 이전 및 통제를 규정한 88조는 명시화하지 않고 법률로 유보했다. 사영기업의 국공유화는 거의 실행된 적이 없었다(신용옥 2014: 186, 206).[8]

또한 89조에서, 88조에 의해 "권리를 수용, 사용 또는 제한하는 때에는" "상당한 보상을 지급"하도록 한 "제15조 제3항의 규정을 준용"하도록 규정했다. 그런데 한국전쟁 기간 동안 징발되었다가 1957년 8월 31일까지 징발이 해제되지 않은 귀속재산이 688건이었고 그 중 유엔군의 징발이 386건이었다(신용옥 2008: 263-264).

1954년 헌법 개정에서 85조는 천연자원 및 자연력의 국유조항이 삭제되고 대신 그 채취, 개발, 이용의 특허를 규정했다. 87조는 국영기업체 폐지로 국공영 조항이 삭제됐으며 88조는 사영기업의 국공유 이전을 금지시켰다. 즉 헌법상으로 사회화 조항이 거의 소멸됐다.

귀속재산처리법, 국유재산법, 광업법은 제헌헌법 85조와 87조를 구체화한 법률이다. 귀속재산처리법은 국공유 재산과 국공유 기업체로 지정된 것을 제외한 모든 귀속재산을 국민 또는 법인에게 매각(3조)하며 매각될 때까지 정부가 관리하는 것이다(4조). 5조는 국공유를 규정하고 있다. 제헌헌법 85조에 열거한 천연자원의 권리 뿐 아니라 영림(營林) 재산으로 필요한 임야, 역사적 가치가 있는 유산과 공공성이 있거나 보존할 필요가 있는 부동산과 동산을 포함시켰다. 정부와 공공단체가 공용 또는 공공용으로 필요로 하거나 교화 및 후생기관의 공익사업에 필요한 부동산과 동산도 포함됐다. 귀속처리재산법은 귀속재산 처리를 목적을 하는 법안이지만 국공유 재산과 국공유 기업체에 대한 규정도 포함하고 있다. 이 법의 규정에 따라 1951년 52개의 국영기업체가 지정되었으나 1954년에 국영기업체 지정을 폐지하고 불하 대상에 포함시켰다(신용옥 2014, 205-206). 6조는 제헌헌법 87조에 열거된 기업체와 중요한 광산, 제철소, 기계공장, 기타 공공성을 가진 기업을 국공영으로 한다고 규정하고 있다. 그러나 헌법 87조의 규정은 조항에 열거된 모든 기업을 국공영으로 하는 것이 아니라 그 중에서 개인에게 맡길 수 없는 중요한 대규모 기업체에 한정하고 그외는 사영을 허가하며 헌법에 열거되지 않은 기업은 사영을 원칙으로 한다고 되어 있다. 따라서 귀속재산 중 국공영으로 운영할 사업체 규정도 이러한 헌법 87조의 취지가 적용됐다(신용옥 2008: 235).

귀속처리재산법 6조와 동법 시행령 5조의 규정에 따라 1951년 3월 31일 8개의 기업체가 일차로 국영으로 지정되어 공포됐다. 조선석탄배급회사, 조선연탄주식회사, 삼국석탄공업주식회사, 삼척탄광, 영월탄광, 화순탄광, 은성탄광, 서울펫치연탄공장 등이 그것이다. 이어 5월 29일 44개의 국영기업체가 지정되었다. 모두 합쳐 52개의 기업체가 국영으로 지정됐다. 대한수리조합연합회, 조선전업주식회사, 대한농지개발영단, 조선석탄배급회사, 조선광업진흥주식회사, 주택영단 등 6개의 국영기업체와 중앙은행인 한국은행이 포함됐다. 그 외 금융조합연합회, 대한농회, 산림연합회, 대한목재회사, 대한해운공사, 대한수산업회, 조선운수회사, 식량영단, 대한조선공사 등이 정부 대행기관으로 지정됐다. 1954년 5월 8일 정부는 국영기업체의 매각금지정책을 해제한다. 정부가 관리하고 있는 귀속재산이 1956년까지 매우 컸다. 주요 귀속기업체들이 국영기업체로 지정되지 않고 매각 대상으로 대기 중이었기 때문에 그 관리와 운영이 효율적이지 않았을 뿐 아니라 정치적 흥정의 대상이 되는 경우가 많았다. 이승만과 자유당 정권의 유지는 이러한 이권이 있어서 가능한 것이었다(신용옥 2008).

03 _ 광업법과 대한석탄공사

광업법은 천연자원, 자연력 등을 국유로 한다고 명시한 제헌헌법 85조에 따른 대표적 입법으로, 1951년 12월 23일 법률 234호로 제정됐다. 이 법은 광업에 관한 기본적인 제도를 규정하였으며 국가가 미채굴 광물의 채굴과 취득을 허가하는 기준이 되었다. 이 법에 특징적인 것은 국회의 동의를 얻을 경우 정부가 허가하는 외국인이나 외국법인도 광업권을 취득할 수 있다는 점이다. 국내인의 경우 주무장관에게 출원해 허가를 받을 수 있고 주무 장관은 공익을 저해한다고 인정할 경우 광업권을 축소 내지 취소할 수 있었다(신용옥 2008: 257). 국영광업의 경우 따로 정하는 법으로 설립된 법인이 경영할 수 있었다. 이 법인은 정부 출자가 절반을 넘어야 했다. 광업법 제정 전 국유광업권처분령이 공포되어 국영기업체에 속한 탄광과 광산을 제외한 귀속광산을 처분하기로 하여, 광업법은 국영광업에 대한 규정이라기보다 국유 귀속광업을 매각하는 동안 관리하는 법의 성격이 강했다(신용옥 2014: 206).

1952년 집계된 귀속광산의 수는 2,047개였다(경향신문 1978. 1. 24). 1952년 5월 상공부는 광업법에 의해 국영탄광으로 지정될 특정 귀속광산을 제외한 전 귀속광산을 5년에 걸쳐 불하할 계획을 세웠다(신용옥 2008: 244). 한국전쟁 이후 중석, 흑연형석, 고령토, 동광석, 철광석 등의 수출이 풀리면서 귀속광산을 민영화하여 기업가들이 투자하도록 장려하고자 했기 때문이다. 그런데 광업권은 국유재산법을 적용하고 기존 귀속광산시설은 귀속재산처리법을 적용하게 되어 있어 광업권과 광산시설이 각기 다른 사람에게 불하될 우려가 있었으므로 상공부는 1956년 3월 6일 대통령령 제1135호로 '국유광업권처분령 시행세칙'을 공포하여 귀속광산불하업무를 일원화하고 불하업무를 급속히 진행하고자 했다(경향신문 1978. 1. 24). 그러나 1957년 7월말까지 완전불하하려던 250개 광업권 중 93개 즉 35%만이 불하됐다. 공매부진 이유는 정부의 사정(査定) 가격이 실제 매매 가격보다 비쌌고 광산에 대한 사람들의 투자의욕이 낮았기 때문이다(경향신문 1957. 8. 11). 1960년대 초에 가서야 거의 대부분 불하되고 나머지는 폐광되었다. 귀속광산은 귀속재산 중 가장 인기가 없었는데 그 이유는 당시 가장 망하기 쉬운 사업이 광산업으로 알려져 있었기 때문이다(경향신문 1978. 1. 24).

한편, 석탄의 생산증강을 기하고자 1950년 5월 4일 법률 137호로 대한석탄공사법이 제정된다. 종래 상공부 광무국 석탄과에서 관리하던 석탄 채굴사업의 성적이 좋지 않아 독립적인 공사를 설립해 석탄의 생산을 늘리고자 했기 때문이다. 대통령이 국무회의 결의를 거쳐 대한석탄공사의 총재, 부총재, 이사, 감사를 임명했다. 공사는 매년 사업계획서를 주무장관에게 제출해 대통령의 승인을 얻어야 했다. 또한 대통령은 석탄 증산을 위해 공사 관할이 아닌 석탄광산의 설비 자재, 광업권, 관리운영권을 양도하거나 대여하도록 소유자에게 명령할 수 있었다. 즉 석탄광산과 관련된 대통령의 권한이 비대했다. 또한 대한석탄공사의 회계는 비정상적인 방법으로 처리됐으며 재무회계 처리 기준이 마련되어 있지 않았다. 1952년 석탄공사는 외자관리청에 납부해야 할 93억원에 달하는 수입 석탄 및 광산용 자재 판매대금을 운영자금으로 유용해 물의를 빚기도 했다(신용옥 2008: 258-262).

04 _ 부흥부와 지역사회개발

1948년 7월 17일 경제문제를 종합적으로 다루기 위해 국무총리 소속의 기획처가 설치된다. 이후 한국전쟁으로 인해 기획처는 실질적 역할을 수행하지 못하다가 1955년 8월 27일 부흥부가 발족되면서 폐지된다. 부흥부는 "산업 경제의 부흥에 관한 종합적 계획과 그 실시의 관리조정에 관한 사무를 장리"하는 부서로서 산하에 기획국과 조정국을 두었으며 "산업 경제 부흥에 관한 종합적 계획을 심의하기 위하여" 부흥위원회를 두었다. 부흥부 장관은 국내에 주재하는 외국기관과의 경제조정사무에 관해 정부를 대표했으며 정부의 외자 구입과 도입된 외자의 관리에 관한 사무를 관장하기 위해 부흥부 산하에 외자청을 두었다(동아일보 1955. 1. 24). 부흥위원회는 정부 주도의 경제개발을 이루기 위해 '경제개발7개년계획'을 세웠다. 이후 5.16 쿠데타로 박정희 정권은 부흥부의 경제개발기능을 건설부에 승계했으며 1961년 7월 22일 경제기획원에 이관했다.

1958년 1월 24일 국무회의에서 지역사회개발사업의 사업계획요강이 공포되면서 행정지원과의 지도 하에 전국적으로 지역사회개발운동이 전개되었다(정하성 2002: 34). 같은 해 10월 부흥부 산하에 지역사회개발중앙위원회가 설치되어 지역개발사업이 추진됐다. 정부는 농업, 가정, 교육, 위생, 토목 등의 전문지도원을 마을에 주재시켜 마을의 각종 사업과 교육에 종사하게 했다. 시범계획지역으로 충남 연기군, 경기도 광주군, 제주도 남제주, 북제주 등 4개 지역에 지역별로 지방위원회를 두고 37명의 지방지도원과 14명의 중앙위 직원을 두어 강습회 개최 등의 사업을 진행했다. 252,000달러의 ICA(International Cooperation Administration) 자금과 오천만환의 대충자금으로 예산을 편성했다. 이 계획은 당시 협동조합, 수리조합과 같이 관의 간섭을 받는 것이 아니라 순전히 부락단위, 농촌단위의 주민들의 자주적·자발적 향토사업을 도와주는 것이었다. 일제시대의 농촌자력갱생운동과 같은 사회사업적 성격을 띠고 있는 사업이라고 설명되었다. 이는 농촌을 계몽하고 농민들을 지도·훈련시키면서 자력으로 해결되지 못하는 것은 자금과 물자 면에서 정부가 도와준다는 것이다. 이를 통해 미국 원조의 대중적 효과를 거두어보자는 것과 함께 정부의 대농촌정책의 미비한 점을 보충하자는 것이었다. 농촌 주택사업도 매우 중요하게 취급되어 1958년 ICA 주택계획의 중요한 부분으로 설정되었다. 그러나 이런 사업들이 과연 자주적으로 이루어질지 아니면 기존 사업처럼 정치적으로 이용되는 것인지 의문이라고 언론은 보도했다(경향신문 1958. 10. 8).

결론적으로, 이 시기 한국의 지역개발사업은 정부가 주도하는 하향식 지역사회개발운동이 중심이었으며 이러한 경향이 1980년대까지 이어졌다. 부분적으로는 사회운동가, 교육사상가, 종교단체 등 민간의 자생적 단체가 중심이 된 지역사회운동이 전개되기도 했으나 이러한 운동은 전반적으로 매우 미비했다(정하성 2002: 34).

05 _ 주택건설사업

해방 후 주택 부족은 당시 가장 심각한 사회 문제 중 하나였다. 정부 수립 후 사회장관은 장관연설에서 "주택문제는 민생문제 중에도 현재 대소도시로부터 농촌에 이르기까지 심각한 곤궁에 처하고" 있다고 말했다(동아일보 1948.

10. 7). 한국전쟁 후인 1954년부터 사회부는 무주택자에게 주택을 제공하는 주택건설사업을 시행했다. 정부예산, UNKRA(United Nationals Korean Reconstruction Agency 국제연합한국재건단) 자금, 귀속재산처리대금적립금, ICA 원조자금 등의 자금으로 난민주택, 부흥주택, 국민주택, 희망주택, 조합주택, 상가주택 등의 주택을 지었다. 주택 종류에 따라 각기 다른 조건의 무주택자를 입주시키고자 했다(동아일보 1959. 5. 3).

1956년 10월 재무부와 보건사회부가 무주택자에게 자금 공급을 목적으로 후생주택금고 신설을 추진했다. 금고의 주주는 정부로서, 무주택자에게 주택자금을 융자하거나 임대 등 무주택자에게 주택공급을 목적으로 하는 회사와 단체에 융자하도록 되어있으며, 주택대지의 조성을 위한 융자를 제공했다(동아일보 1956. 10. 14).

1957년 3월 15일 보건사회부는 정부수립 이후 최초의 대규모 주택건설사업계획을 발표한다. 이승만대통령의 지시에 의한 것이라고 하여 전국에 20만 호의 각종 주택을 건축한다고 했는데 3가지 유형이 있었다. 첫째는 'ICA 계획에 의한 도입자재 및 주택자금의 융자에 의한 주택', 둘째는 '기간자재를 무상급여하는 난민정착용 주택', 셋째는 '민간자본으로 건축하는 주택'이다(동아일보 1957. 3. 16). '국민주택건설계획'으로 명명된 계획에 55억환이 배당되었다. 귀속재산처리적립금에서 10억환, 대충자금에서 7억5천만환, 부흥국채에서 5억환을 일단 사용하기로 했다(동아일보 1957. 4. 20).

1958년부터 융자에 의한 주택건설을 본격화했다. 이 계획은 ICA주택건설자금 융자를 통한 것이므로 자금이 외국의 원조에 의한 것이기 때문에 보건사회부가 주도하여 OEC, 부흥부, 융자취급은행인 산업은행이 모여 의논하고 계획했다(동아일보 1959. 5. 3). ICA 주택은 미국국제협조처인 ICA(International Cooperation Agency)의 자금 지원으로 융자를 받아 지어진 주택으로, 화장실을 집안으로 들이고 부엌을 입식으로 바꾼 현대식 주택을 의미했다. ICA 주택사업은 비합리적, 비능률적 주택건설 방식을 지양하고 문화국민에 알맞은 새로운 양식을 택하여 국민생활수준의 향상을 도모한다는 목표 하에 1957년부터 6개년 계속사업으로 1957년에 3천호, 1958년에 3천호 등 연차 계획을 세웠으나 실제로는 2년 동안 2,500호만 건설됐다. 1959년에 6천호를 목표로 매호에 약 150만환씩 잡아 90억환의 기금을 마련했다(경향신문 1959. 2. 25). 정부는 이를 위해'ICA 주택자금융자요강'을 개정했다. 보건사회부와 산업은행에서 취급하다가 1959년 2월부터 산은에서 전담했다. 주택건축자금 중 20%를 주택입주자가 부담하다가 10%로 낮추었고 자금상환기한을 10년에서 15년으로 연장했으며 50명 단위의 주택조합을 25명 단위로 줄였다. 대지를 마련한 개인에게도 주택자금을 융자하기로 했다. 융자비율은 공인단체의 사택은 건축대의 75%, 주택조합과 개인은 90%, 주택기업체는 80%이다(경향신문 1959. 2. 25).

그러나 부흥부의 감사에 따르면 이 사업에는 여러가지 문제가 있었다. 시설자금이 적기에 방출되지 않았고 관계부처간 협조도 긴밀하지 않았으며 도입물자의 구매가 늦어졌다. 심지어 2년이나 걸린 경우도 있었다(경향신문 1959. 3. 11). 대지를 갖고 있고 건설비의 10%를 갖고 있어야 융자를 받을 자격이 생기고 구비 서류와 절차가 매우 복잡했다. 직장인이라면 며칠 결근을 하며 준비해야 하는 절차였다. 또한 대지조사에서 불합격사례가 무수히 나왔다. 따라서 이 사업은 빈곤한 무주택자에게 크게 환영받지 못했고 일부 자금있는 업자들에게만 돈벌이시키는 결과를 가져왔다. 즉 무주택 개인이 아니라 주로 조합이 융자를 신청했는데 이들 조합의 내막을 보면 돈 있는 사람이 유령조합원을 만들어 융자받은 돈으로 집을 짓고 고가에 파는 것이었다. 따라서 애초의 취지대로 실소유자인 무주택자에게 혜택이 돌아가지 않았다(동아일보 1959. 5. 3).

보사부는 자금부족으로 융자를 받기 어려운 사람들에게 '자조주택(Aid and Self-help)'을 추천했다. 자조주택이란 당국이 주택건설자재만을 원조해 주는 것으로 원조액은 25만환 정도이고 건평은 9평 미만으로, 자재대금은 연부로 상환하도록 했다(동아일보 1959. 5. 3).

06 _ 기업 · 직업 관련 제도

국가형성기에 마련된 기업 및 직업 관련 제도를 보기 위해서는 일제강점기 식민지 조선의 경제 상황부터 파악해야 한다. 일제강점기 회사령은 조선 자본에 의한 기업 설립을 방해했으나 3.1 운동 이후 철폐된다. 이는 일본이 한국에서 유리한 자본투자의 시장을 발견했기 때문이었다. 일본자본가들은 한국인의 자금이 일본인 자금의 반도 되지 않고 또한 10시간 이상의 노동도 강요할 수 있는 유리한 투자조건에 매력을 느꼈다(김운태 1998: 71). 회사령이 철폐되면서 토착자본이 구성되기 시작했으나 일본의 거대자본과 경쟁이 되지 못했으며 토착자본이 일본자본에 흡수되기도 했다. 또한 공업화는 주로 군수산업 위주로 경공업 등 다른 산업과 연관을 갖지 못했다. 게다가 공업화는 북한에 집중적으로 건설되었고 그 불균형으로 인해 경제력이 약화됐다. 1936년 일본에서의 2.26쿠데타사건 발생 후 경제가 국가통제로 전환되면서 조선에 진출한 일본 대자본은 그들만의 독점적 지위를 마음껏 누렸고 식민지 조선을 일본자본의 도피처로 이용했다. 공업화 정책은 한국의 저렴한 공업자원을 이용하여 일본자본의 한국진출을 본격화하는 것이다. 전쟁 도발 후에는 인적·물적 자원을 강제로 총동원했고 농업·광산 자원을 수탈했다.

해방 후 미군정기에 공장 등 귀속재산의 관리는 대부분 미군정, 한민당, 이승만과 가까운 사람들에게 맡겨졌는데 이들은 공업의 발전보다는 사적 치부에 더욱 관심이 많았다. 1948년 공산액이 공업 전체로 1940년의 26%에 불과했다. 업종별로 보면 금속공업이 45%, 화학공업 49%, 기계공업 24%, 섬유공업 35%, 식품공업이 9%였다. 이를 보면 해방 후 미군정기 공업생산이 매우 정체되었음을 알 수 있다. 그나마 일부 식품, 섬유, 기계공업 등은 국내 수요의 급증으로 인해 생산회복이 빠르게 이루어졌고 소비재 부문을 중심으로 중소 규모의 민간기업이 설립되었다(이대근 2002: 110).

정부 수립 후 상공부 장관은 국민경제의 윤리화를 위해 감찰위원회를 두어 양심적 상업인을 육성하고 적산공장 등 산업기관에 대해 비양심적이고 비능률적인 인사를 조정한다고 발표했다. 또한 부자연스런 통제경제를 회피하고 일관성 있는 계획경제 방침 하에 생산에 필요한 원료 등을 균형있게 공급한다고 했다. 공공성을 갖는 철도, 국제항로의 선박, 전기, 석탄, 석유, 제철, 대규모의 화학공업 등의 기초산업은 국영으로 하고 일반산업체는 가능한 한 민영으로 한다는 방침을 표명했다. 경제체제는 종합계획하에 생산, 배급, 소비를 통하여 긴급불가결의 경우 기간계획경제를 강행하나 생산부흥으로 인해 사태가 완화되면 점차 자유경제로 돌아간다고 했다. 무역의 경우 헌법에 규정된 바와 같이 원칙상 사영을 허하되 강력한 국가통제하에 둔다고 했다(동아일보 1948. 10. 7).

1956년에 들어서 정부는 중소기업의 중요성을 강조한다. 행정부와 원조당국이 중소기업 육성을 경제재건정책의 중요한 요소로 인식하고 이승만도 이를 강조했다(경향신문 1956. 10. 12). 전국 생산기업체 중 99%가 중소기업임에도 불구하고 중소기업에 대한 융자는 그동안 매우 저조했다. 전체 융자액 504억환 중 31억환에 불과했다. 그럼에도 불구하고 국세액의 대부분을 중소기업이 부담했다. 또한 국내물품세도 소비대중에게 고율로 부과되고 있어 외제품과의 경쟁에서 불리했다. 당시에도 소수의 대기업만 특혜를 받았다(경향신문 1956. 10. 12).

정부는 사회서비스와 결합된 생산업을 장려하기도 했다. 부녀국 산하에 전재부인수공협회를 두어 외화 획득을 목표로 한국인형을 만들어 수출했다. 모자원에 거주하는 전재 미망인들에게 기술훈련을 시키고 그들에게 직업을 알선했다(동아일보 1958. 12. 19).

07 _ 금융제도

국가형성기의 금융제도 역시 일제강점기부터 거슬러 고찰해야 할 필요가 있다. 일제강점기 금융조합은 중소농민을 대상으로 하는 금융기관으로 1907년 금융조합규칙 제정을 통해 처음에는 '지방금융조합'으로 발족하여 지방에서 확장했으며 1918년부터 '금융조합'으로 개편되면서부터 '도(道)금융조합연합회'와 '도시금융조합'이 설립되었다. 금융조합의 조합원에게 경제발전에 필요한 자금을 대부한다는 명목으로 만들어졌으나 실상은 농민들에게 높은 이자를 받고 대출했다. 일본인조차도 이 금융조합을 '고리대업자', '망국적 착취기관', '조선농촌의 흡혈관'이라고 비판할 정도였다. 조합원은 일정액의 출자의무가 있어 농촌 영세민은 배제되었고 그 자금대부는 확실한 저당물이 있는 부자에게만 저리로 융자되어 다시 영세민에게 고리로 대부되는 고리대금화였다(김운태 1998: 226).

수리조합은 1906년 제정된 수리조합 조례에 따라 관개배수시설의 신설과 보수, 관리를 목적으로 설치된 조합이다. 일제강점기에는 산미증식계획을 위해 토지개량자금을 투사하여 토지를 개량하고 서리자금을 제공하는 역할을 했다. 조선식산은행의 자금이 조선토지개량주식회사를 통해 수리조합, 농사회사로 유입되었다. 저리융자금은 역시 대체로 일본인과 소수 조선인 대지주에게 융자하여 관개공사를 하게 했으며 조선농민이나 중소토지소유자에게는 별 혜택이 돌아가지 않았다.

일제는 1911년 조선은행법을 공표하여 조선은행이 중앙은행으로 된다. 일제는 또한 1912년 10월 은행령을 공포했는데 보통은행의 설립기준을 설정하여 한국인의 은행설립을 적극 저지했다. 1914년에는 농공은행령을 공포하여 은행업무를 확장시켰다. 1918년 조선식산은행령이 공포되어 농공은행은 조선식산은행으로 개편된다. 식민지 시기 조선의 은행은 경제발전보다는 식민지 수탈과 전쟁을 뒷받침하는 역할을 했다.

미군정은 식민지 금융체제를 청산하지 않아 그 체제가 지속됐다. 조선은행법, 조선식산은행령, 저축은행령 등 일제강점기 금융법이 여전히 통용됐다. 1950년 5월 5일 한국은행법과 같이 공포된 은행법은 예금자 보호와 경영의 자주화·건전화를 기본 목표로 삼았으며 이를 위해 자본금 증강 및 경영 건전화를 기할 필요가 있었다. 따라서 정부가 소유한 귀속주와 은행이 상호 보유한 주식의 불하가 필요했다. 정부 소유 주식이 대부분이었던 시중은행을 정부와 자유당이 마음대로 운영할 수 있었기 때문에 이에 대한 비판 여론이 비등했다. 자유당은 귀속주의 공매 불하로 야당 성향의 민간인에게 은행 운영권이 장악될 것을 우려했다. 은행법이 제정된 지 4년이 지난 후에 불하추진위원회가 작성한 은행귀속주불하요강이 발표됐는데 주요 내용은 연고 및 우선권을 인정하지 않는 공매, 독점방지를 위해 불하 단위 주수를 일정한 수로 분할 응찰할 것, 불하대금의 일시불, 낙찰은 정부사정가격 이상이어야 할 것, 2년간의 명의서환 금지 등이었다. 그 결과 매각이 지연됐고 국회는 정부가 은행 주식 처분 노력을 성실히 하지 않았다고 결론지었다. 당시 재무부장관이었던 이중재의 회고에 의하면, 대량공매를 하면 은행이 야당으로 넘어갈 우려가 있다는 자유당의 말을 이승만이 듣고 있었다. 이승만은 모든 행정을 권력 유지 방편으로 삼았다. 결국 1956년 3-4월 공매 낙찰자에 대한 매수능력과 자격 심사를 완료하고 매매계약 체결을 하여 4개 일반은행의 귀속주 불하를 완료했다 (신용옥 2008: 253-255).

이승만 정권 시기 은행은 정권 유지에 중요한 역할을 했다. 3.15 부정선거의 뒷돈을 대주어 4.19혁명 후 한국은행 수뇌부가 대거 구속되기도 했다.

08 _ 노동 관련 제도

일제강점기 조선총독부 내에 노동문제를 담당하는 부서는 존재하지 않았다. 일제의 노동정책의 주요 목표는 노동력 수급의 조정, 노동력의 동원과 배치이므로 사회정책으로서의 노동정책이 존재하지 않았다. 일제시기 전반기에는 저임금구조를 정착시키기 위해 사회통제정책으로 노동정책을 폈으며 중일전쟁 이후에는 노동자 개개인에 대한 감시, 동원, 배치에 집중하는 체제로 변화됐다(이상의 2006).

미군정 역시 노동자의 권리 보호를 위해 적극적 정책을 펴거나 제도를 마련하지 않았다. 1945년 9월 25일 군정법령 제2호와 '일본인 재산양도에 관한 4개조령'(1945. 10. 24~26)을 공포하여 해방 후 노동자들이 일제 소유의 기업과 공장을 자주적으로 관리한 공장자주관리운동을 불법행위로 규정하고 일본인 사업체의 소유운영권을 장악하여 직접 미국인 군정관을 파견하거나 관리인을 임명했다. 1945년 10월 30일 군정법령 제19호를 공포하여 '노동의 보호'라는 명분으로 대중의 단체행동을 통제했다. 미군정은 노동운동에 대한 공세를 강화하여 1946년 5월 17일 삼척탄광노동자의 파업과 7월 3일 조선화물사동차주식회사 경성지점 종업원 무단해고 반대투쟁을 강제 진압했다. 다른 한편 6월 12일 인천동방쟁의 때에는 전평의 단체교섭권을 인정하는 등 양면정책을 구사했다. 그러나 7월 23일 법령 제97호 '노동문제에 관한 공공정책 공포 및 노동부 설치'를 공포했는데 이는 민주성과 자율성이라는 요건을 들어 사실상 전평을 부인하고 대한노총을 지지한 것이다(전현수 1993: 119, 132). 결국 미군정은 1947년 8월 전평 사무실을 폐쇄하고 간부들 1,000여명을 검거한다(임영태 2008: 90).

전평주도로 전국적으로 일어난 1946년 9월 총파업은 미군정으로 하여금 노동과 관련된 일련의 조치를 취하도록 만들었다(이대근 2002: 115). 그리하여 노동자 보호와 관련된 법으로, 1946년 9월 18일 군정법령 제112호 '아동노동 법규'와 1946년 11월 7일 군정법령 제121호 '최고노동시간'을 공포했다. 아동 노동법규는 상공업체의 14세 미만 고용금지, 16세 미만 중공업체 또는 유해업 체 종사 금지, 18세 미만 위험 직종 또는 유해 직종 종사 금지, 16세 미만 8시 간 이내 노동시간 제한 등을 규정했다(박언하, 백현옥, 조미숙 2009: 78). 최고노동 시간 제한의 경우는 1일 8시간, 주 48시간 이내의 노동 원칙 등을 세웠다. 필요 할 경우 주 60시간까지 작업을 연장할 수 있으나 이 경우 노사 양측의 사전 합 의에 따라야 하고 초과노동에 대해서는 기본급료의 15% 이상에 해당하는 초 과수당을 지급해야 한다고 규정했다. 단 몇가지 초과노동을 할 수 밖에 없는 예외적인 경우를 제시했으나 이 경우에도 초과수당을 지급해야 한다(이대근 2002: 117). 그러나 정부 수립 후에도 주한 미군은 자체 부대에서도 노동권을 보장하지 않았다. 1955년 11월 22일 보사부는 미군부대 종업원들에 근로기준 법을 적용하도록 미8군에 요청했다. 이들은 단체협약도 체결하지 못하고 미군 측의 일방적인 대우를 받고 있었던 상황이었다. 당시 미8군에 고용되어 있는 한국인은 27,000명이었다(동아일보 1955. 11. 23).

노동자의 경영참가권과 이익균점권은 이 시기의 대표적 노동 관련 쟁점이 다. 남조선대한민국대표민주의원의 헌정구상인 '임시정책대강 27개조'와 '대 한민국임시헌법'에 '주요공업과 적산의 국가관리, 공장의 운영관리에 근로자 의 참여'가 규정되어 있다. 이어서 우파와 중간파가 주로 참여한 남조선과도입 법의원에서 통과된 조선임시약헌에도 노동자의 경영참가권이 규정돼 있다(정 상우 2007; 신원철 2013: 51).

대한노총과 농총이 경영참가권과 이익균점권을 주장했으나 조선상공회의 소 등 기업인들이 이에 반대하면서 결국 경영참가권이 배제되고 이익균점권 조항만 국회에서 통과됐다. 이익균점권은 이후 3공화국 헌법제정 과정에서 삭 제된다. 사회부 노동국에서 노동조합법과 노동기준법 초안을 작성할 때 이익균점법안도 함께 작성됐다. 그 내용에는 '노동자는 자기의 대표를 선출하여 그가 속하는 사업체의 경리에 대한 감사를 요구할 수 있다'는 것, '경영주의 이익 총액 결정 및 배당비율은 법률로써 정한다'는 것, '근로자에 대한 이익배당은 근로자의 근속년한 임금직위를 고려하여 결정한다'는 것, '이익배당은 매결산기마다 현금지불, 은행예금, 양로 연금 등으로서 지불한다'는 규정 등이 포함되었다(동아일보 1949. 1. 28; 신원철 2013: 53). 그러나 이익균점권과 경영참가권이 논의된 배경인 귀속재산 처리에 있어서 정작 이익균점권과 경영참가권은 전혀 반영되지 않았다. 귀속재산법 제정 과정에서 '귀속기업체의 매각에 있어 수매 각자가 종업원조합이 아닐 시는 종업원 조합은 해기업체 전자금의 3할을 출자할 권리를 가진다'라는 수정안이 일시 통과되었다가 결국 삭제됐기 때문이다(경향신문 1949. 11. 22; 신원철 2013: 54).

또한, 1948년 제헌헌법에 근로자의 권리(제17조), 노동삼권 및 이익분배 균점권 보장(제18조), 근로능력상실자에 대한 생활보호(제19조) 등을 규정했으나 관계법령이 제정되지 않아 법령에 의하지 않고 노사간 단체협약에 의해 근로자의 재해보상이 이루어지게 됐다(김태수, 이우헌, 이은애 2010: 48). 정부 수립 후 사회장관은 노동정책과 관련하여 과거 미군정 시기 노동과 관련된 법령이 미비하여 노동을 보호하는데 애로가 있었고 노동행정에도 지장을 주었다고 평가하면서 정부 수립 후 "근로자의 근로조건에 대한 기준결정 또는 일반근로자의 단결, 단체교섭과 단체행동에 대한 자유를 일정한 범위 내에서 법적으로 보장하는 등의 진정한 민주주의적 노동정책의 수립을 기"하겠다고 밝혔다(동아일보 1948. 10. 7).

그러나 한국전쟁 중이던 1953년 5월 10일에서야 노동조합법, 노동쟁의조정법, 노동위원회법과 함께 개별근로자의 보호에 필요한 종합입법으로 근로기준법이 공포되었으며 제8장에 근로자의 업무상 재해에 대하여 개별사용자의 무과실책임을 명시한 재해보상제도를 규정함으로써 산업재해에 대한 보상제도도 법제화됐다. 이러한 근로기준법은 사용자에 대한 행정력의 강한 대응을 전제로 한 것인데 그나마 사용자가 성실히 이행하지 않아 실효성이 없었다(김태수, 이우현, 이은애 2010: 48). 이후 보도된 언론기사를 보면 이는 다음과 같이 평가되고 있다.

헌법은 노동자의 사회적, 경제적 지위향상에 유의하여 노동조합을 규정하고 노동자에게 단결권, 단체교섭권, 단체행동자유권을 부여했고 이 헌법규정에 의거하여 노동조합법, 노동위원회법, 노동쟁의조정법, 근로기준법 등 노동 4법이 제정되었다. 노동조합법은 노동자의 단결권과 단체교섭권을 확보해주기 위해 노동조합의 설립절차를 간소화하고 노동조합의 민주적 운용방식을 규정했으며 단체협약에 관한 규정을 두어 노조의 대표자가 사용자에게 단체협약을 요구할 때 사용자는 정당한 이유없이 이를 거부하지 못하게 했다. 노동위원회법은 노동행정을 보건사회부의 전천(專擅)에 맡기지 않고 3인 동수의 노동자대표, 사용자대표, 공익대표로 구성된 노동위원회의 결의를 받게 함으로써 노동행정의 민주화를 기하고자 한 것이다. 노동쟁의조정법은 노동자의 단체행동자유권 즉 쟁의권을 보장하고자 한 것이다. 근로기준법은 노동계약의 최저기준을 지시하여 노동자의 생활보장을 기약한 것이다. 그럼에도 불구하고 한국의 노조의 단체협약 체결 비율은 매우 저조하다. 1할 미만이라고 한다(경향신문 1959. 1. 24).

보건사회부 등 노동관련 당국이 노동자의 권익을 보호하지 못하고 있다는 비판이 대두되었다. 1955년 한 해 동안 발생한 쟁의 총건수는 27건이었는데 그 중 보건사회부가 조정한 것은 14건이다. 남전노조, 조운, 마산화력발전소의 단체협약문제 등 십여종의 노동쟁의가 발생했으나 이들 중 몇 건만을 해결하고 나머지는 해결되지 못했다(동아일보 1955. 12. 12). 대구대한방직주식회사 노사문제에 있어서도 정부가 사용자 편에 섰으며 노자간 분쟁 조정에 불공정했다. 이는 1956년 5월 31일 이래 국회 사회보건위원회 조사단이 조사한 결과이다. 보건사회부는 경상북도에 노동위원회를 조직하지 않아 쟁의조정이 불가능했고 경상북도 도지사는 각 경찰국장에게 쟁의에 개입하게 하여 노조 측을 고소했다. 경찰은 쟁의 중에 노동자를 구인구류했으며 쟁의 중에 노조 간부를 구속하려고 영장을 신청했다. 회사측은 쟁의발생후 성립된 협약 중 1항을 제외하고는 전혀 실천하지 않았고 쟁의 중에 14명을 부당해고하고 새로 노동자를 채용했다(동아일보 1956. 6. 20). 1959년 4월 보건사회부가 사업체 실태를 조사했는데 근로기준법 적용을 받는 기업체는 전국 4,015개였고 이곳에서 일하는 노동자 수는 216,300여명이었다. 1958년 한 해 위반 건수는 334건이고 이 중 임금미불이 113건, 근로시간 위반이 57건, 안전보건위반이 47건이었다(경향신문 1959. 4. 11).

당시 교원노조 설립문제도 중요 쟁점 중 하나였다. 대한노총을 중심으로 교원노조가 태동하려하자 문교부와 보사부가 법무부에 법적 판단을 요청했는데 법무부는 국가공무원법 37조와 교육공무원법 29조를 근거로 교육공무원의 노조 결성은 불가하다고 답변했다. 교육공무원법 29조는 "공무원인 근로자는 공무 이외의 일을 위한 집단적 행동을 하여서는 아니된다"는 국가공무원법 37조를 준용하고 있으므로 단체교섭과 단체행동은 불가하다는 것이다. 단체교섭과 단체행동이 불가능한 상황에서 단결권은 무의미했다. 근로자의 단결권, 단체교섭권, 단체행동권은 헌법 18조에 의해 "법률의 범위 내에서" 보장되고 있으나 근로자의 범위를 어디까지로 정할 것인가에 따라 교원노조의 결성 가능여부가 결정되었다. 일반공무원, 교육공무원은 헌법과 노동조합법에서 말하는 근로자에 해당은 되지만 근로자의 권리는 행사할 수 없다는 것이었다(경향신문 1959. 3. 17).

제 3 장

사회 제도[9]

01 _ 보건 관련 제도

해방 후 보건 제도와 관련된 언론 기사를 보면 일제강점기 보건제도가 매우 열악했음을 알 수 있다. "일정시대에 비하면 이 땅 인민들의 보건후생을 위하여 마치 하나의 왕국을 건설하는 것과 같이도 군정청 보건후생부에서는 금년도에 예산 4억 1천만 원을 가지고 전쟁 후에 격증하는 결핵병 예방 그 치료와 방역에 필요한 제반시설과 사업을 계획"(동아일보 1946. 4. 22)했다고 했으며 또한 "과거 일본이 식민지 정책으로 한국의 국민보건이라는 것은 그들이 가장 등한시하여왔던 관계로 (…) 보건기관이라고는 하나도 없다"(동아일보 1948. 11. 10)고 강조했다. 다음의 글은 더 나아가, 일제가 고의적으로 조선인의 위생·건강 문제를 방치했다고 주장하고 있다.

조선은 반세기에 긍한 일제식민지 정책에 소위 위생행정이란 것은 경무부 일부에서 영업자의 등록취조에 한 한 사무징벌 뿐이었고 건강한 민족이 영원한 발전과 권세를 획득함을 진작부터 알아차린 그들은 조선민족의 이것을 두려워하며 고의적으로 방관태도를 취하여서 민간은 최저의 생활 속에서 오직 생명 유지에 그날그날을 허덕였을 뿐 위생에 관하여서는 너무나 우매하여왔다. 이제

해방 후 다른 행정과 같이 아니 보다 더 의연히 큰 사명과 의도를 띠고 나타난 보건후생부의 존재는 민간의 의뢰와 기대가 큰 것이다. 이리하여 사회대중은 전에 없던 국민을 위한 위생적 보호를 받기 시작된 것이다(경향신문 1947. 8. 3 "국민보건방침").[10]

다른 한편, 조선총독부는 의료 체계의 성공적인 운영이 식민지 민중의 마음을 얻는 강력하고도 효과적인 방법임을 인식하여 의료 서비스의 보급과 확산을 통해 통치의 안정성을 확보하고자 했다는 주장도 있다.[11] 또한 의료위생의 측면에서는 일제가 '상대적 성공'을 거두었다는 주장도 있다. 그 근거로 일제시기를 거치면서 한국의 전통의료가 급속히 주변화 되었고, 조선인 대다수가 서구의료의 우월성을 의심하지 않거나, 적어도 전통의료에 대한 신념 때문에 서구 근대의료를 적대시하지는 않게 된 점을 들고 있다(조형근 2009; 전재호 2016). 그러나 오늘날 대체의학 등으로 동양의 전통의료가 다시 주목받고 있는 점을 생각해 볼 때 중국과 달리 한국의 전통의료가 일제의 정책으로 인해 단절되고 발전하지 못한 점은 오히려 문제로 지적될 수 있을 것이다.

미군정기에 수립된 보건 관련 법에는 군정법령 제35호 '의학교병원의감독'(1945. 12. 17), 군정법령 제62호 '약종,제약품및관계물품에관한규칙'(1946. 3. 29), 군정법령 제83호 '공설욕탕및음식점면허'(1946. 5. 13), 군정법령 제119호 '마약의취체'(1946. 11. 11) 등이 있다. 또한 미군정은 보건 관련 예산을 대폭 확대했다. 예를 들면, 결핵 예방, 치료, 방역에 필요한 시설을 위해 4억1천만원, 경남 마산에 국립결핵병원을 증설하기 위해 2백50만원(동아일보 1946. 4. 22), 용산, 서대문, 주자동, 사직동, 묵정동에 보건소를 설치하고 거리에서 방황하는 어린이를 수용하기 위해 1,500만원, 북창동에 보건병원을 설치하여 무료 또는 염가로 시민에 산실을 제공하고 산과와 보건부를 양성하기 위해 6천만원을 썼다(동아일보 1948. 4. 4).

또한 미군정은 정부의 보건 관련 조직을 개편하고 의료시설 증설 및 무료 의료서비스를 실시했다. 보건후생부가 15국 54과로 재편성되고(동아일보 1946. 4. 22) 250명 내지 300명의 환자를 수용할 수 있는 결핵병원 두 곳이 수원에 세워졌다. 산모와 산모 가족의 위생생활을 위해 도시 곳곳에 보건소를 설치하였고 간호사들이 가정방문하여 진찰을 실시하기로 했다. 후생사업으로 전재민을 원호하기 위해 도시와 농촌에 가옥을 건축하고 고아와 노인을 수용하기 위해 국립으로 고아원, 양로원, 맹아원, 소년감화원 등을 신설했다(동아일보 1946. 4. 22). 국립보건소가 1947년 5월에 세워져 이곳과 각 대학부속병원에서 실업자와 가난한 환자를 무료로 치료했다. 환자는 빈곤증명서를 구청에 제출하여 치료권을 받아 구청에서 지정한 병원에서 치료받을 수 있었다(동아일보 1947. 10. 19). 또한 서울시에서 종래의 성병치료소를 보건소로 개편하고 댄서 3백명, 기생 8백명, 여급 1,500명, 작부 2,500명이 1개월 2회의 검진 및 치료를 받을 수 있게 했다(경향신문 1948. 2. 22).

특히 아동의 치료 및 건강을 위한 정책에 중점이 주어졌다. 서울시 보건소에서 영아보건을 위해 영아보건대회를 열었으며(동아일보 1947. 4. 30) 서울시 보건소에서 육아법을 강연했다(경향신문 1947. 10. 16). 서울시 보건위생국에서 유아 건강심사회를 개최하여 '건강아'를 표창했고(동아일보 1948. 4. 11), 1948년 5월 1일부터 8일까지를 어린이주간으로 정해 어린이들의 보건상황을 심사했다. 5월 2일에는 창덕궁 후원에서 유아들의 원유회를 개최하고 50명의 '우량아'를 뽑아 서울시장이 표창장을 수여했다. 영양이 불량한 아동에게는 분유를 배급하였고 각 보건소에서 항상 건강진단에 응하도록 조치했다(경향신문 1948. 4. 25). 이러한 변화에 대해 언론은 다음과 같이 평했다.

이제 해방 후 다른 행정과 같이 아니 보다 더 의연히 큰 사명과 의도를 띄고 나타난 보건후생부의 존재는 민간의 의뢰와 기대가 큰 것이다. 이리하여 사회대중은 전에 없던 국민을 위한 위생적 보호를 받기 시작된 것이다. 특히 최근에 와서의 사회위생과 예방의학의 발달은 국민생활의 실제에 의한 여러 가지 사회위생 근본대책과 그 구체화에 관하여 다대한 실현과 가능성을 주고 있다(경향신문 1947. 8. 3).

보건소에 대한 당시 사람들의 인식을 보면, "보건소의 제반사 비용은 항상 국가 혹은 사회의 재정을 기본으로 하여 민중에게는 무료 서비스함을 원칙으로 하는 것"(경향신문 1948. 6. 13)이고, 보건소의 사명은 "보건정책면적 견지에서 극히 중요한 과업이며 치료의학에서 예방의학으로 진전하는 세계 선진 국가들의 의학조"라고 이해되었다(경향신문 1948. 6. 13).

또한 보건제도와 관련하여 대중의 계몽이 강조되었다. "항상 대중의 생활 특히 무식하고 곤궁한 민중 생활 속에 침투하여 이 운동을 전개시켜야 하며 상세한 통계적 조사와 계몽적 보건교육사업에 중점을 두고 보건부의 가족적인 기분으로 구역 내 각 가정과의 친절한 연락과 보건지도를 힘차게 전개할 수 있는 것"이라고 했다(경향신문 1948. 6. 13). 다음의 기사 역시 보건과 관련하여 국민의 계몽이 필요함을 역설하고 있다.

우리는 먼저 보건방책의 수행에 있어서 근본문제는 위생 내지 건강증진에 관한 개인 내지 공중적 교육문제에 봉착하게 된다. (…) 국민각자가 실제생활에 응용시킴에 있어서 방책과 시설을 이해, 이용할 열의를 갖지 않는 이상 아무 효과도 내지 못할 것이다. 즉 국민보건방책의 근본문제에 있어서는 무엇보다 거족적으로 위생지식 계몽과 보건생활의 지도교화에 매진할 것이라 본다. 우리 조선에 있어서는 일반대중은 물론이려니와 상당한 교육을 받았다는 지식계급층에서도 위생방면에는 너무나 어둡고 때로는 전문교육을 받은 여인들이 앓는 애기를 데리고 무녀나 한의에 드나드는 것을 종종 목도하며(경향신문 1947. 8. 3)

실제로 이 시기에는 보건제도가 널리 알려지지 않아 많은 사람들이 이용하지 못했으며 아는 사람만 이용했다는 지적이 있다.

그러나 해방 후 과도정부 당시 국민보건에 대한 첫 시험으로서 서울의 단 한 개 국립보건소(국민보건소)를 창설하고 "국민의 병원"으로 "무료병원"으로 "보건상담의병원"으로 과거 일 년간 모든 악조건 하에서 꾸준히 노력을 하여왔으나 세상 사람이 도대체 국민보건소가 무엇을 하는 곳인지를 이해하지 못하여 이용자도 없었고 일부 이해하는 계급을 상대로 하여왔던 것이다(동아일보 1948. 11. 10).

이처럼 이 시기 보건소가 알려지지 않아 실제로는 많은 사람에게 도움을 주지 못했다는 지적과 함께 또 한 가지 한계로서 비판되는 것은, 미군정기 보건의료정책이 치료보다는 예방에 치우쳤으며 이 전통이 계속 이어졌다는 것이다. 즉 이 시기 예방의학의 강조로 인해 이후에도 예방보건사업이 보건소의 전형으로 굳게 자리 잡게 되었다는 것이다(문옥륜 1992: 62). 이는 군사정부의 보건 행정적 성격을 잘 보여주는 것으로, "공공보건제도의 뿌리가 취약한 점령지의 주민에 대하여 치료서비스보다는 예방보건사업을 실시하는 것이 자원의 제약상 더욱 바람직하며 인도주의적"(문옥륜 1988: 95)이란 점이 반영된 것이다.[12] 즉 시급한 치료를 제공하는 것보다 예방에 치중하는 것이 군사정권이 점령지에서 행하는 실리적 의료방법인데 이것이 미군정이 끝난 이후에도 한국 보건제도의 전형이 되었다고 하는 것이다. 현재도 일반인들 사이에서 '보건소'라고 하면 치료기관이라는 인식보다는 건강관리 기관이라고 하는 이미지가 더 큰 것이 사실이다.

1공화국 시기에는 정부의 보건제도가 많이 알려져 이용자가 대폭 늘어났다. 그동안 이용자가 없다고 지적된 국립보건소를 하루에 백여 명이 이용했다. 이러한 보건소의 특징은 "빈부귀천상하를 구별 않고 구역 내의 주민이면 누구나 돈을 받지 않고 국가의 경비로 무료로 약을 주며 국민보건을 위하여 지도를 하고 있는 것"으로 소개되었다(동아일보 1948. 11. 10). 국립보건소는 사회부의 한 기관으로, 예관동, 인현동, 임산동, 주교동, 방산동, 필동, 충무로 4-5가, 을지로 4가, 오장동을 구역으로 인구 5만명을 상대로 봉사했다(동아일보 1948. 11. 10). 또한 보건과 관련된 많은 법이 통과되었다. 의사법, 약제사법, 전염병예방법, 나예방법, 음식물취체법, 보건소법, 시가지청소법, 위생법, 산업보건위생법 등이 통과·시행됐다.

의사법은 이전과 달라져, 의사의 자격을 4년제 의과대학을 졸업한 후 소관 주무장관이 지정한 병원에서 1년간 실습을 한 자 또는 국가에서 시행하는 시험에 합격한 자에게 주도록 하여 종래의 학교졸업자에게 곧 의사면허장을 수여하는 데서 생기는 폐단이 방지되었다(동아일보 1948. 12. 12). '나예방법'은 문둥병 예방법을 의미하는 것으로 이것이 제정되어, "이로 인하여 종래에 거리를 횡보하던 무서운 그리고 또한 불쌍한 나병환자에 대한 공포가 일소될 것이 기대되고 있는데 그 내용을 보면 국가는 먼저 수용소를 설치하여 모든 나병환자를 수용할 의무가 있는 동시에 나환자 역시 수용소에 들어가서 치료할 의무가 있으며 의사 역시 나환자를 발견하였을 때에는 곧 당국에 계출할 의무가 있게 되어 나병은 완전한 법정 전염병으로 지정된 것"(동아일보 1948. 12. 12)으로 알려졌다. 시가지 청소법은 당시 언론에 의해 "금번 법령 중에서 가장 이채를 띠우고 있는 것"으로 소개되어, "이것은 모든 국민은 자기가 사는 주택과 그 주위를 청소할 의무가 있으며 이를 게을리 하는 자는 국법으로 처단을 받게 되어 있어 앞으로는 제아무리 게으른 자라 할지라도 청소를 하지 않으면 안되게 되어 있어 미화될 것으로 기대된다"(동아일보 1948. 12. 12)고 설명되었다.

1공화국 시기에 등장한 보건소의 역할 및 의사 자격의 강화, 나병환자의 격리수용 등은 근대의료 및 위생체계를 통해 권력의 통제방식의 변화를 설명한 푸코의 이론을 상기하게 한다. 즉 근대국가의 위생 및 의료서비스의 제공은 시민의 복지를 위한 것임과 동시에 시민사회에 대한 통제를 훈육적 방식으로 행할 수 있는 수단이 권력에게 주어졌음을 의미하는 것이다. 그러나 이색적인 것은, '시가지 청소법'과 같이 자기 집과 집주변을 청소하지 않으면 "국법으로 처단을 받게" 되는, 전통시기 보다 더 억압적인 권력 역시 동시에 작동되고 있었다는 점이다. 따라서 보건제도를 놓고 볼 때 1공화국은 전통적, 근대적 성격의 권력이 혼재해 있었던 시기로 판단할 수 있겠다.

한국전쟁 기간 중에는 보건부에서 산하단체와 외곽단체를 총동원하여 방역반, 검역반, 모자보건반을 조직했다. 이를 통해 전쟁 중 발생한 이재민의 이동상황을 파악하면서 구호에 필요한 의약품과 예방약 등을 제공하고자 했다(동아일보 1950. 12. 10). 보건부는 사회부와 분리되었다가 1955년에 다시 통합된다. 보건사회부는 의무(醫務), 방역, 보건, 위생, 약무, 구호, 원호, 부녀문제와 노동에 관한 사무를 장리했다(동아일보 1955. 1. 24).

정부는 1957년 기생충검사에서 관리, 회사원, 학생, 상인, 노동자 등 직업 구분없이 627명을 검사했는데 그 중 92%가 기생충에 감염되어 있었다(경향신문 1957. 4. 24). 정부의 질병관리사업이 제대로 시행되지 않았다는 비판이 제기되었다. 질병관리사업에는 방역, 검사설비, 환경위생, 결핵관리, 나병관리, 성병관리 등이 주요 내용이다. 그런데 1957년 자금이 1958년 7월말까지 4%도 추진되지 않았다는 비판도 제기됐다. 그 이유는 사업내용에 대한 계획수립이 늦어졌고 이후에도 당초 계획에 치밀성이 없어 계획변경을 수없이 했기 때문이라고 한다(경향신문 1959. 3. 11). 정부는 전국 18개 지역의 '모범보건부락'에 '가정변소개량'사업을 벌였으나 자기 부담이어서 경제력 있는 가정만 가능했다(경향신문 1959. 3. 11). 1959년 7월에는 보건체조를 제정하여 발표하기로 했다(경향신문 1959. 3. 19).

02 _ 재해민과 피난민 구제 제도

해방 후 사회적으로 시급한 사안 중 하나는 귀환한 전재동포의 구제였다. 1946년말까지 귀국한 전재동포의 수는 일본에서 약 100만, 만주에서 70만, 중국에서 7만, 기타 3만명이고 개인적으로 밀선을 타고 비밀리에 들어온 사람이 약 35만명이나 되었다. 따라서 약 250만명의 전재동포가 귀환했다(경향신문 1946. 12. 1). 그 보다 훨씬 많은 수인 6백만명으로 추산되기도 했다(동아일보 1946. 10. 20). 이들은 거주지도 없고 생계도 이어갈 방도를 찾기 어려워 군정 보건후생부와 사회단체에서 임시조치로 구호를 했다. 장충단수용소를 비롯, 개성, 의정부, 인천, 연백 등에 수용소를 마련하여 6만여명의 전재동포의 거주지를 마련했으며 직업보도, 작업장 설치 등으로 정착을 시도했다. 그러나 당시 30억의 재정적자로 인해 구제가 쉽지 않은 상황이었다(동아일보 1946. 10. 20). 2백만 명의 전재민들이 방공호, 공원 등에서 노숙을 하여 군정청 보건후생부는 대용주택을 건축하고자 1억원 예산을 세웠다. 또한 관민유지를 망라하여 전재민가주택건축조성회 등을 조직하여 일반인에게도 기부금을 받고자 했다. 그러나 당시 군정당국의 구제사업은 성과가 미미했고 민간 구제사업의 경우 전재민 구제라는 미명하에 사복을 채웠다고 비판받았다(경향신문 1946. 11. 24). 보건후생부는 노점전재동포의 생업을 보호, 육성하기 위해 노점상업조합과 같은 단체를 결성하도록 하는 방안도 검토했다(동아일보 1947. 2. 19).

또한 고아들이 많이 생겨 고아원 시설이 시급히 요청됐다. 해방 전에는 고아원의 수가, 사설이 34개, 인원은 2,238명이었는데, 1946년 12월 시점에 고아원이 65개, 인원은 3,875명이었다. 국립은 1946년 12월에 1개, 인원은 134명이고, 가정의탁아 9명, 특설맹아학교 1개, 감화원 2개, 인원은 176명이었다(경향신문 1947. 2. 2). 후생시설국 측에 의하면 목포감화원에서는 "20세 되는 고아들 중에서 두뇌명석하고 신체튼튼한 애 3명을 국방경비대에 추천한 결과 2명이 합격"했다고 하며 "앞으로 고아원에 있는 20세 전후의 애들은 경관이나 경비대로 등용시킬 안을 세우고" 있다고 했다(경향신문 1947. 2. 2). 20세에 달하는 청년을 고아로 호칭한 것도 특이하지만 이들을 경비대 등으로 활용하고자 하는 당국의 계획은 이 시대 구호에 대한 인식의 수준을 드러내 준다고 하겠다.

또한 당국은 혼혈아와 혼혈아를 낳은 여성에 대해 차별적 인식을 갖고 있었다. 후생시설국의 표현을 빌면, 혼혈아동 수의 증가에 대해 '불의의 애들이 많이 나온다'고 했다. 또한 "그들에게도 물론 잘못이 있겠지만 동양도덕과 우리나라 부덕(婦德)을 더럽히는 일부 여성들의 반성과 회개가 없이는 앞으로도 이 불상사는 근절할 길이 없다"고 하면서 "정조를 생명보다 더 아낀다는 우리나라 부도(婦道)로 볼 때" 매우 '유감스러운 일'이라고 한탄하고 있다. 덧붙여 "여성들의 정조 관념이 한층 앙양되어야 할 때"라고 믿는다고 했다(경향신문 1947. 2. 2).

정부수립 후에는 "천재지변 및 기타 비상 사변으로 인하여 가옥 및 재산 등의 재해를 당한 이재자의 재해부흥 및 그 생업에 필요한 자금을 융자하여 재해복구에 대한 공동사업을 하기 위하여 재해부흥조합을 법인으로서 조직케" (경향신문 1950. 3. 23) 했다. 그리하여 재해부흥조합법이 법률 제126호로 1950년 4월 13일에 공포·시행되었다(경향신문 1950. 4. 16).

한국전쟁으로 인해 구제사업의 필요성은 훨씬 절실해졌다. 특히 피난민 수용 문제가 가장 시급한 과제로 떠올랐다. 한국전쟁 발발 후 12월 5일 평양이 중공군에게 함락되자 정부는 피난계획을 준비했다. 사회부 허정 장관은 서울로 오는 난민을 위해 경기도 마석에 수용소를 만들어 광주를 경유하여 남하하도록 했다. 광주와 수원 간에도 수용소를 만들어 급식과 숙박을 제공했다. 사회부는 구호대책본부를 설치하여 구호반, 물자반, 후생반, 수송반, 섭외반, 총무반, 기획반을 편성했다. 구호활동을 부산에서 본격적으로 실시했는데 흥남 피난민이 많이 있는 거제도와 여러 지방의 피난민이 있는 제주에 각각 사회부 분실을 두었다. 이 시기 구호사업의 특징 중 하나는 거제도 난민수용소를 비롯한 집단적 수용구호방식이었다. 특히 전쟁 중 부모를 잃은 아동들을 위한 영·유아, 부랑아 시설이 전쟁 종식된 후에도 우리나라 사회복지시설의 대종을 이루게 되었다(카바40년사 편찬위원회 1995: 64-65).

또한 '피난민 수용에 관한 임시조치법'이 제정되었는데 이 법은 다음과 같이 설명되었다(동아일보 1950. 10. 10).

엄동을 앞두고 공비들로 인하여 집과 가재를 여지없이 파괴당한 수많은 피난민을 수용하고자 사회부에서는 주택 알선의 만반 준비를 갖추고 있다 함은 기보한 바어니와 李사회부장관은 8일 피난민수용에 대한 임시조치에 관하여 다음과 같은 담화를 발표하였다.

이번 공산괴뢰군의 침략으로 인하여 각처에서 피난생활을 하다 귀환 후 집없는 동포들을 위하여서 정부는 기위제반계획과 방침을 수립하고 준비에 착수하고 있거니와 주택에 대하여서도 영주할 주택을 건축하기까지에는 귀속건물과 일반건물을 이용하여서 입주하도록 9월 중에 피난민 수용에 대한 임시소치법이 발표되어 벌써 경남에서는 이를 실시하여 좋은 성적을 보았거니와 환도 후 금일에 주택난 완화를 위하여서 본법을 실시하려고 기위 공고한 바와 같이 사회부에서는 본 사무를 개시하였음으로 일반은 동포애 외 특히 환난상구의 정신으로 위법이나 무리가 없도록 관리인이나 입주자 간에 준법행위로서 수속절차를 취하여서 실행되도록 협조하여주기를 바라는 바이다.

이 법의 세부조항은 다음과 같다.

제1조. 본법은 비상사태하에 있어서 임시로 피난민을 수용구호함을 목적으

로 한다.

제2조. 사회부장관은 귀속재산 중 주택, 여관, 요정, 기타 수용에 적당한 건물의 관리인에 대하여 피난민의 인원과 피난기일을 지정하여 수용을 명령할 수 있다. 전항의 규정에 의한 피난민의 수용이 귀속재산만으로서 그 수요를 충족시키지 못할 경우에는 사회부장관은 귀속재산 이외의 주택, 여관, 요정, 기타 수용에 적당한 건물의 소유자 또는 대차인에 대하여도 피난민의 수용을 명령할 수 있다.

제3조. 전항의 명령을 받은 자는 피수용인으로부터 임대료 기타의 보수를 받을 수 없다.

제4조. 피난민을 수용함으로서 영업상 지장이 있는 귀속재산의 관리인에 대하여는 관재청장은 임대료의 경감 또는 면제를 할 수 있다.

제5조. 귀속재산의 관리인으로서 본법 제2조 제1항의 명령을 정당한 사유 없이 거부 또는 기피하거나 제3조의 규정에 위반하는 경우에는 사회부장관은 관재청장에 대하여 귀속재산에 대한 임대차계약의 취소를 청구할 수 있다. 전항에 의한 귀속재산의 임대차 계약취소의 청구가 있는 경우에는 관재청장은 청구를 받은 날로부터 11일 이내에 이를 관재위원회에 회부하여 심사결의케 하여야 하며 관재위원회의 결의가 있는 경우에는 지체 없이 이를 이행하여야 한다.

제6조 본법 제2조의 명령을 정당한 이유 없이 거부 또는 기피하거나 제3조의 규정에 위반하는 자는 백 만원 이하의 벌금, 구류 또는 과료에 처한다.

제7조 본법은 단기 4283년 8월 1일부터 시행한다.

위 내용을 볼 때, 피난민 수용에 관한 임시조치법은 주로 공산군으로부터 피해를 입은 피난민에 대한 구제가 주요 관심사이며, 일반인의 집이라 하더라도 정부의 요청이 있을 때 피난민에게 거처를 마련해주어야 하고 그에 따른 대가를 요구해서는 안 된다고 하는 것이 주요 골자이다.

정부는 상이군인 문제 해결을 위해 1956년 10월 11일 군사원호법 개정

법률을 통과시켰다. 그 중요골자는 지방장관은 30인 이상의 남자피용자를 사용하는 자에 대해 남자 전피용자 수의 1할을 초과하지 않는 범위 내에서 상이군인의 수를 정해 그 고용을 명할 수 있다는 것이다. 고용자가 고용명령을 받았을 때 고용된 상이군인의 수가 정해진 수에 달할 때까지 상이군인으로써 결원을 보충해야 한다. 국가, 지방자치단체, 공공단체는 제외되며 또한 특수한 기술과 지식을 요하는 직무로서 상이군인으로 대치할 수 없는 경우 등은 예외로 했다(동아일보 1956. 10. 12). 그러나 원호사업은 시행령이 개정되지 않아 제대로 시행되지 않았다. 21,800여명의 상이병사, 75,000여명의 전사자 및 행방불명자 유가족에 대한 지원금이 재무부로부터 전해지지 않았고 원호법도 제대로 갖춰지지 않았다. 정부는 노동능력이 없는 15,000명의 불구 병사에게 연금으로 매년 24,000환씩 지급하는 계획을 세웠으나 실행되지 않았다. 또한 정부는 이들의 취업을 위해 중앙직업보도소를 설치하고 8,558명에게 직장을 알선했으나 동 대상자인 16만명 중 불구 병사들은 사실상의 혜택을 받지 못했다(경향신문 1957. 3. 28).

그 외에 사회적 약자를 위한 법으로 생활보호법과 신체장해자복지법이 제정되었다. 보건사회부가 1956년 11월 2일 자력을 생활할 수 없는 불구자, 질병자, 노령자를 구호함을 목적으로 이 두 법을 성안하여 법제실에 회부, 심의를 요청했다. 헌법 19조에 명시된 "노령, 질환, 기타 근로능력의 상실로 인하여 생활유지의 능력이 없는 자는 법률이 정하는 바에 의하여 국가의 보호를 받는다"라는 조문에 의해 만들어진 것이라고 설명됐다. 이 법으로 인해 당시 공공구호대상자라고 하여 양곡, 생활비 등의 구호를 받아오던 사람들이 생활보호법을 통해 체계있는 구호와 자활 방도를 얻을 수 있게 되었다. 또한 그때까지 군인, 군속으로 부상을 입어 불구가 된 사람들만 국가의 혜택을 입었으나 신체장해자복지법을 통해 일반 불구자도 혜택을 입게 되었다. 주요 내용은 불구자에게 직업교육을 시키며 거주할 수 있는 원호시설을 만들어주고 치료도 해준다는 것이다. 관공서나 백 명 이상이 종사하는 공공단체에 일용품, 잡화 등을 판매하는 매점을 설치하고 신체장해자로 하여금 그 매점을 경영하도록 우선권을 주기로 했다. 또한 교육부는 극빈자나 노령자의 자녀로서 의무교육 연령에 달한 자가 있으면 의무교육 시행에 따르는데 필요한 학비, 학용품 등을 공급한다고 했다(동아일보 1956. 11. 3).

당시 여성과 관련된 구호사업으로는 모자료(母子療)와 수산장(授産場)이 있다. 전쟁으로 인한 미망인이 29만명에 이르렀는데 이중 3분의 1이 구호를 요하는 사람들이었다. 이들 중 소수에 대해 정부가 UNKRA의 원조로 23개소의 모자료와 수산장을 두고 양곡을 배급했다. 또한 수예, 자수 양재, 조화 등을 가르치면서 보호했는데 이곳에는 대체로 군경미망인이 우선권을 가졌다(경향신문 1955. 12. 29). 그 외에 여성상담소를 부녀국 산하단체로 설립하여. 여성문제, 가정불화, 자녀교육 등의 문제로 어려움을 겪는 여성들을 도왔다. 또한 아동상담소도 같이 있어서 여러 가지 아동문제도 해결하는데 도움을 주었다(동아일보 1958. 12. 19).

그러나 이 시기 정부의 구제사업에는 많은 문제가 있었다. 예를 들면 구제물자가 1957년에 들어왔는데 보사부가 1958년 8월까지 각 지방 분배 계획을 세우지 못해 인천, 부산 등지의 창고에서 그냥 보관되어 있기도 했다(경향신문 1959. 3. 11). 당시 구호 상태를 보여주는 신문연재소설 "계절의 풍속도"를 보면 다음과 같이 쓰여져 있다.

"말은 고아원이요 양로원이요 하지만 보호를 받고 있는 것은 고아나 무의무탁의 노인들이 아니라 경영주들이거든! 보건사회부에서 이를 감독한다지만 우리나라 관리들의 하는 노릇이니 이 역시 감독을 하는 겐지 받는 겐지" "팔, 다리 없는 상이군인들은 다 어떻게 한다지? 상이군인만 보면 국민들은 상부터 찡그리구 정부에서두 고개만 홰홰 내둘르지만, 그것들 팔다릴 잘른게 누군데 그랴? 하다못해 기술양성소라두 만들어 수공업을 해먹구 살게 하든지 안그러면 수면젤 나누어 주어서 모두 자살을 시키든지"(동아일보 1959. 4. 4)

03 _ 환경 관련 제도

이 시기 환경 관련 제도에는 가축보호법, 원자력법, 방사성동위원소등의관리및그에의한방사선장해방어령 등이 있다. 이 법들은 동물보호와 방사능 문제를 다루고 있는데 이 문제들은 현대 시민사회의 매우 중요한 쟁점이다.

(1) 가축보호법

가축보호법이 1953년 12월 8일 국회에서 통과되었다. 전문 6장으로 구성되었으며 그 주요 내용은 가축의 등록제 실시, 종축(種畜)의 설정, 보호가축 도살의 제한 금지, 가축 매매교환의 일원화를 위한 가축시장의 개설, 기타 가축공제 벌칙 등을 규정한 것이다. 원안 중 가축 학대에 관한 벌칙 조항은 삭제되었고, 가축도살의 제한에 있어서는 학술적으로 필요한 경우와 수의사 진단에 의하여 절박 도살이 필요한 경우, 사용능력이 없는 경우, 기타 주관 당국의 도살을 인정하는 경우 외에 도살이 금지되었다. 한편 이 법의 공포에 따라 축우도살제한법은 폐지되었다(동아일보 1953. 12. 29). 이 법은 한국전쟁으로 인해 감소일로를 걷고 있는 가축을 보호하는데 그 목적이 있는 것으로 소, 말, 양, 돼지 등 네 종류에만 적용되었다(경향신문 1953. 12. 27).

당시에는 현재와 달리 동물 자체를 위해 동물을 보호한다는 생각은 무관심과 조롱을 받았다. '동물보호'가 아닌 '가축보호'라는 표현과, 또한 그마저도, 소, 말, 양, 돼지에 한정한 것을 보면 당시 동물보호 내지 동물의 권리라는 관념은 거의 없었다고 볼 수 있다. 더구나 한국전쟁으로 많은 사람들이 죽어나가던 시기여서 더욱 그러했다. 사람 목숨도 보호받지 못했던 시절이었으므로 동물 보호는 전혀 관심을 받지 못했다. 1953년 12월 26일 국회에서 "종축을 확보하여 가축의 개량증식 이용의 촉진을 목적으로 한 가축보호법"을 심의하다가 성원미달로 축조표결을 못하고 산회한 것도 그러한 상황을 보여주는 것으로 짐작할 수 있다. 백남식은 "사람보호도 완전히 못하는 이 판국에 가축보호가 무슨 군소리냐"고 고함을 질렀다(동아일보 1953. 12. 27). 또한 본 법안 26조에 "우마를 학대하는 자는 그 정상에 의하여 백 원 이하의 과료에 처한다"는 벌칙 규정이 있는데, 이에 대해서도 "말 못하는 소 말이라 학대를 받더라도 호소할 방법은 없을 것이나 여하간 우마차 차부들은 하루에 과료금 3, 4천씩은 준비하고 다녀야 할 판"이라고 언론은 꼬집었다(동아일보 1953. 12. 27). 이를 볼 때 동물보호 의식은 인권상황의 열악함에 비례하여 낮아진다는 것을 알 수 있다. 비슷한 주장이 4년 후에도 제기되었다. "가축보호장려비로 농림부에서 약 6억환 이상의 예산을 청구하고 있는데 국민학교 신영비가 불과 15억환이니 도대체 사람의 새끼보다 돼지새끼가 더 중하다는 말인가"라고 지적되었다(동아일보 1957. 11. 28).

1953년 12월 28일 가축보호법안 전문 37조가 통과되었다. 이 법은 농림위원회가 제안한 것으로, "가축의 보호보다는 밀도살 방지를 중심으로 한 일종의 관리법 같은 인상을 주었다"고 평가되었다. 이에 대해 "의료시설과 사료 등에 관한 조항을 신설하여 명실공히 가축을 보호할 수 있도록 약간의 수정을 가한 것"이라고 설명되었다(경향신문 1953. 12. 29). 1954년 1월 23일 가축보호법이 공포되자 농림부 축정국은 이 법에 의거하여 1954년 4월부터 소, 말, 양, 돼지의 가축 등록을 전국 시·읍·면 단위로 실시하여 가축의 증산과 아울러 밀도살을 방지하고자 했다. 이와 같은 계획을 수행하기 위해 예산에서 1천만 환을 계상했으며 이것이 실시되면 연간 수만 두로 예상되는 축우 밀살이 방지될 것이라고 보았다(동아일보 1954. 2. 10).

그런데 이 법으로 '축산동업조합'이 탄생하는데, 이 조합이 종래 농회가 축산 관리로 수수료를 받던 권리를 빼앗았다고 지적되었다. 또한 이 법으로 인해 소와 말도 사람의 호적부처럼 축적부를 만들어야 하고 농민은 가축을 등록해야 하므로 소, 말을 몇 십리씩 끌고 다녀야 했다(경향신문 1954. 6. 24). 즉 당시 가축보호법은 가축보호 외에 다른 이해관계와도 얽혀있었다.

또한 동아일보는 "우공(牛公) 울릴 가축보호법"이라고 보도했다. 즉 "가축보호법에 의거하여 현재 제한도살하고 있는 도살제도가 해제되어 자유도살이 실시"될 것인데 이에 대해 관계당국자는 가축보호법에 의해 모든 소가 완전히 등록되어 소의 연령이 명확하게 밝혀짐으로써 현재와 같이 나이 어린 소나 태우의 도살이 금지될 것이라고 주장했다는 것이다. 그러나 언론은 이러한 자유도살제가 실시되면 현재 수준 이상으로 농촌의 소가 도살될 것은 필연시 될 뿐 아니라 앞으로 농우확보에도 커다란 영향이 있을 것이라고 관측했다(동아일보 1954. 7. 31).

1955년 4월 20일 1,300여두의 축우 밀도살 사건은 위에 언급된 자유도살의 위험과 축산동업조합의 문제가 동시에 불거진 사건이었다. 서울 근교 광주에서 축산동입조합 장부를 조사한 결과 서울로 이전된 연령 미달 소가 1,300여두에 달했지만 신고가 접수되지 않아 그 소들이 모두 밀도살된 것으로 보였으며 그 외에 밀도살의 수는 더 많을 것으로 추측되었다. 이 사건은 가축보호법이 제대로 운영이 되지 않았으며 축산동업조합의 고의적인 처사로 야기된 것이라고 평가되었다(경향신문 1955. 4. 22).

이 사건의 영향인지 이후 가축보호법 제35조에 의한 축산동업조합은 해산된다. 그 업무와 재산은 모두 지역별로 해당하는 리·동조합, 시·군조합중앙회 및 중앙금고가 인수하여 이를 청산했다(경향신문 1955. 10. 25). 그러나 이후에도 축산동업조합 관련 기사가 다시 나타나는 것으로 보아 조합이 다시 구성된 것으로 추측된다. 더구나 조합의 문제점은 계속 지적되었다. 조합은 농민을 괴롭혀 재원을 마련한다고 비판되었다. 농민들이 애지중지 기른 소를 팔 때 "장똘뱅이 엉터리들이 순박한 농민을 이리치고 저리 넘기어 사회적으로나 경제적으로나 맞는 것을 보고 웃으며 사무실에 관이연체 하고 앉아 영수증 하나 쓰고 소 한 마리에 2, 3천환씩 떼고 진짜 중개인은 그 다음에 들어부터(들러붙어) 뜯어먹는 형편의 우시장중개수수료. 이것은 마땅히 농민의 소리로 시정되지 않아서는 안된다"고 지적됐다. 그런데 "이것 없이는 경영이 불가한 형편에 처한 축산조합을 그대로 독립 존속시키자는 이유를 모르겠다"(동아일보 1957. 2. 2)는 것이다.

1958년 10월 가축보호법시행령 개정안이 국회에 제출되어 도살제한이 대폭 완화된다. 한우에 국한했던 종축사업이 젖소, 육우, 말, 돼지, 산양 등에까지 확장되고 가축시장 사업을 강화하기 위해 특별회계가 설치되었다(경향신문 1958. 10. 20). 1959년 2월 9일 가축보호법시행령이 개정되는데 그 골자는 도살 금지를 젖소의 경우 종전의 9세 미만에서 8세 미만으로, 육용 암소, 말, 한국 암소의 경우 종전 9세 미만에서 6세 미만으로, 거세한 소를 제외한 한국 수소는 종전 4세 미만에서 3세 미만으로 완화한다는 것이다(동아일보 1959. 2. 11).

이로써 이 시기 가축보호법은 그 이름과 달리 단지 가축관리법으로서 도살완화법이고 축산동업조합 구성을 위한 법으로서, 동물보호와 무관하고 또한 축산업의 주체인 농민의 이익에도 부합되지 않는 것이었음을 알 수 있다.

(2) 원자력 관련 법

원폭으로 일본이 패망하면서 한국에서도 원자력에 대한 관심이 고조되었다. 1948년 6월 6일자 경향신문의 "원자화학의 현대적 과제"라는 제목의 기사는 막대한 에너지를 갖고 있는 원자와 일본에 떨어진 원자탄의 위력을 소개하고 있다. "150개의 원자탄만 있으면 능히 전 세계의 인류를 멸망시킬 수도 있는 것"이라고 하면서 "이와 같이 위대한 원자탄의 파괴력"에 세인이 떨기 시작했다고 쓰고 있다. 또한 미국이 원자탄을 얼마나 갖고 있는지, 또한 소련도 제조할 수 있는지 파악해야 한다고 주장한다. 그러나 동시에 원자력은 발전(發電)을 할 수 있어 기차, 기선의 동력이 되는 등 평화적 이용이 가능하다고 쓰고 있다. 또한 방사성원소는 의학에 응용할 수 있다고 하여 대체로 낙관적 논조로 글을 쓰고 있다.

1955년에 들어서야 그 부작용이 기사화되기 시작한다. 이는 그 시기에 원자탄의 부작용이 드러나기 시작했음을 짐작할 수 있다.

광도에 원자탄이 투하되었을 때 원자탄에서 나오는 중성자 등에 의해서 물질에 방사능이 생겨 생물의 생활에 큰 해가 있을 것으로 생각도 하고 또는 돌연변이 같은 현상이 자주 일어날까도 생각하였는데 그 후 소식으로는 그리 큰 이상은 없었던 모양이다. 그런데 오늘날에 와서 원자병에 걸리고 죽어가는 현상이 보고되고 있다. 수소폭탄이 폭발할 때 생기는 재 또는 먼지는 굉장한 방사능이 있어 생물체에 부착하면 극히 유해하며 방사성물질에 따라서는 사멸케 한다. 앞으로 원자력이나 방사성 물질이 널리 쓰이게 되면 그 해독의 방지책은 중요하게 될 것이며 우리나라에서도 비, 물, 눈, 농작물 등에 방사능이 발견되어 방사선 문제는 이미 우리의 문제가 되고 있다(동아일보 1955. 2. 11).

이런 위험성이 지적되면서 관련 법령의 제정이 요구되었다.

소에도 법령이 있고 딱성냥에도 취체령이 있을진대 새 역사창조의 원동적인 원자력에 관한 법령이 창안되지 않고서야 되겠는가. 국회는 산적한 안건도 쾌속조로 처리해야겠지만 원자력위원시회설치행령, 원자력기본법안, 원자력에 관한 행정조직법안, 방사성동위원소취급에 관한 법안, 기타 필수 법안에 관한 입법조

치가 특별 추진되기를 긴급 동의한다(경향신문 1955. 7. 11).[13]

그러나 1958년에 들어와서야 원자력 관련법이 제정되었다. 1958년 3월 11일 법률 제483호로 원자력법이 제정되어 원자력의 연구와 이용에 따른 안전관리에 관한 사항이 규정되었다. 1959년에 전문 4장 33조로 된 "방사성동위원소에 의한 방사선장해방어령" 제정이 심의되었으며 그 중요 골자는 원자력법의 규정에 의하여 방사성동위원소의 생산, 수입, 매매 기타 관리에 관한 사항을 규정하는 것이었다(동아일보 1959. 9. 9). 1961년 4월 18일에는 "방사성동위원소 등의 관리 및 그에 의한 방사선 장해방위령" 법령이 공포된다(동아일보 1961. 4. 18).

이 시기 방사능과 원자력에 대한 논의를 보면 이에 대한 위험과 더불어 활용에 대한 관심이 매우 일찍 시작되었다는 것을 알 수 있다. 현재까지도 이러한 원자력 이용에 대한 낙관적 주장이 이어지고 있으며 그것에 대한 위험 경고는 최근에서야 서서히 힘을 얻고 있는 상황이다.

04 _ 기부 제도

이 시기 제정된 사회 관련 제도 중 기부통제법과 기부금품모집금지법이 있다. 이 두 법은 국가형성기 사회 제도의 특성을 잘 보여주는 사례로서 특별히 조명될 필요가 있다.[14]

기부통제법은 1949년 11월 24일 법률 제68호로 제정되었다가 1951년 11월 17일에 폐지된 법이다. 그 과정을 보면 우선, 1949년 6월 25일 정부에 의해 '기부통제법안'이 '계획없는 기부금모집이 늘어남에 국민의 세원이 점차 고갈되어 국가 또는 지방자치단체의 조세 수입에 막대한 지장을 초래하고, 국민의 부담이 늘어나고 있어 이를 통제하기 위한 이유'로 제안되었다(박영선 2010: 147). 이 법은 법인, 정당, 단체의 회원이 정기적으로 납부하는 회비와, 사원, 불당, 교회의 경비에 충당하기 위해 신도가 갹출하는 경우를 제외한 모든 기부금품모집 행위를 통제하기 위해 입법되었다. 제5조에 "기부금품모집은 공익을 목적으로 하는 사업을 위하는 것이 아니면 허가하지 아니한다."고 규정되어 있다. 제3조에 의하면 "기부금품을 모집하려는 자는 내무부 장관의 허가를 받아야 한다. 단, 내무부장관은 모집지역이 1도 또는 서울특별시에 한하는 백만원 이하의 기부금 모집허가는 차를 당해 도지사 또는 서울특별시장에 위임할 수 있다." 제9조에 의하면 허가를 받지 않고 기부금품을 모집하는 경우 징역이나 벌금형을 부과하도록 되어 있다.

이 법은 1950년 2월 9일 한 차례 개정 후에 폐지되었는데, 개정 내용은 교육진흥을 위해 학부형들이 내는 돈은 이 법의 적용대상에서 제외된다는 것이다. 기부통제법(법률 제87호) 제2조 2 "학교, 사원, 불당 또는 교회의 경비에 충당하기 위하여 학부형 또는 신도가 갹출하는 경우"는 예외였다.

박영선에 의하면 이 법은 "민간 영역에서 행해지는 모금행위가 국가재정에 부정적 영향을 미친다는 판단에서 시민사회 내의 자발적 기부행위를 철저히 제한하고 통제하려는 입법취지에서 제정"되었고 "국가가 민간 영역에서 기부를 통한 상호부조 행위를 사회의 해악을 간주하고, 민간 차원에서 행해지는 사회서비스 자원을 국가의 자원과 대립되는 것으로 바라보고 있다"는 것을 의미한다(박영선 2010).

기부금품모집금지법은 1951년 11월 17일 법률 제224호로 제정되었다. 이 법은 기부통제법을 더욱 강화한 것이다. 즉 '6.25사변으로 국토의 태반이 전화를 입고 국가의 재정이 곤란하게 된 현재, 시국대책 또는 멸공구국운동 등의 미명하에 그동안 억제 중에 있던 기부금품모집행위가 성행'하고 있다고 보고 기부금품모집을 원칙적으로 금지하는 입법을 추진한 것이다. 제1조인 입법목적은 '기부금품의 모집을 금지하여 국민의 재산권을 보장하며, 그 생활 안정에 기여함'으로 되어 있어 기부금품 모집을 국민의 이익을 침해하는 것으로 인식하고 있다는 것을 알 수 있다. 기부금품모집금지법은 몇가지 예외를 제외하고는 기부금품의 모집을 원칙적으로 금지하는 법이다. 제3조를 보면 국제적으로 행해지는 구제금품, 천재, 지변 기타 이에 준하는 재액을 구휼하는 데 필요한 금품, 국방기재를 헌납하기 위한 금품, 상이군경의 위문 또는 원호를 위한 금품, 자선사업에 충당하기 위한 금품은 기부심사위원회의 심사를 거쳐 내무부장관과 도지사 또는 서울특별시장의 허가를 받고 모집할 수 있도록 했다. 제11조에 의하면 규정에 따라 허가를 받지 않고 기부금품을 모집할 경우 3년 이하의 징역 또는 200만원 이하의 벌금에 처하도록 했다.

기부통제법이 '공익을 목적으로 하는 것이 아니면 허가하지 않는다'는 것으로 무분별한 기부금품모집 행위를 통제하는 규율적 차원의 내용이 주된 것이었다면 기부금품모집금지법은 여기서 한발 더 나아가 기부금품모집 허가를 받을 수 있는 대상을 특정하기 시작하여 자선 사업 외에는 경기장 시설이나 현충비 건립과 같이 대규모 국책사업이나 반공기구 설치 등 집권세력에게 필요한 명목으로 제한되었다.

이후 기부금품모집규제법, 기부금품의 모집 및 사용에 관한 법률로 제·개정되었다. 기부금품모집 규제가 지나치다는 견해에 대해 국가는 일관되게 기부행위가 '준조세'의 부정적 기능을 하고 있다고 주장했다. 그러나 사실상 시민사회가 아니라 국가로 인해 시민들의 기부행위가 자발적, 자율적이 아닌 반강제적 의무로 전락했다. 즉 행정기관 등 국가 공권력이 직간접적으로 개입하여 기부금을 걷는 경우가 많았다. 전통사회에서도 각 지역에서는 여러 가지 명목으로 관이 부당하게 개입하여 조세의 종류를 늘린다든지, 강제적 기부금을 걷는 경우가 횡행했다. 또한, 두레 등 민의 공동체에서는 관이 개입하지 않는한 대체로 자발적이고 합의적으로 모금 행위를 했으므로 이 역시 시민사회의 기부행위가 준조세적이라는 견해에 배치된다.

1998년 헌법재판소는 시민들의 '기부금품의 모집행위도 행복추구권에서 파생하는 일반적인 행동자유권에 의하여 기본권으로 보장'된다고 밝히고 '모집 목적의 제한을 통하여 모집행위를 원칙적으로 금지'하는 '기부금품모집금지법'제3조는 국민의 기본권을 과도하게 침해하는 위헌적인 규정이라고 판시했다. 또한 모집 목적의 제한을 통한 모집행위의 원칙적인 금지조항은 헌법의 인간상인 "자기결정권을 지닌 창의적이고 성숙한 개체로서의 국민을 마치 다 자라지 아니한 어린이처럼 다룸으로써, 오히려 국민이 기부행위를 통하여 사회형성에 적극적으로 참여하는 자아실현의 기회를 막고 있다"고 밝혀 통제와 계몽의 대상으로 국민을 바라보는 것을 비판하고 있다(박영선 2010).

05 _ 국제기구 관련 제도

이 시기 국제기구 관련 제도를 보면, 대한적십자사조직법, 국제개발협회에의 가입조치에 관한 법률, 한국유네스코위원회 설치령 등이 있다. 또한 한국은 1949년 6월 20일 세계보건기구에 정식 가입됐고 1949년 10월 22일 유엔 극동경제위원회에 준회원국으로 가입을 승인받았다. 1949년 12월 23일에 유엔식량농업기구 회원권을 획득했다(동아일보 1950. 2. 24). 한국이 국제기구의 회원권을 획득한다는 것은 국제사회에서의 한국의 지위를 인정받는 것을 의미했다. 한국이 소련 등 공산국가들의 거부에 의해 유엔에 가입하지 못한 상황에서 유엔의 산하단체인 식량농촌기구, 세계보건기구에 대표를 보내는 권리를 획득한 것에 대해 당시 언론은 큰 의미를 부여했다(동아일보 1955. 8. 14).

(1) 한국전쟁과 국제기구

한국전쟁은 정부로 하여금 국제기구 및 단체와 긴밀히 협조하도록 만들었다. 한국전쟁 중인 1952년 10월 유엔군 사령부의 구호사업을 지휘하는 UNCAC와 UNKRA가 한국정부와 더불어 원조대책을 세웠다(동아일보 1952. 10. 5). UN 구호물자는 UN 회원국 및 민간구호단체에서 공급되어 임시외자관리청에서 보관, 수송하면 한국민사원조처(KCAC)와 사회부 간의 협의에 의해 한미합동경제위원회 구호분과위원회 결의를 거쳐 서울시와 각 도에 배정됐다. 해당 시·도에서는 구호위원회(시·도, 시·구, 구·읍·동과 KCAC 도팀 및 지방유지 등으로 구성)와의 협의 하에 시·군·읍·구·면·동을 통해 구호물자를 후생시설, 보건시설, 구호병원 및 공공구호 대상자에게 우선 분배했다. 공공구호대상자란 13세 미만 아동, 65세 이상 노인, 임산부, 불구·폐질자로서 자력으로 생계를 유지할 수 없는 자를 말했으며 지방극빈자에게도 분배했다. 난민의 경우는 정부의 구호에 의지하지 않고 자활하도록 난민정착사업을 추진했다(동아일보 1955. 2. 4).

OEC(Office of Economic Coordinator, 경제조정관실)는 1952년에 체결된 '한미경제 조정에 관한 협정'에 의한 경제원조사업에 관해 ICA를 대표하던 기관으로 1959년에 USOM으로 바뀌었다. 구호사업을 일원화하기 위한 협의회가 1959년 4월 2일 개최됐다. 정부, OEC, 적십자사, 기독교세계봉사회, 천주교구제대표, 케어, 구제회 대표 등 120명이 참석하여 구호위원회를 조직했다(동아일보 1959. 4. 2).

(2) 대한적십자사조직법

한국전쟁 중 구호활동에 참여한 적십자사는 한국 시민사회사에서 특별한 의미를 가진다. 한국의 국제기구 관련 제도 중 대한적십자사조직법은 독특하게 대한제국기, 일제강점기, 국가형성기에 걸쳐 국가-시민사회 관계를 잘 보여주는 사례로 특별히 재조명될 필요가 있다.

대한제국 정부는 1903년 1월 8일 최초의 적십자 조약인 '육군부상자의 상태개선에 관한 제네바 협약'에 가입했고, 1905년 10월 27일 고종황제 칙령 제47호로 '대한적십자사 규칙'을 제정·반포한다(이종하 2005: 37).

고종황제 칙령으로 대한적십자사가 창설됨과 동시에 적십자병원이 창립되었다. 병원은 적십자사 본사와 별개가 아니라 적십자사 자체가 병원이었다. 대한적십자사 규칙 제5조에 '본사는 전조사무(前條事務)에 겸하여 일반 상병자(傷病者)의 특별한 소순(所順)을 종(從)하여 진료치료와 병실 공여(供與)하기를 득(得)함이라'했으며 제6조에서 '본사는 일반 공중의 위생상 설비에 대하여 자순(諮詢)에 답하고 겸하여 위생기관의 실무에 종사함을 득함이라'했으므로 적십자사가 곧 병원 역할을 했음을 알 수 있다. 1906년 2월 12일자 황성신문에 게재된 대한제국적십자사 공포취지서를 보면 적십자사 창립 이전인 1905년 9월 15일부터 '남녀노소 치료에 그 수가 781인에 달하였으니'라는 기록이 있어 이로 미루어 보아 적십자사 창립 후에는 더욱 많은 환자를 치료했으리라고 추정된다. 창립 후 서울 북서 영추문 밖에 적십자병원이 지어져 진료를 해오다가 1907년 대한의원과 광제원이 병합되어 적십자사 병원 업무가 맡겨졌다. 대한의원은 광제원, 관립 경성의학교 및 적십자사 병원을 폐합하여 만든 것으로 그 당시로서는 가장 규모가 큰 병원이었다. 이 병원은 적십자사 병원이란 명칭만 없었을 뿐이지 사실상 적십자 의료기관의 임무를 수행했다(이종하 2005: 40-41).

대한적십자사는 1909년 한·일적십자사 통합이라는 미명하에 폐사된다(이종하 2005: 37). 이후 적십자는 두 갈래 즉 일제 식민지 적십자와 대한민국임시정부 적십자회로 나뉜다. 전자는 '일본적십자 조선본부'이다. 한편 대한민국임시정부 수립과 더불어 적십자사는 임정에서도 설립되어 일제강점기 적십자사는 두 곳으로 운영된다.

일본적십자 조선본부는 고위층이나 지역 유지들이 주로 참여했다. "곡정구영전정한원궁저에 일명의 수상스러운 사람이 들어와서 원수궁께 면알을 하겠다"고 하였는데 마침 "당시에 궁전하께서는 마침 적십자총회에 참석하여 계시지 아니 하였더라"(동아일보 1921. 3. 1)는 기사나 "일본적십자사 조선본부에서는 오는 5월 중에 일본 동경에서 개최하는 총회에 열석할 조선 사람 유지를 모집하여 한 단체를 조직하여가지고 다만 총회에만 참예할 뿐이 아니라 구주 대분에서 개최되는 공진회와 및 경도 대판 등지도 관광케 한다는데 관광단에 참가하는 비용은 한 사람 앞에 130원씩이며 지망자는 4월 10일까지 일본적십자사 총부 혹은 지부에 신청을 하기를 바란다더라"(동아일보 1921. 3. 13)는 기사는 고위층이거나 지역 유지들이 주로 적십자사 행사에 참석했음을 짐작케 한다.

일본적십자 조선본부에서 총회는 자주 개최하지 않은 것을 파악된다. "일본적십자사 조선본부는 대정 4년 1월 물산공진회 개최의 제(際)에 애국부인회와 합동하여 제2회 총회를 개최한 이후 7개년이 되었는바 금추 적당한 시기에 제3회 총회를 개최하고"(동아일보 1922. 3. 3)라는 기사는 7년이 지나도록 총회를 열지 않았음을 알려준다. 또한 위 문장에서 보여지는바 회원이 아닌 일반 지역유지가 일본적십자 총회에 참석하는 것이 가능하고 조선본부가 애국부인회와 합동하여 총회를 여는 점으로 볼 때 정회원들로 구성된 공식적 총회의 형식을 취하지 않았음을 알 수 있다.

일본적십자 조선본부는 전람회 등의 행사를 열기도 했다. "일본적십자사 조선본부에서는 금추 총회를 개최함과 동시 상품진열관에서 1월 7일로부터 13일까지 적십자위생전람회를 개최하리라더라"(동아일보 1922. 8. 20)는 기사가 그런 점을 보여준다. 또한 식민지 당국은 이에 적극 협조했다. 일본적십자 조선본부는 위생전람회를 위해 위생당국과 협의회를 연다(동아일보 1922. 8. 27)는 기사에서 그것을 알 수 있다.

재정 마련의 방법 중 하나는 현재와 마찬가지로 기부금인 것으로 파악된다. "그 자(子) 그 모(母)의 지(志)를 계(繼)하야 전사할 때 유언하되 만약 하사금이 유(有)하면 적십자사업에 증(贈)하라 한 자(者) 있으며"(동아일보 1920. 5. 25)란 기사에서 그 사실을 알 수 있다.

대한제국기의 적십자사과 마찬가지로 일본 적십자사 조선본부도 병원을 운영했다. '일본 조선본부 적십자병원'이 1926년 3월 현재의 서울적십자병원 위치에 개설되었고 이후 인천적십자요양병원 및 6개의 진료소를 운영하였다(이종하 2005: 41). 적십자병원은 간호사를 파견하기도 했다. "산현공의 병상은 11일도 의연히 중태에 재"하여 "적십자병원으로부터 2명의 간호부가 내저하여 철야간병"(동아일보 1921. 11. 13)했다는 기사가 있다. 이러한 서비스가 일반인에게까지 행해졌는지는 알 수 없다.

1919년 대한민국임시정부의 수립과 더불어 1919년 7월 13일 임시정부 내무부령 제62호에 의해 '대한적십자회'가 설립된다. 같은 해 11월 15일 대한적십자회 총회가 개최된다.[15] 대한적십자회는 항일무력 투쟁을 인도적 측면에서 지원하기 위한 태세를 갖추고 독립군과 재외거주 동포를 위한 인도적 활동을 전개했다(이종하 2005: 37).[16] 대한적십자회는 간도에 세워졌으나 조선 내부에서도 회원을 모집하고 자금을 제공받았다.

피고 두 명은 작년 10월 경 독립운동을 목적하고 간도에 설치된 대한적십자회에 가입하여 전경욱의 부하에서 의연금을 모집하고 회원을 권유하다가 동년 12월에 다수한 불온문서을 가지고 원산에 돌아와서 동월 15일에 원산부 중리 삼동 31번지 김병제에게 적십자회에 가입하기를 권유하다가 발각 체포된 것이라더라(동아일보 1921. 4. 13).

또한 황해도 장연 지방에 독립운동 하는 적십자사, 향자동 지방에 배일조선인으로 조직한 대한적십자단과 의용단, 비밀결사, 한복창이란 사람에게서 적십자규칙 한 벌, 사원 모집에 관한 위임장 한 벌과 영수증 백장을 받았다는 기사(동아일보 1921. 5. 14)에서도 그러한 사실을 알 수 있다.

이렇듯 임정의 적십자회는 임정 수립 바로 직후 조직되어 활동에 들어갔으며 조선인들이 적극 참여했다. 1920년 대한애국부인회사건이 그것을 알려준다. 당시 적십자회장은 이정숙이고 이병철, 임득산, 김원학, 장태희, 김영순, 류인경 등이 적십자회에 참여했다(동아일보 1920. 4. 24). 이정숙은 세브란스 병원에서 근무했고 김마리아의 추천으로 적십자회장이 된 것으로 파악된다(동아일보 1920. 6. 10). 적십자회가 포함한 대한애국부인단과 대한청년외교단의 인물들이 상해임정을 도왔다는 이유로 함께 잡힌 공판이 1920년 6월 7일 대구지방법원에서 있었다. 동아일보 1920년 6월 9일자 기사 "대한애국부인단과 대한청년외교단 제1회 공판방청속기록"을 보면 방청석이 모자라 문 밖에서 사람들이 심문 소리를 들으려고 애쓰는 등 당시 사건에 대한 일반대중의 뜨거운 관심을 알 수 있다. 또한 항일활동에 있어서 적십자사 선언서 등이 중요한 증거자료가 되었음을 볼 때,[17] 적십자회는 실제로 상해임정에 적극 협조한 것으로 파악된다(동아일보 1920. 6. 11).

적십자회는 여성운동가들의 무대가 되기도 했다. 일제 당국이 임순남을 심문할 때 그는 "상해로 건너가 적십자 간호부가 되어 힘쓰고자 하든지 또는 미국으로 가서 공부를 하고자 한 일도 있다고 대답하매 판사가 다시 피고가 수원지청 예심정에서 성대하게 기염을 토하여 미국 갔다 온 후에 조선이 독립되거든 여자참정권을 운동하겠다고 한 일이 있느냐 물으매 그런 일이 있다고 대답"(동아일보 1921. 4. 26)했다. 이 사실에서 적십자 활동이 여성운동가들의 관심을 받았다는 것을 알 수 있다. 또한 앞서 보았듯이 적십자회 활동은 대한독립애국부인회의 조직으로 이어졌으며,[18] 여성의 적십자 활동은 인도주의적 실천과 더불어 독립운동의 목적을 가졌다.[19]

조선 여성을 포함하여 대한민국 임시정부의 적십자회에 대한 조선인들의 뜨거운 관심과 참여는 당시 대한민국임시정부의 '대한민국'이 독립을 바라는 많은 조선인들에게 '국가'로 인정되고 있었음을 보여준다.

해방 후 얼마 안 있어 적십자사가 재건된다. '조선적십자사' 창립식이 1946년 7월 27일 군정청 제1회의실에서 하지, 아놀드, 러취, 이승만, 김규식과 그 외 관계자 200여명이 참석한 가운데 김규식의 사회로 거행되었다. 명예총재는 군정장관 러취 소장, 총재는 김규식, 부총재는 구자홍이 되었다(동아일보 1946. 7. 30). 1947년 3월 15일 조선적십자사가 조직된다.

대한적십자사가 1948년 10월 27일 재조직되었고 1949년 4월 30일 '대한적십자사조직법'이 공포된다(이종하 2005: 37). 1955년 5월 적십자 국제위원회(ICRC)로부터 국제적 승인을 받은 후 1955년 9월 28일 적십자사 연맹에 정식 가입함으로써 세계적십자 일원이 되었다. 대한적십자사는 정부의 감독을 받았으며 명예총재는 대통령이다. 국가 또는 지방자치단체의 보조금 지원을 받고 국공유재산의 무상 대부를 받는다. 1987년 12월 4일, 1993년 12월 16일, 2002년 8월 26일 등 13차 개정 법률을 통해 현행 유지되고 있다(박영선 2010: 54).

대한적십자사는 한국전쟁 당시 미국적십자의 원조를 통한 긴급구호활동으로 피난민에 대한 전시보건 및 구호사업과 부녀복지사업을 실시했다(박수웅 2004: 23). 1950년대 응급구호활동에서 점차 활동영역을 넓혀 1963년에 적십자헌혈운동, 무료진료, 농번기탁아활동을 했고 1970년대에는 이산가족 재결합을 위한 남북적십자회담 등을 개최했다.

한국전쟁을 맞아 병원이 많은 역할을 하면서 적십자사가 비약적으로 발전한다. 부산에 순회진료소를 설치하여 피난민과 극빈자를 진료하고, 예방주사를 접종했으며 소독 등 방제활동도 담당했다. 한국전쟁 중 전상자 치료에 필요한 혈액을 미국에서 공수해 사용한 것이 현대적 의미의 수혈의 시작이다.

1958년 대한적십자사가 국립혈액원을 인수해 대한적십자사 혈액원으로 개칭되었고 적십자사의 혈액사업이 시작되었다. 당시 헌혈에 대한 인식이 부족하여 혈액이 항상 모자랐고 거의 모든 혈액이 매혈을 통해 공급되었다. 본격적인 헌혈운동은 1974년 대한적십자사가 세계헌혈의 해를 계기로 매혈추방 범국민 캠페인을 벌이면서부터이다(이종하 2005: 41-43). 1950년대 후반에는 전국 11개 병원과 4개의 의원, 인천요양원 및 간호학교를 갖추게 되었다(이종하 2005: 41).

한편, 모금 방식에 문제가 제기되기도 했다. 모금대상의 임의성, 회비책정의 불공정성, 모금과정상의 부작용, 행정기관 의존에서 오는 준조세 인식이 지적되었다. 적십자 회비 모금은 범국민적으로 이루어지는, 우리나라 최대의 민간기금이다(박수웅 2004: 2). 1953년 어려운 가운데서도 100만 회원이 36,814,000원의 성금을 기부했다. 1959년에는 242만명이 426,270,000원을 기부했으며 이후로도 그 액수가 증가했다. 대한적십자사는 전 국민을 대상으로 하고 행정기관의 협조를 전제로 하는 회비모금을 1953년 이래 실시해왔다(박수웅 2004: 44).

이러한 회비모금제도의 기원은 1952년 9월 당시 구영숙 대한적십자사 총재가 이승만 대통령으로부터 회비모금의 구두 내락을 얻고 1952년 11월에 이 대통령이 '적십자회원 모집에 전 국민이 성심 협력하라'는 담화를 발표한 것에서 비롯된다(박수웅 2004: 44-45). 구영숙은 1932년 당시 세브란스의전 학감이었고(동아일보 1932. 2. 19) 1공화국 당시 보건장관을 지냈다.[20]

정부의 각 부처 장관과 각 시장, 도지사에게 적십자사 입회 관련 지시공문이 시달되고, 당시 내무부장관이 지방장관에게 강력히 지시하여 지방행정기관이 적십자회비 수납을 대행했다. 국무총리가 대한적십자사 회원모집위원회 위원장을 맡을 정도로 적십자회비모금에 대한 이승만의 의지가 매우 강했다. 이런 회비모금제도에 대한 비판을 받자 적십자사는 적십자회비 결정 및 모금에 관한 사무처리지침 등을 통해 모금위원, 회비납부약정서, 은행자진납부제 등을 도입했다(박수웅 2004: 45). 자발적 기부금 중 적십자 회비 납부의 경우는 국가 공권력이 직간접적으로 개입하여 반강제적 의무로 전락한 대표적 사례로 거론되었다(김상헌·손원익 2005; 박영선 2010: 150).

제 4 장

문화 제도

01 _ 문화 정책과 검열

미군정이 한국시민사회를 상대로 한 중요한 문화정책 중 하나가 검열이
다. 미군 민간통신검열대(CCIG-K)는 편지검열, 전화도청, 전보검열에 종사했다
(정용욱 2003: 78). 정보참모부는 사령관 직속으로 가장 높은 위상을 차지했다.
이 부서는 정치적 사안 전반을 다루었고 일상적으로 한국인 정치세력에 대한
사찰과 공작을 수행했다. 미군정의 정보수집활동과 공작활동 전반을 조절했으
며 방첩대는 그 행동대이다. 하지의 경제고문이었던 번스는 정보참모부와 방
첩대의 성향에 대해 "이들은 한 다발의 '주관적 편견'을 '첩보'라고 발표한다.
이들은 격렬한 반공주의에 따라 행동한다."고 지적했다. 미군정청 내에서 국내
정치와 관련해 중요한 기능을 담당한 것이 경찰, 공보부인데 그 중에서도 여론
과가 특히 그러했다. 미군정청 공보부는 여론 채집, 공작차원의 여론조작도 했
다. 특히 신탁통치 관련 의도적 오보도 그 중 하나였다(정용욱 2003: 120-123).

하지와 러취 등 미군정 고위층은 우익세력, 지주, 자본가들 편에 서서 억압
적 대중통제책을 시행했고 대중운동의 정치적 영향력을 철저히 차단하려 했
다. 반면 미군정의 중도정책 담당자들은 중간파를 주된 정치적 기반으로 하여
정치경제적 개혁조치를 수반함으로써 대중의 지지를 마련하려고 했다. 미소공

위 미국 대표단은 좌우합작운동 지원과 중도파 공작을 담당했다. 이른바 중도 정책 추진자였다. 그러나 이들의 정책은 주한미군사령부 상층부와 정보부의 완고한 반공주의 정책 및 군정청의 극우세력 지원 정책과 마찰을 빚었다. 모든 권한은 하지 사령관에 집중되었다(정용욱 2003).

정부 수립 후에도 이러한 기조의 문화정책이 이어졌다. 반공국민 창출과 반공체제 구축을 위해, 한국전쟁 시에는 선무공작을 위해 문화적 강압, 통제와 더불어 국립극장, 국립극단, 국립국악원이 창설됐다. 정부는 국전을 실시했으며 문화보호법 제정 등 문화 인프라 구축과 문화 활동에 대한 행정적 지원을 했다. 문교부 문화국(예술, 교도, 성인교육, 체육 등 4개과로 구성)과 공보처(선전국, 공보국, 방송관리국)가 영화·출판의 검열과 허가를 맡았다(이봉범 2009).

한국전쟁 이후 국가는 시민사회에 대한 통제력을 한층 더 강화시키면서 문화적 측면까지 장악했다. 그 과정에서 문화제도를 통해 지배를 안정화하고자 했다. 그 기조는 1955년을 계기로 적극적, 공세적 방향으로 전환된다. 전후 재건과 통합을 위해서였다. 1954년 정부기구개혁을 추진하면서 문화정책 강화가 시도된다. 그것은 통제와 육성 두가지 방향으로 나아갔다. 그러나 문화진흥보다는 통제에 주력했다(한국일보 1954. 12. 6). 총리소관이었던 공보, 법세 등을 대통령 직속으로 했다. 1955년 3월 10일 재개정안이 국회에 회부된다. 제1장 제10조는 "법령의 공포 정보 선전 인쇄 신문 영화제작과 방송관리에 관한 사무를 관장하기 위하여 대통령소속하에 공보실을 둔다"는 것이다. 그러나 국회가 이에 반대하면서 혼란이 가중되었다. 정부의 방송 통제 사례는 1955년 서울중앙방송국 편성계장 노정팔이 국가보안법 위반혐의로 구속된 것을 들 수 있다. 이후 공보처 소관이던 출판, 저작, 영화에 관한 사무를 문교부가 흡수했다. '문교부직제개정의 건'(대통령령 제1000호)이 발효되었다. 문화행정 및 검열 사무가 문교부의 고유 권한으로 되어 정부 조직간 마찰이 발생했다(이봉범 2009).

시민 문화에 대한 간섭은 의상과 같은 일상적인 것에도 행해졌다. 1955년 7월 내무부, 보건사회부, 공보실, 국민회 중앙본부와 기타 '애국정당·사회단체' 등의 합동회의에서 '국민생활 간소화'를 실천하여 자급자족하는 나라를 만들자고 하면서 이를 위해 복장을 간소화한다는 방침을 결정했다. 간소화된 복장을 그림으로 제시했는데, 여름에는 반소매 노타이 셔츠를 입으라고 했고, 춘추동복을 새로 지어 입을 때는 국산품으로 국민복을 지어 입으라고 했다. 기존의 춘추동복을 계속 입을 경우 넥타이를 매지 않고 목도리로 대신하라고 했다. 여성복도 마찬가지로 새로 지어 입을 때는 국산품을 이용하라고 했다(동아일보 1955. 7. 9).

02 _ 영화 · 예술 관련 제도

(1) 영화 검열 제도

미군정기 영화 정책 역시 검열과 통제가 주된 것으로 관련 제도에 군정법령 제68호(1946. 4. 12) '활동사진의 취체'와 제115호(1946. 10. 8) '영화의허가'가 있다. 법령 제68호는, 신작이든 구작이든 검열시 모든 대사와 자막 전부를 세벌씩 영어로 제출하라는 무리한 요구를 하는 것이었다. 이는 당시 영화계의 능력으로서는 불가능에 가까운 지시였다. 이는 좌익진영의 영화활동을 억압하는 기능을 했다. 또한 신규 영화 뿐 아니라 기존 영화도 제재했다. 검열대본을 제출하지 않았다고 하여 상영 중인 영화 10여 편이 압수당했으며 그로 인해 5개 영화관이 문을 닫았다. 당시 추민 조선영화동맹 서기장은 "검열대본을 제출하는 비용이 영화비용보다 갑절이" 더 든다고 했다(자유신문 1946. 5. 5; 이봉범 2009: 413).[21]

이러한 정책은 정부 수립 이후에도 이어졌다. 검열사무가 문교부 문화국

예술과로 일원화되면서 공식적으로 가동되었다. '영화 및 연극 각본검열에 관한 건'(1955. 3), '영화검열 요강'(1955. 4), '외화정책 방향제시'(1955. 4), '영화검열 기준 초안'(1955. 5), '외화수입에 관한 임시조치법안'(1955. 5) 등 검열에 대한 시행령이 연속적으로 공포되었다(이봉범 2009: 61). 문교부는 1955년 5월 '외국영화수입추천 및 공연허가검열 사무에 관한 관계법령이 제정될 때까지 외화는 애국애족 정신을 북돋우는 작품, 사회교육을 포함한 교육이념과 도의생활에 합치되는 작품 또는 국민문화 향상에 도움이 되는 작품에 한해서 그 수입을 추천할 것'임을 밝히면서 8가지 금지조항을 발표했다(조선일보 1955. 5. 14; 이봉범 2009: 444). 그런데 검열 관련 규준들이 대부분 추상적이고 포괄적이어서 논란이 불가피했다. 검열규준이 비교적 자세하고 체계있게 제시된 것은 '공연물허가규준'(문교고시 제24호)인데[22] 그 중 검열과 직접 관련이 있는 '검열세칙'(국가법률, 종교교육, 풍속, 성관계, 잔학성, 기타 등 6분야의 총 36항)을 봐도 그러했다(이봉범 2009: 452). 따라서 작품 내용이든지, 감독의 사상이든지 그 원칙을 확립해야 한다는 비판이 성행했다(조선일보 1958. 5. 17 ; 이봉범 2009: 452). 다음 글은 문교부가 한국영화제작가협회에 보낸 통고문이다(경향신문 1959. 3. 12).

1) 일본작품을 모작 또는 표절함은 물론 민족정기를 앙양하기 위한 만부득이한 경우를 제외하고는 왜색의 영화화를 하지 말 것. (1) 민족정기를 앙양하기 위한 경우에도 한 구절 이상의 일본어 사용을 금한다. (2) 일본의 의상과 풍속의 영화화는 극히 삼가야 한다. (3) 왜음 가곡의 효과 녹음을 금한다. 2) 구미 자유진영국가 작품의 극히 부분적인 인용 또는 모작은 당분간 부득이하되 이를 우리나라의 사회실정과 이탈된 묘사를 하지 말 것. 3) 범죄자에 대한 법적 처리를 분명히 밝힐 것. 4) 빈민굴의 극단적인 표현묘사를 피할 것이며 사창굴의 이면 묘사를 하지 말 것. 5) 일반시민이 권총 또는 무기 등을 불법 휴대사용할 때에는 그의 위법성을 명확히 처리할 것. 6) 살인을 목적으로 한 마약의 사용 장면을 피하며

환자의 수술국면과 참혹한 시체의 정면 촬영을 하지 말 것. 7) 타인 명의의 우편물 등의 도중 수취와 도견으로 인한 사건의 묘사를 피할 것. 8) 방뇨 등의 불결한 장면과 과도한 안면 유혈의 묘사를 삼가할 것. 9) 과격하고 저속한 비애를 표현하는 장면의 묘사나 지루한 낙루 또는 통곡을 묘사하지 말 것. 10) 각 기관의 건물이나 명칭 또는 저명인사의 실명 등을 사용하였을 때는 반드시 해당기관 또는 당사자의 동의서를 제출하되 가급 실존 공공단체 사회단체 등의 명칭을 사용하지 말 것. 11) 비난 조소적인 세태의 묘사를 피하며 불가피한 경우 이외 격투, 구타의 묘사를 삼가할 것. 12) 인물 사건에 적합한 생활양식과 실내장식을 연출할 것. 13) 영화를 통한 언어 습성의 정화를 지향할 것이며 저속하고 특수한 용어와 행동을 묘사하지 말 것. 14) 이혼 낙태 등을 경홀히 취급하거나 부당하게 정당화시키지 말 것. 15) 영화 제명의 선정은 순후한 용어로 할 것. 16) 군사전반과 전쟁미망인 문제를 신중히 취급할 것.

검열의 객관성 확보를 위해 검열위원제도가 운영되었는데(최동식 1958: 40), 이것이 상시적인 것인지는 확인이 불가하다. 〈독립협회와 청년 이승만〉(1959) 검열 때 김상기, 이병도, 유홍렬, 신석호, 홍이섭, 이홍직이 검열위원으로 위촉되었다. 당국의 검열지침에 대한 논란은 1950년대 내내 계속되었다. 특히 사상 검열로 인해 생긴 문제에 대한 논란이 제일 많고 강렬했다(이봉범 2009).

검열은 외화 수입 시에도 엄격했다. 1955년 5월 문교부가 발표한 '외화수입 8개항 제한 조치'의 강화는, 1) 국가의 위신을 손상케 하고 국가원수의 존엄을 모독할 우려가 있는 것 2) 국헌을 문란케 하는 사상을 고취할 우려가 있는 것 3) 반정부 반란 및 대량탈옥을 취급하는 것 4) 정치 외교 경제 교육면에 지장을 주고 공익상 손해를 가져올 우려가 있는 것 5) 양풍미속을 문란케 하고 국민도의를 퇴폐케 할 우려가 있는 것 6) 위법 파괴 등을 위주로 묘사한 것 7) 제작기술이 저열한 것 8) 기타 국민문화의 진전을 저해할 우려가 있는 것 등이다(조선일보 1955. 5. 14). 그런데 검열이 사상에만 너무 주의를 기울여 오히려 저속하고 유해한 무내용의 외화만이 많이 들어와 청소년들에게 광범한 악영향을 끼친다는 주장도 제기됐다(조선일보 1958. 5. 17). 법적 기반의 미비 속에 각종 시행령에 의거한 반공주의 검열, 반일주의 검열, 풍속 검열이 상보적 관계를 형성하면서 작동되었다. 정부는 영화예술을 단지 권력의 도구로 이해했다(이봉범 2009).

반공영화 〈빨치산〉과 〈피아골〉도 내용이 반공적이지 않다는 이유로 상영금지되었다. 국방부 정훈국은 〈피아골〉에서 '스토리 전체를 통해 공산적구의 지긋지긋한 단말마적 생지옥을 혐오한 나머지 자유천지를 그리워 회개하는 장면이 전혀 없고, 그들은 다만 인간본능의 발작인 성욕에 에워싼 금수와 같은 살벌한 갈등으로 결국 자멸되었을 뿐이며 따라서 반국가적 반민족적 성분의 결함을 뚜렷이 지탄하지 못하였다'는 내용을 포함한 총 7개항의 이유로 상영불허가 입장을 표명했다. 반면, 육군본부 정훈감실은 〈피아골〉이 해외시장에서도 경쟁력이 있는 우수한 작품이라고 찬사를 보냈다(동아일보 1955. 8. 12). 그런데 내무부도 국방과 치안관계상 공개상영은 좋지 않다는 의견서를 내면서 영화검열의 소관부처인 문교부가 상영중지 조치를 내리게 된다. 이후 문교부는 재검열을 통해 4개 부분의 수정을 조건부로 상영을 허가했다. 그것은 1) 지루한 장면 2) 공비들이 신념을 버리지 않는 장면 3) 동리 이장을 죽인 양민이 무사히 돌아가는 장면(이는 공비에게 협력하면 살 수 있다는 의미를 내포하므로) 4) 여자의 귀순을 더욱 강조하는 것이었다(중앙일보 1955. 8. 18). 이는 영화검열과 관련하여 문교부보다 국방부, 내무부의 입김이 더욱 컸음을 보여주는 사건이다. 문교부의 검열이 이루어지기 전에 국방부의 문제 제기를 받아 6개 장면을 삭제하고 검열을 마쳤는데 다시 내무부의 의견을 받아 상영을 중지했다. 반공영화 〈주검의 상자〉의 한 장면도 '위층의 지시로 삭제'되었다(한국일보 1955. 8. 3-4). 문교차관이 '사상관계 외화검열을 내무부와 법무부에 위촉'한다고 발언하는 등 문교부의 주도권 약화는 검열의 전문성 문제를 야기했다. 경향신문은 문교부의 무능을 질타했으며(경향신문 1955. 8. 20) 조선일보는 검찰이 뚜렷한 근거 없이 문교부의 검열을 완료한 외화에 지나치게 간섭하지 말라고 경고했다(조선일보 1958. 5. 17). 국방부는 직접 영화를 제작하기도 했다. 1955년까지 정훈국 주도로 국방부 영화촬영소에서 제작한 '국방영화'가 50여 편에 이른다. 1953-54년 매년 국내 영화제작이 10여 편 안팎에 불과한 것과 비교된다(이봉범 2009).

한편, 국산영화 보호를 위해 국산영화면세법이 제정된다. 국산영화가 영화시장에서 유리한 경쟁력을 확보할 수 있게 한 것이다. 영화상영허가수수료징수 규정(문교부령 제66호, 1957. 3. 12)을 통해서도 국산영화가 보호되었다. 1952년의 규정(국무총리 공고)이 폐지되었고 새로 바뀐 규정에 따르면 국산영화와 외국문화영화는 반액 징수하도록 했다. 교육용 영화, 뉴스영화, 기록영화, 국산문화영화는 수수료를 면제받았다. 국산영화 및 문화영화장려책(1957. 8)은 국산영화 육성 뿐 아니라 시나리오의 사전검열, 극장에 대한 명령권 행사와 같은 통제책도 병행했다(이봉범 2009). 즉 면세법, 수수료징수 규정, 영화장려책 등은 영화에 대해 그 내용에 따라 차별적으로 지원 또는 통제하는 효과를 가졌다.

(2) 음악 및 문학에 대한 검열

이승만 정부의 음악 정책 역시 검열이 주된 것이었다. '국산레코드 제작 및 외국수입 레코드에 대한 레코드 검열기준'(1955. 10)은, 1) 일본 색채가 농후하다고 인정되는 것 2) 민족 고유의 미풍양속을 문란케 할 우려가 있다고 인정되는 것 3) 내용이 저열 저속한 것 4) 적성국가와 관계가 있다고 인정된 것 5) 작사가, 작곡가, 가수 등이 월북 또는 적성국으로 도피한 사실이 있다고 인정되는 작품 및 반국가적 범죄로 유죄가 확정된 자의 작품 등에 대해 압수 또는 판매금지 처분을 내릴 수 있도록 했다(경향신문 1955. 10. 22; 이봉범 2009: 63).

음악이나 문학작품 중에서 특히 월북 인사가 만든 것은 모두 금지시켰다.

'월북문인저서 판매금지'(1949. 11), '월북작가가곡가창금지 및 수록된 유행가집 판매금지'(1952. 10) 등이 그와 관련된 조치이다.[23] 이봉범은 1950년대 문학을 특징지운 중요한 문화제도 중 하나가 국가의 검열이라고 판단한다. 1953년에 조연현의 『현대작가론』이 판금되는데 그 이유는 책 내용에서 오장환, 김동석, 최명익 등 월북 작가가 다루어졌다는 것이다. 심지어 반공문인이며 최고 문단권력자도 검열에서 자유롭지 못했다. 월북 작가를 다뤘다는 것 뿐 아니라 이적 결과를 초래할 '가능성'이 있는 논조를 보였다는 것도 제재의 이유가 됐다. 즉 검열당국의 심증만으로 제재가 가능했다. 이에 한국문학가협회가 집단 항의했다. 조연현은 '공산주의문학을 비판하는 것을 금지한다는 것은 국시를 위반한 것'이라고 역공했다. 서울신문에 연재 중이던 〈인간보〉(1955. 5)가 뚜렷한 이유 없이 공보실의 행정명령으로 연재 22회 만에 게재중지 처분을 당하기도 했다. '양공주'의 생활을 그렸기 때문일 것이라는 것이 심증이었다. 이에 곽종원이 항의했는데, 이 조치는 해방 후 신문연재소설의 최초의 게재 중지였다. 양공주를 다룬 작품은 이전에도 많이 있었으므로 이는 행정당국의 검열이 본격화되었음을 의미한다(이봉범 2009).

03 _ 교육 · 연구 관련 제도

(1) 교육 관련 제도

이 시기 국가의 교육·연구 관련 제도 역시 시민사회 통제에 초점이 맞춰져 있다. 미군정기 교육 관련 제도로서 군정법령 제6호 '교육의 조치'(1945. 9. 29)와 군정법령 제15호 '명칭변경'(1945. 10. 16)이 있다. 명칭변경은 경성제국대학을 서울대학으로, 공자묘경학원을 성균관대학으로 바꾼 것을 의미한다. 명칭은 변경됐으나 미군정의 교육정책이 일제의 정책과 완전히 달라졌는지에 대

해서는 의문이다. 미군정의 『주한미군사』를 보면 미군정의 교육정책은 다음과
같이 설명될 수 있다.

한국 교육의 근대화에 관한 일본측의 시각도 별 여과 없이 반영되었다. (…)
통감부의 설치는 결정적으로 한국교육의 개혁과 보통교육의 확산 및 실용교육의
발전을 가져왔다는 일본측의 주장을 그대로 인용함으로써 식민지 교육학의 논리
를 그대로 수용했다. (…) 전반적으로 미군정 이전의 한국교육, 특히 일본 점령시
대의 교육을 평가하면서 일본 교육에 대한 비판이나 문제점 지적보다는 한국 교
육의 근대화를 지향한 일본의 노력을 긍정적으로 제시함으로써 이후 미군정의
교육정책이 식민 교육의 극복보다는 신식민지적 구도에 의한 식민 교육의 의도
적 전승으로 나아가는 인식적 기반이 되었음을 알 수 있다(이길상 2002: 212-
215).

또한 교육자의 인적 청산도 이루어지지 않아 일제의 이념을 신봉한 사람
들이 교육자로 다시 강단에 서게 되었다. 따라서 "미군정 교육정책이 일본 식
민지 교육정책과의 단절보다는 그 계승의 측면이 강했고, 이것이 해방 직후 교
육민주화의 가장 큰 걸림돌이었다."(이길상 2002: 205).

민주주의 교육이 실시되었으나 순전히 미국식 민주주의를 교육시키는 것
이 목표였다. 따라서 이를 위해 미군정은 미국 교육을 받은 사람을 찾아 지도
층에 발탁하여 교육 지도층을 미국 지향적으로 재편성하였다. 따라서 미국 교
육을 받은 사람들에게 유리해진 사회가 되었으므로 이는 다시 미국 유학의 붐
을 일으켰고 그 결과 학생들에게는 지속적으로 과학적 교육, 실증적 연구 등
미국적인 교육·연구 경향과 관점이 널리 보급되었다(손인수 1992: 213).

교육계 주요 인사들은 김성수, 유억겸, 백낙준, 김활란, 오천석 등이었는데
이들은 미군이 진주하기 전에 이미 교육문제를 거론하였고 한민당 발기대회에

참여했다(손인수 1992: 169). 미군정은 학무국장대리에 김성수, 학무과장에 오천석, 경성대학 총장대리 겸 법문학부장에 백낙준을 임명했다. 이에 대해 경성대학 학생자치회는 "적어도 대학 총장과 학부 부장은 심오한 학식과 고결한 인격으로 만인의 흠모를 받아야 하겠거늘 10년전 연희전문 교수를 사한 일개 뿌러커로 또는 일본 제국주의의 주구로서 활약한 백씨를 총장으로 맞을 이유가 없다"는 요지의 성명을 발표하여 반대하였다. 이어서 법문학부 교수 중심의 조선문화건설중앙협의회에서도 백낙준의 총장 취임 거부 성명을 발표하는 등 학무국과 교수 및 학생들 사이에 갈등이 표면화되어 결국 미해군 대위 알프레드 크로프츠가 경성대학 총장으로 임명되었다(이길상 1999: 32). 그러나 이들이 주축이 되어 한국교육위원회를 구성하였고 1945년 11월에 조선교육심의회를 조직했다. 교육계 인사들 중에는 미국, 영국, 일본 등 유학 경험자와 기독교인들이 많았다.

정부 수립 후 문교장관의 연설을 보면, 민족의식을 강화하기 위해 민족교육을 근본으로 삼겠다고 강조했다. 그러나 이는 배타적인 것은 아니고 사대사상을 물리치겠다는 것으로 한글을 널리 보급시키고 성인교육에도 힘쓰겠다고 했다. 또한 의무교육을 실시하고 과학교육진흥에 전력을 기울일 것이고 실업교육에 중점을 둘 것이라고 했다(동아일보 1948. 10. 7). 민족교육의 일환으로 홍익인간의 교육 이념이 채택됐고 '국민학교' 명칭, 학도호국단, 각종 선언문의 암기·낭독이 행해졌는데 이는 여전히 일제식의 강압적이고 주입식 교육이 행해진 것이라고 할 수 있다. 또한 의무교육을 위한 예산도 제대로 집행되지 않았다. 국민학교 운영을 위한 예산이 있었으나 학교에 전달되지 않아 학교는 사친회비에 여전히 의존했다. 1958년 10월 교육세법을 실시하여 국민학교 운영비를 일선학교에 지급할 것을 결정했다(동아일보 1958. 10. 2).

(2) 연구 관련 제도

당시 정부의 연구 관련 정책도 문화, 예술 분야와 마찬가지로 검열과 통제가 주된 것이었다. 1955년 4월 한태연의 『헌법학』이 판금되었는데 그 이유는 책 내용 중에 "과거 개헌파동 당시 자유당에서 발동한 사사오입은 논리상 부당하며 그러므로 결국 사사오입 식으로 개헌을 통과시킨 그 자체가 헌법에 위반되는 처사이어서 그 효력은 금후에도 충분히 문제될 수 있다"고 되어 있는 부분 때문이었다. 문교부는 이 책의 발매중지명령을 내리면서 그 이유로 "그 구절은 국론통일을 저해할 염려가 있다"는 것을 내세웠다. 그러나 그 조치의 법적 근거가 없다는 것이 지적되었고 또한 이 책은 이미 8할이나 팔린 상태였다. 판금 사실이 알려지자 학생들은 오히려 이 책을 구하려고 책방을 찾아 다녔다(경향신문 1955. 4. 25).[24]

또한 1955년 7월 31일 신흥대학교(현 경희대학교) 조영식 총장이 국가보안법 위반으로 구속되었는데 그 이유는 그의 저서 『문화세계의 창조』에 '국시에 어긋나는 불온한 구절'이 있다는 것이었다(경향신문 1955. 8. 5). 문제의 구절은 아래와 같다.

레닌은 카우츠키의 민주주의관을 비판하는 가운데에서 '민주주의는 변증법적 발전과정에 의하여 이렇게 발전한다. 즉 전제정치로부터 부르주아 민주주의에로, 부르주아 민주주의에서부터 프롤레타리아 민주주의에로, 프롤레타리아 민주주의에서 아무것도 없는 민주주의에'라고 말하였는데, 현재 프롤레타리아 민주주의까지는 도달하였다고 볼 것이라면 '아무것도 없는 민주주의'라고 하는 그 미도(未到)의 민주주의 사회는 과연 어떠한 것을 의미하는 것일까.

즉 그 민주주의 사회라는 것은 민주주의의 완성된 형식의 사회를 의미한 것으로 추정되며 그야말로 진정한 민주주의요 (중략) 우리의 맞이할 다음 세계라는 것은 레닌 말과 같이 아무것도 없는 민주주의 사회, 즉 완성된 고도문화국가사회라는 것이 자명해지게 되는 것이다.

그런데 이 책의 출판기념회에서 당시 공보처장이 축사까지 했었고 저자에 대한 고발이 대학 경영권을 노린 모략에 의한 것임이 밝혀져 저자는 석방이 되었다. 이 책은 학술원 감정까지 받고 무혐의 처분을 받았다. 당시 언론은 "저서 전체를 관통하는 주의주장을 우선 학구적인 입장에서 검토하여야 할 것"이며 "이 책의 주요 골자는 정치철학적 견지에서 저술된 것인데 일개의 수사관이 정치철학에 관한 공연한 저서의 어떤 구절이 자기 생각에 불온된다고 판단하여 절도범을 붙잡아 넣듯이 저서의 해설도 듣지 않고 덮어놓고 구속하는 것은 불법한 처사"라고 비판했다(경향신문 1955. 8. 5).

해방 후 건준에 참여한 경력이 있는 성균관대 정치학과 이동화 교수는, 1955년 한 강연회에서 '원자력 발전이 미·소 어느 나라의 전쟁도 불가능하게 했으며 양대 진영의 평화공존이 불가피해졌다'는 취지의 연설이 반공정신에 어긋난다하여 국가보안법 위반으로 입건됐다. 서울지방법원은 형의 선고를 유예하는 판결을 내려 일단락되었다. 이 조치는 그의 현재가 아닌 과거 행적 때문이었다고 한다.

그 밖에도 지도책인 『최신아세아요도』가 판금조치되었는데 그 이유는 그 책에서 소련 영토가 한국과 같은 색깔로 되어 있고 공산 국가와 영국, 호주, 캐나다 등이 같은 분홍색으로 되어 있다는 것이었다.

저작권법의 제정공포(1957. 1. 28)도 검열과 관련된 제도이다. 부칙의 '해방 전의 저작권 매매는 무효로 한다'는 조항으로 당시 200여 종의 저작권을 갖고 있던 한성도서가 급격히 몰락했다. 다른 출판사도 함께 몰락하여 출판계의 지각변동이 생겼다. 또한 적성국가의 저작권에 대해 유독 엄격하게 적용했다. 이 조치는 공산주의 관련 저작물의 유입통로를 차단하는 효과를 가졌다. 외국도서번역사업의 경우에도 외국도서인쇄물추천기준(1957. 8)이라는 검열 과정을 통해 사전 검열 효과를 보았다(이봉범 2009).

04 _ 종교 관련 제도

해방 후 1공화국 시기까지 종교 제도와 관련된 특징 중 하나는 종교 자체와 관련된 특별한 법이나 제도가 만들어지기보다는 다른 문제 특히 재산권과 관련하여 주로 종교문제가 다루어졌다고 하는 점이다. 종교에 직접 관련된 법령인 미군정 법령 제194호는 '향교 재산관리에 관한 건'이며 이승만이 내린 '불교정화유시'의 핵심 쟁점도 결국 사찰재산의 소유 주체 문제였다고 할 수 있다. 이승만 정부 시기 종교 제도는 더 나아가 이러한 재산권과 관련하여 종교계 내 분열을 야기시키고 정부에 대한 충성경쟁을 유도했다는 특징이 있다.

(1) 미군정기 종교제도

미군정은 1945년 9월 7일 포고 제1호를 통해 '조선인의 인권 및 종교상의 권리를 보호'할 것임을 알려 종교의 자유를 선포했다. 일제강점기간 동안 종교의 자유는 제한되었다. 일제는 1915년 총독부령 제83호로 포교규칙을 공포하고 신도, 불교, 기독교만을 종교로 인정했다(김철수 2013: 342).

미군정은 또한 1945년 10월 9일 군정법령 제11호를 발표하여 일제강점기의 군국주의적 각종 규제를 철폐했는데 그 중 '신사법'도 포함되어 신사의 소각 및 재산의 압수가 이루어졌다. 그러나 같은 해 11월에 법령 제21호를 공포했는데 이 법령 제1조에 의해 1945년 8월 9일 실행 중인 조선총독부의 모든 법률과 명령이 미군정의 특수 명령에 의해 폐지되지 않는 한 효력을 지니게 되었고 따라서 일제의 종교관련법도 그대로 효력을 발휘하게 되었다(맹청재 2003: 39-40).

이 시기에 제정된 유교와 관련된 법으로는 남조선과도정부의 건의로 1948년 5월 17일 공포된 법령 제194호 '향교 재산관리에 관한 건'이 있다. 이 법령에 의해 일제강점기에 국가가 관리하던 향교 재산을 각 도별로 향교재단이 만들어져 유림이 관리하게 된다. 각 도의 향교재단은 7인 내지 15인의 이사로 구성되고 그 중 한 명은 도지사가 도공무원 중에서 추천하여 임명한다. 향교재단은 도 내의 각 문고 유지와 교육, 기타 교화사업을 운영하여 유교의 진흥과 문화의 발전을 도모하기로 했다(동아일보 1948. 5. 21). 또한 일본 신종교 선린회의 귀속재산이 재단법인 학린사, 명륜전문학교 재단에 합쳐져 1946년 9월 성균관대가 인가되었다(맹청재 2003: 44).

불교와 관련해서는 우선 '사찰령' 폐지가 추진되었다. 1911년 일제가 제정한 사찰령은 전국의 사찰 체제를 바꾸어 총독부가 주지를 임명하고 주지가 사찰재산을 관리하게 한 법이다. 이때부터 주지의 전횡이 시작되어, 주지는 "도고한 덕행"이 아니라 "첩을 거느린 자라 할지라도 친일을 잘 하기만 하면 사승(師僧)의 자리에 앉혀"졌다(동아일보 1954. 9. 9). 해방 후 1947년 3월 불교총무원은 사찰령과 포교규칙 등 4개 법령의 폐지를 입법의원에 제출하여 '사찰재산 임시보호법'이 1947년 8월에 통과된다. 이 법의 골자는 종교의 자유를 속박하는 사찰령 등 일제의 악법을 폐지하고 남한의 천 개가 넘는 절에 속한 재산을 정부가 아닌 '불교 통제자' 즉 불교의 수장인 교정이 처분할 수 있는 권한을 주자는 것이다(경향신문 1947. 8. 10). 그러나 이 법은 미군정에 의해 인준이 보류된다. 왜냐하면 불교총무원과 대립관계에 있는 조선불교총본부가 이 법이 시행되면 막대한 재산이 전부 불교총무원의 교정에게 속하게 된다고 하여 이 법의 철폐를 주장하는 항의문을 제출했기 때문이다. 불교계는 이렇듯 내부갈등으로 인해 귀속재산을 잃는 경우가 많았다. 한편 1946년 9월 20일 혜와전문이 동국대학으로 승격·인가되었다(맹청재 2003: 40-44).

이 시기 천주교는 미군정과 교섭하여 조선정판사를 접수, 대건인쇄소로 이름을 바꾸고 경향신문을 발행한다. 조선정판사는 일제강점기 근택인쇄소의 이름이 바뀐 것으로 해방일보를 인쇄했으나 위조지폐사건 이후 천주교 측에 넘겨졌다. 경향신문은 1947년 서울에서 발간되는 일간지 중 가장 많은 부수를 발행했다(강돈구 1993: 35; 맹청재 2003: 43).

이 시기 개신교는 가장 많은 혜택을 받았다. 예를 들면 1945년 12월 교도소에 공무원 자격의 목사를 두는 형정제도가 도입되었다(김철수 2013: 344). 또한 일제강점기 기독교, 신도 계통의 귀속재산은 대체로 개신교 쪽으로 넘어갔다. 이들 귀속재산은 특히 북한에서 내려온 피난민들이 교회활동을 할 수 있는 터전이 되었다. 해방 후 10년간 신설된 2천여 개의 개신교 교회 중 90% 이상이 피난민의 교회이다(강돈구 1993: 31-35; 맹청재 2003: 42-44). 이는 오늘날 한국의 많은 대형교회가 대체로 반북적이고 보수적인 이유를 부분적으로 설명해준다.

(2) 이승만 정부의 종교제도

이승만 정부는 미군정의 종교관련법 대부분을 그대로 유지했다(맹청재 2003: 41). 이승만 정부는 초기에는 종교계와 대체로 우호적 관계를 유지하다가 한국전쟁 후 종교 내부의 갈등을 유발할 수 있는 조치를 취해 결과적으로 종교계가 분열하고 종교의 각 집단 별로 이승만 정부에 충성경쟁을 하도록 유도하는 구조를 만들었다.

예를 들어 유교의 경우 이승만 정부는 처음에는 유교계와 우호적 관계를 유지하다가 한국전쟁이 끝난 후 반공체제를 강화하면서 유도회의 분쟁을 사주하여 정부에 비판적인 김창숙을 몰아냈다. 또한 이승만은 그 자신이 독실한 기독교 신자임에도 불구하고 성균관 대성전의 석전을 봉행하고 오륜을 엄정히 지키라는 담화를 여러 번 발표했다. 이는 오륜, 삼강이 갖는 보수성을 체제 유지에 이용하고자 한 것이다(서중석 2000: 192). 이후 이승만은 유도회 총재를 맡았고 이승만과 마찬가지로 기독교 신자인 이기붕이 유도회 최고고문으로 추대된다(맹청재 2003: 66-69).

불교의 경우도 마찬가지이다. 이승만은 대처승 중심의 총무원과 원만한 관계를 처음에는 유지했다. 대처승은 1924년 선교 양종이 통합되어 탄생한 조선불교 조계종 세력의 대부분을 차지한 승려들로서 친일에 적극 가담했으며 해방 후에도 여전히 기득권을 쥐고 있었다. 일제가 대처승들에게 경제적·사회적 지위 보장을 해주었으므로 이들 수는 7천여 명에 이르렀으며 1,300여 사찰을 장악했다. 반면 비구승은 300-500명 정도에 불과했다(역사비평편집위원회 2000: 239).

한국전쟁 이후 1954년부터 이승만은 총무원 세력을 배제하고 비구 측을 지지하여 비구-대처 분쟁을 일으켰다. 이는 사사오입개헌 파동으로 위기에 처하자 언론의 관심을 돌리기 위해서라는 해석이 있다(강인철 2003; 맹청재 2003: 64). 이승만은 1954년 5월 20일 "대처승은 사찰에서 물러나라"는 제1차 불교정화유시를 발표한다. "농지개혁에 포함된 사찰토지의 환급"을 언급하면서 일본 승려처럼 가정을 가진 승려는 모두 사찰에서 물라나야 하고, "우리 불도를 숭상하는 승려들만으로 정부에서 돌려주는 전답을 가지고 개척케 하며 살아나가도록 할 것인즉 이 의도를 다시 깨닫고 시행하라"는 것이다(동아일보 1954. 9. 9).

또한 문교부 등 국가기구가 불교 분규에 개입했다. 이러한 조처는 위헌이라는 국회의 결의와 대처 측의 법적 정당성을 인정하는 법원의 결정에도 개의치 않고 이를 신행했다. 비구측은 이후 급속히 세력을 확대하면서 이승만 정부의 적극적 지지세력이 되었다. 그러나 불교계는 이로 인해 계속 분쟁이 발생했으며 사찰을 둘러싼 소유권 분쟁은 아직까지도 계속되고 있다(맹청재 2003: 65). 또한 당시 대처승과 비구승 간의 물리적 충돌이 있는 가운데 폭력배들이 양쪽에 의해 동원되었는데 싸움이 장기화되면서 이들이 그대로 승려가 되기도 했다. 일부 승려들은 이때 종권 싸움을 배워 그 전통이 지속되었다(한겨레 1998. 12. 11).

이승만은 기독교에 대해서는 특별한 대우를 했다. 1949년 6월 우상시비에 따라 국기에 대한 경례를 목례로 변경하고 군목제도를 실시했으며 국가의례를 기독교식으로 바꾸었다(김철수 2013: 344-345). 〈기독공보〉 1952년 8월 4

일자를 보면 이승만이 "국가의식을 기독교식으로 지령하는 등 '정치 기독교화'에 적지 않은 공헌"을 했다고 쓰고 있다. 당시 남한에서는 신·구교를 합해도 기독교 인구가 전체 인구의 2%가 되지 않았고 헌법에 정치와 종교의 분리를 명시했음에도 이승만은 마치 한국이 기독교 국가인 것처럼 국정을 운영했다. 국회의원 중에서도 기독교인 비율이 단연 많았다. 1대 국회에 21.2%, 2대에 25.7%를 차지했다(맹청재 2003: 48-50). 이는 한국사회의 기득권층이 대체로 기독교인이었음을 의미한다. 이러한 현상은 오늘날에도 지속되고 있다. 2004년을 기준으로 당시 상장사 기업 임원의 43%, 국회의원 중 120명이 기독교인이었으며[25] 한국은 세계2위 선교대국으로 미국 다음을 차지했다. 총 신자수는 1,200만명이었고, 그 규모로 볼 때 세계 1위(80만명), 2위의 교회가 모두 한국의 교회였다.[26]

1960년 4.19혁명 이후 사회분위기는 개신교과 이승만·자유당과의 밀착 때문에 다분히 반개신교적으로 흘렀다(강인철; 김철수 2013: 346). 개신교는 사회적 위상이 추락했으며 그 결과 교단 내부의 갈등을 초래했고 대신 불교와 신종교들이 활발한 사회활동을 시작했다. 4.19혁명 이후 치러진 희생자 위령제도 불교식으로 진행됐다(김철수 2013: 346).

천주교의 경우 1952년 정·부통령 선거 이후 정권에 대해 부정적 입장으로 흐르게 되자 정부는 1955년 대구매일신문사 테러, 경향신문 폐간조치 등을 단행한다. 이후 천주교에 대한 공격은 점차 모든 종교 부문에 대한 통제로 확대되었다(김철수 2013: 345-346).

무속에 대해서는 1949년 9월 25일 사주관상을 미신으로 간주하여 단속한다는 발표를 했으며 1950년 1월 목사인 사회부 이윤영 장관이 '무녀 금지령'을 내렸다. 1957년에도 무당과 박수에 대해 일제히 단속령을 내렸다. 한편, 정권은 1959년 10월 무당연합회인 대한신정회 조직을 후원했는데 이는 선거를 대비한 전략이었다(김철수 2013: 346).

소 결

시민사회를 통제하는
국가 제도

한국시민사회 제도사는 시민사회와 관련된 국가의 법과 제도의 역사를 다룬 것으로 국가형성기 국가와 시민사회의 관계가 어떠한 것인지를 파악할 수 있게 해준다. 이 시기 시민사회 관련 법·제도를 정치, 경제, 사회, 문화 분야로 나누고 ICNPO에 따라 분류하면 〈표2-1〉과 같이 구성된다.

1945년 일본의 항복과 더불어 한국도 해방을 맞이했으나 뒤에 이어진 미군정의 통치는 시민사회를 활성화하거나 시민권을 존중하기보다는 억압과 통제에 급급했다. 한국에서의 선거 가능성을 타진하고 이를 감시하러 온 유엔한국임시위원단의 권고로 비로소 시민권을 인정하는 법·제도가 구성되기 시작한다. 제헌헌법은 시민권을 보장하고 있으나 법률로 유보함으로써 그 적용을 어렵게 했다. 한국전쟁은 시민사회의 성장을 더욱 어렵게 했다. 강고한 반공주의를 내세워 정부는 자율성 제고 보다는 통제에 주력했다. 권력은 시민사회 통제를 위해 경찰력에 의지하여 이 시기 경찰은 탄압의 상징이 되었다. 언론·출판 관련 제도는 시민의 자유를 증진시키기 위한 것이 아니라 여론 단속을 위한 것이었다. 4월혁명 후에야 개정되어 허가 및 검열이 금지된다. 이 시기 정치와 관련하여 대표적인 악법은 국가보안법이다. 국가보안법은 현재 알려져 있는 것처럼 좌익을 검거하기 위한 것이라기보다는 반민법 제정으로 위험에 처한 친일파를 보호하는 성격이 더욱 컸다. 계엄법은 법이 제정되기 전부터 일제강점기 법을 적용하여 실시되었으며 무고한 양민을 함부로 죽일 수 있는 제도로 인식되었다.

〈표2-1〉 시민사회 관련 법 제도

정치	법률	입법위원선거법, 국회의원선거법, 형사소송법, 변호사법 등
	권익주창	광무신문지법, 군정법령 88호 신문 기타 정기간행물의 허가, 법률 제553호 신문 및 정당 등 등록에 관한 법률 등
	정치	군정법령 55호 정당에 관한 규칙, 미군정 포고 2호, 군정법령 72호 군정에 관한 범죄, 국가보안법, 계엄법, 반민족행위처벌법 등
경제	개발과 주거	국유재산법, 농지개혁법, 농사교도법, 지세법, 토지과세기준조사법, 산업부흥국채법, 광업법, 대한석탄공사법, 수산업법, 귀속재산처리법, 부흥부 등
	기업과 협회	영업세법, 등록세법, 은행법, 무역법, 건설업법, 주류업조합법, 농업협동조합법, 농업은행법, 조선장려법 등
	노동조합	아동노동법규, 노동조합법, 노동쟁의조정법, 노동위원회법, 근로기준법, 노동조정위원회 등
사회	보건	국민의료법, 의사법, 나예방법, 보건소법, 시가지청소법, 마약법 등
	사회서비스	재해부흥조합법, 피난민수용에 관한 임시조치법, 국민생명보험법, 우편연금법, 전시생활개선법 등
	환경	가축보호법, 어업자원보호법, 원자력법, 방사성동위원소등의관리및그에의한방사선장해방어령 등
	박애 및 자원봉사	기부통제법, 기부금품모집금지법 등
	국제기구	대한적십자사조직법, 국제개발협회에의 가입조치에 관한 법률, 한국유네스코위원회 설치령 등
문화	문화와 레크리에이션	문화보호법, 문화인등록령, 국산영화면세법, 국립극장설치법 등
	교육	교육법, 교육공무원법, 국정교과서용도서편찬심의회규정, 대한교육심의위원회규정, 국어심의위원회규정, 국립학교설치령, 대여장학금법 등
	연구	저작권법, 외국도서번역심의위원회규정, 도서번역심의위원회규정, 발명보호법, 국사편찬위원회 등
	종교	향교 재산관리에 관한 건, 사찰령 폐지에 관한 법령, 불교정화유시, 군목제도, 무교금지령 등

이 시기 경제 관련 법·제도는 지배집단의 권력남용을 용이하게 할 수 있는 토대가 되어 주었지만 적어도 제헌헌법은 한계를 가졌음에도 불구하고 공정성을 추구한 것이었다. 제헌헌법 84조는 "대한민국의 경제질서는 모든 국민에게 생활의 기본적 수요를 충족할 수 있게 하는 사회정의의 실현과 균형 있는 국민경제의 발전을 기함을 기본으로 삼는다. 각인의 경제상 자유는 이 한계 내에서 보장된다"고 하였다. 경제에 있어 공공성이 중시되었고 이는 국가가 시민사회를 시장의 횡포로부터 보호하기 위한 것이었다. 제헌헌법 85조에서 88조까지는 공익을 위해 개인 소유를 제한하고 있다. 85조는 지하자원, 수산자원 등 자연력을 국유화 한다는 것, 86조는 농지는 농민에게 분배한다는 것, 87조는 운수, 통신, 금융, 보험, 전기, 수리, 수도, 가스 등 공공성을 가진 기업은 국영 내지 공영으로 하고 대외 무역은 국가의 통제 하에 둔다는 것, 88조는 국방상 또는 국민생활상 긴요하고 절실한 필요에 의하여 사영기업을 국유 또는 공유화할 수 있다는 것이다. 그러나 1954년 2차 헌법개정에서 중요산업 국유화 조항이 삭제되고 은행 민영화를 시행하는 등 시장경제체제로 전환했다. 관련 경제제도 및 법률 역시 공공성이 약화되었으며 정부가 실시한 각종 개발 사업노 관과 밀착된 세력들에게 이권이 주어져 실효를 보기 어려웠다. 노동자의 권리를 보호하는 법은 한국전쟁 시기에 가서야 공포되었다. 그러나 그 마저도 정부가 사용자 편에 섬으로써 제대로 적용되기 어려웠다. 1959년이 되면 인플레이션이 안정되고 교통 기반도 어느 정도 갖추어지게 된다. 그러나 통신, 전력, 석탄, 비료, 시멘트, 주택, 도로, 상하수도, 교량에 있어서는 여전히 막대한 투자가 필요한 상태였다. 병원과 학교는 어느 정도 충족되었다고 여겨졌다(경향신문 1959. 3. 13).

사회 관련 제도를 보면 보건 제도의 경우 일제강점기와 달리 미군정기에는 확대 실시되었으나 많이 알려지지 않아 활용도가 높지 않았다. 이후 1공화국 시기 보건제도를 통해서는 훈육적, 억압적 형태의 권력이 공존했음을 알 수 있었다. 사회서비스와 관련해서는 우선 전재동포의 구호가 시급했다. 해방과 함께 엄청난 수의 전재동포들이 귀환했다. 또한 한국전쟁은 수많은 재해민을 낳아 이 시기 사회제도는 주로 이들의 구제가 주된 목적이 되었다. 재해부흥조합법과 피난민관련법 등이 한국전쟁 전후 구제 관련 제도의 일면을 보여주었다. 전반적으로 정부의 구제에는 한계가 있었고 따라서 주로 외국의 원조와 시민들의 자발적 기부를 중심으로 구호가 행해졌다. 이로 인해 무분별한 기부금품모집단체들이 생겨났고 이를 관리하기 위한 법과 제도가 제정되었다. 그러나 그러한 법은 시민의 재산권을 보장하기 위한 것이기 보다는 세원의 고갈을 막고 자선 대상을 특정화하기 위한 목적도 있었다. 사실상 국가가 준조세 형태로 기부금을 강제한 경우도 많았으며 적십자법 역시 그러한 성격을 갖고 있었다. 대한적십자사의 역사는 일제강점기 식민지 정부와 임시정부, 두 체제 하에서의 한국 시민사회의 모습을 포착할 수 있게 해주었다. 해방 후에는 정부가 적십자사 모금을 강제함으로써 기부와 관련된 정부 태도의 모순을 파악할 수 있었다. 환경과 관련해서는 오늘날에도 쟁점이 되고 있는 동물과 원자력 관련 법·제도를 살펴봤다. 가축보호법을 통해 당시 동물보호에 대한 사람들의 인식이 매우 낮았다는 것과 관련 조직의 이해관계가 연관되어 있었다는 것을 알 수 있었고 원자력 관련법을 통해서는 오늘날과 같이 방사능에 대한 위험 경고와 더불어 활용에 대한 기대가 있었음을 파악할 수 있었다.

이 시기 국가의 제도가 시민사회의 통제에 주력한 만큼 문화 관련 제도 역시 단속 및 검열제도가 주를 이루고 있다. 정부는 반공체제 구축을 위해 문화사업을 벌였으며 한국전쟁 이후에는 특히 문화 영역에 대한 통제력을 강화했다. 교육 분야에서는 해방과 더불어 민주주의 교육의 실시가 주장되었으나 정부는 국민 통제를 위한 강압적인 주입식 교육제도와 이념을 수립했다. 종교제도를 통해서는 당시 종교계가 재산권과 밀접히 연관되어 있었다는 점과 국가가 바로 그 점을 활용하여 종교계를 분열 내지 동원의 대상으로 삼았다는 점을 알 수 있었다. 즉 종교 제도 역시 권력의 필요에 의해 특정 세력을 지원하거나 배제하는데 중점을 두어 종교계 내의 갈등을 부추기는 결과를 가져왔다.

국가형성기 시민사회 관련 제도사를 통해 알 수 있었던 것은 일부 법과 제도들이 일제강점기 유산을 제대로 청산하지 않고 해방 후에도 지속되었다는 것이다. 4월혁명 이후에 개정된 것이 많았으나 바로 뒤 이은 5.16 쿠데타로 인해 더 강력한 일제유산이 자리잡게 된다. 또한 제도 수립에 있어 식민화, 해방, 전쟁, 반공, 권력유지가 중요한 변수가 되었다는 것, 그리고 그 중에서도 한국전쟁의 경험이 관련 제도 및 조직의 변화·확대에 큰 영향을 끼쳤다. 4월혁명은 근본적인 변화를 가져올 수 있는 기회가 되었으나 2공화국의 단명으로 결실을 보지 못했다. 결론적으로 이 시기 시민사회와 관련된 제도들은 국가가 수립한 제도에서 기대되는 시민사회의 보호 기능이 발휘됐다기보다는 국가가 시민사회에 대해 자신의 권력과 영향력을 유지, 강화하기 위해 법과 제도를 활용했다는 것을 알 수 있었다.

PART 03

1945~

한국
시민사회
조직사

1960

한 국 시 민 사 회 사

제 **1** 장

정치 조직

01_정당·정치단체의 폭발적 증가

해방과 함께 한반도에서는 정치적 열기가 고조되었다. 국내외 독립운동가들이 정치 일선에 나섰고 정당을 비롯하여 수많은 정치조직이 만들어지기 시작했다. 특히 해방 직후 건국준비위원회가 만들어져 산하의 치안대, 사설군사단체 등이 무정부상태에서 정부를 대신하여 사회 질서를 유지해나갔다. 조선학도대, 학병동맹도 이에 가세했다. 이 시기 전반적인 사회구조는 시민사회적 성격을 추구했다고 볼 수 있다(진덕규 1992: 143-144). 특히 농민, 노동자, 학생세력이 다른 영역의 구성원들에 비해 활동적이고 진보적인 성향을 보여주었다(진덕규 1992: 142-144; 윤충로 1999: 535).

미군정은 이러한 시민사회의 정치적 활력을 긍정적으로 보지 않았다. 미군정에게 있어 이들은 통제의 대상이었다. 1945년 9월 12일 하지는 조직화된 정치단체만을 대상으로 협의하겠다고 공표했다. 그러자 정당, 사회단체들이 급속히 조직되어 10월 10일에 43개가 만들어졌고 10월 24일 군정청에 54개의 정당이 등록했으며 11월 1일에는 그 수가 250여개에 달했다. 대표적인 정당 및 정치단체로는 김성수 중심의 한국민주당, 김구 중심의 한국독립당, 박헌영 중심의 조선공산당, 여운형 중심의 조선인민당, 이승만 중심의 독립촉성중앙협의회 등이 있었다. 1946년 3월에는 약 134개의 정당이 군정법령 55호의 규정에 따라 등록을 마쳤다. 이후에도 계속 늘어 1년도 되기 전에 정당 수가 300개에 이르렀다(헨더슨 2013: 294, 256). 미군정은 당시 조직 중, 민주청년동맹, 조선부녀총동맹, 조선문화단체총연맹, 조선민족혁명당, 천도교청우당, 실업자동맹, 조선인민원호회, 반일운동자구원회, 반팟쇼공동투쟁위원회, 조선문화협회, 조선협동조합총연맹, 전평, 전농, 남로당, 민전, 중앙인민위원회, 조선의사회, 조선약사회, 재일조선인연맹연락위원회 등을 주목했다(정용욱 2003: 418).

정치고문단의 문서를 보면 조직을 다음과 같이 분류하기도 했다(정용욱 2003: 425-426).

〈표 3-1〉 정치고문단의 조직 분류

구분	구성원 수	조직 명
Category A	10만명 이상	조선대중당, 조선민족혁명당, 협동조합중앙연맹, 민주주의독립전선, 민주한국독립당, 홍진중우회, 독립운동자동맹, 조선청년당 등
Category B	5만~10만명	민전, 문화단체총연맹, 신한민족당 등
Category C	1만~5만명	좌우합작위원회, 한민당 등

그 밖에 우익단체로, 민족통일총본부, 독촉국민회, 대한독립노동총연맹, 한국농민총연맹, 독촉애국부인회, 독촉전국청년총연맹, 국민의회, 한민당, 한독당, 조선독립노농당, 조선민주당, 조선여자국민당, 민중당, 천도교보국당, 유도회, 불교청년당, 전국문화단체연합회, 우국노인회, 대한독립청년당, 대한민주청년동맹을 들었으며, 중도 단체로 좌우합작위원회, 민주주의독립전선, 근로대중당, 신진당, 사회민주당, 조선청년회를 열거하였다.

민주주의민족전선결성대회에의 초청단체를 보면 당시 주요 조직의 현황을 대략 파악할 수 있다. 민전 성원심사위원회에서 다음과 같은 단체를 초청하기로 했다(동아일보 1946. 2. 13).

1. 정당: 조선인민당, 조선공산당, 한국민주당, 조선독립동맹, 국민당, 신한민족당

2. 노동자: 노동조합전국평의회

3. 농민: 농민조합전국총연맹

4. 청년: 청년총동맹, 공산청년동맹, 청년독립동맹, 청년총연맹, 대한독립촉성청년총연맹

5. 부녀: 부녀총동맹, 여자국민당, 애국부인회

6. 종교: 기독교회, 천도교 청우당, 유도회, 불교, 천주교, 대종교

7. 문화, 교육, 문학예술: 문학동맹, 음악동맹, 미술동맹, 연극동맹, 영화동맹, 조소문화협회

8. 과학기술: 학술원, 공업기술연맹, 과학기술연맹, 조선의사회, 조선약제조합, 어학회, 진단학회, 과학자동맹, 사회과학연구소, 산업노동조사소, 보건협회, 산업의학회, 생물학회, 언론, 법조

9. 재외동포: 재일본조선인연맹, 새비한족협회, 재만소선민족해방연맹

10. 협동조합: 협동조합전국평의회

11. 구원회: 반일운동자구원회

12. 실업자: 실업자동맹

13. 무소속

14. 지방대표

15. 대한민국임시정부국무위원회

16. 중앙인민위원회

1946년 5월 6일 제1차 미소공동위원회가 무산되자 미군정은 좌우합작운

동을 알선하면서 과도입법의원을 구성했다. 입법의원의 정당, 사회단체별 분포 상황을 보면 한국민주당(19), 독립촉성국민회(19), 한국독립당(9), 민중동맹(7), 신진당(4), 사회노동당(4), 근로대중당(2), 사회민주당(2), 독촉애국부인회(2), 여자기독청년회연합회(1), 기독교회(1), 천주교회(1), 불교중앙총무원(1), 천도교회(1), 여자국민당(1), 독립운동자동맹(1), 민족혁명당(1), 천도교청우당(1), 민족해방동맹(1), 무소속(20) 등이 있다.

미소공위의 정책은 정치·사회단체의 원자화를 부추겼다. 미소공위는 협력할 용의가 있는 단체들과 협의를 계속하기 위해 1947년 5월 22일 재개되었는데 이 소식이 알려지자 정치가들은 되도록 많은 회원을 가진 단체를 만들기 위해 경쟁했다. 한편 미소공위가 여러 단체에 협의하겠다고 하여 원자화가 가속되었다. 미국 측은 6월 19일까지 남한의 344개 정당·사회단체에 협의신청서 사본을 배부한다고 발표했다. 극우세력은 참여를 거부했고 남북한 합쳐 463개의 정당과 사회단체가 협의신청서를 제출했다. 남한에서만 425개 단체가 신청했다. 최종적으로는 남한 119개, 북한 28개, 합하여 총 147개 정당·사회단체가 협의명단에 들게 되었다. 그 중에는 몇백 명의 회원을 가진 민주전선이 있는 반면, 소수 회원을 가진 보름달동호회라는 조직도 있었다. 그 외에 이상오자동차협회, 안암로청년단체도 있었다(헨더슨 2013: 259).

이 시기 정치·사회단체는, 대체로 좌파는 민주주의민족전선, 우파는 비상국민회의로 결집했다. 사설군사단체로는, 우익의 조선임시군사위원회, 학병단, 좌익의 조선국군준비대, 학병동맹이 있었으며, 광복군계는 대한국군준비위원회, 대한민국군사후원회가 있었다. 이후 이들 단체들이 국방경비대의 기반이 되는데, 이 과정에서 좌파와 임정 계열이 국방경비대에서 배제되고 일본군, 만주군 출신의 우익만 참여하게 된다. 그러나 하위직에 좌익계, 광복군계가 대거 참여하며, 이들이 이후 경찰과 충돌하게 된다. 이들은 여순사건 이후 거의 축출된다. 여순사건 이후 국가보안법이 제정되었고 1949년 10월 19일 남로당 등 좌익계 133개 정당 및 단체의 등록이 취소되었으며 공산당은 불법화되었다(한배호 2000: 282). 1949년 10월 등록 취소된 정당·사회단체를 보면 아래와 같다(경향신문 1949. 10. 19).

- 등록취소 정당: 남로당, 근로인민당, 근로대중당, 사회민주당, 인민공화당, 대중당, 신신한국민당, 불교청년당, 조선청년당, 민족사회당, 조선공화당, 민주한국독립당, 대한민중당, 민주독립당, 한국민족사회당, 조선신화당
- 등록취소 단체: 남조선여성동맹, 조선청년총동맹, 조선협동조합중앙연맹, 전국농민연맹, 조선애국부녀동맹, 청년동원연맹, 조선음악동맹, 조선미술동맹, 조선문화단체총연맹, 조선문학가동맹, 조선과학자동맹, 민중동맹, 노동청년총연맹, 청년조선총동맹, 기독교민주동맹, 조선민주애국청년동맹, 조선영화동맹, 조선해원동맹, 민주학생연맹, 조선가극동맹, 혁명청년동맹, 조선민주연맹, 전국유교연맹, 조선보건연맹, 유학생동맹, 자주청년연맹, 남양제도귀환자동맹회, 재일조선인연맹위원회, 한국학생동맹, 조선연극동맹중앙집행위원회, 민주의민족전선, 민주의독립전선준비위원회, 조선노동조합전국평의회, 반공팟쇼공동투쟁위원회, 반일운동자구호회, 조선인민원호회, 미소공위대책정당사회단체협의회, 한국독립학생전선, 조선소년과학협회, 조선과학여성회, 독립협회, 임시정부수립대책협의회, 재일조선과학기술협회, 조선기계기술협회, 조선제약기술협회, 해안기술협회, 민주교양협회, 귀원동표협회, 조선사회사업협회, 좌우합작촉성회, 한국독립동우회, 환구동우회, 한족회, 중국학회, 조선농임기술협회, 조선대중음악협회, 건정동우회, 조선민족대동회, 해안기술자협회, 조선산업재건협회, 조선군인가족원호회, 한국군사후원회, 육해공출신동지회, 대동청년단후원회, 대한민국 민의회, 대한청년교회사업협회, 미향회, 조선정치경학회, 조선영사기술협회, 동린회, 신진민족협회, 정민회, 한국청년회, 한국간성청년회, 독립촉성애국부인회, 서북청년회, 조선광복군사동지회, 금릉동지회, 연변동지회, 구성군민회,

대한민주여론협회, 대진흥학희, 조선과학기술연맹, 전국협동조합총본부, 전국노동조합전국위원회, 직업별노동조합전국위원회, 조선일반봉급자조합, 조선교통운수노동조합, 조선화학노동조합, 조선철도노동조합, 조선어업노동조합, 조선약업노동조합, 조선금속노동조합, 조선섬유노동조합, 조선이용노동조합, 조선복제기공조합, 조선양화직공조합, 조선목공조합, 조선출판노동조합, 조선토건노동조합, 조선체신노동조합, 조선광산노동조합, 조선식료노동조합, 조선전기노동조합, 대한독립청년단, 국민청년단, 산업보국단, 조선민족해양청년단, 광복단, 국제탐정사, 조선문화서적교환사, 상무사, 평화사, 청금사, 구국원, 정신유도원, 조선학군구락부.

해방 후 1960년대까지 정치단체를 포함하여 대부분의 시민단체들이 이념적 성격을 강하게 가졌다. 분단과 전쟁의 영향 때문이라고 할 수 있다. 학생운동은 초기에는 동원 위주였으나 독재가 노골화되면서 반정부적 성격을 띠게 된다.

02 _ 건국준비위원회와 인민위원회

1945년 8월 14일 종전을 확인한 조선총독부 니시히로 경무국장은 종전결정과 함께 치안을 맡길 인물로 여운형, 안재홍, 송진우를 생각하다가 협상대상자로 여운형을 선택한다(최상용 1988: 78-79). 여운형은 그 자신이 움직일수 있는 조직 역량이 있었다. 1944년 비밀리에 조직한 건국동맹이 있었으며 공산주의자들과도 협력이 가능한 인물이었다(임영태 2008: 20). 여운형은 1945년 8월 15일 정치범과 경제범의 석방, 3개월간의 식량 보장, 자주적인 치안유지와 건국을 위한 정치운동에 간섭하지 않을 것, 학생과 청년을 훈련 조직하는 데 간섭하지 않을 것, 노동자·농민을 건국사업에 동원하는 것에 간섭하지 않을 것을 조건으로 조선총독부와 행정권 이양에 합의했다(최상용 1988: 81). 그는 건국동맹에 참여하고 있던 사회주의 계열의 이영, 정백, 최익한, 중도좌파인 이만규, 조동호, 중도우파인 안재홍 등을 규합하여 건국준비위원회(건준)을 조직했다.

건준의 강령은, 첫째 완전한 독립국가의 건설, 둘째 전민족의 정치적·경제적·사회적 요구를 실현하는 민주주의 정권의 수립, 셋째 일시적 과도기에 국내 질서를 자주적으로 유지하며 대중생활의 확보를 기한다는 것이었다. 위원장은 여운형, 부위원장은 안재홍이었다. 여운형은 송진우에게도 협조를 요청했으나 거절당했다. 건준은 전국적으로 조직되어 1945년 8월말에 이미 전국에 144개의 지부가 결성되기에 이른다. 건준은 북한에서도 조직되었는데 조만식이 주도했다. 이로써 보름 만에 건준은 전국 조직을 갖추게 된다. 이러한 건준의 역할로 인해 일본의 패망으로 한반도가 권력의 공백상태에 놓였음에도 불구하고 혼란스럽지 않았으며 민중은 질서를 지켰다(임영태 2008: 20-21; 최상용 1988: 83).

건준은 1945년 9월 6일 조선인민공화국(인공)으로 조직을 개편했는데 이는 국가형태를 갖추면 미국과의 교섭력을 높일 수 있다는 판단에서였다. 그러나 조직을 급조하느라 요직에 오른 인물의 동의도 얻지 못했다. 또한 박헌영의 영향력이 적지 않아 좌익조직이라는 인상을 주었다. 미국은 한민당계 인사들의 왜곡된 정보로 인공을 부정적으로 생각했다.

지역별로 인민위원회도 조직되었다. 지역인민위원회는 미군정이 한반도에 오기 전까지 치안대 등과 함께 지역의 치안과 행정을 담당하면서 사실상 과도기적 정권기관의 역할을 했다. 지역인민위원회는 때로는 미군정과 충돌을 빚었다. 인민위원회는 1945년 11월까지 전국 각 도·시·군·읍·면 단위 대부분에서 결성되었다. 인공, 인민위원회는 해방 후 한국 최초의 민중자치조직이었고 혼란스러울 수 있는 정국에서 사회질서를 다졌다는 점에서 의의가 있다(임영태 2008: 23-24).

03 _ 우익 · 관변단체

(1) 대한독립촉성국민회

1945년 10월 23일 이승만은 각 정당 대표 200명이 참석한 자리에서 주의 주장을 초월해 힘을 합치자고 하여 민족통일 전선을 목표로 독촉중앙협의회가 결성되었다. 독촉중협은 각 정당·사회단체의 협의체 성격을 가진 것으로 한국 민주당, 국민당, 조선공산당을 비롯한 각 정당 및 단체 50여개가 모여 구성되었으며, 미군정의 지원 하에 신탁통치 계획에 대처하기 위한 한국인의 대표기관으로 조직되었다. 이것이 이후 대한독립촉성국민회가 되는데 이 조직이 이 시기의 대표적 관변단체이자 우익단체 중 하나로 자리잡는다.

독촉국민회가 결성된 후 그 산하단체들은 제1차 미소공위 개최 기간 동안에 청년, 여성, 노동단체들로 개편된다. 1946년 3월 대한노동총연맹이 대한독립촉성전국청년총연맹을 모체로 하여 결성되었고, 4월에는 독립촉성중앙부인단이 대한독립촉성애국부인회로 개편되었다. 청년단체로는 독립촉성국민회청년단이 직속청년대로 개편된다. 이 단체들의 결성 목적은 신탁통치 반대였으며 국민대회 개최 등을 통해 그 목적을 실현하고자 했다(김수자 2005).

이승만은 좌익의 힘인 조직력에서 앞서는 방법은 전국적으로 대중들을 획득하는 것이라 생각하여 1946년 3월부터 6월까지 중점적으로 지방을 순회했다. 그 과정에서 지방 우익세력을 결집하여 국민회 지회를 결성했다. 이승만의 지방 순회를 계기로 국민회는 최초로 지방까지 조직력을 갖춘 우익운동체로 성장했다. 지방에 지회가 결성되어 그 조직이 확대되자 이승만은 점차 이를 기반으로 국민회 내에서 강력한 권한을 갖게 되었으며 국민회 장악에도 성공했다. 이승만은 국민회에서 결의된 모든 사항들을 자신이 최종적으로 인준하는 등 실질적인 권한을 확보했다. 이후 그는 자신을 중심으로 한 남한 단독정부수립을 여론화하는 작업에 들어갔다(김수자 2005).

그러나 국민회는 우익연합체였기에 그 조직적 결속력은 매우 약한 것이었다. 즉 각각의 우익세력의 이해관계가 국민회 전체의 이익보다도 우선시되었기 때문에 언제든지 그 결속은 와해될 가능성이 있었다. 그러나 이승만은 점차 이러한 한계를 극복하고 국민회를 자신의 정치 기반으로 강화시켜 나갔다. 또한 이승만은 자신의 정치적 위기 등을 극복하기 위한 수단으로 국민대회를 자주 개최했다. 국민회가 대중을 동원하여 대회를 개최하고 이승만은 이 대회의 결의를 '민의'라고 주장하여 자신의 정책을 관철시켰다. 이와 같이 이승만은 국민회를, 정부수립 이전부터 자신의 정치위기 극복의 수단으로, 또한 정치 경쟁자들을 물리쳐내는 도구로 활용했다. 즉 이승만은 국민회를 자신의 권력장악과 정권강화를 위해 적극 활용했다(김수자 2005). 이승만은 국민회의 영구적인 의장이며 총재였다.

국민회는 중요한 국면 때마다, 예를 들면, 정부수립 과정, 행정부와 국회 간 대립이 극심했을 때, 제헌국회에서 내각책임제로의 개헌론 상정 때, 제2대 국회에서 대통령 직선제 개헌론 상정 때, 1950년, 1952년, 1954년에 실시된 선거 때에, 이승만의 권력 강화를 위해 그 조직을 재편하고 활발한 활동을 했다(김수자 2005).

(2) 서북청년회

해방 후부터 이승만 정부 시기까지 우익청년단은 각종 테러와 암살에 앞장서서 악명을 떨친다. 그 중 가장 유명한 단체가 서북청년회(서청)이다. 서청은 북에서 월남한 청년의 총 집결체로서, 김성수의 배려로 동아일보 3층 사무실을 본부로 썼다. 서청은 한민당의 지원을 받았으므로 "한민당이 고용한 외인

부대"라고 불리기도 했다. 북한 출신의 오정수 상공부장이 한승인 상역국장과 짜고 미군정의 배급품을 이들에게 규정보다 많이 제공했으며 이들은 이것을 팔아 활동자금으로 썼다. 서청은 북에서 계속 남하하는 청년들에게 숙식을 제공하고 이들을 회원으로 확보했다. 이들은 월남하였기 때문에 집이 없어 주로 합숙소 생활을 했는데 합숙소 한 곳당 1백~2백명을 수용했고 서울에만도 이런 곳이 50여개였다. 이곳이 바로 좌익을 공격하는 기동타격기지가 되었다. 서청위원장을 지낸 선우기성은 "서청합숙소는 회원들의 보금자리인 동시에 행동개시를 위한 대기장소였다. 이 합숙소는 남한 내 다른 청년단에는 없는 무서운 순발력과 기폭성을 갖고 있었다"고 했다. 이것이 다른 우익단체보다 더 서청이 무섭게 된 이유 중 하나다. 선우기성의 친척으로 평소 그와 가깝게 지내던 이가 조선일보의 선우휘다. 한수영에 의하면, "서청과의 관련을 회고하는 그의 글이나 소설에서 일관하여 나타나는 것은, 궁극적으로 그러한 서청의 폭력이 반공주의에서 비롯되는 '순수한 열정' 때문이었으며 당시로서는 일종의 필요악이었다는 옹호론"이었다(이경남 1986; 김건우 2017: 98). 이렇듯 동아일보, 조선일보가 모두 서청과 관련되어 있다.

이들은 교회에 의해서도 조직됐다. 월남자 중에는 기독교인이 많았다. 기독교인이 북한에 많이 살았기 때문이다. 한국 기독교 인구의 70~80%가 북한에 거주했으며 일찍이 평양은 '동양의 예루살렘'이라고 불렸다. 조선시대에 평안도는 차별받는 지역으로, 미국 북장로교 소속 선교사들은 이를 잘 알았기 때문에 서북지방을 선교사업을 위한 최적지로 정했다. 그 결과 평안도와 황해도는 한국 장로교의 핵심 근거지가 되었고 이후 한국 기독교는 서북 지역이 주도했다(김건우 2017: 40). 해방 후 이 지역 기독교인들은 북한에서 수난을 당했는데 왜냐하면 교인들 중 많은 이가 지주, 중농, 일제 관리, 친일파였기 때문이다. 더구나 이들은 북한에서 반공투쟁을 적극적으로 했기 때문에 더 핍박을 받았다. 이들이 대거 남으로 내려오면서 그전까지 열세였던 남한의 우익 세력이 크게 강화되었고 더욱 전투적이 되었다. 서청의 핵심은 영락교회 청년들이었다. 영락교회의 한경직 목사 자신부터가 월남인이었고 또한 철저한 반공주의자였다. 그는 영락교회 청년들이 중심이 된 서청이 "제주도 반란사건을 평정"했다고 회고하고 있다(한겨레 2015. 11. 27; 윤정란 2015).

이들은 1946년 10월항쟁 때부터 대구, 영천, 경주, 예천 등 경북 지역에 들어와 총을 들고 다니며 민간인들을 죽이고 가옥 방화, 주민 재산 탈취, 성폭행 등을 저질렀다. 각종 단체와 신문사를 파괴했고 미소공위축하예술제를 공연하는 극장에 다이너마이트를 투척하여 난장판을 만들기도 했다. 이들은 각종 암살에도 관여했다. 김구 살해자 안두희는 서청 종로지부 총무부장이었으며 여운형 살해자 한지근도 서청에서 테러교육을 받았다. 당시 육군정보관계자와 미국 G-2 보고서도 여운형의 죽음이 서청과 관련 있다고 전했다. 그 외에 검사 정수복, 조선신문 사장 박경영이 이들 손에 살해됐다.

이들 뒤에는 이승만이 있었다. 당시 정보부대의 핵심장교로 있던 이모씨는 이승만이 "누구 조사해봐"라고 하면 이를 제거 명령으로 알았고 이것이 실제 이승만의 뜻이었다고 한다. 이승만은 서청을 옹호하면서 이들의 활동을 자제시킬 수 없으며 또한 이들을 비난하기를 원하지 않는다고 했다. 경찰서 바로 옆에 있는 서청 본부에서 사람들의 비명이 계속 들리는데도 경찰은 이를 묵인했다. 이들의 횡포가 너무 심해지자 하지 중장마저도 서청을 해산시킬 것을 촉구했으나 조병옥 경무부장과 장택상 수도청장이 적극 반대했다. 조병옥은 제주 4.3 때 서청단원 5백명을 경찰로 임관시켜 전투대에 편입시킨 인물이다. 미군 정보부는 이 단체를 "극우 정치인사들이 지원하는 테러조직," "가장 해독한 우익청년단체"라고 했으며 미국 언론들도 이들을 '파시스트의 전위조직'이라고 평했다. 서청의 활동은 제주 4.3 비극의 원인이 되기도 했다. "서북청년단이 동네에 와가지고 다니면서 빨갱이를 만들었어요. 와서 무조건 두드려 패니 매에 못 이겨 산에 가버린 사람도 있어요."라고 한 주민은 진술했다. 당시 신성모

장관 역시 "서북청년단 등 육지 사람이 경찰, 관리, 군인이 돼 도민을 괴롭혀 4.3 폭동이 난 줄 안다"고 발언했다(이상기 1992). 이후 서청은 다른 청년단체들과 함께 대한청년단에 통합된다.

(3) 대한청년단

이승만은 군부 내부에 있는 '좌익세력'들을 소탕한다는 미명 하에 숙군 조치를 실시한다. 1948년 12월 초까지 숙군 조치에 따라 구금·문초를 받은 군인의 수가 영관급 10명, 위관급 1백여 명, 그리고 사병 1천명에 달했다. 이승만 정부는 대국민 사상 탄압 및 좌익탄압을 체계화하는 한편 물리적인 보호대책도 마련하기 위해 청년단체를 통합하고 약 5만 명의 민병을 조직하고자 했다. 국회도 20명의 시국대책위원회를 구성하여 청년단체를 일원화하고 유사시에 국군으로 전환시키도록 한다는 여순사건 수습대책을 결의하였다. 1948년 11월 12일 제102차 회의에서 다음의 시국수습안 5항목을 통과시켰다(전갑생 2008).

1. 호국군은 애국 청년단원 중심으로 5만 명을 편성할 것.
2. 금번 편성되는 호국군은 순수한 애국청년으로 편성키 위하여 각 애국 청년단체(대청, 청총, 서청, 독청, 국청, 학련, 민족청) 대표자 7인과 국회, 정부, 사법 등에서 7인 합계 14인으로 호국군 편성위원회(가칭)를 구성할 것.
3. 과거 군사훈련을 받은 단체 및 개인 또는 기타 청년단체는 호국군 편성위원회의 심사 후 호국군에 편입케 할 것.
4. 호국군을 편성 완료 후에는 전국 각 청년단체를 통합하여 호국청년동맹(가칭)을 조직하여 일정한 훈련을 받게 할 것.
5. 호국군과 호국청년동맹을 편성 완료 후에는 여하한 명목으로든지 청년단체의 편성 및 활동은 일절 용허치 말 것.

이승만은 여순사건을 우익청년단체 통합의 기회로 삼은 것이다. 국민회청년단(국청), 대동청년단(대청), 대한독립청년단(독청), 서청, 족청, 청년조선총동맹(청총) 등 여섯 개 우익 청년단의 책임자들은 1948년 11월 17일 이승만을 방문하고 국방군 강화 문제를 토의했다. 이날 회담에서 각 청년단체는 비상시국에 대비하기 위해 민병단 조직준비위원회를 각 단체 대표 1명씩으로 구성하되 동 위원회의 지시에 의해 각 단체에서 행동을 취할 것이며 12월 말까지 훈련을 완료할 것 등을 결의하였다. 또한 청년단체들은 11월 23일 대표 연석회의에서 청년단체를 발전적으로 해체하고 대한청년의용단을 발족하기로 하였다. 이어서 대청은 11월 24일 긴급상임위원회를 개최하여 대한청년의용단 가입 문제에 대해 심도 있는 토의를 벌였다. 이승만은 11월 26일 저녁 방송을 통해 정부가 조직할 민병단에 우수한 청년을 공평하게 채용할 것이라고 말했다. 이어서 11월 27일 5개 단체 회의에서 단체명을 대한청년단(한청)으로 개칭하고 12월 19일 서울운동장에서 결성식을 갖기로 결정하였다. 1948년 12월 6일 족청을 제외한 5개 청년단체는 "靑總·國靑·獨靑·西靑·大靑의 피끓는 젊은이들이 중심이 되어 (…) 이승만박사를 총재로 모시고 금월 19일을 기하여 '갈 길은 하나다'라는 구호를 높이 들고 純粹한 동포애에서 용감히 통합대회를 보게 되었다."라는 공동성명서를 발표하였다. 또한 대청은 12월 23일 성명서를 통하여 "전남사건이 발발된 이래 국회를 중심한 시국대책 건의안을 위시하여 국론은 또다시 민족 진영의 강력한 결속을 요청하게 되었으며 그 구체 방안의 하나로 청년 단체의 대동통합이 대통령에게 건의되고 대통령 또한 이를 채택하여 솔선 지도, 청년 단체의 통합을 추진시켜 온 것"이라고 했다. 그리하여 중앙위원회에서는 35세 이하 단원은 무조건 신생 대한청년단에 통합·재편시키고 그 이상의 장년층은 '과거 조직체계를 통하여 가장 우호관계를 맺어온 국민회 중심의 신당인 대한국민당과 합동'하기로 결의했다(전갑생 2008).

1948년 12월 19일 서울운동장에서 족청을 제외한 40여개 단체들이 모여 한청 결성식을 가졌다. 이날 결성식에서 서청위원장 문봉제는 개회사에서 "우리는 과거 남이니 북이니 하여 말없는 암투와 파벌투쟁을 하여 왔던 것이다. 우리는 이 자리에서 남한의 청년단체를 한 개에 똘똘 뭉쳐서 우리의 하나의 목적인 남북통일에 모든 힘을 아끼지 않으면 안 된다"고 주장했다. 한청의 강령, 선언문, 초기의 간부들은 다음과 같다(전갑생 2008).

〈강령〉

1. 우리는 청년이다, 심신을 연마하여 국가의 干城이 되자.

1. 우리는 청년이다, 이북동포와 합심하여 통일을 완성하자.

1. 우리는 청년이다, 파괴분자를 숙청하고 세계평화를 보장하자.

〈선언문〉

1. 우리는 총재 이승만 대통령의 명령을 절대 복종한다

1. 우리는 피와 열과 힘을 뭉치어 남북통일을 시급히 완수하여 국위를 천하에 선양하기로 맹세한다.

1. 민족과 국가를 파괴하려는 공산주의 赤狗徒輩를 남김없이 말살하여 버리기를 맹세한다.

1. 友好列邦의 세계 청년들과 제휴하여 세계평화 수립에 공헌코자 맹세한다.

〈간부〉

- 총재 이승만

- 부총재 보류

- 단장 신성모

- 부단장 이성주, 문봉제, 강봉인

- 최고지도위원 이청천, 유진산, 강낙원, 서상천, 장택상, 천진한, 노태준
- 중앙집행위원 황학봉, 김성주, 김건, 윤익헌 외 120명
- 사무국장 윤익헌, 외무부장 김영호, 산업부장 강덕상, 후생부장 김두호, 기획국
  장 이영, 의사부장 주홍규, 인사부장 조창학, 정보부장 김영근, 선전국장 김광
  택, 선전부장 이병국, 문화부장 양상근, 훈련국장 유지원, 교무부장 박경호, 감
  찰국장 김윤근, 감찰부장 이화룡, 심사부장 최용근, 심계부장 홍종건, 조직국장
  김용직, 조직부장 이영민, 동원부장 조용수, 학생부장 정광렬, 부녀부장 김보금,
  농민부장 전상봉, 노동부장 곽관용, 지방부장 이남규, 교도국장 심명섭, 문화부
  장 양상근, 훈육부장 이찬우, 체육부장 서병지, 음악부장 이창남, 건설국장 김두
  한, 건설부장 박기찬, 중앙훈련소장 김건, 부소장 최주종, 서북변사처장 차종연,
  공작부장 김규룡, 한석율, 서북청년대장 김성주, 북한특별단부 고문 선우기성,
  단장 문봉제

그러나 한청 결성이 순탄한 것은 아니었다. 족청은 처음에는 한청으로의
통합을 거부했고 이에 1949년 1월 5일, 15일 이승만은 족청을 해산하라는 강
제적 명령을 내린다. 결국 1월 20일 전국 이사 및 도단장 연석회의를 개최하고
해산 선언을 채택하여 한청에 합류하기로 하였다. 또한 합류하는 조건으로 한
청에 최고지도위원 1명, 족청 조직법의 채택과 조직책임자 1명, 족청식 훈련방
법의 채택과 훈련책임자 1명, 부단장 1명을 포함한 4명의 책임 간부를 할당해
줄 것을 요구하였다(전갑생 2008).

04 _ 흥사단과 『사상계』

안창호가 1913년 샌프란시스코에서 설립한 흥사단은 좌우로 갈린 한국

시민사회에서 드물게 좌우통합적 내지 중도적 이념을 지향하면서도 오래 지속하고 있는 대표적 단체이다. 흥사단은 한국에서 가장 오래된 시민단체로 알려져 있다.

1910년 미주 대한인국민회를 중심으로 독립운동기지 개척운동이 전개되자 안창호는 이를 지원하기 위해, 통일된 이념을 가진 기초운동 단체로 흥사단을 구상한다. 독립을 달성하기 위해, 조직, 인재, 경제력을 갖추고, 인내·충의·용감·신애의 정신을 갖춘 인재들에 의해 주의일치와 행동통일을 이루고자 했다. 인재양성을 위해 학업단을 구성했으며, 통신과 서적으로 공동수학하면서 지, 덕, 체를 교육시켰다. 독립운동에 필요한 재정 확보를 위해 실업단을 구성하기도 했다. 재정기관 간에 서로 교통하면서 합자·결사하여 농공상업에 진력한다는 구상을 가졌다. 인적 자원은 독립군, 장관, 정치가, 공학가, 의원, 실업가, 학술가들로 이들은 독립운동 수행을 위해 각자 직무에 충실해야 했다(이명화 2002: 91-92).

'흥사단(興士團)'이란 이름은, 유길준이 1907년 국민 모두를 선비로 만들겠다는 국민개사(國民皆士)의 뜻으로 설립한 계몽단체 흥사단에서 비롯된 것이다. 그 이름을 안창호가 1910년 블라디보스토크에서 이강과 토론하던 중 제안했다고 한다. '흥사단'이란 이름을 붙인 것은, 안창호가 국민 모두를 선비로 만들겠다고 하는 취지를 단체의 목적의 전면에 내세우고자 했다는 것을 의미한다. 이러한 흥사단의 목적은 흥사단 약법 제2조에 나타나 있다.

우리 단의 목적은 무실역행(務實力行)으로 생명을 삼는 충의남녀(忠義男女)를 단합하여 정의(情誼)를 돈수(敦修)하며 덕, 체, 지 삼육을 동맹수련하여 건전한 인격을 지으며 신성한 단체를 이루어 우리 민족 전도번영의 기초를 수립함에 있다.

위의 약법을 보면 흥사단은 인격을 매우 강조하고 있다. 안창호가 말하는 건전한 인격은 덕, 체, 지, 삼요소를 갖춘 것으로, 첫째, 무실, 역행, 충의, 용감 등 4대 정신을 갖는 도덕적 성격, 둘째, 기력이 강장한 튼튼한 몸, 셋째, 한가지 이상의 전문지식과 생산기능을 갖는 것이다(안창호 "동포에게 고함"; 김영재 2011: 155).

안창호는 1912년 말 하상옥, 강영소, 정원도 세 청년과 함께 흥사단 조직 준비 모임을 위한 동맹수련을 시작한다. 1913년 5월 13일 발기인 6명이 참석하여 강영소 집에서 예배함으로써 창립식을 거행한다. 1913년 11월 30일까지 40여 명의 단우들이 서면 투표로 조선 각도를 대표하는 창립위원을 선거하여 12월 20일 창립위원회를 구성했다. 안창호는 흥사단의 전권위원이었으며, 1914년 하반기부터는 행정 수반에 해당하는 이사부장의 직책을 맡아 조직 전반을 총괄했다(김영재 2011: 146-147).

흥사단은 "매우 독특하고 생명력 있는 조직으로 임시정부를 떠받쳤고 안창호의 독립운동에 참여하고 꾸준히 자금을 지원한 제1차 기지로서 기능을 다하였다." 흥사단 조직의 편제는 민주공화국의 원리를 원용했다. 단우들을 훈련시키기 위해 삼권분립 체제를 만들어 의사, 이사, 심사라는 입법, 행정, 사법 체제를 구축했고 각 지방에 지방위원회를 두어 모든 경과 사항을 본부에 보고하도록 했다. 의사부와 심사부 임원은 통상 단우들의 직접 투표로 선출했다(김영재 2011: 147).

미주의 흥사단과 흥사단 원동위원부는 차이를 가졌다. 미주는 각 인물들의 인격개조에 힘쓰고 실력을 양성해 민족운동에 투신할 수 있는 기초 실력을 키우는 일에 주력했고, 중국 원동위원부는 민족개선의 기초운동과 더불어 조선 독립을 최고 목표로 삼았다. 1913년 창립 이후 중국, 러시아, 만주 등지에 흥사단 약법을 보내 흥사단의 주의와 취지를 알리고 오로지 무실역행에 뜻을 같이 하는 청년들을 입단시켰다. 흥사단 원동위원부 단원확보는 안창호가 1920년 1월 미주 흥사단원인 김선(제)와 김항작을 상해로 오게 함으로써 시작되었다. 일본에 파견된 김항주는 일본 유학생 유억겸, 김도연, 백관수, 김준연을 원동 단원으로 가입시켰다. 안창호의 독립운동에 감화받은 이들은 1920년 2월 이후부터 흥사단에 입단하기 시작한다. 1920년 2월 14일에 유일, 주요한, 박현환, 김홍서, 김여제 등의 입단식이 최초로 거행된 이래 안정근 등 많은 이들이 차례로 입단했다. 흥사단 원동임시위원부는 1920년 9월에 정식 공포되어 1949년까지 존속했으며 190여명의 단원들이 가입했다(이명화 2002: 91-94).

흥사단의 주의와 목적은 무엇인가 하는 일경의 심문에 안창호는 조선독립을 목적으로 한 것임을 분명히 했다(이명화 2002: 92-93).

흥사단은 약 27~28년 전 내가 미국에서 조직했던 것이며 수양단체로서 결성했던 것입니다. 다시 말하면 수양을 해서 민족을 개선하려고 한 것입니다. 그러나 단순히 민족개선이 아니고 그 내용은 조선민족의 인구증식, 부력증진, 지위향상, 조선독립, 기타 일체의 행복과 번영 등 5가지 목적으로 조직했습니다만 1919년경부터는 단체의 목적이 조선독립을 최고 유일의 것으로 삼았던 것입니다. 그후 단군 연호 4262(1923) 2월 모든 흥사단원에 대하여 흥사단이 한국의 국권을 회복하기 위한 혁명단체임을 선언했기에 흥사단은 조선독립을 목적으로 한 혁명단체로 된 것입니다.

이어, 약법 2조의 '우리 민족의 전도대업의 기초를 준비한다'라는 글은 무엇인가라는 질문에 "우리민족의 대업이란 글귀는 선포문의 내용에도 설명하고 있듯 조선민족의 독립의 대업이며, 기초를 준비한다는 것은 조선독립의 기초를 준비하는 것이라고 설명하면서 단원을 입단시켰습니다"라고 답했다(이명화 2002: 93).

흥사단은 농촌계몽운동인 브나로드 운동에도 영향을 끼쳤다. 1931년부터 시작된 동아일보의 브나로드 운동 뒤에는 흥사단 국내조직인 수양동우회가 있었다. 이 운동은 1934년까지 4회 실시되었고 1935년 조선총독부의 명령으로 중지된다. 『사상계』를 통해 해방 후 지성계를 이끈 장준하도 이 시절 브나로드 운동에 참여했다(김건우 2017: 42, 79).

흥사단과 안창호는 이승만과 그의 추종자들에 의해 적대시되었다. 일제강점기 미국 한인사회에서 안창호의 국민회가 한인들을 대표하는 단체였음에도 불구하고 이승만이 독자적으로 동지회를 만들었고 이들이 국민회에 적대적이었던 것은 잘 알려진 사실이다. 『윤치호 일기』를 보면 안창호가 수감되고나서 윤치호가 안창호 석방을 위해 당국자들을 만나자 이에 대해 김활란이 분개했다는 내용이 나온다. 그러면서 윤치호는 "이승만과 서북파를 이끌고 있는 안창호계 간의 볼썽사나운 다툼이 마침내 서울까지 다다른 것 같다"고 썼다(윤치호 일기 1932. 7. 15). 해방이 된 후 흥사단계 인맥들은 이승만이 자유당 정권을 구축하는 과정에서 제거되었다. 이들은 이후 민주당 신파의 중심세력이 된다(김건우 2017: 43-44).

『사상계』의 전신인 『사상』이 폐간된 것도 이기붕의 아내 박마리아가 이승만에게 『사상』이 흥사단 계열 사람들이 만드는 잡지라고 말한 것이 계기가 되었다. 『사상계』와 관련된 주요 인물들 역시 흥사단과 직간접적 인연이 있는 사람들이다. 『사상계』는 해방 후 한국 지성계를 이끈 대표적 잡지이다. 2만 정기구독자와 함께 4.19를 전후한 시기에는 최대 7만여 부까지 발행했다. "사상계를 들고 다녀야 대학생 행세"를 한다고 여겨졌다고 한다(김건우 2017: 48-49).

『사상계』를 이끈 사람들의 출신지역을 보면 많은 경우 평안도로서 안창호의 영향을 받은 사람들이 많다. 3공화국의 성과로 알려진 경제성장도 멀리 보면 안창호의 계몽사상 및 흥사단 정신을 이은 『사상계』 인물들이 그 기초를 만든 것이다. 장준하는 1930년대 농촌계몽운동에 참여했고 이후 장면 정부의 국토건설단 사업을 주도했는데 이 사업의 핵심인사들은 모두 『사상계』 사람들이었다. 박태균에 의하면 장면 정부의 경제개발계획 방안은 1961년 5월 15일에 내용이 확정되었는데 바로 다음날 쿠데타가 발발하여 발표되지 못했다. 그런데 이 안과 거의 유사한 내용이 1962년에 제1차 경제개발5개년 계획으로 발표된다(김건우 2017: 80-82).

흥사단은 1961년 5.16 쿠데타로 활동이 잠시 정지되었다가 1963년에 다시 재개했다. 현재 통일, 투명사회, 교육의 3대 시민운동과 풀뿌리시민운동을 전개하여 안창호의 정신을 이어가고 있다. 전국 25개 지부와 미국과 캐나다에 9개 지부가 활동하고 있으며, 자원봉사센터, 청소년회관, 수련관 등 22개 청소년 시설을 운영하고 있다. 2007년 당시 청소년 교육을 이수한 사람이 10만명이 넘었으며 2006년 당시 회원 수가 4만명이었다(박상필 2007: 276-277). 흥사단 아카데미 진영은 1970년대 반정부 세력이 되었고 1980년대에 흥사단에서는 민주화운동 집회가 열리기도 했다(김건우 2017: 58).

05 _ 여성단체

해방 직후인 1945년 8월 16일 여성단체인 건국부녀동맹이 좌우를 망라하여 조직된다. 위원장은 유영준, 부위원장은 박순천, 집행위원은 황신덕, 허하백, 조원숙, 서석전, 이각경, 황애덕, 박봉애, 전영애, 정양자, 신진순, 남소지, 임영신, 유각경, 이규영, 박승호, 김선 등이 맡았다. 강령은 1) 조선여성의 정치적·경제적·사회적 해방 2) 조선여성의 의식적 계몽 및 질적 향상 3) 조선여성의 단결을 공고히 하여 완전한 독립국가 건설에 일익을 담당할 것 등을 채택했다. 행동강령은 1) 남녀동등의 선거 및 피선거권 2) 언론·출판·집회·결사의 자유 3) 여성의 자주적 경제활동 4) 남녀 임금차별의 철폐 5) 공사창제 및 인신매매 철폐 6) 임산부에 대한 사회적 보건시설 7) 여성의 문맹과 미신의 타파 8) 창조적 여성의 지향 등이다.

건국부녀동맹에서 우익계가 탈퇴하여 한국애국부인회를 조직한다. 이에 독립촉성중앙부인단이 통합되어 독립촉성애국부인회가 결성되었다. 초대위원장은 박승호, 부위원장은 황기성, 박순천이었으며 유각경, 박순천, 임영신, 김활란, 박마리아, 최이권, 모윤숙, 박은혜 등이 주요 인물이다. 이 단체는 전국부녀단체 대표자대회를 매년 개최했고 공사창제 폐지, 한글 강습, 미신 타파, 생활 간소화 등의 계몽운동을 했다. 또한 이승만을 지지하면서 단독정부 수립운동에 참여했다. 정부 수립 후에는 대한애국부인회로 개칭했고 1949년 2월 24일 서울시부녀회와 통합하여 대한부인회로 재조직되었다.

이후 좌익운동이 불법화되면서 대한부인회는 가장 큰 전국 여성조직이 되었고 관변단체 역할을 주로 했다. 간부들은 자유당 부인부원으로 중앙에서 훈련을 받았다(경향신문 1955. 12. 29). 주요 사업 중에는 군미망인 구제사업이 있다. 1958년에 200여명의 전재미망인에게 직업을 주기 위한 제대복(除隊服) 만드는 원호사업을 했고 지방에서는 고아원, 국민학교를 경영하기도 했다. 일본에서 열린 범태평양부인대회에 12인의 대표를 피견해 정식회원국으로 가입했다(동아일보 1958. 12. 18).

대표적인 좌익계 여성단체는 건국부녀동맹을 모체로 한 조선부녀총동맹(부총)으로서 전국적으로 조직되었다. 1945년 12월 전국부녀단체 대표자대회를 열어 결성했으며 회원 수는 약 80만 명에 달했다. 제국주의와 봉건잔재 청산, 진보적 민주주의 국가 건설, 여성의 평등권 획득, 근로여성의 조건 개선, 일부일처제 실시, 공사창제 및 인신매매 철폐 등을 주장했다. 부총은 미군정의 좌익탄압에 1947년 2월 조직을 개편하고 남조선민주여성동맹으로 개칭하여 투쟁을 벌이다가 좌익운동이 불법화되면서 세력이 약화되었다.

1954년에는 여권옹호회라는 단체가 결성됐다(경향신문 1955. 12. 29). 여권

옹호회는 "각 여성단체를 출동시켜 출판물로, 강연회로 국회법제사법위원들에게 그들의 주장을 관철시키기 위해 많은 노력"을 했다. 그럼에도 불구하고 "서자입적 문제 등 옛날과 다름없이 여성들의 권익은 그대로 억압"되었다(김자혜 1957). 1957년 11월 9일 여권옹호회 회원들은 의사당 앞에서 의원들에게 "민의원 여러분께"라는 유인물을 배포했다. 이는 당시 심의 중인 민법안 중 여성에 관한 규정에 대해 선처를 바란다는 것으로, 유인물에는 "민주국가의 위신과 만인평등의 원칙 아래 여성에 관한 정당한 법률을 제정해주시기 바랍니다."라고 쓰여져 있었다. 한 기자는 이들을 취재하고는 이들이 민법안에 대해 자세히 모른다고 하면서 "이 부인들은 아침 설거지할 시각에 어쩌자고 이 의사당 앞에 왔는가를 자신들이 아는지, 모르는지"라고 썼다. 당시 언론의 여성관을 엿볼 수 있는 대목이다(경향신문 1957. 11. 10).

그 밖에 황신덕과 이태영이 주도한 여성법률상담소가 있다. 여성들의 법률적 권리와 복지를 위해 일하는 단체로, 여성문제연구원에서 여성문제에 대한 조사통례를 수집했고 국회 민법 제정에 있어서 수정안 작성을 전적으로 맡아 여성의 권리와 이익을 도모했다. 여성법률상담소에서는 어려움에 처한 여성 무료로 법적으로 도와주는 일을 주로 했다. 1958년 한 해 동안 550명을 상담했는데 이태영은 『여성법률상담실기』라는 책을 출판하여 여성법률상담 백문백답을 펴냈다. 이태영은 세계여자변호사대회에 정회원으로 가입했고 그 회의 부회장으로 추대되기도 했다(동아일보 1958. 12. 18).

06 _ 피학살자유족회

해방 후 농민들의 정치적 활동이 미미했는데 이는 미군정과 대한농총의 탄압, 한국전쟁 당시 농민들이 입은 큰 피해 때문이다. 그러한 이유로 4월혁명 때 농민운동이 대중운동으로 전개되지 못했는데 대신 이후 피학살자유족회의 결성으로 나타났다. 피학살자 유가족문제는 1960년 5월 11일 경상남도 거창군 신원면에서 1951년 거창양민학살사건 당시 신원면장이었던 박영보가 타살되고 불에 탄 사건이 발생하면서 제기됐다. 이 사건을 계기로 정부에 의한 '예방학살'과 전쟁 중의 대량학살사건이 잇따라 폭로됐다. 유족들의 요구로 1960년 5월 23일 양민학살진상조사특별위원회가 구성되어 산청, 함양 등지의 민간인학살 사건이 조사되었다. 그러나 이 위원회의 경남지역 조사반장에 4·3항쟁 당시 제주경찰서 감찰반장이자 가해자인 인물이 배치되는 등의 문제가 발생했다. 1960년 5월말에 경북피학살자유족회 결성이 추진되는데 이 유족회는 가장 지속적이고 조직적으로 활동한 단체다. 이어 5월 31일 20여명이 성주에서, 6월 4일 200명이 밀양에서, 6월 15일 대구에서, 7월 12일 80여명이 마산에서, 8월 중순 30여명이 창원에서, 10월 10일 860명이 경주에서, 그 외에 경산과 금창 등 영남 각지에서 유족회가 결성되었고 8월 25일 동래에서 120건의 신고서가 접수되었다. 8월에 경남유족회가 결성됐으며 10월 20일 경남북 시·군유족회 대표들이 서울에 모여 전국피학살자유족회를 결성했다. 이후 전국유족회는 2·8한미경제협정 반대투쟁과 2대악법반대투쟁에서 공동투쟁위원회에 참가하여 연대투쟁의 일익을 담당했다(한국역사연구회 4월민중항쟁연구반 2001: 31). 대구피학살자유족회는 〈들꽃〉이라는 회보를 발행하기도 했다. 이 일로 5·16 이후 이 간부들이 집중탄압의 대상이 된다.

또한 1960년 5월 제주대생들이 4·3사건진상규명동지회를 발족시켰으며, 1960년 6월 서울, 제주 학생들이 제주도민학살사건진상규명대책위원회를 조직했고, 1960년 고김구선생살해사건진상규명투쟁위원회를 발족시켰다.

07 _ 통일단체

4월혁명 후에는 통일단체들이 조직되어 활발한 활동을 벌였다. 1960년 9월 30일 혁신계 인사들을 중심으로 민족자주통일협의회(민자통)가, 11월 18일 서울대에서 민족통일학생연맹이 결성된다. 통일운동세력은 이 조직을 기반으로 한미경제협정 반대투쟁과 2대악법투쟁을 벌였다. 이 과정에서 일부가 민자통을 나와 중립화조국통일총연맹(중통련)을 결성했다. 1961년 2월 25일 민족자주통일중앙협의회가 발족되었는데 자주, 평화, 민주의 3원칙 아래 남북정치협상을 통한 남북통일을 주장했다. 5월 3일에 학생들은 남북학생회담을 제안했으며 5일에는 민족통일전국학생연맹(민통학련) 결성준비위원회를 조직하여 남북학생회담을 위한 실무준비에 들어갔다. 5월 13일 민자통 주최로 열린 '남북학생회담 환영 및 통일촉진 궐기대회'에는 3만명의 학생과 시민들이 참여해서 뜨거운 관심을 보였다. 5월 14일 민통학련은 '남북학생통일축제 및 회담개최에 관한 원칙과 요구'에서 남북학생회담은 "정치적 이데올로기의 범주에 속하지 않는" 남북학생 친선사절단, 학생기자단, 학생체육단, 학생예술단 교환 등을 안건으로 협의하고 통일축제를 개최할 계획이라고 밝혔다. 그러나 이틀 후의 군사쿠데타로 모든 것은 무로 돌아가게 된다(임영태 2008: 279-280).

제 2 장

경제 조직

01_농민조직

조선시대에는 계 등 농민들이 주축이 된 단체들이 주로 농민을 대표했다. 그러나 일제강점기에 들어서면 농민조직은 주로 일제의 농업정책 수행을 위해 활용되었는데 그 수가 1920년대에 10여 종, 786개에 이른다. 농민단체 난립으로 조직간 갈등이 벌어지자 일제는 1918년 일본농회법을 토대로 조선농회령을 공포하여 조선농회를 최상위 단체로 세운다. 이 농회가 조선 전역을 관할하게 된다. 시주, 자작농, 소작농 등이 회원으로 가입할 수 있었지만 실제 운영은 일제 관료와 지주들이 했다. 농회는 소작쟁의 조정, 농업지도, 친목 등의 역할을 했다.

한편, 권력과 외세에 저항하는 농민운동은 조선 말기부터 광범위하게 확산되어왔다. 1862년 전국적인 농민저항이 일어났고 1894년 갑오농민혁명이 발발했다. 일제강점기에도 1920년대 소작쟁의, 1930년대 농민조합활동을 통해 농민들이 일제에 저항했다(윤수종 2012: 268-269).

해방 후에는 농민이 건국준비농민위원회와 인민위원회에 참여하면서 농민조직이 결성되었다. 농민조합, 농민연맹, 노농연맹이 출현했다. 이러한 농민운동이 1945년 12월 통일된 전국조직인 전국농민조합총연맹(전농)의 결성으로 이어진다. 전농은 군단위 188개, 면단위 1,745개, 마을단위 2,588개로 구성되었고 조합원 수도 약 330만 명에 이르렀다. 전농의 조직활동에 힘입어 농민들은 추곡반대투쟁과 10월항쟁에서 거세게 저항했다. 10월항쟁 이후 전농은 무상몰수·무상분배안을 가지고 농민들의 토지요구를 제기했다. 그러나 미군정에 의해 활동이 제약되었으며 그러한 가운데 우익세력이 1947년 8월 30~31일에 반공청년단체를 모체로 하여 대한독립촉성농민총동맹(농총)을 결성했다. 이 단체는 유상매수·유상분배의 토지개혁을 주장하고 5.10선거에 농민을 동원하기 위해 선전·계몽에 앞장섰다(윤수종 2012: 269-272).

한국전쟁을 계기로 농민운동은 침체되어 저항적 농민조직은 거의 사라졌다. 전농도 더 이상 활동하지 않았고 이후 농총만 남게 된다. 농총은 농민의 권익신장보다는 농민계몽, 농촌재건, 지도자 양성에 주력했고 잡지 『새농민』을 발간하여 영농법 등 농업기술 보급에 역점을 두었다. 또한 농민후생조합을 조직하고 생필품을 공동구매하는 등 협동조합운동을 추진했다. 1952년 말에 농총은 대한농민회로 이름을 바꾼다. 대한농민회 역시 농총과 마찬가지로 농민의 권익활동보다는 농정, 건의활동 정도에 그쳤다(윤수종 2012: 268-269, 273).

한편, 마을 및 지역 단위에서 농민들은 협동조합활동을 하거나 시범부락을 만들어 각종 시설들을 설치, 이용하기도 했으며 일부의 농촌활동가는 문맹퇴치운동, 도박근절운동, 폐풍개선운동 등을 벌이기도 했다. 농촌문화연구회는 민간의 자발적 조직으로 1954년에 설립되었다. 농촌문화연구회는 독자적인 농민교육기관을 운영하면서 『농민문화』라는 잡지를 간행했다(윤수종 2012: 273-275). 일부 지식인들은 농업문제를 연구하고 언론을 통해 정부의 농정을 비판하는 등 여론을 형성해나갔다. 1956년 8월에 창립한 한국농업문제연구회(농연)는 농지개혁의 실패와 잉여농산물 도입의 부정적 영향, 한국자본주의와 농업 등에 관한 연구를 하고 전근대적 생산양식을 극복하기 위해 협업농업의 양성을 주장했다(장성환 2010: 25-26; 윤수종 2012: 274).

대학생들은 1950년대 중반부터 하기 방학기간을 이용해 농촌야학, 농촌실태조사, 무의촌 진료 등을 했다. 1950년대 후반부터 시작된 4-H구락부운동은 농촌 청소년들의 농업기술 학습과 창의력 개발, 자주성 개발 등을 목적으로 추진된 지도학습 조직활동이다. 4월혁명 이후 대학생들은 농촌에서 선거계몽활동을 전개했다. 이렇듯 1950~60년대는 농촌계몽운동이 주로 나타났고 1970년대에 다시 변혁적 농민운동이 재개된다(윤수종 2012: 268-269, 273-275).

02 _ 어민조직

일제강점기 어민조직인 어업조합은 타율적 조직으로 설립되었다. 어업조합은 한국에 진출한 일본 어민들이 어업권을 가지고 어업 활동을 할 수 있도록 해주었다(이재언 2010: 121). 총독부는 1912년 2월 22일 부령 제14호로 어업조합규칙을 공포하여 지역별로 어업조합을 두게 하고 그 구역 안의 어민은 강제로 조합에 들게 했다. 조합의 실무는 일본인이 담당케 하여 어획물 공동판매장 설치권과 위약자 처벌권을 행사했기 때문에 한국 어민은 실질적으로 일본인의 지배하에 들어가게 되었다. 그리하여 1918년 여름 일본에서 온 일본인 9만 명과 기존에 있던 3만 명의 일본 어민들이 20만 한국 어민의 어장을 지배하게 되었다(홍이섭 1994: 266).

해방 후인 1946년 5월 10일 종로기독청년회관에서 각 지방 어업조합대표 280명이 출석하여 "어민복리를 기초로 한 어촌건설을 도모"하고자 전국수산대책협의회를 결성했다(동아일보 1946. 5. 11). 협의회는 러치 장관과 농무부장에게 건의안을 제출했는데 그 내용은, 첫째 일본인이 점령하였던 연안어장은 지방어업조합에서 자취 협동하여 운영케 할 것, 둘째 부산수산전문학교를 단과대학으로 승격할 것, 셋째 수산당국과 수산단체의 지도인물은 수산전문 또는 수산에 대한 경험과 경륜이 있는 인물을 배치할 것 등이었다(동아일보 1946. 5. 19).

1956년 1월 해무청에서 어업조합의 정비·통합, 수산자금 유용, 가불금 방지, 자금연체액 회수책, 어선건조 수요자의 정확한 재조사, 군수통조림 원료 우선취급 등의 문제가 논의되었다(경향신문 1956. 1. 24). 어업조합이 영세 어민들로부터 과중한 수수료를 받고 있다는 지적도 제기되었다(동아일보 1958. 8. 6).

03 _ 공동체운동과 협동조합

공동체운동의 역사는 일제강점기까지 거슬러 올라간다. 1920년대에 이승훈은 평북 정주군 용동면에 협동조합과 학교를 세워 자립적인 농촌을 지향하는 용동촌을 세웠다. 용동촌에서는 오산학교, 오산소비조합, 오산양계조합을 중심으로 생산과 소비가 이루어지고 용동회를 중심으로 마을이 운영됐다. 이것이 오산소비조합의 전무이사를 지낸 이찬갑에 의해 충남 홍성군 홍동면의 풀무공동체로 이어졌다. 1958년 이찬갑은 무교회주의자 주옥로와 함께 풀무고등공민학교를 세우고 협동조합구판장을 설치했다. 교사 2명, 학생 18명의 작은 학교에서 학용품을 공동구매하여 조합원에게 공급하는 소비협동조합이었다. 학교는 협동조합의 철학을 가르치고 일꾼을 키웠다. 이 과정에서 신협, 농협, 소비자협동조합, 비누제조, 농기구공동이용 등의 협동조합이 만들어져 지역사회의 협동조합으로 성장했다(김형미 2013: 29).

당시 동광원, 귀일원, 한삶회, 씨알농장, 신앙촌, 풀무농업고등기술학교(김성균 2002: 308) 등이 공동체 운동의 결실이다. 1950년대 공동체 특징은 극빈층 위주라는 점이다. 즉 빈민공동체로서 자선형태의 공동체가 주된 형태였다. 이점에서 이후의 주된 공동체인 지역사회공동체와 다르다. 이들은 몰인간주의 극복을 지향했다. 이들은 사회적 약자 보호를 위한 활동, 검소, 청빈의 일상화를 주장했으며 학교의 지역사회화가 특징이었다(김성균 2002: 311-314).

협동조합 운동도 그 뿌리가 깊다. 1917년 원불교 창립 당시 소태산과 제자들은 저축조합을 창설하여 허례폐지, 미신타파, 금주단연, 근검저축 등을 시행했고 이를 통해 저금된 돈을 원불교 창립의 토대로 삼았다. 또한 간척지를 일구어 농토를 확장했다. 원불교는 세계 최초의 협동조합 종교로 일컬어진다. 원불교의 저축조합운동은 빈민들이 스스로의 힘으로 가난을 떨쳐버릴 수 있게 하기 위한 것이었다. 1920년 저축조합은 발전적으로 해체되었고 제자들은 이 조합운동을 고향에서 전개했다(원불교100년기념성업회; 한은숙 2016; 김홍철 외, 1992: 227). 이후 협동조합은 1919년에 본격적으로 전파되었고 1920년에는 소비조합이 곳곳에 탄생했다. 소비조합은 일본식 명칭으로, 1932년 동아일보에 의하면 당시 조선에는 290여 개의 협동조합이 있었는데 그 중 200여 개가 소비조합이었다. 소비조합은 조선노동공제회가 중심이 되어 노동조합 안에서 또는 노동자들 중심으로 조직되었다. 조선물산장려운동의 일환으로 조선인의 생산물을 취급하는 소비조합들도 있었다. 당시 소비조합들은 의료사업, 생산사업, 문자교육, 위생교육 등 다양한 사업을 전개했다. 그러나 1937년 중일전쟁으로 전시체제에 들어서자 지도자들이 검거되고 소비조합은 강제해산되어 사라지게 되었다(김형미 2013: 28).

해방 후 생긴 농업협동조합은 일제강점기의 금융조합과 농회가 재조직되어 탄생한 것이다. 그 과정을 보면, 농회가 하던 일은 금융조합연합회로 이관되고 금융조합연합회는 1946년 2월 금융조합을 협동조합으로 개편하기 위해 협동조합추진위원회를 조직한다. 농업협동조합 설립운동은 지역개발운동과 더불어 1950년대 농민운동의 주요 활동 중 하나이다. 한편 1952년 농림부장관이 농촌 청년을 중심으로 사단법인 농촌실행협동조합을 조직하려고 했으나 실행되지 못했다. 이후 농림부는 농업조합법안을 기초하여 1956년 5월 1일 농업은행이 발족된다. 1957년 2월 1일 농업협동조합법이, 2일에는 한국농업은행법이 국회에서 통과되었다. 1958년 금융조합은 농업은행으로 개편되었고 단위 농업협동조합에서의 신용사업은 금지되었다. 중앙농협은 단위농업협동조합과 농업은행을 지배하고 중앙농협은 다시 정부에 의해 지배되는 비민주적 구조가 만들어졌다(신용옥 2008: 252; 윤수종 2012: 273-275).

04 _ 기업 조직

(1) 조선상공회의소

일제강점기 경제인들의 전국조직은 조선상공경제회다. 이 조직은 해방 후 1945년 9월에 공포된 미군정법령 제2호에 따라 11월에 적산으로 접수되었다. 12월에 미군정은 상공경제회의 자주적인 재편성을 지시한다. 1946년 4월에 경성상공경제회가 미군정에 한성상공회의소로 인가를 신청했고 서울의 대자산가들을 중심으로 조선상공회의소 창립발기준비회가 조직되었다(대한상공회의소 1976; 최봉대 1995: 108-109).

부산과 인천 지역의 자산가들이 다른 지역에 비해 신속하게 조직화되는데 그 이유는 미군정이 전략적 요충지로 서울·경기 지역을 최우선시하고 다음으로 부산·경남지역을 중시하여 이곳에 미군정의 행정체계가 다른 곳보다 일찍 확립되었기 때문이다. 게다가 부산의 상공인들은 미군이 들어오기 전인 1945년 8월 중하순부터 구경남상공경제회를 개편하여 상공경제위원회를 발족했다. 이 단체에 경남·부산 건국준비위원회 인사들 몇 사람을 부위원장과 고문 등으로 참여시켰다. 주된 활동은 부산 소재 대규모 일본인 공장들의 실태 조사였다. 9월 초에 상공경제위원회는 경남상공경제위원회로 개칭한다. 이 단체에 참여했던 사람들이 후에 부산상공회의소의 임원진을 구성한다. 또한 10월 초에 조직된 건국준비위원회 경남연합대회의 임원이었던 부산의 지주, 은행가,

한의사였던 이들도 부산상공회의소 설립에 참여했다. 부산의 경우 상공인들은 좌익에게도 많은 돈을 제공했다. 경남상공경제회는 도 군정장관에 의해 김지태가 회두로 임명되었고 귀속 공장의 관리인 인선에 깊숙이 개입했다. 김지태는 부산시 적산 관리처의 한인 고문으로 선임되었으며 적산 관리인을 망라한 부산재산관리인회를 조직하기도 했다. 조선상공경제회 인천지부는 조선상공경제회가 적산으로 몰수되었음에도 불구하고 도 군정장관의 양해 아래 존속했다가 1945년 11월 임홍재 인천시장과 인천시 군정관의 지원으로 조직을 강화했다. 임홍재 시장은 중앙 관할 귀속사업체인 조선제강소의 관리인이었다. 조선상공경제회 인천지부는 이후 인천상공회의소로 개칭된다. 1946년 2월에는 인천상공경제회의 외곽단체로 범시민단체를 표방한 인천시세진흥회를 조직하기도 했다. 인천상공회의소와 정치권력은 상호 밀접한 관계에 있었다. 1945년 10월에 선임된 인천시회 의원 32명 가운데 8명이 이후 조직된 인천상공회의소 의원으로 참여하게 된다(최봉대 1995: 113-119).

일제강점기 쌀 수출항구로 발전한 목포에서도 해방 직후 상공위원회가 곧 조직되었다. 목포는 인민위원회 등 좌익세력의 영향력이 컸으나 미군정의 지배력이 확보된 후인 1946년 3월과 5월에 목포상공조합연합회와 목포공업발전협회가 결성된다. 후자는 노동문제에도 개입하여 중재역할을 했다. 구경북상공경제회의 경우 미군정이 실시되자 일부 이사들이 조직 재건운동을 시도했으나 부회두의 자숙 요청으로 중단되었다. 또한 고문회 등 정치기구에 경제인의 참여가 다른 지역에 비해 저조했다. 이는 대구 지역의 상공업이 다른 지역에 비해 대체로 영세했고 상공회의소 구성원들이 조선공산당이나 좌익에 협조적이었기 때문이다. 예를 들어 삼륜화학공업주식회사의 소유주는 조선공산당과 남로당에 자금을 지원했으며 대구상공회의소 소속의 김성곤은 도인민위원회와 남로당 경북도당의 재정부장으로 활동했다. 대전의 경우 상공경제회를 물자운영회로 개편했다. 광주와 전주 지역에서는 구상공경제회 조직을 한인들 중심으로 재편하는 정도 이외의 조직화는 이루어지지 않았다(최봉대 1995: 115-117).

1946년 5월 19일 전국 상공업계 대표들이 모여 조선상공회의소를 재건했다. 일제강점기의 조선상공경제회의 전신이 조선상공회의소이다. 이는 오정수 미군정 상무부장의 주도로 이루어졌는데 전국적 지도 연락 기관이 필요하다는 이유에서였다. 조선상공회의소의 재건을 전후하여 구조선상공경제회 지부가 지방상공회의소로 개편, 재건되었다. 각 지역 상공업자들로 구성된 회원 총회에서 의원을 선출하고 의원들 가운데 임원진을 선임했다. 따라서 지방상공회의소 의원들은 대체로 각 지역 상공인들을 대표했다(최봉대 1995: 117-118).

처음에 상공회의소 재건을 주도한 이들은 모든 상공업자의 당연가입과 회비의 강제징수가 가능하도록 법인단체로 설립하려고 했으나 미군정의 종용에 따라 임의단체로 조직했으며 따라서 회비납부 저조로 재정난을 겪었다. 결과적으로 서울의 자산가들이 주축이 된 조선상공회의소를 제외한 지방의 상공회의소들은 대개 임원이나 특별의원에 선임된 소수 유력자들에 의해 유지되었다. 본래 상공회의소 회원 자격은 사업체 단위로 주어지지만 정관에 의하면 실업계의 권위있는 개인들에게 특별회원의 자격을 줄 수 있도록 했으며 학계 전문가들을 특별의원으로 선임하기도 했다. 또한 상공회의소 의원들의 소속을 보면 대체로 귀속 사업체와 밀접히 관련되어 있었다(최봉대 1995: 118-119, 122).

미군정기간 동안 상공회의소는 정치적인 활동도 적극적으로 했다. 1946년 10월 22일 시국대책 전국상공업자대회를 조직, 미군정에 결의문을 전달하여 좌우합작을 비판했고 2차 미소공동위원회에 사회단체 자격으로 참가했다. 유엔 한국임시위원단이 내한한 직후인 1948년 1월 12일에는 제1회 전국실업가 간담회를 개최하고 실업인의 총선 참가를 결의했다. 3월 15일에는 제2차 전국실업가간담회를 조직하고 실업인들의 총선 참여를 적극 원조하기 위해 전국실업동지회를 창립했다(최봉대 1995: 126, 136-137).

상공회의소는 주로 우익세력을 물질적으로 지원했다. 조선상공회의소 3대 회두 전용순은 보강회라는 단체를 조직하여 우익세력을 적극적으로 지원했다. 또한 파업대책위원회를 조직하여 10월 인민항쟁 당시 파업대책을 협의하기도 했다. 부산상공회의소 회두 김지태는 경남경찰후원회를 만들어 기업에 매달 경찰서별 경비를 할당하여 염출했고 부산검찰청을 후원하기 위해 사법보호회를 조직하기도 했다. 김지태는 "좌우익의 갈림에서 언제나 부산상의는 우익에 대한 물심양면의 지원은 물론, 때로는 좌익의 타도에 나서기도 했다"고 언급했다. 1949년말 부산상공회의소는 국민보도연맹 협조사업을 추진했고 1949년 8월에 경찰후생협회 경기도지부가 결성되었을 때 인천상공회의소 회두 하상훈과 이필상이 각각 이사장직과 부이사장직을 맡았다(최봉대 1995: 127, 136).

상공회의소는 미군정에 물자통제 및 배급, 미곡 자유시장, 교역과 관련된 건의를 주로 했다. 미곡 자유시장과 관련된 건의를 한 이유는 일반 미곡 소매상을 위한 것이라기보다 양조업을 위한 것이었다. 그 근거로 상공회의소 의원들의 업종을 보면 양조업자가 많았다. 통제 물자 배급권 확보와 상권 옹호 건의도 영세한 상인층보다는 소수 대상인의 이해관계를 대변했다. 미군정의 위임을 받아 1946년 8월 조선상공회의소가 산하 기구로 한국무역협회를 설립했는데 이 협회의 요구를 그대로 옮겨놓은 교역의 업자 자율통제에 대한 건의도 대상인들의 이익을 위한 것이었다. 예를 들어 부산상공회의소의 경우 "소위 적산관리인회 및 물자운영조합 등의 결성을 본 이외에는 (…) 상공업자의 이익을 위한 본연의 사업에는 하등의 성과를 거두지 못하고 항상 회원의 회비 거두기에만 충실함으로써 업자들의 비난을 받았으며 또한 이러한 반면 어떤 특수층의 이용물로서만 일관해왔다고 일부에서 비난"을 받았다. 그 밖에 상공회의소는 공업에 대한 금융 및 세제 지원, 전력문제에 대해서도 건의했다. 1947년말 이후 북한의 송전량이 감소하자 산업용 전력확보를 위해 조선상공회의소는

1948년 1월 남한전력개발 대책위원회를 전국적으로 조직하여 군정 당국에 전력개발회사 설립을 건의하기도 했다(최봉대 1995: 128-131).

상공회의소에서 가장 중요하게 다룬 사안은 귀속사업체의 관리와 처분문제이다. 1946년 5월 창립총회에서 군정장관에게 제출한 '산업부흥대책'은 최초의 건의서로서 귀속공장의 관리인 추천을 상공회의소가 전담하고 경영실적이 양호한 관리인에게 이익배당제를 실시하며 불하시에 우선권을 인정해줄 것을 제안했다. 또한 실제로 상공회의소는 미군정의 사업체 불하과정에서 사업체 자격심사위원회와 평가위원회에 다수 참여했다. 지방 상공회의소가 재건된 지역에서는 대체로 상공회의소를 근간으로 재산관리인연합회가 결성됐고 그 연합회들로 조선재산관리인연합회가 조직되었다고 할 수 있다(최봉대 1995: 131-134).

상공회의소는 제헌국회의 입법과정에도 참여하여, 노동자의 이익균점권과 경영참가권에 대해 반대의견을 제출했다. 헌법안이 심의 중이던 1948년 7월 초에 '노자문제에 관한 대한노총과 농총 등의 제의에 관한 비판서' '이익배당 균점제에 대한 비판' 등의 문서를 국회에 제출하고 '근로자 이익분배 조항'에 대한 성명서를 발표했다(임송자 2007; 신원철 2013: 52-53). 헌법 초안 심의과정에서 대한노총과 대한농총 등이 파업을 포함한 노동자의 단체행동권, 노동자의 이익균점과 경영참가보장 조항 등을 삽입할 것을 요구하자 상공회의소는 이에 대해 집중적으로 비판했다. 상공회의소의 주장은 모든 기업을 민영 중점주의로 운영하고, 자유경제체제를 확립하며 산업평화의 유지와 국가경제건설이 노동자의 권리보다 우선해야 한다는 것이었다(최봉대 1995: 138).

이승만은 처음에는 상공회의소가 한민당과 연계되어 있다고 보아 법인단체 개편에 반대했다. 이에 상공회의소는 독자적 정치세력화를 모색, 국회에 경제인들을 많이 내보내려 했으나 31명 후보 가운데 4명만이 당선되었다. 당시 사회는 남북협상파와 혁신계를 지지하는 분위기였다. 상공회의소는 지주 중심의 한민당과 대립하고 이승만 지지로 나아간다(최봉대 1995: 140-147).

조선상공회의소와 경성상공회의소는 1948년 7월에 각각 대한상공회의소와 서울상공회의소로 이름을 바꿨다. 1952년 11월 13일 상공회의소법이 제정되고, 1953년에 동법 시행령 등이 마련되어 법인단체로 인가되었다. 상공회의소법은 회원 당연 가입제를 규정했으나 회비 강제 징수조항은 두지 않았다. 또한 상공부장관은 상공회의소 해산을 제외한 지도감독권을 가졌으며 특별회원제를 두어 지방 상공회의소와 대등한 자격을 갖춘 단체와 실업가를 중앙회의소 조직에 참여시킬 수 있도록 했다. 이에 일부 의원들이 상공회의소가 관변단체로 전락할 우려가 있다고 지적하기도 했다(최봉대 1995: 119, 147, 151).

(2) 대한경제보국회

대한경제보국회는 1945년 12월에 조직됐는데 두가지 목적, 즉 미군정의 실책에 의한 쌀값 폭등과 그에 따른 사회적 위기를 해소하기 위해 미군정 당국으로부터 물자영단과 생필품 회사의 업무를 인계받는 것과, 이승만을 조직의 회장으로 추대하여 보국 기금을 모집하는 것이었다. 이에 대해 조선공산당은 기금마련운동이 국민에게 부담을 주며 친일파인 재계가 실리를 챙기려는 것이라고 비난했다. 미군정도 이 조직을 대지주, 사업가, 전문직업인으로 구성된 극우반공단체로 파악했다. 미군정은 이 조직이 1946년 5월 당시 27명으로 구성된 것으로 되어 있으나 실제로는 10명의 '갑부'가 이 단체를 지도하며 본래 결성 목적이 우익계 정당과 신문을 지원하는 데 있다고 지적했다. 또한 이 조직이 막대한 자금을 동원할 수 있다는 점에서 커다란 영향력을 가졌다고 평가했다. 대한경제보국회와 상공회의소는 서로 밀접한 관계였다. 대한경제보국회의 핵심인물인 민규식(조선상호은행, 영보합명회사)이 나중에 경성상공회의소의 1대 회두로 선임되었고 공진항(삼화물산), 강익하(대한생명보험), 김순흥 등이 상공회의소 활동에 적극적으로 참여하게 된다(최봉대 1995: 110-111).

대한경제보국회는 미군정과 이승만과 친일 경제인, 3자의 이해관계가 맞아떨어져 성립된 단체이다. 미군정은 심각한 미곡 문제의 해결과정에서 이승만의 도움을 받음으로써 그의 정치적 위신을 높이고 그에게 경제적 기회를 주고자 했다. 이것은 미군정의 '임시한국행정부' 구상과 맞물린 것이었다. 이승만은 표면적으로는 미곡의 대일 밀수출 금지, 미곡 수집 촉진, 모리배 방지 등의 목적을 지닌 조직을 만든다고 했으나 사실상은 자신의 정치자금 확보라는 목적도 가진 것이었다. 1946년 5월 말 하지는 굿펠로우를 통해 대한경제보국회에 2천만원의 불법 대부를 승인했고 그 중 1천만원이 이승만에게 돌아가도록 조치했다(정병준 2005: 569, 580). 친일경제인 입장에서는 해방 후 재산을 모두 몰수당할 수 있는 처지에서 대한경제보국회에 참여함으로써 면죄부를 얻을 수 있는 기회를 갖게 된다. 그들의 역할은 당시 다음과 같이 소개되기도 했다(중앙신문 1945. 12. 15; 김기협 2015).

서울시를 중심으로 거액의 경제력을 가지고 있는 조선 사람 재벌의 움직임이 자못 주목되던 차에 서울 시내 거주 재벌들이 이승만의 주선과 알선으로 대한경제보국회를 조직하고 현재 물가고로 말미암아 도시의 회출이 전연 없고 또 모리배의 관계로 천정 모르고 오르는 쌀값을 적극적으로 저락시키고자 군정청에서 보관 중인 일본인 군수품을 공정 가격으로 불하받아 바터제로 생활필수품을 농민에게 주고 쌀을 사들여 도시 근로대중에게 헐가로 판매할 계획이며 기타 보국기금도 모집할 계획이라고 한다.

(3) 조선경제협의회

1946년 3월 16일 경제계의 인사들이 "경제계의 시급한 문제를 조사 연구"하고자 조선경제협의회를 발족시켰다(동아일보 1946. 3. 19). 조선경제협의회는 "당면한 긴급 제문제의 조사 연구를 비롯하여 산업의 발전을 적극 추진할 제대책을 협의할 목적으로 재경 재계 산업계의 중요 기관의 중진 30여 명"에 의해 결성됐다. 이 단체에는 주요 은행 이사들과 대규모 귀속사업체의 관리인들이 대거 참여했다. 이 단체 역시 상공회의소와 긴밀한 관계를 가졌다. 부회장 장홍식(조선저축은행), 김승식(북성공사), 김진형(조선환금은행), 오위영(조선신탁은행), 이혜성(한국유리수입업조합), 황청하(남성산업), 이태환(경성전기, 고합산업), 윤호병(상업은행), 이선종(대한금융조합회), 김영상(화신백화점), 이중희(북성기업사), 이동제(조선생활품관리원), 윤일중(조선전업), 정규성(조선제마방적), 조인섭(천일제약), 장직상(조선전구, 남선전기), 최두선, 민규식 등이 상공회의소의 재건 과정에서 발기인이나 의원, 임원진으로 활동했다. 이동제는 민규식과 마찬가지로 조선상공회의소의 1대 회두직을 맡게 된다. 조선경제협의회는 미군정의 경제정책 입안과 추진 과정에서 공식적으로 영향을 미칠 수 있는 대자산가들의 조직체를 지향했다(최봉대 1995: 111-112).

조선경제협의회는 대한경제보국회와 마찬가지로 친일경제인들로 구성됐다. 당시 회장은 미정이었고 부회장은 장홍식이었는데 그는 내선융화를 위한 모임인 대정실업친목회 평의원을 지냈고 일본 정부로부터 쇼와대례기념장을 받았다. 중일전쟁을 앞두고 조선에 징병제를 촉구하는 운동을 벌였으며 전쟁이 발발하자 국방헌금을 내기도 했다.

(4) 기타 경제단체와 중소기업자 궐기대회

주로 서울 시내의 사업가들로 구성된 조선실업협회가 1946년 2월에 결성됐다. 미군정은 대한경제보국회가 정치적인 것과 달리 이 단체는 비정치적이라고 평가했다. 미군정청 한인 재무부장이 회장을 맡았다(최봉대 1995: 112). 그밖에 대기업이 한국경제인협의회를 조직하여 로비에 활용했다.

1950년대 중반에 중소기업들도 궐기대회를 조직하는 등 목소리를 냈다. 중소기업들은 1956년 10월 11일 중소기업자궐기대회를 개최했다. 행정부와 원조당국이 중소기업 육성을 경제재건정책의 중요한 요소로 인식하고 이승만도 강조한 것이 계기가 되었다(경향신문 1956. 10. 12). 전국 생산기업체가 총 8,810개의 공장을 가졌는데 그 중 종업원 200명 이하의 공장이 8,739개로, 99%가 중소기업에 해당됐다. 또한 전국 공장 종업원수 22만 명 중 85%가 식료품 제조업, 방직업 등 생필품 생산부문에 속하는 중소기업에 종사했다(경향신문 1956. 10. 12). 그럼에도 불구하고 중소기업에 대한 정부의 지원은 매우 미미했다. 이들은 궐기대회를 통해 7개항을 결의했는데 그 중 "중소기업의 심각한 자금난을 타개하기 위해 활용하기로 한 98억환의 관재자금의 시급한 방출 요청"과 "중소기업의 발전을 저해하는 현행 물품세법을 개정하고 중소기업금고 및 육성심의회의 조속한 설치, 상도덕의 앙양·밀수방지·국산애용" 등의 항목이 있다.

05 _ 노동 조직

(1) 조선노동조합전국평의회

해방 후 노동자들은 생활권옹호, 자주관리운동을 전개하였고 1945년 11월 6일 조선노동조합전국평의회(전평) 결성으로 전국적인 조직화를 이루게 된다. 전평의 이념은 조선의 완전독립, 진보적 민주주의, 친일청산, 경제건설, 노동자 이익 보호, 노동권이었다. 전평은 최초의 산별전국노동조합으로, 철도, 금속, 화학, 체신, 어업, 일반봉급자, 조선, 해원, 출판, 전기, 식료, 목재, 토건, 광산, 운수 등의 산별노조로 구성되었다. 각 산별노조는 주요 지방에 산별 지부를, 공장에는 산별 분회를 설치했다. 출범 당시 217,000여명의 조합으로 출발했고 이후 더욱 확대되어 1946년 5월 무렵 노조원 수는 약 60만 명에 달했다(이재영 2015: 10-11).

전평 결성이 가능했던 것은 일제강점기 하에서의 비합법노조운동의 조직과 투쟁 경험 때문이었다. 또한 사회주의사상이 노동운동의 사상적, 실천적 기초가 되었다(이재영 2015: 11). 해방이 되고 노동자들은 생산시설을 방위하고 공장위원회를 조직했다. 적색노동조합도 조직을 정비하여 합법적 대중조직으로 등장했다. 구속되어 있던 노동운동가들이 석방이 되어 노조 재건을 위해 현장으로 왔다. 그리하여 전국 각지 공장기업소에 노동조합과 공장위원회가 분산적이나마 광범위하게 조직됐다(전현수 1993: 101).

1945년 9월 중순 서울지역 활동가들이 노동운동의 통일방안을 주제로 간담회를 개최했다. 회의에서 "조선과 같은 민족해방의 특수한 계단에 있어서는 노동조합은 밑으로부터의 조직과 동시에 위로부터 조직하는 것도 조직원칙에 어그러진 것이 아니고 현실 조선에 있어 적당한 방법"이라고 의견을 모으고 조선노동조합전국평의회준비대표자회를 개최하기로 결정했다. 대표자회는 9월 26일 경인지방을 중심으로 금속, 화학, 출판, 섬유, 토건, 교통운수, 식료, 철도, 연료피복의 9개 산업의 대표 51명이 참석했다. 회의에서 전평결성대회소집준비위원회를 조직하기로 결의했다. 전국에 조직책을 파견하여 지방정세, 공장 조업상태, 노동자 생활상태, 노동조합 조직상태 등을 조사하고 지방대표들이 전평대회에 참가하도록 권고했다. 『전국노동자신문』을 11월 1일 창간했고 조직책 파견 이후 조직이 급속히 정비된다. 11월 1월에서 4일 동안 13개 산별단일노조가 결성됐고 11월 5~6일에 조합원을 대표한 515명의 대의원의 참석 하에 전평 창립대회가 개최됐다(전현수 1993: 102-103).

창립대회에서 노동조합은 노동자의 이익을 옹호하기에 적합한 대중조직이어야 하고 민주주의적 중앙집권제와 노동계급의 학교라는 원칙에 기초해 조직돼야 한다고 강조했다. 그리하여 공장기업소를 단위로 기본조직을 결성하고 해당 공장기업소의 실제문제를 고려하여 작성된 요구강령을 지도정신으로 하여 투쟁을 조직하는 것을 가장 기본적인 조직방침으로 확인했다. 또한 동일한 산업의 노동자들은 동일한 조합의 구성원으로 되는 산업별 단일노동조합 조직방침을 확립했다. 평양에 북조선총국을 설치하기로 결의했으나 연락과 지도 문제가 복잡하므로 총국에 광범위한 자치권을 부여하여 독자적으로 해결하도록 했다. 창립대회 이후 16개 산업별북조선위원회가 결성됐다. 또한 노동계급은 국내적 임무만 아니라 세계평화 유지와 자유를 위한 국제적 임무도 수행해야 한다고 지적하고 세계노동자와의 국제주의적 연대를 강화하기 위해 국제노동조합연맹에 가입하기로 결정했다. 그리하여 1946년 7월 국제노련에 정식 가입했다. 1947년 3월 30일 국제노련 대표단이 노동운동 시찰을 위해 서울에 왔고 같은 해 6월 전평대표단이 국제노련 프라그대회에 참가했다(전현수 1993: 103-105).

전평은 정기대회, 임시대회, 확대집행위원회, 집행위원회, 상임집행위원회, 감사위원회를 두고 상임집행위원회 산하에 서기, 조직, 선전, 조사, 재정, 쟁의, 부인, 청소년, 실업대책, 원호의 10개 부서를 설치했다(전현수 1993: 105). 전평의 행동강령은 최저임금제, 8시간 노동제, 유급휴가제, 완전고용제, 사회보험제, 단체계약권, 언론·출판·집회·결사·시위·파업의 자유, 노동자의 공장관리, 노농동맹, 인민공화국 지지, 자주독립, 노동자계급의 국제적 연대 등으로 요약할 수 있다(이재영 2015: 12).

전평은 미군정에 협조적이었다. 산업건설을 우선시했으며 모스크바삼상회의 결과를 존중했다. 투쟁도 평화적 방법으로 했으며 교섭과 조정에 의해 해결했다. 1945년 12월에서 1946년 8월 사이의 파업의 70% 이상이 조정에 의해 해결됐다. 파업도 자제되었다. "파업은 적에게 큰 타격을 줄 수 없을 뿐 아니라 오히려 적의 정책에 이용될 위험성이 있는 것"이므로 "파업 이외의 투쟁방법을 충분히 이용하여야 한다"고 주장되었다(전현수 1993: 130-131).

전평은 노동자계급의 경제적 이해 뿐 아니라 정치적 이해도 대변해야 한다고 하여 조선공산당에 대한 지지를 표명했다. 전평 집행위원장이 조공 중앙위원회에 출석했고 조공 지지 수준을 넘어 좌파 내 특정 집단 즉 재건파를 맹목적으로 지지했다(전현수 1993: 107).

미군정은 1946년 7월 정치운동을 하는 조직은 노조로 인정할 수 없다 하여 전평을 부인했다. 또한 미군정은 그 이전 1946년 3월에 이미 우익노조인 대한노총을 육성했다. 조선공산당은 미군정이 좌익을 탄압하자 협조노선에서 벗어나 공세적 자세를 취하고 투쟁정치로 나아갔다. 미국을 제국주의국가로 규정하고 대중동원 전술을 채택하여 적극 대응했다. 대중투쟁 정치로 이행한 것이 조선공산당의 신전술이다. 이에 전평은 미군정에 대해 협조적 운동방침에 따라 전개한 산업협력운동을 철회하고 파업운동을 전개한다. 삼상회의 결렬 및 미군정의 좌익과 노동자 탄압에 직면하여 전평은 정책 변화를 했다. 산업건설운동이 비판되었고 파업회피는 '노동자계급의 무장을 해제시키는 전술'이라고 비난되었다. 9월 총파업이 있기 전 서울에서 24건의 파업이 있었고 3천 명이 참가했다(이재영 2015: 13-14; 전현수 1993: 135).

1946년 9월 총파업과 10월 인민항쟁 과정에서 전평 본부가 급습을 당하고 전평 조직은 심각하게 파괴되었다. 활동가들이 학살당하거나 투옥되어 지도부가 거의 붕괴된다. 미군정은 전평 조직을 파괴하면서 동시에 대한노총 조직을 확대했다. 철도노조는 와해되고 1947년 1월 대한노총운수부연맹이 결성된다. 경전도 전평노조원들이 해고되고 1947년 1월 대한노총 경전지부가 결성된다. 4월에는 대한노총 노조를 경전의 대표노조로 선거한다(전현수 1993: 144).

또한 전평내부에 심각한 분파투쟁으로 조직이 분열되었다. 1947년 5월 사업계획을 미소공위 청원운동에 집중했다. 즉 해고반대투쟁 등 민중의 경제적 요구보다 정치투쟁에 주로 집중했다(전현수 1993: 146). 1947년 7월 미소공위가 결국 파탄에 이르고 미군정의 탄압이 강화되자 지하로 들어갔다. 비합법적 노조로 전환되어 조직의 세분화가 진행되었다. 조합은 5명 단위로 조를 편성하고 조책임자 5명으로 반을 만들어 반책임자를 모아 직장반회의를 구성하고 여기에서 공장전체의 분회위원회를 구성하는 체계로 전환된다(전현수 1993: 108).

(2) 대한노총

해방 후 우익들은 전평을 붕괴시키기 위해 1946년 3월 10일 대한독립촉성노동총연맹(대한노총)을 결성한다.[27] 1946년 6월 대한노총의 당면행동강령 가운데는 '노동자의 이익, 자유를 확보하기 위하여 운영에 대한 발언권을 확립하라'는 내용이 포함됐고 1947년 3월 17~18일 대한노총 1차 전국대의원대회에서 채택한 당면행동강령에도 '공장운영에 대한 노동자발언권 확립'이 포함됐다(임송자 2007; 신원철 2013: 51). 1947년 4월 대한노총 경전노동조합이 전평계 노조를 축출하고 단체교섭권을 확보한 이후 8월 중순 단체협약을 체결하면서 노자위원회를 구성했다. 이것이 한국 최초의 노자위원회로 여겨지는데 노사 동수로 구성되었으며 임금과 노동시간 등 노동문제를 해결하기 위한 직장의 최고기관으로 보도되었다(동아일보 1947. 11. 29; 신원철 2013: 54). 당시 정부 사회부 노동국은 노자위원회의 설치를 권장했다.

제헌국회에서 헌법초안 심의를 시작하자 1948년 6월 14일 대한노총 위원장 전진한 외 9명은 노농8개 조항을 헌법에 포함시키도록 국회에 청원했다. 그 내용은 노동3권, 사회보장제도, 이익균점권, 경영참가권 등이다. 대한노총과 산하 노조들은 6월 18일 대한노총에서 제출한 노동헌장은 노동자를 임금노예의 처지에서 해방시키는 것이라고 주장하면서 노동헌장 통과를 위해 투쟁할 것을 선언했다(임송자 2007; 신원철 2013: 52).

그러나, 이후 대한노총은 '자유당의 기간단체'라는 비판을 받았다(동아일보 1955. 5. 8). 1954년 대한노총에서 '부산 제3부두 분쟁사건'이라는 내분이 발생했다. 노총의 기존 세력이 기득권을 주장하는 한편 다른 세력이 이를 반대하는 사건이었는데 이때 서울의 자유당 간부가 지시를 내려 부산 지역의 특정 노조원들이 해고되고 매까지 맞았다. 또한 1955년 4월 1일 노총전국대회가 개최되었는데 무자격 대의원이 참가하여 위법이라고 보건사회부 장관이 발표하여 재개최하기로 했다. 이는 노총 내 정대천파와 이준수파간의 대립으로 인한 것인데, 이는 곧 자유당 내의 분열로 인한 것이었다. 이를 동아일보는 "순수한 노동단체인 노총이 정치단체이며 정부 여당인 자유당의 기간단체"이기 때문에 발생한 사건으로 보고 "노동운동자가 여당의 지도자이고 보니 자연 노동운동은 정쟁의 발판도 되고 정치의 도구화"가 된다고 보았다. 그리하여 "자유당의 분규는 곧 노총에 반영되고 노총의 알력은 또한 자유당에 반영"되었다고 지적했다. 노총의 문제가 "근로자 간의 노동정책에 대한 의견의 다툼이 아니라 감투욕에서 나오는 싸움"이며 이에 "불행한 것은 말단 노조원들 뿐"이라고 비판했다(동아일보 1955. 5. 8).

노총 간부들은 "마까오 양복 입고 다방에 드나들며 고급 요정에 들어가 태평세월을 노래하는 신사양반들"로 "노동자 이름을 팔아다니며 노동운동을 합네"하고 돌아다닌다는 비판을 받았다. "노총이란 단체는 창립 발족 이래 내분 또 내분의 연속이어서 노동자의 권익향상은커녕 오히려 노동자를 더 괴롭힌 감이 있으니 이렇게 분규만 거듭하는 노총이라면 차라리 없애는 편이 낫다는 극단론도 대두"했다. 이는, 대한노총만 합법적 노조로 인정한 것에서 비롯된 것이라고 지적되기도 했다(동아일보 1955. 9. 7).

이렇듯 노동조합은 정당에 예속되어 본래 기능을 발휘하지 못하고 있다는 비판을 받았다(경향신문 1957. 5. 2). 1957년 10월 대한노총연차전국대의원대회에서 비자유당계 인물이 최고위원으로 당선되자 자유당계 인물들이 노총은 자유당 기간단체이므로 비자유당계가 운영할 수 없다고 하여 새 회의가 소집된다(경향신문 1957. 10. 27). 이렇듯 대의원대회를 두 번씩이나 여는 등 노총 내부의 갈등이 있는 것은 노조가 자력으로 생겨난 것이 아니고 정부 여당의 기간단체 역할을 했기 때문이다. 경향신문은 노조가 정치의 도구가 되었다고 비판했다. 최고위원은 자동적으로 자유당의 중앙위원이 되고 국회의원 후보로 공천을 받을 수도 있어 지도자 간의 암투가 끊이지 않은 것이다(경향신문 1957. 12. 4).

한편 이 시기에 남전노동조합이 주목의 대상이 되었다. 남전노조는 1950년에 노조 결성 준비에 착수하였으나 한국전쟁 발발로 좌절된다. 1953년 다시 전종업원의 가맹으로 노조를 결성하려 하였으나 회사 측에서 준비위원들을 사장실에 가두고 유예를 강요하며 대의원들을 해산시켰다. 1955년 2월 이후 준비위원들이 다시 노조 결성을 시도하여 회사 측의 수단방법 가리지 않은 온갖 방해에도 불구하고 결국 1955년 2월 25일에 노조를 설립했다. 이후 노조 측은 노조간부 무단해고를 노조법 위반으로 보건사회부에 보고하고 국회에 진정했다. 이에 정부와 국회는 회사 측에 시정을 요구했으나 회사는 거부하고 폭력단까지 동원하여 노조간부를 납치하는 등의 탄압을 계속했다(동아일보 1955. 10. 29). 이후 결국 상공부장관 입회하에 박방서 남전 사장과 정대천 노총최고위원은 상호협조로 노조결성을 촉진한다는 원칙을 조건으로 협정을 맺는다(동아일보 1955. 12. 12). 1958년 9월에는 노조에서 회사 측이 근로기준법을 지키지 않았다고 하여 쟁의에 돌입했다(동아일보 1958. 9. 28).

1958년 한 해 전국 400여 노동조합 중 단체협약을 체결한 노조는 68개에 불과했다. 이들 노조는 철도노조, 체신노조, 전업(電業)노조, 남전노조, 석공노조, 전석(電石)노조 등 대부분이 관업(官業)노조들이고 개인기업에서는 단체협약이 대부분 체결되어 있지 않았다. 대체로 한국의 노동조합은 몇몇 지도자의 정치적 목적을 위해 이용되는 경우가 많았다. 노조는 헤게모니 쟁탈전은 심하게 하지만 노동자의 이익을 위한 단체협약 체결에는 열의가 없다고 지적됐다(경향신문 1959. 1. 24).

4월혁명 후 장면 정부 시기에 노동운동은 어용노조 민주화투쟁, 신규노조 건설과 새로운 전국조직의 결성, 교원노조를 비롯한 사무노동자의 진출이 중심이 되었다. 대한노총의 어용화를 비판하면서 새로운 전국조직의 건설운동이 1959년 10월 전국노동조합협의회(전국노협) 결성에서 시작되었다. 4월혁명 후에 이들은 한국노동조합총연맹(한국노총) 결성으로 결실을 보았다. 4월혁명으로 대한노총 산하 노조들의 민주화가 촉진되었고 이런 변화로 전국노협, 대한노총, 신규노조들이 합하여 한국노총을 결성한 것이다(임영태 2008: 280).

(3) 교원노조

교원노조는 이 시기의 큰 쟁점이었다. 1959년 대한노총 내에 대의원회에서 패배한 정대천파가 이를 추진했다. 정대천은 교원노조 결성을 통해 지식인층을 흡수하여 상대파인 김주홍파와 대결하려는 의도를 가졌다. 따라서 김주홍파는 이를 적극 막으려고 노력했다(경향신문 1959. 3. 17). 또한 법무부가 교육공무원은 공무원법에 의해 집단행동을 할 수 없다고 하자 노조 측은 노동조합법 2장 1절 통칙, 6조에 의해 현역군인, 군속, 경찰관리, 소방관리, 형무관리를 제외한 공무원은 노조를 조직하고 가입할 수 있다고 주장했다. 이에 1959년 3월 18일 보사부와 법무부는 '국가공무원 또는 교육공무원, 지방공무원은 단순한 노무공무원을 제외하고는 근로자로서 단체교섭권, 단결권, 단체행동권을 가질 수 없으며 노동조합도 조직, 가입 또는 노동행동을 할 수 없다'고 통첩을 발송했다(동아일보 1959. 3. 19; 경향신문 1959. 3. 19).

4월혁명 이후 교사 뿐 아니라 은행원, 기자 등 사무직 노동자들이 노조결성을 시도했다. 그 중 가장 주목받은 것 중 하나가 교사들이 전개한 교원노조운동이다. 교원노조운동은 1960년 4월 29일 대구에서 '대구시 교원노동조합 결성준비위원회'가 구성되면서 시작되었다. 5월 1일 서울에서도 '서울시 교원노동조합 준비위원회'를 결성하면서 교원노조운동이 빠르게 확산되었다. 당국의 불허방침에도 불구하고 7월말까지 교원노조는 전체 교원의 25%인 2만여 명의 회원들을 확보했다. 정부는 경북지역 교사들을 다른 지역으로 전근발령하는 등 노조활동을 탄압했으나 교사들은 끈질기게 투쟁했다. 이에 장면 정부는 단결권은 인정하되 단체행동권은 인정할 수 없다고 했다. 또한 노동조합법을 개악하려 했으나 교사들의 강력한 투쟁으로 개악시도를 포기했다. 교원노조는 초등, 중고등, 대학별로 조직된 노조의 연합체 형태로 조직되었으며 당면 과제로 "교육행정의 부패관리와 무능한 어용학자의 배격, 조합 내의 정치적인 외부간섭 배격, 부당해직·무단해고 배격, 학원 내 집회의 자유·연구의 자유·토론의 자유 등 3대원칙을 관철할 것" 등을 내세웠다. 교원노조운동은 "한국 교육사상 최초이자 최대의 교사들의 집단적인 저항운동이었으며 교육실천운동"이었다. 교원노조운동은 경제주의적 노동조합주의를 극복하고 노동운동의 영역을 정신노동자에까지 확대하였으며 노동운동이 학생운동, 혁신운동과 연대하여 투쟁하는 모범을 만듦으로써 노동운동을 한단계 발전시켰다(임영태 2008: 281-282).

제 3 장

사회 조직

01 _ 보건 조직

해방 후 1947년 6월 15일 조선보건후생연맹이 "보건부문에 종사하는 인사들의 유기적인 결합을 도모하여 우리 민주 건설에 이바지하고자" 결성되었다. 발기인은 임명재, 이정복, 김성진, 김동훈, 안병식, 최준이 외 백여명이었다 (경향신문 1947. 6. 15). 조선보건연맹에서는 보건후생에 대한 대중 계몽사업으로 1947년 7월 23일 보건강연회를 열기도 했다(경향신문 1947. 7. 23). 1949년 10월 18일 공보처는 130개 단체의 등록을 취소한다고 발표했는데 보건연맹도 이에 포함되어 등록이 취소되었다(경향신문 1949. 10. 19).

1948년 정부 수립 후 보건조직은 정부의 보건사업을 보완하는 취지로 설립된 경우가 많았다. 보건후생협회도 그러한 경우이다. 보건후생사업이 점차 확대되고 의약품의 알선과 배급 등 사업을 추진하는데 행정관청 단독으로는 사업을 감당하기 어려워 경기도의 경우 경기도보건후생협회을 조직한다. 이 조직은 보건후생국의 외곽단체 역할을 했다. 회장과 부회장에는 각 도지사와 보건후생국장이 추대됐으며 회원은 의사, 약제사, 약종상 등이다(동아일보 1947. 5. 23). 보건후생협회는 이재민 구제사업을 펼쳤다. 이재민들의 고통은 극심했으며 특히 열악한 주거환경으로 인해 환자가 속출했다. 종로 후생협회지부가 조사한 바에 의하면 종로 지역만 23,000여명의 전재민들이 천막과 토굴 속에서 영양부족 등으로 시달리며 환자가 1,300여명에 달했고 그 중 사망자는 50명이 넘었다고 한다. 따라서 전국적으로 조사한다면 그 수는 훨씬 많았을 것으로 예상했다. 후생협회와 관련 단체는 당국에 구호책을 요청하였으나 대책을 세워주지 않았다(경향신문 1948. 9. 4). 보건후생협회에 대해 비판적 여론도 있었다. 보건후생협회는 농회, 축산협회, 성인교육협회 등과 함께 국민들에게 경상비라는 명목으로 과중한 부담을 주었다고 비판받기도 했다(동아일보 1948. 9. 5).

대한산업보건협회도 정부기관을 보조하기 위해 세워진 단체다. 노동자에 대한 산업보건정책의 하나로 민간단체 조선산업보건협회를 보건부가 주도하여 조직했는데 이 단체는 1949년 10월 대한산업보건협회로 개칭했다(경향신문 1949. 10. 17).

보건 조직으로 의사조직을 빼놓을 수 없다. 대표적으로 전국의사협회가 있다. 이 조직을 포함하여 의료단체는 1948년 말부터 보건부가 사회부로부터 분리·독립되어야 한다고 주장했다(동아일보 1949. 4. 18). 조선의학협회, 의사회, 약제사회, 나병협회 등 26개 단체는 보건후생부 독립촉진회를 조직하고 보건후생사업의 중요성을 볼 때 사회부에서 독립시켜야 한다고 1948년 12월 17일 결의한다(경향신문 1948. 12. 19).

또한 의사들은 자신들이 사회적 목소리를 내야 하는 문제로 "국민보건문제, 의료국영문제, 사회보험문제" 등을 제시했다. 해방 후 여러 직종 중에서도 특히 의사들의 단체 조직 및 정치 진출이 활발했는데, 이런 상황에 대해 당시 사회는 곱지 않은 시선을 보냈다. "의사는 물러나라고 비평이 자자"했다고 한다. 그 이유로 제시된 것이 첫째는 의사의 본분은 무엇보다 인명을 구하는 데 있다는 것, 둘째는 정치에 대해 잘 모른다는 것, 셋째는 비민주적 속성을 가졌다는 것이다. 둘째와 셋째 이유의 근거로, 일제강점기를 지낸 의사들의 경우 일종의 특권계급으로서 중류 이상의 생활을 누렸으며 사회적 지위도 보장되었다는 것이 거론됐다. 또한 이들은 사회제도의 모순에 민감하지 않았고 보수적 사고방식을 가졌으며 정치에 무관심했다는 것이다. 따라서 "먼저 그 봉건적인 특권의식을 완전히 소탕하고 참된 인민의 한사람으로서 자신을 재인식, 재출발"시키며 "인민의 이익을 참되이 생각하는 의사의 민주화가 없이는 우리의 중대과제의 하나인 의료의 민주화도 또한 기대할 수 없을 것"이라고 주장되었다(경향신문 1946. 11. 17).

조선한의사회도 당시 사회적 주장을 제기한 보건 조직 중 하나이다. "4천 여년의 장구한 전통과 의료문화상 찬연한 역사를 가지고 있는 동양의학을 과거 일제는 비과학적이라 지적하고 탄압을 하는 동시에 이런 무견해 무비판으로서 한방의를 의생이라는 차별적 칭호 밑에 한지한년제(限地限年制)를 주어 구속"했다고 지적했다. 이어 "해방 후 일제의 구속을 벗어난 조선한방의들은 신동양의학 건설을 목표로 국민의료의 만전에 이바지하고자 조선한의사회를 조직"했다고 주장했다. 또한 여러 가지 사업계획을 원활하게 운영하는 데에 "군정당국을 비롯하여 관계관청 기타의 협력을 얻기 위하여 남조선에 있는 2천여명의 한방의의 총의를 대표하여 동회 김영훈씨 외 5씨"는 7개 건의안 즉 1) 의생(醫生) 명칭 개정 2) 한방의 한지한년제 폐지 3) 한의사단체 공인 4) 한의학 교육기관 설치 5) 공영 의료기관 시설 6) 약초재배장려 7) 한의업자 시험제도 존속이란 조건을 군정 보건후생부에 제시했다(동아일보 1946. 4. 18).

당시 조선의약협회라는 단체는 의약품 수입과 관련하여 문제를 제기했다. 즉 미국의 대외원조기구인 ECA(Economic Cooperation Administration, 경제협조처)를 통하여 수입되는 물자 중 식량, 비료의 환산율이 종전에 비해 낮아졌는데 의약품에 대한 환산율이 대폭 인상된 것을 문제 삼았다. 이것은 의약계뿐 아니라 국민보건에 막대한 영향을 끼친다는 것이다. 조선의약협회를 비롯한 의약단체들이 약품과 생산원료 자재의 가격을 양곡과 비료에 대등한 비율로 환산할 것을 요구하는 진정서를 사회부장관을 통해 정부 당국에 제출했다.

또한 사회부 차관과 동행하여 외사총국과 ECA를 방문하고 교섭하였다(경향신문 1949. 2. 25).

그 밖의 보건단체로 한국간호협회와 한국기독의사회가 있다. 전자는 한미재단으로부터 간호교육향상비를 지원받았으며(경향신문 1953. 8. 29) 후자는 씰을 발행하는 사회사업을 벌이기도 했다.

이 시기 보건조직은 아니나 보건 특히 여성 보건과 밀접한 관계를 가진 조직으로 대한어머니회가 있다. 대한어머니회는 여성보건, 여권옹호, 자녀교육, 가정경제 지도 등의 4가지 항목을 목표로 1958년 3월 17일 발족됐다(동아일보 1958. 12. 18). "어머니의 교양과 건강과 레크리에이션을 도모"하는 것을 목표로 7개 여성단체인 대한여의사협회, 대한간호협회, 조산원협회, 여성문제연구원, 가정학회, 일본여자대학한국인동창회, 동경여의전한국인동창회에서 발족했다. 고황경, 황신덕, 표경조, 한소재, 강주심이 최고위원으로 선출됐다. "어머니의 건강과 교육과 수양이 한 건전한 국가의 기반이 되는 동시에 청소년의 범죄를 미연에 방지하고 국가경제의 재건과 발전이 주부의 협력 없이는 이루어지기 어렵다는 점 등 국가성쇠의 열쇠가 되는 어머니의 중대한 사명을 완수하는데 가장 합리적이고 과학적인 토의와 지도가 그 취지"라고 알렸다. 활동은 어머니 보건, 자녀지도, 가정경제, 법률 등에 대한 강의와 영화상영, 신체검사, 보건 지도를 받게 하는 것이다(동아일보 1958. 5. 16). 산하 부서는 어머니보건, 자녀지도, 가정경제, 법률 등 4가지를 두었다(동아일보 1959. 3. 28). 매월 강연회를 열었는데 천여명의 회원들이 참여했다. 또한 태화여자관 내에 무료진찰실을 설치해서 가난한 여성들을 무료로 치료해주고 피임상담, 불임상담도 시행했다(동아일보 1958. 12. 18). 어머니 보건상담 중 8할 이상이 가족계획, 피임에 대한 문제였다. 가정형편상 아이를 가질 수 없는데 아이를 낳고 곧 다시 아이를 갖게 되는 것이 당시 여성의 문제 중 하나였다. 이는 여성과 아이 모두의 건강에 위험을 초래한다고 지적되었다. 자녀문제에 있어서는 편식과 사춘기 건강과 심리가 주된 내용이었다. 그런데 어머니회에 문의하는 여성은 중학 이상의 교육을 받은 사람들이라는 한계가 지적됐다(동아일보 1959. 3. 28).

02 _ 사회사업 조직

(1) 전재민 구호 및 원호 단체

해방 후 사회사업을 목표로 한 연합조직으로 조선사회문제대책중앙협의회가 있다. 협의회는 조선은행, 신한공사, 금융조합연합회, 학술원, 조선공업기술협회, 전국노동조합전평회 대표 등 100여 단체들이 모여, 38도선 장벽의 타개, 해외로부터 돌아오는 전재동포들의 구제, 국내실업자 구제 등 해방 후 사회문제를 해결하자는 취지에서 결성되었다(동아일보 1945. 12. 5). 중앙위원에 인정식, 방응모 등 친일인사가 포함되어 있다. 조직의 중앙위원회가 실업자 대책, 저물가대책, 빈민구제사업, 38도 남북물자교류, 교통대책, 주택대책, 보건, 풍기문제 등 모든 사회의 당면문제를 맡기로 했다(동아일보 1945. 12. 5).

해방 후 해외에서 돌아오는 전재민 문제를 전재민 스스로가 해결하기 위해 1946년 7월 27일 전재민 각지구 대표 400여명이 모여 전재민실업자위원회 결성식을 갖고 구제사업에 힘쓰기로 했다(동아일보 1946. 8. 10). 더 이상 당국이나 전재민구제회에게만 의지할 수만은 없다는 판단에서였다. 해방 후 밀려드는 전재동포들은 거주지와 생계문제로 고통을 받았다. 미군정 당국의 조치는 미미했고 민간의 경우도 일부는 사복을 채우는데 급급했다. 이에 위원회는 이를 비판하는 성명서를 발표하기도 했다(경향신문 1946. 11. 24). 또한 군정당국이 전재민들에게 움집을 지어주기로 발표하자 위원회는 방대한 가주택 건설비를 유효적절하게 안배하여 겨울 이전에 입택·수용할 수 있도록 하는 동시에 서울 시내 사찰과 유곽, 왜인들의 여관집, 요리집들을 이용하여 전재민들을 수용하도록 선처할 것을 각 방면에 요청했다(동아일보 1946. 11. 26).

전국사회사업연맹이 전재민과 빈민 구호를 위해 조직되었고 1947년 후생사업금고를 설치했다(경향신문 1947. 2. 2). 같은 해 5월 5일 전국사회사업연맹 주최로 서울시내 고아원 16개 단체를 동원하여 보육아동위안운동회를 개최하기도 했다(경향신문 1947. 5. 4).

이승호, 전재민후원회 김동순, 조선적십자 홍창기, 금연회 이승방, 경기도 보건후생국장 이장원, 서울시 후생국장 변호진, 보건후생차장 주병환, 구호국장 송찬도, 조사훈련국장 최반, 후생시설국장 오재경, 조선농회 최병협 등을 발기인으로 하로 중앙후생사업연합회가 창립되었다(동아일보 1947. 10. 2). 당시 이재동포 구호는 관민합동이 필요했다고 할 수 있다. 군정 단독으로 이재민 구호를 하기 어려웠던 점과 민간단체들도 중앙의 조정이 필요했던 결과였다고 할 수 있다. 시간이 지남에 따라 행정부가 자리를 잡아가면서 관민협조가 가능해진 조건도 마련되었다. 따라서 각 지역의 민간 구호단체들은 각도의 후생협회와 통합하여 1947년 10월 초순 중앙청 보건후생부의 주도로 중앙후생사업연합회를 창립하게 된 것이다. 부서를 보면, 회장에 김규식, 부회장에 이용설, 최두선, 이사장에 주승환, 상무이사에 최반, 송찬도 외 8명, 감사에 이붕방, 김정국, 평의원에 각도 후생협회장 외 39명, 참사에 각도 보건후생국장 내지 각도 후생과장 등이 정해졌다(동아일보 1947. 10. 26).

당시 고아문제도 심각했다. 고아원은 사설이 해방 전에 34개, 인원은 2,238명이었는데 1946년 12월 시점에 65개, 인원 3,875명으로 늘었다. 국립은 1946년 12월에 1개, 인원은 134명이었다. 가정의탁아 9명, 특설맹아학교 1개, 감화원 2개, 인원은 176명이었다(경향신문 1947. 2. 2). 한국 전쟁 후 고아가 많이 발생했고 한국 사회사업시설 대부분이 아동복지시설이다. 1952년 8월 전국에 280개 고아원이 있었고 수용 고아는 3만 473명이었다. 전쟁 후반기에는 한국여성과 외국군 사이에 태어난 혼혈아동이 다수 수용됐다. 양로원에 수용된 노인은 1952년 8월 19개 시설에 1,182명이었다(카바40년사 편찬위원회 1995: 63).

전쟁 후 사회사업단체는 한미재단으로부터 운영비를 지원받았다. 한미재단은 1952년 한국과 미국의 유력인사들이 한국의 재건과 부흥을 위해 전쟁 기간 중 설립한 민간단체이다. 한미재단에서 보내오는 구호품을 CAC에서 배급했다. 26,000달러의 식료품, 의약품, 가루비누를 각 도에 배당했는데 이는 한미재단에서 오는 물자를 실은 선박 10척 중 2척분이었다고 한다(동아일보 1954. 10. 24). 서울 삼육불구아동원이 한미재단으로부터 보조를 받았으며(경향신문 1953. 8. 29), 사회사업단체연합회가 운영비를(경향신문 1953. 8. 29), 한국불구아동성인협회가 창설비를 지원받았다(경향신문 1953. 8. 29).

이 시기 주요 구제단체로 원호 단체가 있다. 그 중 대한상이용사회는 정부 구호대책위원회에서 구호 단체로 인정하여 상이용사회 이외의 단체가 상이군인을 빙자하여 모금하는 것을 금지했다(경향신문 1954. 1. 14). 정부는 국내 원호단체로 대한군경원호회, 피원호단체로 대한상이용사회, 군경유족회가 있을 뿐이라고 언급했다. 군수물자를 취급해오던 부산의 대한경제부흥협회와 한국원호대책연합회는 불법단체로 규정됐다(경향신문 1955. 4. 19). 1956년 국방부는 산재해 있던 20여 종의 유사군사원호단체의 통합을 위해 11월 6일 군경원호회, 군인유족회, 상이용사회, 경찰관유족회, 상이군경장학회 등 5개 단체만 존속시키기로 결정한다(경향신문 1956. 11. 8).

대한상이용사회, 대한군인유족회, 대한경찰유족회는 1954년 12월 28일 정부조직개정에 있어서 사회부와 보건부의 통합을 반대한다는 성명서를 발표했다. "사회행정은 첫째 국토방위에 희생당한 피원호대상자를 보살펴야할 원호행정을 비롯하여 전재국민, 고아 등에 대한 구호행정, 근로대중을 위한 노동행정, 전시생활개선과 부덕함양을 위한 부녀행정 등 그 어느 행정부문보다 중요치 않은 것이 없음에 비추어 통합안을 극력 반대한다"는 것이었다(동아일보 1954. 12. 29). 당시 대한군경원호회는 명목상의 원호회일 뿐 국민들로부터 걷은 원호금은 원호회 직원의 인건비로 충당되고 있는 실정이었다(경향신문 1957. 3. 28).

이 시기 여성과 관련된 사회 조직으로 전쟁 미망인과 자녀를 수용한 전재부인상조회연맹이 있다. 또한 보호단체연합회라고 하여 부녀국의 원조로 사업하는 단체가 전국 32개 모자원에 수용되어 있는 미망인들의 생활을 보조했다. 예를 들면 1958년에는 미국아동구호연맹본부에서 들여온 중고 옷을 미망인들이 재생해서 화신백화점에서 두차례 걸쳐 판매하도록 했다(동아일보 1958. 12. 19). 결혼상담소는 동화백화점에 사무실을 둔 여성단체로서 혼기가 늦어진 여성을 상대로 결혼을 주선했다. 1958년에 60쌍을 성사시키기도 했다(동아일보 1958. 12. 18).

(2) 재향군인회

이 시기 조직된 사회단체 중 재향군인회는 특별히 조명할 필요가 있다. 오늘날 재향군인회는 특수법인체로 전역군인들의 친목도모와 권익향상, 국가발전과 사회공익증진을 위해 설립된 사회공익단체로 규정된다(최이조 2004: 285). 현재 재향군인회법 제1장 총칙 제1조에 의하면 "재향군인회는 재향군인 상호간의 상부상조를 통한 친목을 도모하고, 회원의 권익을 향상시키며, 국가발전과 사회공익의 증진에 이바지함을 목적으로 한다."(전문개정, 1992년 12월 2일) 대개 재향군인회는 그 목적이 상호부조에 있다. 미(美)재향군인회의 주된 활동도 전역 군인과 그 가족이 어려울 때 돕는 것이다. 예를 들어 미국재향군인회인 American Legion의 경우 그 주된 목적은 'mutual helpfulness'로서, 'to help veterans and their families during times of need and to provide college scholarship opportunities'라고 쓰여 있다(www.legion.org/mission). 이처럼 외국 재향군인회의 경우 대체로 제대군인들에 의해 자발적으로 만들어지고 또한 그 목적도 주로 제대군인 및 그 유가족의 복지 등에 중점을 두고 있다.

한국 사회에 재향군인회가 등장한 것은 일제강점기로서, 이 시기 재향군인회는 조선인이 아니라 재조 일본인의 사회적 관계망 중 하나로 반(半)관변 단체였다. 재조 일본인의 사회적 관계망은, 첫째, 거류민단, 학교조합, 상업회의소, 소방조와 같은 자치기구나 준공설기관, 둘째, 적십자사, 제국재향군인회, 애국부인회와 같은 반관변단체, 셋째, 민간단체에 의해 형성되었다(오미일 2015: 344). 재향군인회는 보조 감시기관으로 전 지역에 만들어져 조선인들을 감시하는 역할을 했으며 관변 청년단체, 자경단, 경방단, 방공단 등과 함께 반민반관 단체로서 무장을 갖추고 헌병과 경찰을 도왔다(역사학연구소 2004: 112, 196). 즉 이들은 총을 소지하여(동아일보 1921. 8. 26) 유사시 준군대 역할을 했다. 간토대지진 때에는 조선인 학살에도 동참했다(후지이 다케시 2015).

원산지역 재향군인회를 예로 살펴보면 제국재향군인회 본부가 1910년 결성된 후 1911년 8월에 조직되었다. 1916년 말 회원 수는 총 347명으로 정회원, 명예회원, 특별회원으로 구분되었다. 사무소는 원산헌병분대 내에 두었고 회장은 예비 일등 군의 나카지마였다. 회장 이하 부장 1명, 이사 6명, 감사 2명, 평의원 45명으로 운영되었다. 활동내용은, 육군기념일에 육군부대와 연합으로 축하회 개최, 군사강화회 등의 행사 주관 등이다. 재원은 국유림을 대하받아 식림사업을 경영하여 마련했다(오미일 2015: 350).

1920년 4월 19일 동아일보 기사를 보면 세계적으로 평화와 평등의 소리가 높아지면서 군국주의적인 일본에서마저 사람들이 징병을 기피하는 현상이 있다고 하면서 "재향군인회를 발전케하여 해마다 징병에 응하는 장정의 정신이 더욱더욱 왕성할 것인데"라고 쓰고 있어 당시 재향군인회가 군의식을 높이는 역할을 할 것으로 기대됐음을 짐작케 한다. 1923년 9월 11일 동아일보는 일본재향군인회의 결의사항을 소개하고 있는데 첫째 이재민의 구제, 둘째 유언비어의 방지, 셋째 안녕질서의 유지이다. 1924년 11월 30일 동아일보 기사

에는, 땅을 부당하게 빼앗겨 호소하는 조선인 소작민들을 제압하기 위해 "재향
군인회까지 출동하여 소작을 억탈(抑奪)"한다고 쓰고 있다.

해방 후 재향군인회(향군)와 관련하여 최초로 보이는 소식은 1950년 5월
8일 남원군에서 재향군인회 남원군 지부가 결성되었다는 것이다(경향신문
1950. 5. 17). 이때는 아직 한국 재향군인회가 정식으로 창립되기 전이다. 전쟁
중인 1951년 5월 10일 대한민국재향군인회법이 법률 제617호로 제정·공포
되었다. 1951년 9월 19~20일 양일간 국방부는 각 지구 병사사령관을 소집하
여 연석회의를 열어 몇 가지 사항을 결정했는데, 그 중 하나가 재향군인회 창
립·발족이다. 또한 재향군인의 취직문제를 논의하여, 중등학교 졸업자는 원
칙적으로 국민학교 교원으로 취직시킬 것을 요청했고, 고등학교 이상의 훈련
교관은 상이군인 중에서 적임자를 배치한다고 했다(동아일보 1951. 9. 22). 재향
군인회는 1951년 12월 15일 창립발기인 대회를 열었고[28] 1952년 2월 1일 피
난 수도 부산에서 창설식을 갖는다.

향군 회원의 교원 취직 등의 논의는, 이들을 군인으로 재투입시키기 위한
보상책을 미리 마련하기 위한 것으로 추측될 수 있다. 왜냐하면 국방장관이
1952년 1월 9일 기자회견장에서 군 증강문제를 위시한 당면 문제를 말하면
서 재향군인회가 조직되면 불구자가 아닌 상이군인은 상이군인회에서 제외
될 것이라고 발표했기 때문이다(동아일보 1952. 1. 10). 이는 불구자가 아닌 상이
군인은 재향군인회에 소속되면서 군에 재투입되는 것으로 볼 수 있다. 즉 한
국전쟁 시기에 재향군인회를 창립한 것은 당시 부족한 국군 증강을 위해 재
향군인을 활용하고자 한 것으로, 제대장병의 동원, 자원화를 목표로 한 것이
다. 전쟁이 발발하자 부상자를 중심으로 제대장병이 속출했는데 이들을 중심
으로 한 병력동원계획이 세워졌다. 이는 1951년 6월말 북한의 휴전제의에 대
해 이승만이 휴전반대의사를 분명히 하면서 UPI 기자와의 인터뷰에서 시설과
장비만 허용된다면 25만 명의 병력을 더 창설할 수 있다고 밝힌 데서 기인한

다. 이에 국방부는 대통령의 의도에 따라 제대예비역 장병, 징집대상자, 국민병역과 보충병역 대상자들로 구성된 재향군인회를 조직하기로 결정하여 1951년 12월 15일 재향군인회 창립발기인대회를 거쳐 1952년 2월 1일 부산에서 대한민국재향군인회 창설식을 갖고 초대회장에 백홍석 병무국장(육군준장)을 선출했다. 창설 당시 회원수는 제대장병 30만 여명이었다(최이조 2004: 293).

이를 보면 일반적으로 재향군인회가 자발적으로 조직되고 또한 그 목적도 상호부조, 회원 간 친교, 군인과 유가족의 복지인 것과 매우 다른 형태로 한국의 재향군인회가 조직되었음을 알 수 있다. 당시 재향군인회는 "재향군인의 심신을 단련하며 군사능력을 증강시켜 (…) 국민의 중견으로서 자질을 향상시키고 공익과 상호간의 친목을 도모하는 기관으로"(경향신문 1952. 1. 27), "국민개병의 기반을 완전 확립, 국민총력의 일익을 지니고 병력 성원에 이바지하고자 병무국을 비롯하여 예비역장정들과 구한국장교단이 중심이 되어 결성되는"(동아일보 1952. 2. 2) 것으로 소개되어 군사적 목적으로 창설되었음을 밝히고 있다. 이렇듯 재향군인회는 창설 초기 반공, 국토방위가 주목적이었으므로 회장을 현역군인이 담당했다. 이들은 병사업무 보조 및 준군사부대로서, 전력자원 관리, 병무행정 지원을 주로 맡았다.

휴전 이후에는 예비역이 회장을 맡으면서 그 목표가, 첫째, 회원 상호간 상부상조 및 친목 도모, 둘째, 군사력 증진에 기여, 셋째, 국가 시책에 적극 협조로 바뀌었다. 또한 휴전 후 대량으로 전역한 장병의 직업보도 등의 문제가 대두되었으나 이는 제대로 해결되지 못했고 유사단체가 난립하는 등의 문제점이 발생했다(최이조 2004: 288: 292). 1953년 11월 17일 향토방위와 정치적 입지 강화를 목표로 '사단법인 대한민국 제대장병보도회'로 이름을 바꾸고 1957년에는 '대한민국참전전우회'와 '대한민국 장병보도회'를 통합하여 '대한상무회'로 명명했다. 1960년 5월 14일 대한민국재향군인회로 이름을 바꾼

뒤 1961년 5월 8일 세계재향군인연맹에 회원국으로 가입하고 이사국으로 선임된다. 재향군인회 회원이 100만 명을 돌파하면서 세계재향군인연맹으로부터 가입요청이 들어왔고 이러한 요청에 따라 재향군인회는 1960년 9월 13일 회장단 회의의 의결을 통해 세계재향군인연맹에 가입을 신청했다. 1961년 5월 8일 파리에서 개최된 제9차 세계재향군인연맹 총회에서 김홍일, 김창규, 연일수 장군 등이 대표로 파견되어 연맹가입을 정식으로 인준 받았다. 1961년 5월 10일에 재향군인회법이 법률 제617호로 제정·공포된다. 그러나 이후 5.16쿠데타 후인 5월 22일 국가재건최고회의 포고령 제6호 '전 사회단체 해체명령'에 따라 재향군인회 조직도 해체된다(최이조 2004: 294).

전쟁 후 참전군인의 복지는 제대로 구현되지 못했다. 또한 재향군인회는 정부 종속성 때문에 국가안보시책을 지원하는 준군사적 보수단체로서의 위상을 지속시켰다. 휴전반대 궐기대회의 주관과 통일촉진 궐기대회, 용공단체 또는 특정인 규탄대회의 군중집회에 참여하는 활동 등을 주로 했다. 5.16 쿠데타 이후에 향군이 해체된 이유에는 이러한 어용적 인상도 작용한 것으로 보인다(이정완 1996). 한편 향군은 제대군인의 행패 방지를 위한 선도와 이들의 생활보호 활동을 주도하는 이익단체의 역할도 했다(최이조 2004: 294-295).

1961년 12월 12일 재향군인회는 재건총회를 갖고 활동을 재개했으며 1963년 7월 19일 법률 제1367호로 재향군인회법이 다시 제정·공포된다. 이후 문민정부 전까지 제대군인의 친목단체로서 주로 활동했다. 이후 향군은 한동안 조명 받지 못하다가 1990년에 들어와 대통령과 야당당수가 향군 전국 행사에 참석하는 등 그 위상이 높아졌다(최이조 2004: 290-295). 또한 해마다 정부로부터 막대한 예산을 지원받으며 조달청, 한국전력 등 정부 부처와 공기업으로부터 엄청난 금액의 수의계약을 통해 큰 특혜를 누려왔다. 그럼에도 불구하고 감시와 감사를 받지 않는 성역이 되었다(이태준 2005: 11). 2004년에는 650만 회원, 13개 시·도회와 10개 해외지회, 2개 직장지회, 224개 시·군·구회, 3418개

읍·면·동회를 가진 막강한 조직이 되었으며 10여개의 사업체를 운영했다(최이 조 2004: 289).

재향군인회법 제3조에 의하면 "재향군인회는 정치활동을 할 수 없다"고 되어 있으나 2004년에 국가보안법폐지 반대집회를 개최하는 것을 시작으로 2005년에 대북정책에 대한 재검토 촉구, 2006년에는 전시작통권, NLL, 국가보 안법 등 3대 현안에 대한 입장 표명 등 지속적으로 정치적 활동을 해왔다(김유 환 2008: 51). 따라서 한국에서 재향군인회는 군인들의 복지, 친목 보다는 이렇 듯 국가의 시민사회 억압을 도와주는 역할을 주로 하고 있는데 이는 한국 향군 의 태생적 한계와 더불어 이후에도 지속된 국가 종속적 성격을 보여주는 것이 라고 하겠다.

03 _ 국제 조직

(1) 한국전쟁 전 국제구호단체

외국 원조기관이 최초로 들어온 것은 천주교가 박해받던 1854년 메스트 로 신부에 의해 고아를 돌보는 사업이 행해지면서부터이다. 이후 주로 개항과 더불어 선교 목적으로 외원(外援)단체가 보건, 교육 등의 사업을 전개했다. 보 건 부문은 1882년 알렌(Horce N. Allen)에 의해 세브란스 병원이 설립된 것을 들 수 있다. 1905년 남장로교 소속의 포스더(Forsthe)가 광주에, 호주장로선교 회의 맥켄지(MaKenzie)와 남장로선교회의 윌슨(R.M. Wilson)이 부산과 순천에, 남장로선교회의 플레처(Fletcher)가 대구에 각각 나환자촌을 설립했다. 1931년 감리교선교회의 홀(Hall)이 해주에 결핵요양원을 최초로 설립했으며, 이후 광 주, 대전에도 설립됐다. 1948년 전주 예수병원(Presbyterian Medical Center)에서 최초의 혈액은행이 시작됐다. 기독교세계봉사회 결핵퇴치 프로그램이 캐나다

연합선교회의 스트루더스(Struthers)에 의해 한국전쟁 후 세브란스 연세미8군 병원을 위시한 전국 18개 병원에서 전개되었다. 이들 선교병원이 한국인에게 서양 의료를 소개했고 이것이 지방에까지 확산됐다. 외국 단체의 지원은 한국 사회복지 형성에 큰 영향을 미쳤다고 평가된다. 예를 들어 의료보험이 전주 장로교회의 폴 크레인(P. Crane)에 의해 시도되었고 신용협동조합운동은 부산 메리놀 수녀회에서 시작되었다고 한다(카바40년사 편찬위원회 1995).

그러나 많은 단체들의 경우 주로 선교활동에 치중하고 한국인에게 교훈적 태도를 보여 부정적 인상을 남기기도 했다. 사실은 이들 활동의 목표가 구호보다는 선교에 있었기 때문에 종교 우선적인 구호활동을 했고 한국의 비참한 상황을 과대광고하여 한국의 위신을 끌어내렸다는 평가도 있다. 외국인들은 주로 선교사였고 사회사업가는 드물었다(카바40년사 편찬위원회 1995; 하상락 1989).

1950년 한국전쟁 이전까지의 외원기관을 살펴보면 아래와 같다(카바40년사 편찬위원회 1995).

1835   Paris Foreign Mission Society

1884   Southern Presbyterian Mission, USA

1885   Methodist World Mission

1888   Sister of St. Paul De Chartres

1889   Australian Presbyterian Mission

1889   United Church of Canada

1890   Anglican Church in Korea

1892   Northern Presbyterian Mission, US

1900   YMCA

1905   Seventh Day Adventist Mission

1907   Oriental Missionary Society

1908   Salvation Army

1909   Benedictine Fathers' Mission

1922   YWCA

1922   Maryknoll Fathers' Mission

1924   Maryknoll Sisters' Mission

1925   Benedictine Sisters

1933   Columban Fathers Mission

1936   Korea Christian Mission

1937   Franciscan Fathers, O.F.M

1946   War Relief Services - National Catholic Welfare Conference

1946   Catholic Relief Services of the United States Catholic Conference

1948   The Catholic Committee of Korea

1948   Christian Children's Fund, Inc

1948   Church of the Nazarene Mission

1949   CARE

1949   Literacy Society of Korea

1949   United Presbyterian Mission, U.S.A.

(2) 전재민 구호 국제단체

한국전쟁으로 인한 전재민들은 구호물품을 긴급히 필요로 했고 외국의
단체들이 이에 많은 성금을 보내왔다. 다음은 한국전쟁 기간 중(1950.7.1.~
1952.11.30.) UN을 통해 성금을 보낸 외국 민간기관이다.[29]

American Friends Service Committee(234,154달러)

American Junior Red Cross(367,320달러)

Anonymous(134,412달러)

American Red Cross(53,016달러)

American Relief for Korea, Inc.(3,927,047달러)

Bancroft-Whitney Co.(600달러)

Cooperative and Remittance for Europe and the Far East(1,315,272달러)

Committee for Free Asia(150,000달러)

Church World Service, Inc.(700,663달러)

Friendship Among Children and Youth Around the World, Inc.(8,700달러)

General Conference of Seventh Day Adventist(10,000달러)

Heifer Project Committee(17,500달러)

Mrs. J. M. Lee(1,120달러)

Lutheran World Relief, Inc.(184,265달러)

Magnet Foundation(9,250달러)

Oriental Missionary Society(102,883달러)

Naval Hospital, Bethesda Md.(500달러)

Religious Denominations of Fort Devens, Mass(1,000달러)

School Children of San Francisco(80달러)

Sharp and Dohme, Inc.(1,000달러)

Third US Army(10,857달러)

United States Army, Pacific(1,120달러)

War Relief Services, National Catholic Welfare Conference(3,623,492달러)

합계: 10,952,657달러

UNCAC(United Nations Civil Assistance Command)는 한국전쟁 중과 후에 긴

박한 기아방지 등 구호의 필요를 충족시키기 위해 유엔의 원조로 만들어진 기관이다. 1.4 후퇴로 정부가 부산으로 이전한 후 UNCAC의 도움으로 1951년부터 정부 내 보사부, 내무부, 국방부, 농림부, 재무부, 외자청과 UNCAC 합동으로 중앙구호위원회(CRC. Central Relief Committee)를 구성하여 이재민 구호를 위한 정책을 의결하고 각 시·도 단위에서 구호위원회를 조직해서 운영했다. 또한 UNCAC는 각 시·도지부를 설치하여 지방행정기관과 협조하면서 피난민을 구호했다. UN군을 통해 외국 정부나 민간단체에서 보내오는 구호자재를 인수하고 각 도별 소요량에 따라 배정하며 수송하는 절차 등을 결정했다. 양곡, 의류, 의약품, 건축자재를 전국적으로 배부했으나 당시 구호행정이나 구호금품의 배정 및 지급이 무절제하고 무계획적이어서 전체적으로 평가할 때 낭비적이었다(카바40년사 편찬위원회 1995).

(3) 카바(KAVA)[30]

한국전쟁 중 외국으로부터 들여오는 구호물자의 배정과 수송에 있어 필요한 서비스가 누락되거나 때로는 중복이 발생하여 비슷한 기관들 간의 조정이 필요해졌다. 그러자 외국원조기관 중 7개 기관의 대표가 모여 효율적인 구호활동을 의논하기 위한 목적으로 1952년 3월 카바를 결성한다(카바40년사 편찬위원회 1995).

카바의 전신이라 할 수 있는 단체는 LARA(Licensed Agencies for Relief in Asia)로서, 1946년에 주로 선교단체로 구성됐다. 이는 외국 원조단체들이 결성한 것이다. 미군정은 민간단체들이 독자적으로 운영되도록 허용하지 않아, 의류와 기타 잉여물자들이 공동으로 관리되었고 이 단체들이 LARA를 결성했다. 1952년 1월 10일 LARA가 KAVA(Korea Association of Voluntary Agencies 외국민간원조기관한국연합회)로 개칭하기로 결정한다. 1952년 3월 5일 카바는 보건사회부에 합법적으로 등록되었다(카바40년사 편찬위원회 1995).

외원기관들이 구호활동을 할 때 주요 채널로 삼았던 것이 UNCAC, UNKRA, CRIK, AFAK 등의 국제기구이다. 휴전 후에는 미국 중심의 FOA 원조, AID 원조, PL-480 원조 등이 있었다. 민간차원의 원조는 카바를 통해서 했다.

전세가 호전되어 서울이 수복되자 카바는 1954년 4월에 총회를 열어 정관을 채택, 5월 10일 발표했다. 전문 9조로 구성되었는데 제1조에 협의체의 명칭을 한국외원단체연합회(KAVA)로 한다는 것과 이 협의체의 목적을 회원단체 간의 정보교환과 통일된 기획, 타 기구에 대한 협조적 접근을 통해 그들의 활동을 증진하는 것에 두었다. 당시 정관의 부록에 수록된 카바 가입단체는 모두 33개로, Adopt a Family Plan(Catholic), American Education Mission(USC), American-Korean Foundation, Australian Presbyterian Mission, Baptist Mission, CARE, Central Catholic Committee, Church World Service, Christian Children's Fund, Columban Fathers, English Church Mission, Foster Parents Plan, Friends Service Unit, Houses for Korea, League of Red Cross Societies, Maryknoll Sisters, Maryknoll Fathers, Mennonite Central Committee, Methodist Mission, Methodist Mission Women's Division, N. C.W.C., Northern Presbyterian Mission, Oriental Missionary Society, Salvation Army, Save the Children Fund, Save the Children Federation, Seventh Day Adventists, Southern Presbyterian Mission, United Church of Canada, World University Service, YMCA 등이 그것이다(카바40년사 편찬위원회 1995).

이를 보면 당시 활동했던 국제단체가 어떤 것이었는지 알 수 있다. 초대회장에는 카톨릭구제회 회장이었던 조지 캐롤(George M. Carroll) 신부가 선정됐다. 1955년에는 40여개의 회원기관을 가진 협의체로 확대됐다. 캐나다 출신 켄릭 마샬(Kenric R. Marshall)이 사무국장으로 임명됐다. 1962년에는 62개, 1964년에는 70개, 1970년에는 76개 단체가 가입했다. 1955년 1월에 *Directory of Foreign Voluntary Agencies in Korea*를 발간했다. 초기에는 AKF가 15,000달러의 보조금을 제공하는 등 이 단체의 재정지원의 힘이 컸다. 그 밖에 CWS, CARE, WRC, CRS가 몇 년간 연간 1,000달러의 단체 회비를 냈다.

카바의 활동은 AID에 깊은 인상을 심어주어 이들은 베트남에서 카바와 같은 유형의 협의회를 도입하고 카바의 활동지침을 활용했다. 당시 카바는 '제2의 보사부'라는 말을 들을 정도로 많은 재원으로 활동을 했다. 모집된 기부금이 2억 5천여만달러에 달했다. 초창기에는 보사부보다 더 많은 재원을 사용했다. 카바의 건의로 보사부와 합동으로 한국장해아동조사를 전국적으로 실시하여, 그 결과 해안지방에 특히 장해아동이 많다는 사실을 발견하기도 했다. 카바는 전쟁 난민의 응급 구호에서 전후복구사업에 이르기까지 현금과 물자의 지원 뿐 아니라 병원 내 의료사회사업과의 설치, 전후정착민을 위한 가정복지사업, 4H클럽 활동 등 농촌개발을 위한 지역사회개발사업의 소개와 지도, 사회, 교육, 의료 분야의 전문인력 양성에 도움을 주었다. 이후 꾸준히 확대되어 1970년 초에 13개 국가 120개 기관으로 확대됐다(카바40년사 편찬위원회 1995).

이후 1959년 4월 2일 구호사업을 일원화하기 위한 협의회가 개최된다. 정부, OEC, 적십자사, 기독교세계봉사회, 천주교구제대표, 케어, 구제회 대표 등 120명이 참석하여 구호위원회를 조직할 것이라고 발표했다(동아일보 1959. 4. 2).

(4) 국제천주교구제회

국제천주교구제회는 뉴욕에 본부를 두고 전세계에 지부를 두고 있다. 주로 전재민과 영세민을 구호하는 사업을 했다. 한국에는 1946년 지부가 설치되었고 캐롤안 주교가 대표였다. 매년 수만톤의 구호 양곡과 약품, 의류 등을 전국의 천주교 기관을 통해 천주교 신자에 3할, 신자 외의 극빈자와 기타 사회단체에 7할의 비율로 지급했다. 구호물자는 점차 증가되어 1956년에는 10만톤의 구호물자가 지급됐다. 또한 혼혈아, 전재고아를 위해 11개 이상의 고아원을 설치하고 양부모를 알선했다(경향신문 1957. 4. 15). 천주교구제회는 1957년 말 기준으로 외국에서 들여온 구호물자 중 72%에 해당하는 129,447톤을 제공했다. 또한 전국에 93개 급식소와 200개의 정착사업장, 고아원, 자선병원, 미망인회, 직업소년학교 등에 대량의 구호물자를 지급했다. 9할 이상이 비신자에게 배당됐다. 외국단체의 구호상황을 보면 천주교구제회가 72%, 기독교세계봉사회가 12%, 국제아동구호기구(CARE)가 6%, 기타 71개 단체가 10%이다. 천주교구제회 구호활동 중 가장 두드러지는 것은 전국 93개소에 '우유죽급식소(milk station)'를 마련한 것이다. 매일 점심시간에, 빈민들을 위해 우유, 밀가루, 옥수수 등을 섞은 죽을 끓여서 제공하여 매일 169,400명이 식사를 제공받았다(경향신문 1958. 3. 31).

(5) 국제단체 역할의 한계

외국의 구호단체의 역할은 매우 큰 것이었으나 한계도 지적되었다. 특히 구호물품을 배분하는 데에 있어서 문제가 종종 발생했다. 구호물자가 구호대상에게 분배되지 않고 특정 정치단체에 정치자금으로 흘러간 경향이 있다고 하여 보건사회부가 조사에 들어가기도 했다(동아일보 1957. 7. 25). 어느 정치인은 구호물자를 자신이 끌어온 것이라고 선전하고 다니거나 어느 지방관리는 지정된 지역이 아닌 자신의 출신지에 보내어 비난을 받기도 했다(경향신문 1958. 3. 31).

또한 국제단체를 보면 주로 기독교 단체가 많은데, 선교사들이 들여온 외화가 오히려 거지근성을 조장했고 염치없는 성직자들의 출세와 치부에 도움이 되었다는 비판이 일기도 했다. 동아일보는 우치무라 간조(內村鑑三)의 표현을 빌려 "선교사가 들어간 나라치고 제대로 독립한 나라가 없다"고 썼다. '선교달러'의 문제도 제기됐다. 이것이 추문의 원인이 되고, 대중은 선교달러 문제를 통해 선교사를 알게 되었다는 것이다. "선교사가 교회 내정이나 조종하고 구제품 보따리나 싣고 다니면서 자기 파에 귀속될 것을 요구하는 비루한 일들"이 벌어지고 "기독교 내부에서도 자기파가 아니면 죽어가는 사람 보고 도 눈 한번 깜빡하지도 않을 정도로 냉담하여 같은 교파 내에서도 자기들 편 이 되어 굽실거리지 않으면 구제품을 안주느니 이미 주었던 교회 재건비를 도로 빼앗겠다느니 하고 위협이 능사이며, 심지어는 군목들에게 주던 월급까 지를 자기파에 복종서약을 않는다고 뚝뚝 끊어버리는 정도"였다는 것이다(조 항록 1955).

반면, 바람직한 선교 사례도 거론되었다. 예를 들면 퀘이커교의 경우 한국 전쟁 중 한국에 미국의 저명한 교육자들로 이루어진 교육사절단을 보내어 문 교부에 협조하고 교육자들의 재교육에 크게 공헌했다는 것이다. 이처럼 한국 에 오는 선교사가 직업인이 되지 않도록 "그 교양문제가 면밀히 검토되었으면 좋겠다"고 지적됐다(조항록 1955).

제 4 장

문화 조직

01 _ 좌우 문화단체의 대립

해방 후 각종 단체들이 분출했는데 해방되자 제일 먼저 만들어진 것이 문화 관련 단체이다. 1945년에서 1947년까지 미술단체만 13개가 만들어졌다. 임화의 주도로 1945년 8월 18일 문학건설총본부가 조직되었고 이외에 음악, 미술, 영화 부문에서도 좌익계열이 각기 '건설총본부'라는 이름의 단체를 조직했다(동아일보 1975. 8. 19). 조선문화건설중앙회협의회(조선문건)도 임화가 중심이되어 한국의 전 좌익예술계가 참여했다. 이후 조선문건이 조선프롤레타리아예술연맹과 통합하여 1946년 2월 24일 조선문화단체총연맹(문련)을 조직한다. 이 조직은 전쟁 후 와해된다.

우익 계열도 1945년 8월 중앙문화협회를 조직했다. 이 단체는 해방 후 최초의 우익단체로서, 1945년 9월 18일 결성식을 가졌다. 해외문학파 출신이 핵심으로 이헌구, 김진섭, 이하윤, 서항석, 김광섭, 양주동, 김환기, 박종화, 변영로, 오상순 등이 중심이 됐다. 이들은 이후 한국전쟁 중 종군작가단, 전쟁 후 자유문학가협회의 주축멤버가 된다(김한식 2007: 236-237). 1946년 3월 13일 예술, 학술, 언론, 체육 등의 분야가 망라되어 조선문필가협회가 결성된다. 김동리, 유치환, 조지훈 등은 조선청년문학회를 조직했다. 이 단체가 우익진영의 전위대 역할을 했다. 이들은 좌파에 비해 열세를 면치 못하여 이를 만회하고자 1947년 2월 12일 그간의 단체를 통합하여 전국문화단체총연합회(문총)를 조직했다(임영태 2008: 106-107).

한동안 문련과 문총의 대립이 이어졌다. 문총은 산하 각 부문단체의 활동 위주로 조직이 운영되었다. 그러다가 조직을 주도적으로 이끌었던 문인들이 예술원 파동을 계기로 분화, 대립하는 상황 속에서 세력이 급속히 약화되었다. 이후 문총은 원고료 인상 등 문화인 관련 복리문제 이외에는 별다른 활동을 하지 않았다(이봉범 2009: 454). 1955년 자유문학자협회가 결성되면서 우파 문화 조직은 양분된다. 한편 전쟁 중 반공을 표방하는 문화인구국대가 결성되었다.

문학계에서는 우파인 청년문학가협회와 좌파인 문학가동맹이 대립했다. 그러나 주로 좌익 측이 문학조직 구성을 활발히 했으며 우파 문학조직의 결성은 그에 대한 대응의 의미를 가졌다. 발간 잡지도 좌익 측이 압도적으로 많았다. 좌파에서는 『문학』, 『신문예』, 『민성』 등을, 우파에서는 『백민』, 『해동공론』, 『문학정신』, 『신문화』, 『예술조선』 등을 발간했다. 1949년 12월 한국문학가협회가 결성되면서 순수문학이 한국현대문학의 주류로 군림하게 된다. 또한 『문예』, 『현대문학』을 거점으로 한 순수문학이 관제미학으로 권력화했다. 이들은 '문협정통파'를 내세워 조직관리를 하고 새로운 경향의 출현을 억제했다. 이것이 1970년대까지 영향력을 유지했다.[31] 한편, 월북작가를 다루고 이적의 가능성이 있다는 이유로 판금, 게재금지 조치가 내려지자 한국문학가협회가 집단 항의하기도 했다. '공산주의문학을 비판하는 것을 금지한다는 것은 국시를 위반한 것'이라고 조연현이 역공하여 문제되는 부분을 일부 삭제하는 것으로 판금조치가 해제되었다(이봉범 2009: 55). 휴전 직후 한국문학가협회가 정비되면서 모더니스트에 속하는 소장파가 전체적으로 배제된다(백철 1959: 263). 또한 추천제를 활용해 새로운 문학경향의 출현을 차단했다(이봉범 2009: 74).

미술계에서 좌파는 조선미술가동맹(미술동맹), 우파는 조선미술가협회(미협)로 갈라졌으며, 음악계는 조선음악가동맹과 전국음악문화협회로 나뉘어졌다. 영화계는 우익은 조선영화건설본부, 좌익은 조선영화동맹을 조직했다(임영태 2008: 107-111). 이후 조선영화동맹에서 우익 성향의 영화인들이 나와 영화감독구락부를 결성한다. 임화수가 3.15 부정선거를 위해 반공예술인단을 결성하여 영화 〈독립협회와 청년 이승만〉을 만들어 전국에 상영하게 하기도 했다. 이렇듯 문화단체들 간에는 사상적 대립이 심했다. 문학계에서는 예술원 파동, 문단 분열이 있었으며, 미술계는 국전을 둘러싼 이권 다툼과 대한미협·한국미협 분열이 발생했다. 연극분야는 신협과 국립극단 간 갈등이 불거졌다(이봉범 2009: 437-438).

02 _ 문학 단체

(1) 민족문학 조직

당시에는 민족문학이 유행했는데 두 종류가 있었다. 김동리, 조지훈 등 조선청년문학가협회(청문협)와 김광섭, 이헌구 등 중앙문화협회가 그것이다. 청문협은 젊은 문인들 중심으로 순수를 주장했고 중앙문화협회는 나이든 문인들 중심으로 민족 현실을 강조했다. 이들이 문단에서의 양대 세력이었다. 좌익이 사라진 자리에서 이들이 서로 경쟁하면서 갈등관계에 놓이게 된다. 김광섭, 이헌구 등은 현실을 강조하는 자유문학가협회와 『자유문학』의 중심인물이었고, 조연현과 김동리는 순수를 주장하는 한국문인협회와 『현대문학』의 중심인물이었다. 청문협은 조선문필가협회의 산하단체로 좌익과의 논쟁을 주로 담당했는데 재정적 기반이 취약했다. 협회 결성은 중앙문화협회의 지원으로 이루어졌다. 중앙문화협회는 이승만의 정치활동을 측면에서 지원하는 민간외교활동의 추진체 역할을 담당하던 단체였다(김한식 2007: 256-262). 청문협의 명예회장은 박종화이고 유치환, 박두진, 서정주, 김동리, 박목월, 최태응, 계용묵 등이 활동했으며 이들의 작품이 민족문학이라는 이름으로 잡지 『백민』 7호에 등장했다(이민영 2013: 434). 김동리는 중앙문화협회와 청문협을 다음과 같이 구분했다(김한식 2007: 262).

자유진영의 문단(소위 우익문단)으로는, 전국문필가협회의 문학부에 소속된 문인의 한 집단과, 한국청년문학가협회에 소속된 한 집단의 문인들이었다. 이것을 좀더 자세히 말하면 8.15 이후 자유 진영계열의 문인들이 처음으로 단체를 만든 것은 중앙문화협회다. 이름은 '중앙'에다 '문화'에다 '협회'하는 따위로 모두 큼직큼직한 것을 붙였었지만, 실질적으로는 과거의 해외문학파에 소속되었던 일부 회원들을 중심한 일개 클럽에 지나지 않았다. (…) 여기에 이러한 '클럽' 내지 '써클'의 성격으로 지양한 자유진영의 문학단체를 실현시키고자 하여 발족된 것이 위에 말한 한국청년문학가협회였던 것이다.

즉 처음에 만들어진 것이 중앙문화협회이지만 이 단체는 일개 클럽에 지나지 않았고 이후 본격적인 자유진영의 문학단체로 발족된 것이 청문협이라는 것이다. 청문협은 이후 한국문학가협회라는 문인단체를 조직한다. 이같은 조직을 바탕으로 순수문학론을 제도화했다. 한국문학가협회(『현대문학』)와 자유문학가협회(『자유문학』)가 1960년대에 양립하게 되는데 이는 중앙문화협회와 청문협의 차이에서 비롯된 것이다. 청문협 문인들이 대학에 자리를 잡으면서 권력 확산에 기여했다. 반면 민족의 위기를 주장한 이들은 이후 문학장에서 밀리게 된다. 민족담론이 힘을 잃으면서 민족문학 담론이 힘을 잃게 된 것이다(김한식 2007: 264-265).

당시 또다른 민족문학을 주장한 조직으로 문학가동맹(문맹)이 있다. 기관지는 『문학』으로, 투쟁으로서의 민족문학을 수립하고자 했다. 문학가동맹은

1946년 2월 출범했는데 미군정과 갈등관계에 놓였다. 1946년 5월 정판사 사건을 계기로 좌익을 불법화하면서 많은 좌파 문인들이 월북했다. 1946년 10월 인민항쟁의 의미를 자체적인 문화운동과 결부시켜 이로 인해 미군정의 제약을 받았다. 이들의 기관지 『문학』 3호는 몰수되었고 5호와 6호는 부수가 제한됐다. 유진오가 1946년 9월 국제청년데이 회의에서 "누구를 위한 벅차는 젊은이냐"를 낭독했다는 이유로 구속되며 1947년에는 김태준이 검거된다. 임화도 검열의 위기를 경험하고 1947년 7월에 구속됐다. 1947년 9월 시작된 좌익세력에 대한 군정의 대대적인 검거로 11월에 문맹회관이 폐쇄된다. 그러한 과정에서도 『문학』은 1948년 7월까지 발간됐다(이민영 2013: 450~451). 문맹의 중심세력은 대다수 월북했다. 1946년부터 1947년 사이에 이태준, 이원조, 이동규, 한효, 홍구, 윤기정, 박세영 등이 북한으로 갔다. 1947년 임화, 김남천의 월북과 함께 문맹의 중심이 해주로 이전하면서 일단락되었다. 이태준은 북조선문학예술총동맹의 기관지인 『조선문학』 편집위원이 되었다(이민영 2013: 434).

(2) 전후 문학단체의 활동

한국전쟁 후 신인들은 전후문학인협회를 결성한다. 이들은 전쟁을 불러온 이념과 체제에 대한 혐오, 새로운 가치에 대한 열망을 보여주었다. 이와 함께 종합문예지로 『문학예술』, 『현대문학』, 『자유문학』이 생겨났다. 한편, 1958년에 한국시인협회, 1960년에는 소설가협회가 결성된다.

어린이 인권을 위해 문학인들이 나서기도 했다. 1957년 4월 아동문학가들의 '아동헌장' 선포가 있었다(동아일보 1957. 4. 8). 아동문학가들이 어린이 인권 보호를 위해 어린이날을 앞두고 아동헌장을 제정, 선포하기를 촉구했다. 그 초안을 보면, 전문은 "어린이는 나라의 앞날을 이어나갈 새 사람이므로 그들의 몸과 마음을 귀히 여겨 씩씩하게 자라도록 힘써야 한다."고 되어 있다. 제1조는 "어린이는 사회의 한사람으로서 올바르게 키워야 한다."는 것이다. 이는 어린이는 개인의 소유가 아니라 사회적 존재로서 부모 마음대로 키워서는 안된다는 것을 의미한다. 제2조는 "어린이는 가정에서 참된 애정으로 교육하여야 한다."는 것으로 이는 고아원이나 거리를 배회하는 아동이 없어야 함을 의미한다. 제3조는 "어린이에게는 마음껏 놀 수 있는 환경을 마련해 주어야 한다."인데 이는 공원이나 놀이터가 없어 아이들이 골목에서 노는 것을 우려한 것이다. 제4조는 "어린이는 공부나 일이 몸과 마음에 짐이 되지 않아야 한다."고 되어 있는데 이는 학교에서 내주는 숙제가 과하다는 평을 반영한 것이다. 또한 부모가 공부를 과중하게 시키는 것과 빈곤한 가정에서 어린이를 부려먹는 것을 경계한 말이다. 제5조는 "어린이는 위험한 때에 맨 먼저 구출되어야 한다."고 되어있다. 어린이는 약하기 때문에 먼저 구출되어야 한다는 것이다. 제6조는 "어린이는 어떠한 경우에라도 착취의 대상이 되어서는 아니된다."고 했으며 제7조는 "굶주린 어린이는 먹여야 한다. 병든 어린이는 치료해주어야 하고 신체와 정신에 결함이 있는 어린이는 도와주어야 한다. 부랑아는 교화하여야 한다."고 되어 있다. 제8조는 "어린이는 자연과 예술을 사랑하고 과학을 탐구하며 도의를 존중하도록 이끌어야 한다."고 했으며 제9조는 "어린이는 자란 후에 국민의 한 사람으로서 인류의 자유와 평화와 문화발전에 공헌할 수 있도록 키워야한다."고 작성되었다.

03 _ 예술 · 여가 단체

(1) 음악 단체

한국 최초의 음악단체는 조선음악가협회로 1932년 4월 현제명을 회장으로 하여 창립되었다. 이 협회 주최로 1933년 10월 10일 '현제명 · 홍난파의 작곡발표회'가 열리기도 했다. 이 단체는 1949년에 대한음악가협회로 이름을 변경한다. 이 단체가 이후 한국음악협회가 된다(송방송 2007: 818).

해방 후 만들어진 음악단체로는 1945년 12월에 프롤레타리아음악동맹을 해산하고 결성된 조선음악가동맹이 있다. 이 단체는 일제잔재의 청산, 봉건주의적 유물의 청소, 국수주의적 경향 배격, 음악의 민족적 유산계승과 외래음악의 비판적 섭취, 진보적 민주주의 민족문화 건설 등을 강령으로 제시했다. 위원장은 김재훈, 부위원장은 안기영, 서기장은 신막이었고 그 밖에 총무부장 이범준, 조직부장 박영근, 사업부장 최창은, 작곡부장 김순남, 연주부장 정종길이 있었다(송방송 2007: 815-816).

1946년 2월에는 우익진영의 대한연주가협회가 설립되는데 같은 해에 발전적으로 해산되고 전국음악문화협회를 결성하여 좌익계의 조선음악가동맹에 대립했다. 이 협회는 1946년 9월 16일 해산되고 고려교향악협회가 결성된다. 이 협회의 명예회장은 러치 군정장관이며 이사장은 현제명, 사무국장은 김관수였다(송방송 2007).

1954년 8월 28일 작곡가들이 "민족음악문화의 창조와 발전을 기하기 위해서" 한국작곡가협회를 결성했다. 임원진은, 위원장 김세형, 부위원장 이흥렬, 사무국장 윤용하이며 위원에는 김동진, 박태현, 김대현, 윤이상이 참여했다(경향신문 1954. 9. 19). 1954년 12월 14일에 한국연주가협회 창립총회가 열렸으며 준비위원은 안병소 등 20명이었다(동아일보 1954. 12. 10). 1955년 3월에는 "민족음악의 향상을 위하여 특히 교향악의 발전을 기하고자 악단의 중진이 중심이 되어" 한국교향악협회가 창립되었다. 제1차 사업으로는 음악당의 건립과 외국의 음악가를 초청하는 것이었다(경향신문 1955. 3. 17).

한국작곡가협회, 한국연주가협회, 한국음악평론가협회, 한국음악교육협회, 한국관악연맹, 고려오페라단, 한국교향악협회 등 7개 단체를 통합한 한국음악단체연합회가 1956년 7월에 창설된다. 이 연합회는 1961년에 대한음악가협회와 통합되어 한국음악협회가 탄생한다(송방송 2007).

국민음악연구회가 1955년 『음악』이란 잡지를 간행했으나 2년을 넘기지 못하고 폐간되었다. 이 단체는 3년에 걸쳐 '슈베르트 100곡집'을 제작했다. 또한 한국음련음악평론가협회에서 『음악감상법』을 출판한 것이 화제가 되었다 (경향신문 1958. 1. 11).

(2) 연극·영화 단체

일제강점기에 연극단체로는 1931년 7월에 서항석, 유치진 등이 발족하여 1938년 3월 강제해산된 극예술연구회가 있다. 이 단체를 이어 1947년 1월 31일 극예술원이 만들어졌다가 1947년 5월 극예술협회로 재창립된다. 이 단체는 조선연극건설본부, 프롤레타리아연극동맹 등 좌익 연극단체에 맞서고 '민족극'을 수립하기 위한 목적에서 설립되었다. 유치진을 고문으로 하여 이해랑, 김동원, 이화삼, 박상익, 김선영 등이 조직했다. 이후 1950년 1월 국립극장이 설립되자 국립극장의 전속극단인 신극협의회로 흡수된다(유민영 1982).

한편, 1945년 8월 16~17일 조선연극건설본부가 위원장 송영, 서기장 안영일과 나웅, 김태진, 이서향, 박영호, 김승구 등이 중심이 되어 결성된다. 조선연극의 해방, 조선연극의 건설, 연극전선의 통일을 강령으로 좌우익 연극인을 망라하여 결성되었고 조선문화건설중앙협의회에 소속되었다. 그러나 일제강점기 친일단체였던 조선연극문화협회 이사들이 중심이 되고 배우들이 제외되었다고 비판을 받았다. 결국 나웅, 강호, 송영, 신고송, 김승구, 김욱 등이 조직을 탈퇴하여 조선프롤레타리아연극동맹을 건설했고 이에 대부분의 연극인이 동참하여 그 세력이 약화된다. 조선연극건설본부는 1945년 12월 20일 조선프롤레타리아연극동맹과 통합하여 조선연극동맹으로 재편된다(권영민 2004).

이 시기 영화 관련 조직을 보면, 1955년을 전후하여 영화 관련 단체들이 대거 등장한다. 1955년 8월 기준으로 한국영화제작자협회(17명), 대한영화감독협회(23명), 대한영화배우협회(71명), 한국영화평론가협회(6명), 한국영화기술자협회(85명), 대한영화배급협회, 대한영화협회, 한국연예주식회사 등의 단체 등이 존재했다. 이 단체들은 영화발전을 위해 공동의 방안을 모색했다. 생산적인 영화정책을 촉구하는 운동을 전개하기도 했으며 영화연극인총궐기대회를 개최하기도 했다. 그 외에 '영화연극법안 통과, 영화연극금고 설치, 촬영소설치, 영화기재 수입세 면제 등을 요구'했다(경향신문 1955. 5. 17). 외화제한조치를 반대한 동아일보를 민족예술의 반역자로 규정하여 동아일보의 반성이 없으면 비매, 광고 보이콧하겠다고 공동성명서를 발표하기도 했다(중앙일보 1955. 5. 11). 영화인들은 다른 분야에 비해 해방 후 비교적 내분이 없었다(한국일보 1955. 8. 16). 따라서 통일된 목소리를 내기가 용이했다(이봉범 2009b, 437).

1957년 8월 전국문화단체총연합회(문총)가 '영화윤리위원회'를 구성했다. 영화에 대한 자율적 규제의 필요성에서 만든 일종의 민간여론기관으로, 영화, 연극, 미술, 음악, 문학, 사진을 비롯하여 각 분야의 인사 47인으로 구성되었다. 위원장은 이헌구, 부위원장은 윤봉춘, 오영진이었다. 이들이 '국산영화윤리 규정'을 제정했다(이봉범 2009b, 454).

(3) 체육단체

1920년 7월 동아일보 간부들의 관심과 후원으로 조선체육회가 창립되었고 장두현이 초대회장으로 선출되었다. 첫 사업은 1920년 11월에 열린 전조선야구대회이고 이것이 오늘날 전국체육대회의 기점이 되었다. 1921년에는 전조선축구대회과 전조선정구대회, 1924년에는 육상대회, 1925년에는 빙상대회 등이 열렸는데 모두 조선체육회가 단독 또는 공동으로 개최한 행사이다. 조선체육회는 1938년 7월 4일 조선총독부에 의해 강제해산된다. 광복 후인 1945년 11월 26일 조선체육동지회를 중심으로 조선체육회가 부활되었고 중단되었던 전국체육대회가 1945년 12월 27일 자유해방경축전국종합경기대회로 부활, 개최되었다. 1954년 3월 16일 조선체육회는 사단법인 대한체육회로 인가되었다(대한체육회 1990). 대한체육회는 산하에 육상, 농구, 축구단체를 두고 이들 단체로부터 사업계획을 접수받았다. 1959년 3월 회장단과 신임이사들간의 대립으로 2개월간 공백상태에 빠지기도 했다(동아일보 1959. 3. 30).

조선야구협회는 1923년에 창립되었으나 일제의 탄압으로 해산되었다가 1945년 10월 재조직된다(이태신 2000). 조선야구협회는 1946년 10월 대한체육회에 가입했고 1954년 10월 대한야구협회로 이름을 바꾼다. 1959년에는 여자야구대회 개최안을 제출하기도 했다(경향신문 1959. 2. 27).

1945년 11월 대한체육회에 가맹한 대한체조협회는 1945년 9월 1일에 창립된 단체로서(대한체육회 1990), 1959년 7월 중순 국민보건운동을 위한 방안이라고 하여 보건체조를 제정·발표하기도 했다(경향신문 1959. 2. 27).

(4) 여성친교단체

당시 상층 여성들이 모여 만든 단체로 한양여성클럽이 있다. 이 단체는 "고관대작들의 부인과 부유층의 부인들의 모임"으로 알려졌다(동아일보 1955. 4. 28). 단체의 목표는 교양과 국제친선으로 회장은 모윤숙이었다. 청운동 양로원과 광제리 빈민촌 구제 사업을 했다. 추석에는 전통 궁중 의상을 입고 쇼를 하고 바자회를 열어 이익금 50만환을 모금하여 이촌동 수재민 구제를 위해 서울시에 전달했다. 6.25, 8.15, 유엔의 날에는 주한 각국 공대사와 외국인사를 초청했고 1958년 11월에는 새로 부임한 중립국감시위원단 60여명을 초대하여 북한 실정을 듣기도 했다. 1958년 여름에는 미국 디트로이트에서 열린 국제부인클럽에 주송은, 강소운, 김영란을 보내 참석케하고 한국도 정식가입시켰다 (동아일보 1958. 12. 19).

레크리에이션과 친교 목적의 여성 단체들 중에 대한소녀단이 있다. 3천명 소녀 회원을 둔 단체로 서울시 여자중고등학교를 총망라했다. 소녀들의 재능과 취미를 살리는 활동을 했다. 1958년 7월 광나루캠핑 사이트에서 백여명의 소녀들이 캠핑 체험을 했다. 소녀단 훈련부장 양순담이 호주에 파견되어 현지 소녀단을 훈련 견학하고 한국의 문화를 소개하기도 했다(동아일보 1958. 12. 18).

대한여학사협회는 대학졸업 여성들의 단체로, 교양강좌를 열고 대학원에서 연구하는 연구생에게 장학금을 지급했다. 외국인회원도 다수 있어서 이들과 국제적 친선을 맺었다. 1958년에는 미국에서 열린 세계여학사대회위원회에 박은혜, 김영의 두 명을 파견하기도 했다(동아일보 1958. 12. 18).

04 _ 교육 · 연구 단체

(1) 조선중등교육협회와 조선교육혁신동맹

해방 후 경성부초등교육건설회, 경성초등교육동맹 등 교육자 단체들이 구성됐다. 또한 미군정의 교육정책에 비판적인 교원들을 중심으로 조선임시중등교육협회, 조선교육혁신동맹 등이 결성되었다. 9월 15일 결성된 조선임시중등교육협회는 진보적 민족주의 교육운동을 펼쳐온 이만규를 임시의장으로 선출하고 일제강점기간 동안 교직생활을 해온 것을 사죄했다. 또한 일제시기 교장이었던 이들은 자리에서 물러나고 교직원들도 물러나되 정부 수립 후 당국의 지시가 있을 때까지 일단 학교를 지키기로 했다. 이후 조선임시중등교육협회는 조선중등교육협회로 전환했다.

1945년 10월에는 초등교원을 중심으로 조선교육혁신동맹이 결성되었다. 조선교육혁신동맹은 "제국주의 타파와 진보적인 인민교육에 진력하며 세계적 고도문화발전에 공헌을 기한다"는 창립취지를 내걸고 일제식민지 교육청산, 교육의 국가경영, 교육의 기회균등, 교육자의 교육행정담당 등을 주장했다.

조선교육혁신동맹은 경성사범학교 교수인 김택원이 주도했다. 김석형, 김한주, 박극채, 박시형, 전석담 등 진보적 성향의 학자들도 조선교육혁신동맹에 참여했다. 일선 교사들도 조선교육혁신동맹에 지지를 보냈고 지역별 동맹조직을 확보하면서 조직이 확대되었다. 1945년 11월부터 인천, 경남, 부산, 횡성 등에서 교육자동맹이 만들어졌는데 조선교육혁신동맹과 거의 같은 강령과 실천목표를 가졌다(박종무 2011: 119-123). 이후 조선교육혁신동맹과 조선중등교육협회는 조선교육자협회에 통합된다.

(2) 한국교육위원회와 조선교육위원회

미군정기 교육계는 이념별로 나눠볼 때 크게 세 집단으로 대표된다. 첫째는 미국식 민주주의를 지향한 한국교육위원회, 둘째는 민족주의에 기초한 조선교육연구회, 셋째는 진보적 성향의 교육자 대중단체인 조선교육자협회이다(박종무 2011: 117).

미군정은 9월 16일 학무국의 한국인 자문기구로 한국교육위원회를 설치한다. 위원회는 미군정과 협력하여 교육정책을 만들고 실시했다. 주로 친일, 친미적 보수인사로 구성된 이들은 교육주도세력으로 떠올랐으며 중앙으로부터의 교육개혁, 위로부터의 교육개혁을 표방했다. 따라서 아래로부터 진행되었던 교육자 자치단체들의 활동은 위축되었다. 또한 미군정이 교사 등록을 요구하고 한국교육위원회의 추천을 토대로 인사 발령을 하여 일선 교원들이 반발했다(이길상 2007; 박종무 2011: 117-120).

조선교육연구회는 주로 민족교육을 강조하면서 한국교육위원회와 주도권 경쟁을 했다(박종무 2011: 117-118). 본래 명칭은 민주교육연구회로서 안호상이 주도했으며 비미국파로 구성되었다. 이들은 '민주주의란 용어가 지나치게 강조되고 남용되어 설득력을 잃게 되었을 뿐 아니라 일률적인 미국식 지향의 풍토에 대한 저항적 성격을 반영'하여 1946년 조선교육연구회로 개칭하였다(오육환·최정실 1993: 154). 그러나 조선교육연구회가 정책주도세력에 대한 저항세력은 아니었다. 즉 조선교육연구회가 추진한 사업에서 페스탈로치의 소개를 제외하면, 정책주도세력이 미국식 민주주의 교육을 수입·전파하는 활동에 앞장섰던 것과 유사한 행태를 보였다(김용일 1999: 179).

(3) 조선교육자협회

조선교육자협회는 진보적 인사들로 구성된 단체로서 '진보적 민주주의 교육'을 표방하면서 교육주도세력과 대립했다(박종무 2011: 117-118). 신탁통치문제가 불거지고 1946년 2월 정치세력과 사회문화단체가 좌익계열의 민주주의민족전선(민전)과 우익계열의 비상국민회의로 나뉘자 교육계 인사들도 갈라지기 시작했다. 조선교육자협회는 민전에 결집한 교육자들이 중심이 된 단체로서, 초등, 중등, 고등 교육자 60여명의 발기로 1946년 2월 17일 창립됐다. 창립과 함께 조선교육혁신동맹과 조선중등교육협회를 통합하면서 규모를 크게 늘렸다. 1946년 2월 28일 미군정청 등록 당시 회원수가 280명이었는데 1947년 6월 미소공위 참가 신청을 할 때 9,210명에 이르렀다.

또한 조선교육자협회는 학교와 지역 단위의 조직을 갖추어 갔다. 당시 경성여자사범대학 부속국민학교에 재직하던 교사 14명 가운데 12명이 조선교육자협회에 가입할 정도였다. 조선교육혁신동맹의 지방동맹조직들도 교육자동맹에서 교육자협회로 재편되었다. 중앙조직은 중앙위원회와 서기국으로, 학교·지역단위 조직들을 총괄했다. 중앙위원회는 중앙위원장, 부위원장, 상임중앙위원 등으로 구성되었으며 서기국은 서기장을 중심으로 총무부, 조직부, 출판부, 조사부, 선전부, 사업부 등의 부서를 갖추었다. 조선교육자협회에는 전문학교 및 경성대 교수들과 학교장 박준영, 이만규, 함병업, 부교장 조용욱, 중등교원 윤병상, 정갑, 초등교원 류상선 등이 참여했다. 1946년 7월 3일자 미군방첩대 기록에 의하면 창립 전반기 임원은 중앙위원장 윤일선, 부위원장 도상록, 이만규, 신기범이었다. 서기장은 김택원, 조사부장은 이준하였다(박종무 2011: 125-130).

1946년 7월말 신전술이 등장하고 8월 여운형과 박헌영 사이의 주도권 경쟁이 벌어지며 11월 사회노동당과 남조선노동당이 분열한 후 진보적 교육계도 이에 따라 재편되어 맑스주의파와 비맑스주의파로 나뉘게 된다. 조선교육자협회도 조직이 개편되었고 이후 박헌영 지지자들이 주도권을 쥐게 된다. 또한 북한에서 대학이 세워지자 김석형, 박시형, 박극채, 도상록, 이종식, 김지정 최응석, 한세환, 김연동 등 임원들이 월북하여 임원진을 새로 구성해야 했다. 1946년 11월 남로당이 창당되고 조선교육자협회의 주도권은 남로당계가 장악했다. 윤일선, 조용욱, 이만규 등 중도 및 중도좌파들은 이 무렵 활동을 중단했다. 개편이후 후반기 임원진은 1947년 6월 제2차 미소공위 참가 단체로 등록한 문서로 확인이 되는데, 중앙위원장 박준영, 부위원장 신기범, 서기장 김택원, 총무부장 정갑, 조직부장 최종환이었다. 좌파의 영향력이 강해진 조선교육자협회는 미군정의 압박을 받았으며 1947년 6월 교육 관료를 중심으로 서울시 교육회, 경기도 교육회 등의 교원단체가 생겨나서 더욱 입지가 줄어들었다. 한국교육회는 한미재단으로부터 보조를 받았다(경향신문 1953. 8. 29). 조선교육자협회는 이 단체들을 "교원 대중의 의사를 억압하는 강제적인 것으로 일제의 조선교육회의 재판"이라고 강하게 비판했다. 교육 관료들은 7월부터 조선교육연합회 결성을 추진했다(박종무 2011: 132-137).

조선교육자협회는 1947년 5월말부터 재개된 제2차 미소공위에 큰 기대를 걸었다. 그러나 미소공위는 결렬됐고, 또한 우익의 테러와 미군정의 좌익 탄압으로 8~11월에 걸쳐 조선교육자협회의 주요 인물과 수백 명의 교원들이 검거되었다. 이후 세력이 약화되었고 남로당 산하 지하단체가 되었다. 1950년 한국전쟁 발발 후 조선교육자협회는 조직 재건을 추진하여 7월 4일에 서울시 인민위원회에 사회단체 등록을 했다. 이후 조선교육자협회 관련 기록은 확인되지 않는다(박종무 2011: 137-140).

(4) 연구단체

1946년 2월 15~16일 민주주의민족전선 결성대회에 참여한 단체 중 과학 기술단체 목록을 보면 당시의 연구단체를 파악할 수 있다. 목록에는 조선학술 원, 조선과학기술연맹, 조선의사회, 조선어학회, 조선과학연구소, 조선산업노 동조사소, 조선보건협회, 산업의학회, 조선생물학회, 진단학회 등이 있다(서울 신문 1946. 2. 15).

그 중 조선학술원은 1945년 8월 16일에 창립되었다. 일제강점기에 백남운 이 구상했던 중앙아카데미가 해방과 함께 조선학술원으로 탄생한 것이다. 조 선학술원에는 백남운, 홍명희, 백낙준, 이양하, 우장춘, 이병도 등 다양한 분야 및 좌우, 중도파 학자들이 망라되어 참여했다. 사업 목표 1항에 따르면 학술원 은 "과학의 모든 부문에 걸쳐서 진리를 탐구하며 기술을 연마하여 자유 조선 의 신문화 건설을 위한 연총이 되며 나아가서 국가의 요청에 대한 학술 동원의 중축이 되기"를 목적으로 했다. 위원장은 백남운, 농림학부장은 조백현, 의학 부장은 윤일선, 문학언어학부장은 이양하, 이학부장은 도상록, 서기국기획과위 원은 김동일이었고, 상임위원은 김호식, 이태규, 이승기, 조광하, 우장춘 등이 었다(중앙일보 2004. 8. 17). 이후 좌우대립이 치열해지면서 학술원은 1년 만에 해체된다. 좌파·중도파 학자들은 북한으로 갔고 남한에는 우파 학자들이 주류 를 이루게 되었다. 1952년 북한에서는 과학원이 창설되고 1954년 남한에서는 대한민국학술원이 탄생한다.

조선어학회의 전신인 조선어연구회는 일제강점기인 1921년 12월 한글 연구를 목적으로 조직된다. 장지영, 김윤경, 이윤재, 이극로, 최현배, 이병기 등이 참여하여 한글의 우수성을 알리고 기관지 『한글』을 발간했다. 1929년에 는 『조선어사전』 편찬을 시도했으나 일제의 탄압으로 출판하지 못했다. 1931

년 조선어학회로 개칭했고 1933년에 〈한글맞춤법 통일안〉을 발표하여 이것이 오늘날까지도 한글표기의 기준이 되고 있다. 1942년에는 회원 30여 명이 일제에 의해 검거·투옥되는 '조선어학회 사건'이 발생한다. 해방 후인 1949년에 한글학회로 개칭했고 1957년에는 6권의 『큰사전』을 완간했다(한국사사전편찬회 2005).

진단학회도 일제강점기인 1934년 5월 7일에 설립되었다. 한국 문화를 연구하고 발전시킨다는 목적으로 이병도, 고유섭, 김두헌, 김상기, 김윤경, 김태준, 김효경, 이병기, 이상백, 이선근, 이윤재, 이은상, 이재욱, 이희승, 문일평, 박문규, 백낙준, 손진태, 송석하, 신석호, 우호익, 조윤제, 최현배, 홍순혁 등이 발기인으로 참여했다. 이 가운데 위원은 이병도, 이윤재, 이희승, 손진태, 조윤제이다. 1942년 조선어학회 사건으로 이윤재, 이희승, 이병기 등이 일본경찰에 잡히는 바람에 활동이 중단되었다. 해방 후 학보 발간 등의 활동을 재개했고 1945년 5월 31일 사단법인으로 창립총회를 가졌다(진단학회 1994).

그밖에 1945년 10월 21일 조선과학자동맹이 박극채를 위원장으로 하여 창립되었고 조선산업의학연구회, 조선법학자동맹, 조선언어학회, 조선과학여성회 등이 만들어졌다. 이들 단체들은 좌익계열인 조선문화단체총연맹에 가입했다(한국사사전편찬회 2005). 한편 좌익에 맞서 결성된 전국문화단체총연합회에는 외국문화연구회, 지리학회, 조선사학회, 민족문제연구소, 생물학회, 조선사진예술연구회, 조선천문연구회 등이 가입했다(권영민 2004).

05 _ 종교 단체

(1) 천도교 조직과 대종교 조직

해방 전 대표적인 종교는 천도교라 할 수 있다. 천도교는 일제강점기 신자가 백만명이 넘었다. 해방 직후 280만 정도였는데 70%가 북한 지역에 있었다. 천도교는 중앙집권조직으로, 1919년 김기전에 의해 창당된 천도교청년당의 후신인 천도교청우당이 1946년 2월 8일 북한에서 창당된다. 이후 1950년 월북한 남한의 천도교청우당과 합당한다. 연원조직을 동원한 외세배격 남북통일 운동을 지향한 비밀조직 영우회가 1950년 4월에 발각되기도 했다(오익제 1994: 650; 김철수 2013: 343). 남한에서도 천도교도들은 분단에 반대하고 민족통일을 주장했다. 따라서 미군정의 지원을 받을 수 없었고 그 결과 쇠퇴할 수밖에 없었다(김철수 2013: 343).

또 다른 민족종교인 대종교는 일제강점기 포교지역을 5개 교구로 나눠 한반도 전역을 남도교구로 하여 경성에 본부를 두었고 남만주에서 중국 산해관까지를 서도교구로 하여 상해에 본부를 두었다. 동만주 일대는 동도교구, 북만주 일대는 북도교구, 이외 일본 및 구미지역을 외도교구로 분류하여 조직을 정비하고 체계적인 포교활동을 전개하여 교세를 확장시켰다. 특히 만주에서의 활동이 활발했다(김철수 2013: 343). 해방 후 총본사가 부활되었고 유교, 불교, 천도교, 기독교와 함께 5대 종단의 일원으로 등록되었다. 정부 수립 이후에는 천주교를 포함한 6대 종교 가운데 제1호 종단으로 등록되었고 개천절을 국경일로 제정받았다. 1958년 4월 재단법인 대종교 유지재단의 설립이 인가되었다.

(2) 유교 조직과 불교 조직

유교계는 해방 후 건국준비위원회 활동에 적극 참여했다. 유교계의 대표적 독립운동가 김창숙은 건국동맹의 남부지역 책임자였다. 이종률의 회고에 의하면, 건국동맹의 중앙 책임자는 여운형, 북부 책임자는 조만식, 남부 책임자는 김창숙이었다. 해방이 되자 명륜학원 출신의 청년들은 경학원(성균관)을 접수하면서 '대동회'라는 간판을 내걸고 명륜전문학교를 재개설하여 신입생까지 뽑았다

(이황직 2014: 122-124). 또한 이들은 바로 건국준비위원회에 참여하여 자치활동을 벌였다. 두 차례 유림단 독립운동을 주도했던 유림들은 각종 대회를 소집하여 유교계가 건국운동에 적극 참여할 것을 결의했다. 유교계는 김구 중심의 임정 노선을 지지했고 이는 유교계 단일조직인 유도회 총본부 결성을 촉진했다. 이 과정에서 탁치를 찬성하는 청년들이 이탈하여 좌파 진영에 들어갔고 이들을 중심으로 유교계 좌파의 활동이 활발하게 전개되었다. 이렇듯 해방정국에서 유교계는 좌우로 나뉘어 각각의 활동에 적극 참여했다(이황직 2014: 116).

해방정국에서 활동했던 유교 단체들은 경학원 계열 유도회, 대동회, 전국유교연맹, 대동유림회, 유교회(유림회), 조선유림성정회, 전국유림통일회, 조선국민연정회, 전남 대성회, 전북 명륜회, 대구 대성회, 공맹학회, 대동향약 등이 있다(이황직 2014: 125).

이 시기 불교계를 보면, 대처승이 7천명, 비구승이 5백명으로 대처승이 압도적으로 많았다. 그러나 이승만의 불교정화유시 이후 비구승들은 1954년 5월 태고사에 들어가 태고사를 조계사로, 조계종 총무원을 한국불교 조계종 중앙총무원으로 개칭하고 대처승제도를 폐지한다고 선언했다. 그러자 대처승들이 다수의 힘으로 비구승들을 폭행하고 사찰을 접수했다. 그 해 11월 이승만이 다시 왜색승은 물러가라고 담화를 발표하자 비구승들은 총무원을 습격했고 대처승을 구타했다. 이에 법정다툼으로까지 갔고 결국 대처승 측이 승소한다(임영태 2008: 213-214). 이승만의 대처승 축출은 당시 태고종 총무원장인 무소속 박성하가 자유당 정권을 비판한다는 이유로 대통령 선거에서의 영향을 감안한 조치였다(강인철 1994; 김철수 2013: 346). 비구측은 이후 급속히 세력을 확대하면서 이승만 정부의 적극적 지지세력이 되었다. 불교계는 이로 인해 계속 분쟁이 발생했으며 사찰을 둘러싼 소유권 분쟁은 아직까지도 계속되고 있다(맹청재 2003: 65).

(3) 기독교 조직

해방 후 기독교 조직이 종교단체 중 가장 두드러진 활동을 보였다. 황성기
독교청년회, YMCA, 기독교동지회, 대한독립촉성기독교중앙협의회, 기독교민
주동맹 등 기독교 단체들이 급증하고 조직도 확대된다. 그 중에서도 정치사회
적 방면으로 가장 두드러진 활동을 보인 것은 기독청년조직이다. 1945년 8월
19일 해방공간 최초의 기독교단체로 기독청년동맹이 결성된 데 이어, 임정 요
인이 환국한 뒤인 11월 26일 교회내 청년조직의 연합체로 예언자적 사명을 자
임하며 조선기독청년회전국연합회가 남부대회 개최를 하루 앞두고 출범하였
다. 조선기독청년회전국연합회는 성명서를 통해 복음주의에 입각한 강력한 통
일교회와 아름다운 민주주의 국가의 건설, 민족반역자의 배격과 임시정부 지
지를 선언하였다. 그리고 기독청년동맹과 함께 12월 21일 대한독립촉성전국
청년총연맹의 결성에 참여하였다(장규식 2003).

이후 기청연합회를 비롯한 기독청년조직들은 그동안 나뉘어 있던 조직을
발전적으로 해체하고 1946년 3월 28일 조선기독교회청년회전국연합회를 발
족시켰다. 회장에는 김규식이 추대되었고, 부회장에 엄요섭, 이강훈, 총무단에
김희운, 강원룡, 김영주, 조경묵, 한준석 등이 선출되었다. 회장에 김규식이 추
대된 데서도 알 수 있듯이, 기독교회청년회연합회는 1946년 6월 김규식과 여
운형을 중심으로 좌우합작운동이 추진될 때 김규식의 유력한 지지기반으로서
중요한 역할을 하였다(장규식 2003).

기독교회청년회연합회는 5월 3~4일 정동제일교회에서 제1회 임시총회를
개최하고 한국교회가 비록 일제의 탄압으로 단일교회로 되었다 하더라도 이는
교회의 장래를 위하여 좋은 일이므로 그대로 지지할 것을 결의했다. 남북통일
과 교회통일을 하나로 묶어 나가고자 하였던 것이다. 그러나 이후 각 교파의
재건이 본 궤도에 진입하자 기독교회청년회연합회 역시 그 대세를 거스르지
못하고, 1949년 4월 5일 새문안교회에서 열린 제3회 전국대회에서 각 교파별

단위의 총대로써 연합회를 다시 조직할 것을 결의함으로써 종래의 무교파주의를 사실상 폐기하기에 이른다(장규식 2003).

기독교회청년회연합회의 활발한 활동에 비해 YMCA의 재건사업은 순조롭지 못하였다. 회장 윤치호를 비롯한 지도층이 신사참배와 시국강연 등의 친일행적으로 두문불출했고, 회원 지도층 대부분이 정계에 투신하여 지도력이 공백 상태가 되었기 때문이었다. 이러한 가운데 1945년 10월 조선중앙기독교청년회 재건위원회가 소집되어 이사회를 구성하고 유억겸을 이사장에 선출한 데 이어, 11월 17일 조선기독교청년회를 재건하기 위해 첫 소집된 위원회에서 구자옥을 중앙YMCA와 YMCA연합회 총무에 복귀시킴으로써 기능을 회복하기 시작하였다.

그러나 구자옥이 경기도지사에 임명되어 1946년 6월 사표를 내고, 7월 후임 총무에 취임한 변성옥도 남조선과도입법의원 관선의원에 선출되어 직무를 제대로 수행하지 못하게 됨으로써 YMCA는 한동안 지도력의 공백을 드러낼 수밖에 없었다. 다만 지방 차원에서 대구YMCA와 광주YMCA, 재일본조선 YMCA가 조직을 재건하고, 여수, 순천, 부산, 해남, 마산, 대전, 진주, 목포, 청주, 인천, 경주, 군산, 춘천, 밀양 등에서 새로이 YMCA가 창립된 것이 수확이었다. 서울중앙YMCA 또한 1948년 6월 현동완을 총무로 임명하고 연합회에서 분리하여 정상화의 길을 밟아 나가기 시작하였다(장규식 2003).

YWCA 또한 1946년 조선여자기독교청년회연합회라는 종래의 명칭 아래 임시대회를 열고, 회장에 김활란, 부회장에 유각경, 총무에 신의경 등을 선출하면서 본격적인 조직 재건에 들어갔다. YWCA 지도력은 독립촉성애국부인회와 전국여성단체총연맹의 조직을 주도하면서 일반 사회 방면으로 활동영역을 넓혀 나가는 한편, 1947년 8월에 전국대회를 겸한 하령회를 다시 개최하면서 조직재건에 박차를 가하였다(장규식 2003). YWCA는 1950년대 말 서울, 부산, 목포 등 9개 지방에 3천여명의 회원과 대학, 중학 등에 6천명의 회원을 가졌다. 예산 2억 9백만환으로 5층 건물을 회관으로 짓기도 했다. 1억환은 박에스더가 미국 YWCA 회원의 도움을 받았고 1억환은 국내 모집으로 모였다. 회관에는 강당, 기숙사, 미망인을 위한 사업장, 무료공민학교 시설을 두었다. 1958년 12월 11일 국제친선부 주최로 내외국인 600여명이 모여 '국제친선의 밤'을 가졌고 그날 50여만환이 걷혀 회관 건축비로 사용했다. 서울 YWCA에서는 40여명의 미망인들에게 직업을 주는 사업장을 경영했고 목포 YWCA에서는 300명의 고아를 수용하는 고아원을 경영했다. 광주YWCA에서는 '성빈여사'라는 기숙사를 지어 고아소녀 200명을 수용했다(동아일보 1958. 12. 19).

기독청년운동과 더불어 대표적인 기독교사회운동으로 두각을 나타낸 것은 기독학생운동이었다. 기독학생운동은 1946년 봄 경성대학에 기독학생회가 조직되고, 연희대학에 학생YMCA가 재건된 데 이어, 이듬해인 1947년 여름 이화여대 학생YWCA가 재건되면서 다시 불붙기 시작하였다. 한편 선린형제단 전도관으로 출발한 경동교회를 거점으로 강원용의 지도 아래 1946년 말 신인회라는 기독학생 조직이 결성되어 각 대학과 고등학교에 조직을 확장해 나갔다. 그리하여 1947년 여름 수원농대에서 신인회 전국하기수련회가 열렸을 때에는 대학생 80명, 고등학생 80명이 모여 성황을 이루기도 하였다(장규식 2003).

이러한 분위기 속에서 신인회 멤버들을 중심으로 전국 18개 대학, 54개 중고등학교 기독학생들이 모인 가운데 1948년 4월 25일 대한기독학생회전국연합회(KSCF)가 조직되었다. KSCF는 연대 기독학생회(학생YMCA)와 개인자격으로 참여한 이대 기독학생회(학생YWCA)의 신인회 회원들을 주축으로 하고 있었다. 초대회장은 연대 남병헌, 부회장은 이대 김현자, 총무는 조선신학대 신성국이었다. 신앙간증적 분위기가 주조를 이루었던 서울대 기독학생회는 YMCA, YWCA와 같이 세속화된 단체와는 자리를 함께 할 수 없다는 신학적

이유를 내세워 도중에 퇴장하였다(장규식 2003).

이 시기 기독학생운동은 남북통일과 교회통일을 내세우며 극좌와 극우를 배격하고 제3의 길을 모색하였던 기독청년운동과 마찬가지로, 안호상의 일민 주의나 이범석의 민족지상주의같은 극우적 정치이념에 반기를 들고 온건우파의 중간노선을 모색하였다. 그러한 면에서 해방공간의 기독청년·학생운동은 대체적으로 기독교회청년회연합회 회장 김규식과 정치노선상의 공감대를 가지고 있었다고 볼 수 있다(장규식 2003).

한편, 천주교는 1952년 정·부통령 선거를 치르면서 개신교와 균열을 보이게 된다. 이승만 지지에 회의적이던 천주교는 1955년 대구매일신문사 테러, 1959년 경향신문 폐간조치 등의 공격을 받았다(김철수 2013: 345-346).

개신교 내부조차 정권에 대한 지지와 비판으로 갈리게 된다. 특히 장로교는 신사참배 결의에 대한 처리 과정에서 1952년 고신파가 분리되었고, 신학적 견해에 대한 진보와 보수의 갈등으로 1953년 한신이 대한기독교장로회를 선언하면서 분리되었다(이혜경 2010; 김철수 2013: 345). 또한 보수 기독교계 인사들은 세계교회협의회(WCC)의 중도통합 노선을 용공주의라고 비난하고 1959년 WCC 가입문제로 대한예수교장로회 내부에서 가입파(통합파)와 비가입파(합동파)로 교단이 분열한다(김건우 2017: 189-191).

한국 기독교인들의 WCC 참여는 오래전부터 있어왔다. 한국기독교교회협의회(NCCK)의 전신인 한국기독교연합회는 1948년 WCC 창립총회에 대표를 파견하여 세계교회의 초교파운동에 참여했다. NCCK는 1924년 9월 장로교와 감리교의 선교연합을 위해 시작된 단체로, 교회의 연합을 구현하는 에큐메니컬 운동을 주로 하지만 한국 민주화운동에도 깊이 관여했다. 대표적 인물인 강원용은 1961년 뉴델리 WCC 3차 총회에서 '교회와 사회위원회' 위원으로 선임되면서 국제활동을 시작했다. 그는 뉴델리에서 열린 세계기독학생회 총연맹 대회에서 한국교회사에 있어 매우 중요한 연설을 했는데 그 주요 내용은 교회가 구호와 자선으로 사회문제에 접근하는 기존의 방식에서 벗어나 사회의 구조를 문제삼고 구조의 개혁을 추구하는 방향으로 바뀌어야 한다는 것이었다(김건우 2017: 189-191).

시민단체의
폭발적 증가와 분열

    한국시민사회 조직사에서는 한국 시민사회 내 다양한 결사체 등 조직의 역사를 다룬다. 시민은 일차적으로 자율적인 존재가 되어야 하며 이 자율적 시민이 자신의 의지에 따라 구성하는 조직과 결사체들은 시민사회의 핵심을 이룬다(박상필 2013: 474). 따라서 시민사회의 활성화 여부는 자율적인 다양한 조직의 활동과 이들의 영향력에 좌우된다. 시민사회는 개인 간, 집단 간의 자유로운 의사가 소통되고 이들이 서로 결합·조직되면서 공적 이슈를 만들어가는 장이기 때문이다(이혜숙 2014).

    해방 직후 한국사회는 가히 시민사회의 폭발이라고 부를 수 있을 만큼 정치·사회단체의 활발한 조직화로 시민사회가 급팽창된다. 전국적으로 광범위하게 조직된 인민위원회와 더불어 노동조합, 농민조합, 청년단체, 문화단체, 여성단체 등이 대거 만들어졌다(이혜숙 2014). 당시 설립된 조직 중 일부를 ICNPO 분류에 따라 나누어 보면 〈표 3-2〉와 같다.

    정치 관련 조직은 ICNPO 분류에 의하면 Group 7(법률, 권익주창, 정치)에 해당한다. 1945년 해방은 시민사회의 폭발이라고 부를 수 있는 정치 현상을 발생시켰다. 각종 단체가 만들어지고 정치인들의 활발한 활동이 재개되었다. 그러나 그것이 무질서를 의미한 것은 아니었다. 무정부상태에서 건국준비위

〈표 3-2〉 국가형성기 시민단체 분류

Group1 문화와 레크리에이션	문학건설총본부, 조선문화건설중앙회협의회, 문화단체총연맹, 전국문필가협회, 전국문화단총연합회, 조선문화협회, 조선음악동맹, 조선미술동맹, 조선문학가동맹, 조선영화동맹, 조선가극동맹, 조선연극동맹중앙집행위원회, 민주교양협회, 조선대중음악협회
Group2 교육 및 연구	독서회, 학생회, 국민계몽회, 조선과학자동맹, 민주학생연맹, 조선소년과학협회, 조선과학여성회, 재일조선과학기술협회, 조선기계기술협회, 조선제약기술협회, 해안기술협회, 중국학회, 조선농임기술협회, 해안기술자협회, 조선교육연구회, 조선어학회, 진단학회
Group3 보건	조선의사회, 조선약사회, 조선보건연맹
Group4 사회서비스	조선인민원호회, 반일운동자구원회, 조선사회사업협회, 조선군인가족원호회, 재향군인회
Group5 환경	
Group6 개발과 주거	4-H구락부, 한삶회, 씨알농장, 신앙촌, 풀무공동체
Group7 법률, 권익주창, 정치	건국준비위원회, 인민위원회, 흥사단, 반팟쇼공동투쟁위원회, 민주주의독립전선, 독립운동자연맹, 좌우합작위원회, 민족통일총본부, 독촉국민회, 독촉애국부인회, 독촉전국청년총연맹, 국민의회, 우국노인회, 대한민주청년동맹, 조선청년회, 건국부녀동맹, 대한혁신청년회, 조선민족청년단, 대동청년단, 독촉국민회, 대한청년단, 서북청년회, 대한반공청년단, 임시정부수립대책협의회, 피학살자유족회
Group8 박애 및 자원봉사	동광원, 귀일원, 한국군사후원회
Group9 국제기구	KAVA(외국민간원조기관한국연합회), UNCAC(UN Civil Assistance Command), UNKRA(UN Korea Rehabilitation Agency, 유엔한국재건위원회), Korea Church World Service(세계기독교봉사회), 천주교구제회
Group10 종교	황성기독교청년회, YMCA, 기독교동지회, 대한독립촉성기독교중앙협의회, 기독교민주동맹, 전국유교연맹, 유도회, 가톨릭청년연합회
Group11 기업과 협회, 노동조합	조선농회, 조선노동조합전국평의회, 대한독립촉성노동총연맹, 실업자동맹, 조선협동조합총연맹, 전농, 조선의사회, 조선약사회, 협동조합중앙연맹, 한국농민총연맹, 조선농민연맹, 민중동맹, 노동청년총연맹, 한국노동조합연합회(한국노련), 교원노조, 한국경제인협의회, 해운협회
Group12 비분류 집단	재일조선인연맹연락위원회, 육해군출신동지회

원회가 조직되어 정부를 대신하여 치안을 담당하고 사회질서를 유지시켰다. 그러나 미군정은 정부 역할을 하는 어떠한 정치적 구심체도 인정하지 않았고 또한 조직화된 단체와만 협상하겠다고 하여 군소 정당과 온갖 단체가 난립하게 되었다.

과거 친일 행적으로 인해 숨죽이고 있던 우파는 미군정의 지원에 힘입어 세력규합에 나섰다. 특히 좌파의 발빠른 조직화와 세력 확장에 위협을 느껴 이들은 더욱 결집했고 신탁 정국에 기대어 반탁과 반공을 강하게 주장하며 세력을 키웠다. 이어 이승만 정권의 노골적인 반공정책과 관변단체 육성은 정부에 비판적인 조직의 성장을 어렵게 만들었다. 서청 등 극우단체의 테러행위는 온 사회를 공포로 몰아넣었다. 서청 외에도 백골단, 땃벌떼, 민중자결단 등의 테러단체가 활동했다. 이들은 1952년 1월 개헌안 투표가 부결되자 국회를 공격하기도 했다. 1952년 4~5월 최초로 지방자치단체의회의원 선거가 시행되었는데 지방의회의원들이 민의돌격대로 동원되어 6월 내내 국회를 에워싸고 공격했다. 1960년 3.15 부정선거를 위해 만든 선거전위대로 대한반공청년단이 있다.

경제 조직은 ICNPO 분류 중 Group 6(개발과 주거)과 Group 11(기업과 협회, 노동조합)에 관련된다. 개발과 주거 범주에 농어민 조직, 공동체, 협동조합 등을 포함시켰는데 이 조직들은 주로 일제강점기부터 존재했으며 관에서 세운 것과 시민이 조직한 것이 혼재해있다. 이 시기 기업 관련 조직은 대체로 권력집단과 밀착되어 이들을 도와주고 대신 이권을 챙기는 등 정경유착 관계에 있다. 심지어 경제단체 책임자를 자유당 당원으로 대체한다는 문건이 누설되어 파문을 일으키기도 했다. 1957년 〈각급 당부조직 부장회의 지시사항〉이란 문서에, "각 지방에 산재한 수리조합, 산업조합, 각 기업체의 책임자는 원칙적으로 유능한 열성당원으로 대체," "종업원을 완전 포섭," "공공단체, 국책기업체의 간부급은 원칙적으로 열성당원으로 하여금 구성하는 것을 당책으로 실천할 것" 등의 내용이 있었다. 이에 대해 언론은 '일당전제국가'를 보여주는 것이라고 비판했다. 이미 자유당은 노총, 부인회, 국민회, 어민회, 농민회 등 5개 국민운동단체를 산하단체로 갖고 있었다. 이 문서는 개인 문서라 하여 일단 부인되었으나 또 다시 〈104개 기관장 포섭안〉이란 것이 발각됐다. 포섭 대상은 4개의 일간신문, 각 금융기관, 상공회의소를 비롯, 상공업자 단체, 문교, 농림, 사회보건, 교통, 체신, 전매, 외자 등의 정부기관 관하의 기업, 학술, 문화, 보건, 후생 등의 단체가 포함되었고 변호사협회도 대상이었다. 이에 대해 "이미 모든 민간단체나 기업체에 대하여 직접 간접으로 압력이 가해지고 있었다는 것은 세간주지의 사실이요, 여당과 선이 닿지 아니하면 아무 사업도 하기 어렵다는 현상을 더욱 강화시키려는 동향은 선거가 가까움을 따라 현저해질 것 같다"고 논평됐다(동아일보 1957. 8. 28).

사회 조직은 Group 3(보건), Group 4(사회서비스), Group 5(환경), Group 8(박애 및 자원봉사), Group 9(국제기구)와 관련된다. 보건과 사회사업 조직 등은 대체로 정부의 복지 정책을 보조하는 역할을 했다. 특수한 사례로 재향군인회를 조명했는데 이 조직은 한국전쟁 발발 후 전력증강의 필요성으로 재건되었으며 그러한 정부 종속성으로 인해 이후에도 관변단체의 역할을 지속했다. 한국전쟁은 또한 많은 재해민을 낳았고 이는 정부와 민간의 긴밀한 협력을 필요로 했다. 사회서비스 관련 조직은 대체로 이러한 이유로 설립되었다. 전쟁은 또한 국제기구 및 해외단체의 원조를 필요로 했고 거의 모든 재원이 그곳으로부터 마련되었다. Group 5인 환경 분야의 경우 이 시기 눈에 두드러지는 조직이나 활동이 없었다. 대체로 한국사에 있어서 1982년 공해문제연구소 설립을 조직화된 환경운동의 출발점으로 삼는다. 1982년 이전까지의 환경 관련 활동은 산발적이고 국지적인 형태가 주를 이룬다. 공해 피해 주민들의 자생적인 항의, 진정, 시위 등을 통한 피해보상투쟁을 예로 들 수 있다(구도완·홍덕환 2013: 80-86).

문화 조직에는 ICNPO 분류 중 Group 1(문화와 레크리에이션), Group 2(교육 및 연구), Group 10(종교)을 포함시켰다. 이 시기 문화 관련 조직들은 다른 단체와 마찬가지로 좌우 이념에 따라 서로 대립하는 경우가 많았다. 좌익이 중심이 된 단체들은, 조선문화건설중앙협의회, 조선문화단체총연맹, 조선문학가동맹, 조선미술가동맹, 조선음악가동맹, 조선영화동맹 등이고, 우익이 중심이 단체들은 중앙문화협회, 조선문필가협회, 조선청년문학회, 전국문화단체총연합회, 문화인구국대, 조선미술가협회, 전국음악문화협회, 조선영화건설본부, 반공예술인단, 조선교육위원회, 조선교육연구회 등이다. 문학 단체들의 경우 치열한 이념논쟁을 벌였다. 영화 관련 조직의 경우 다른 분야에 비해 비교적 내분이 없었고 정부 정책에 대해 공동의 목소리를 내는 등 통일된 입장을 보여주었다. 그 밖에 최승희 등이 참여한 조선무용예술회가 있다. 교육 관련 조직의 경우 이념적 지향에 따라 분화되었는데 초기에는 교육자들이 주로 진보적 단체에 가입했다. 그러나 이후 권력의 탄압에 의해 좌파적 단체는 점차 약화되었고 지하화됐다. 종교 단체의 경우 해방 전에는 천도교 관련 단체들이 활발했으나 해방 후에는 기독교 단체들이 급증하고 조직도 확대된다.

PART 04

1945~

한국
시민사회
생활사

1960

한 국 시 민 사 회 사

제 1 장

정치 참여

01_ 집회 · 시위 참여

시민의 정치 참여 중 대표적인 것 중 하나가 집회 및 시위에 참여하는 것이다. 이러한 참여를 통해 시민들은 자신의 의사를 표현하고 정부 정책의 변화를 요구하는 등 국가를 압박할 수 있다. 이같은 참여는 시민의 기본적 권리이다.

일제강점기의 오랜 기간 동안 시민들은 이같은 자유를 누려보지 못했다. 해방 당일에조차 거의 대부분의 사람들은 일본이 패망할 것을 예상하지 못했기 때문에 어리둥절해했고 해방이 됐다는 사실을 실감할 수 없었다. 그 다음날 형무소에서 정치범들이 석방되고 분위기가 달라지자 사람들은 해방이 되었다는 것을 확실히 알게 된다. 사람들은 여운형에게 연설을 요청하여 그는 자신의 집 근처에 있는 휘문중학교 운동장에서 연설을 했는데 소련군이 서울역에 도착했다는 헛소문을 일본 관료들이 퍼뜨려 사람들이 서울역으로 몰려가는 바람에 연설은 중단되었다.

이후 오늘날의 집회처럼 많은 사람들이 거리로 나와 집회나 시위에 적극 참여하면서 자신들의 정치적 의사를 표출했다. 1947년 3.1절에 "새로운 결의와 흥분에 넘친 무려 수십만의 민중은 뒤를 이어 이른 아침부터 정오가 넘도록" 기미독립선언기념 전국대회장인 서울운동장에 모였다. 기념식장에는 김 구를 비롯하여 임시정부요인, 33인 중 오세창, 브라운 소장이 참석했다. "대한 민국 임시정부를 우리의 정식정부로 추대하자는 긴급동의를 제의하여 민중 은 우레와 같은 박수로 환의를 표"했다. 행사는 서울운동장과 남산에서 각각 '소신에 따라' 기념식을 거행했다(동아일보 1947. 3. 2).

기미년 그 당시를 연상케 하는 3.1절을 맞이한 이 땅 서울거리는 정치계의 혼돈을 반영하여 서울운동장과 남산에서 각각 소신에 따라 기념식전을 거행하고 독립선언서를 낭독하였다. 온 장안은 가가호호에 내걸린 태극기는 이 날의 경축 을 상징하며 거리를 걷는 인민들의 면면에는 환희보다는 침통한 분위기 속에 자 유와 독립을 찾아 울부짖는다.

민전 주최의 삼일기념 시민대회는 1일 상오 11시 40분부터 남산공원 광장 에서 우렁찬 애국가의 합창, 순국선열에 대한 묵상에 이어 김광수 씨의 사회로 장엄한 막이 열리었다. 이날 아침 여덟시부터 만일을 염려하는 기마경찰에의 삼 엄한 경계 하에 남로당, 사회개혁당, 기독교민주동맹 등 각 정당, 사회단체의 수 많은 기치 밑에 시민 남녀를 비롯하여 지방에서도 다수한 인민대표가 쇄도하여 장내는 입추의 여지없이 사람으로 파묻혀 민청원들과 경비정리원들은 땀을 흘리 며 장내의 질서를 정돈하였다.

민전 주최 시민대회에 참석한 인사들은 이기석, 허헌, 박헌영, 여운형, 김 창준, 김원봉, 김기전, 유영준, 차미리사 등이었다(동아일보 1947. 3. 2). 서울운 동장에서는 김구를 비롯 임정 요원들 중심으로, 남산에서는 민전 주최로 열렸 으며, 각 대회에 수많은 시민들이 모였다는 것을 알 수 있다. 그런데 우익 주 최의 서울운동장 행사보다는 민전 주최의 행사에 훨씬 더 많은 인파가 몰렸다고 한다(이경식 2017).

　정부 수립 후인 1949년 3.1절 축하행사에서도 시민들은 "이른 아침부터 국기를 들고 옷차림도 단정히 두 눈에 오직 남북통일의 단결을 불태우며 거리로 쏠려 장안은 일찍부터 기쁨의 분류 속에서 움직이기 시작하였다." 식장에는 학생을 위시하여 시민 등 10만 군중이 입추의 여지없이 인산인해를 이루었다. 보신각 주위에 이른 아침부터 수많은 군중이 모여들었다. 시민들은 행사를 마친 후 행진을 했다. "운동장에서 식을 마친 10만 군중은 대오를 갖추어 제1대는 서울운동장에서 종로 안국동, 중앙청, 서대문을 거쳐 독립문 앞에서 해산하고 다음 1대는 을지로에서부터 시청 앞을 거쳐 서울역에서 해산하였다." 군중 속에는 어린이도 섞여 있고 노인도 섞여 있었다. "만세, 만세, 끊임없이 일어나는 만세소리는 천지를 뒤흔들고 있다."고 언론은 전했다(동아일보 1949. 3. 3).

　시민들은 정부에 대한 무언의 항의를 표현하기 위해서도 모였다. 권력의 만행으로 인한 김구의 서거는 시민들에게 그야말로 청천벽력 같은 소식이었다. 김구의 피살 후 시민사회의 분위기는 공포로 인해 일순간에 싸늘하게 얼어붙었다. 그러나 권력의 그러한 테러에도 불구하고 수십만의 시민들이 김구의 하관식에 모여 그를 애도함으로써 정권에 대한 비판을 표시했다. 다음의 기사는 당시의 분위기를 전하고 있다.

　　5일 하오 4시반 서울운동장을 떠난 백범선생의 영구는 연도에 도열한 10만 겨레의 울음의 전송을 받으면서 무거운 눈물의 걸음을 하오 7시경에야 겨우 남대문을 나섰다. (…) 운집한 수십만 군중은 경건하게 기립하여 머리를 숙이고 흐느껴 울었다. (…) 선생의 관 위에는 마지막 흙이 덮이기 시작하였다. (…) 수십만 군중과 복친은 일시에 울음이 터져 고요한 밤하늘은 눈물에 잠겼다. 발버둥치며 우는 학생들! 땅을 치며 우는 여인들!(동아일보 1949. 7. 7)

02 _ 정회와 동회

1933년부터 실시된 정회 제도는 주민들을 지역 공동체의 구성원으로 강력하게 결속시켰다. 지역의 세대주와 지역 내 점포, 공장, 사무소의 대표들은 의무적으로 정회의 회원이 되었다. 회원은 정회비를 내고 역원 선거권, 피선거권, 동리사업에 대한 결의권을 가졌다. "정회제는 도시 주민들을 지역단위로 결속시키고 '자치' 정신을 강조함으로써 인력이나 물자를 효율적으로 동원하는 체제"라고 볼 수 있다(윤해동 외 2006: 319).

미군정은 이러한 정회를 존속시켰다. 반면 일본 본토 내 정회에 해당하는 정내회는 해산시켰다. 미군정은 일본 민주화를 위해 지방자치정부에 중점을 두었으나 한국에서는 과거의 관행을 존속시켰다. 일제강점기 조직인 정회를 그대로 유지하면서 이름만 동회로 변경했다. 해방 후 일본인만 사라진 채 일제강점기의 조직 속에서 주민들은 동원되었고 정회는 식량, 연료 배급 등 본래의 역할을 지속했다. 그 외에 정회는 정치에도 참여하여 입법의원 선거에 핵심적 역할을 했다. 사실상 정회는 자치적 성격을 가지면서 정치적 역량까지 갖춘 주민조직이어서 미군정이 이를 해산시키기 어려웠을 것이라는 지적도 있다(윤현석 2016: 115-117).

이러한 주민조직을 중심으로 주민들은 임시정부 개선 봉축전과 반탁국민대회에 동원되기도 했다(동아일보 1945. 12. 19; 1946. 1. 11). 그 밖에 독립애국금을 모금하고 미소공동위원회 대책간담회를 개최했으며 입법의원 대의원 선거에도 참여했다(동아일보 1945. 12. 12; 1946. 4. 24; 경향신문 1946. 10. 15). 정회, 동회 외에도 '국민반' 등이 구성되어 주민들이 동원되었다(윤현석 2016).

다른 한편, 정회는 권력에 저항하는 조직으로 기능하기도 했다. 1946년 식량 위기 때에 정회는 주민들을 소집하여 쌀 요구회를 조직하고 시위를 벌였다. 해방 후 정회는 도시민들이 가장 쉽게 결집할 수 있는 단위였으며, 일제가 집단 훈련을 위해 마련한 정회 광장은 주민들이 대규모 집회를 열기에 적합한 공간이었다. 주민들은 이미 일제강점기 때부터 정민대회를 열어 집단적 결의를 표출했다(윤해동 외 2006: 334-336). 이렇듯 정회 등의 주민 조직은 동원의 대상이 되기도 했지만 각종 대중운동에도 참여했다. 해방 후 도시지역에서 활발하게 전개된 대중운동의 중요한 기반은 정당, 사회단체라기보다는 이러한 정회 등 일제강점기 이래의 주민자치 영역에서 형성된 정민(町民)들의 힘이었다고 지적된다(김영미 2000; 이용기 2000: 28).

정회는 동회로 이름이 바뀌었고 이후 동사무소가 되면서 구청으로부터 주민 관련 업무를 이관받아 주민 행정기관으로 기능하고 있다. 정회, 동회의 하부조직인 통과 반의 장, 즉 통장, 반장은 그대로 명예직 직원으로 일하면서 때로는 관의 필요에 따라 주민 실생활에 파고들어 결과적으로 관치의 영역을 더 확장했다(윤현석 2016: 118).

03_4월혁명의 과정

동회, 국민반을 통해 주민이 동원되었듯이 이 시기 학생들도 자주 동원되었다. 학도호국단이 대표적인 학생 동원조직으로 1949년 북진통일궐기대회를 열기도 했다. 그 밖에도 학생들을 동원한 반공방일 궐기대회가 빈번히 개최되었다. 1955년 7월 14일 남산광장에서 일본의 용공정책을 규탄하는 중·고등·대학생 1만여 명이 동원된 궐기대회가 대표적이다(한국일보 1955. 7. 15).

그러나 1960년에 들어오면서 학생들의 시위가 달라졌다. '학원자유 간섭 말라'는 구호가 등장했고 2월 28일 대구 고등학생 시위, 3월 15일과 4월 11일 마산 시위를 거쳐 4월 19일 서울 시위로 이어졌다. 4월 25일에는 교수단이 시위를 벌였다. 이 4월혁명은 이 시기의 대표적인 학생·시민들의 정치참여 사건이다. 해방 직후에는 농민과 노동자가 주된 저항세력이었다면 4.19혁명에서는 학생, 지식인, 도시 주변인들이 운동을 주도했다(김호기 2000: 696).

시민들의 참여가 이룩한 4월혁명의 과정은 다음과 같다.

이승만 정권의 부정행위가 극에 치달을 즈음인 1960년 2월 28일은 일요일임에도 불구하고 장면 부통령 후보의 대구 유세 참가를 막기 위해 대구 시내 고등학교는 학생들에게 등교를 시켰고 제일모직, 대한방직 등 공장들은 노동자들을 전원 출근시켰다. 다른 학교의 경우 27일에 그 지시가 내려졌는데 마침 경북고등학교는 25일에 지시가 내려져 학생들은 미리 모여 회의를 하고 일요 등교에 항의하는 데모를 하기로 결의한다. 28일 경북고 학생위원회 부위원장 이대우가 운동장 조회단에서 결의문을 읽고 학생들 800여 명이 학원자유화 등의 구호를 외치며 대구 시내로 몰려나갔다. 뒤이어 대구고, 경북여고, 경북대 사대부고 학생들이 참여하여 대구 시내에서 1,200명의 고등학생이 불법선거에 항의하는 시위를 했다. 이때부터 고등학생들 사이에 학원자유 문제가 중요한 쟁점으로 등장했고 부정선거 규탄 주장이 퍼졌다. 이전까지 학생들은 주로 정부가 동원하는 시위에 강제로 나갔으나 이때부터 독재에 맞선 반정부시위를 자발적으로 하기 시작했다.

이어 3월 1일 공명선거를 실시하라는 삐라가 서울에 뿌려졌고 3월 5일 장면 부통령 후보의 연설회가 끝나자 학생 1,000여명이 장면 후보 차의 뒤를 따라 종로 거리를 행진하고 경찰에 맞서며 광화문에서 시위를 벌였다. 이후에도 서울 도심 곳곳에서 산발적 시위가 일어났다. 3월 7일 부산에서 부정선거를 규탄하는 삐라가 뿌려졌고 3월 12일에는 해동고생 130여 명이 광복동에서 시위를 벌였다. 3월 10일에는 수원에서 수원농고 학생 300명이 시위를 벌였고 13일에는 오산고 학생 100여명이 시위를 했다. 대전에서도 3월 8일 격렬한 시위가 발생해서 경찰과 유혈사태가 일어났다. 대전고 학생들은 서울신문 강제 구독 등에 불만이 많았는데 7일 교장이 민주당 선거유세에 참여하지 말라고 하자 8일 1,000여명의 학생들이 스크럼을 짜고 장면 후보가 연설하는 대전 공설운동장으로 행진했다. 이들은 무장경찰에 의해 구타당하고 연행됐다. 10일에는 300명의 대전상고 학생들이 시위를 벌였다. 충주고 학생 500여명, 청주고 학생 100여명도 시위에 나섰다. 전주에서는 학생들이 혈서를 써서 항의를 표시했다. 선거 전날인 14일에는 공명선거를 촉구하는 시위가 전국적으로 일어났다.

그럼에도 불구하고 3월 15일 대대적인 부정선거가 단행되었고 정치깡패를 동원한 폭력사태가 곳곳에서 일어났다. 그리고 선거 사상 최초의 유혈사태가 3월 15일 마산에서 발생했다. 마산에서 시민과 학생들이 부정선거를 규탄하는 시위를 벌였는데 경찰은 시위대를 향해 발포를 했다. 그 결과 8명이 사망하고 80여 명이 중상을 입었다. 이에 시위는 봉기로 발전했고 전국적으로 확산되었다. 4월 11일에 마산에서 최루탄이 눈에 박힌 처참한 김주열의 시신이 발견되었다. 이때부터 성난 시민들의 시위는 경찰서를 공격하는 등 더욱 격렬해졌다. 시위에는 여성, 노인들을 포함하여 남녀노소를 가릴 것 없이 모든 사람들이 참여했다. 마산 시위에서 사망한 사람들은 중학생, 고등학생, 구두닦이, 상인 등이었다. 소요죄로 입건된 사람들은 실업자, 노동자, 학생, 상인, 성매매 여성, 회사원, 이발사, 간호사, 요리사, 가사도우미, 세탁업자 등이었다. 마산 시위 이후 시위는 전국적으로 확산됐다.

4월 18일에 고려대생 3천여명이 집회를 열고 가두로 진출했다. 이들이 시위를 마치고 학교로 돌아오던 중 쇠갈고리, 곡괭이, 쇠사슬로 무장한 100여명의 정치깡패들의 공격을 받아 50여명이 다쳤다. 이 사건은 다음날인 4월 19일 신문에 실려 알려졌고 이것이 기폭제가 되어 분노한 시민들과 학생들이 일제히 궐기했다. 경찰이 시위대에 발포하여 사망자와 부상자들이 속출했다. 이승만은 계엄령을 선포하고 군대를 동원하여 시위를 진압하고자 했다. 그럼에도 불구하고 시위는 더욱 격화되었고 일부 시위대는 무장을 갖추어 저항했다. 이기붕 사퇴 소식에도 데모는 수그러들지 않고 더욱 거세어졌다.

노인들도 시위에 나섰다. 4월 24일 마산에서 할아버지 70~80명이 '책임지고 물러가라 가라치울 때는 왔다'라는 플래카드를 들고 시위를 했다. 다음날에는 할머니 200~300명이 '죽은 학생 책임지고 리대통령은 물러가라'는 플래카드를 들고 시위했다. 26일 부산에서는 94세, 87세 노인을 선두에 세운 300여 명의 노인들이 '이승만 대통령 물러가라'라는 구호를 내걸고 시위했다. '부정선거 반대'에서 더 나아간 '대통령 퇴진' 요구는 매우 위험한 구호였고 그렇기 때문에 노인들이 젊은이들을 위해 이러한 구호를 내세웠다고 한다(홍석률 2017; 연합뉴스 2017. 4. 21).

이렇듯 4월혁명은 남녀노소를 불문하고 시민 모두가 참여한 거사이다. 다음의 기사는 목숨을 걸고 참여한 구두닦이의 활약을 보도한 것이다. 이 기사는 또한 정권의 무자비함을 보여준다.

4.19가 터지자 누구보다도 그들이 용감하였다. 다방골목에서, 빌딩 그늘 밑에서 벌떼같이 쏟아져 나와 혁명전선 선봉에 섰다. 저녁거리고 뭐고 다 집어치우고 맨주먹으로 총부리와 맞붙어 싸웠다. 그리하여 피를 쏟고 쓰러졌다. 그 생명 무려 수백(경향신문 1960. 9. 3)

4월 25일 대학교수들이 데모에 나섰고 시위대 규모는 더욱 커졌다. 민주당은 이승만 하야와 정부통령 재선거 실시안을 국회에 제출했고 이승만은 정국 수습안으로 허정 외무부장관, 이호 내무부장관, 권승렬 법무부장관을 새로 임명했다. 허정 외무부장관과 김정렬 국방부장관이 이승만 하야 문제를 논의했고 매카나기 주한 미국대사도 시민들의 요구를 이승만이 받아들일 것을 권고했다. 이에 이승만은 물러날 뜻을 밝혔다. 송요찬 계엄사령관이 시민, 학생

대표 5명을 데리고 왔고 이들은 이승만에게 사임을 요구했다. 이후 이승만은 매카나기와 매그루더를 만났고 계엄사는 이승만의 사임을 알렸다. 이승만은 하야성명을 발표했고 시민들은 라디오를 통해 그것을 들었다. 시민들은 환호했고 이로써 4월혁명은 승리를 거두었다.

제 2 장

경제 참여

01 _ 해방 후 경제 및 노동 상황

일제강점기에 기업의 경영인, 기술자, 숙련노동자들은 주로 일본인이었다. 해방 후 이들이 물러가자 경제는 급속히 혼란에 빠졌다. 생산이 50~80%까지 위축됐고 물가는 열배 이상 증가했다. 육체노동자의 임금은 절반 이하로 떨어졌고 화이트칼라 노동자도 10% 전후에 머물렀다. 실업자 수는 백만명을 넘어섰다. 또한 일제강점기에 남한 경제는 주로 경공업, 기계공업 위주였는데 해방되자 분업 연관이 단절되었다. 자금과 생산재가 절대적으로 부족했고 공업생산의 급격한 위축과 초인플레 위기가 왔다. 요약하면 실질임금은 저하되고 실업자가 양산됐으며 일반 대중의 생활이 극도로 어려워졌다(전현수 1993: 97).

더구나 해방 직후 원료물자가 소각되고 생산품이 밀매되며 노동자들은 공장에서 방출됐다. 생존위기에 처한 노동자들은 생계비 확보를 위해 퇴직금, 상여금, 임시수당의 지급을 요구했다. 또한 8시간 노동제, 야근철폐, 체불임금 지급, 임금인상, 후생복지교육 시설, 단체계약권 등을 요구했다. 그러나 공장폐쇄와 작업중지가 만연된 상황에서 이러한 요구는 노동자의 처지를 개선하는데 한계를 가졌다. 노동자들은 자구적인 요구투쟁에서 생산시설을 접수하여 관리·운영하는 공장관리운동으로 전환한다. 이 운동은 전국적 규모로 전개되었다.

또한 일본인 소유 공장 뿐 아니라 친일조선인 소유 공장과 일부 개인사업체에서도 전개됐으며 언론기관, 어장, 극장, 학교에까지 파급되어 전사회적 자주관리운동으로 발전했다. 매일신보사에서는 종업원자치위원회가 운영됐고 거제도의 일본인 소유의 어장 9개소가 어민들에 의해 공동경영됐다. 일본인 소유인 서울극장에서도 종업원들이 극장대표자를 선정하는 운동을 전개했다. 경성전기학교에서도 자치위원회가 구성됐다(전현수 1993: 117-118).

그러나 미군정은 자본주와 공장주의 편에서 서서 노동자에게 불리한 결과를 가져오게 했다. 노동자의 요구를 불법행위로 간주하거나 조합조직을 해산시키려 한 경우도 있었다. 군정청 노동과는 "합법적 퇴직상여금은 노동자가 해고될 때 지불할 것이며 그 시기는 공장이 전면적으로 폐쇄되어 재개되지 않을 때로 제한하고 그 외의 합법적이지 않는 요구는 모두 부인할 것"을 지시하여 생계비 요구를 사실상 불법화했다. 신전술 이후 미군정과 노동자 간의 관계는 더욱 악화됐다. 화순탄광 노동자들은 미군 전술부대와 유혈투쟁하면서 8.15 기념대회를 개최했다. 공장기업소에서 악덕관리자 배격투쟁이 전례없이 광범위하게 전개됐다(전현수 1993: 119, 137).

02_ 쌀 요구투쟁과 농민투쟁

1946년 식량 위기가 닥치자 시민들은 '쌀 요구회'를 조직하여 행정관청을 대상으로 시위를 벌였다. 주로 정회와 동회가 주민들을 소집하여 집회를 열었다. 1946년 3월 29일과 30일에는 각 정회의 주부식량대책위원들과 삼청, 병목, 명륜, 혜화, 돈암, 신교, 효자, 창정 지역을 비롯한 10여 정회가 시청으로 몰려갔다. 4월 3일 마포에서는 정회장의 주도로 마포 정민 1천여 명이 쌀 요구시위를 열었다. 쌀요구투쟁이 가장 선구적으로 일어난 곳은 노동자들이 결집되어 있는 영등포 지역이었다. 영등포에서는 노동자들과 정회가 결합해 투쟁을 전개했다. 영등포식량대책위원회는 서울시와 교섭하여 각 공장 합숙소에 백미 1백석을 제공받는 성과를 내기도 했다(윤해동 외 2006: 334). 그러나 전평 등의 노동조직은 정책, 노선 등의 이유로 오히려 소극적이었고 일반 대중들이 자연발생적으로 투쟁했다(전현수 1993: 128).

농민들도 추곡수집 반대 및 쌀 요구투쟁을 전개했다. 1946년 6월에 대홍수가 나서 농촌에 식량이 부족해졌다. 게다가 미군정은 식민지 하에서도 없었던 하곡수집이라는 제도를 만들어 하곡수집기간 동안 정미소, 가정에서의 도정을 금지했다. 이에 농민들은 추곡수집 반대투쟁을 벌였다. 추곡수집에 대비하여 미리 벼를 베기도 했다(윤수종 2012). 신전술 이후 일부 농민들은 하곡수집에 반대하여 무장경관과 신한공사 사원들을 상대로 투쟁했다(전현수 1993: 137).

10월 항쟁시기에는 수백, 수천의 농민들이 농기구로 무장하여 경찰서, 면사무소, 지주, 우익인사의 집을 습격하고 이들을 살해했다. 신한공사와 양곡창고에서 양곡수집기록을 불태우고 쌀을 분배하기도 했다(윤수종 2012). 쌀을 요구하는 마산, 통영에서의 시위가 대중적인 항쟁으로 전화했고, 진주, 하동, 의령 등지에서 대중시위와 경찰서 습격이 잇달았다. 10월 중순부터는 경기도 개풍, 광주와 황해도의 연안, 백천, 충청도 예산, 강원도 횡성, 묵호 등에서 항쟁이 벌어졌다. 10월 말에 이르러서는 전남에서 농민항쟁이 대규모로 일어났다. 화순탄광 노동자들이 배고픔을 호소하는 시위를 시작하자 전남지역의 농민을 포함하여 민중들이 일어났다. 미군정과 경찰이 50여 차례 발포했고 전북의 남원, 순창의 산발적인 투쟁을 끝으로 잠잠해졌다(윤수종 2012: 271).

1950년대에 들어오면서 농민들은 임시토지수득세의 경감을 위해 애썼다. 또한 각종 농산물 수매 불응, 잡세 납부 거부, 수세 감면 등을 요구했다(윤수종 2012: 273).

03 _ 9월 총파업과 10월항쟁

이 시기 경제와 관련하여 대표적인 시민 투쟁은 1946년 9월 총파업과 10월 항쟁이다. 파업은 본래 계급갈등이 고조되는 추수기인 10월에 계획했으나 철도부문에 중점을 두는 것으로 변경하면서 9월로 앞당겨졌다. 9월 23일 7천여 명의 부산철도노동자들의 파업으로 총파업이 시작되었다. 24일 서울철도노동자들이 파업에 돌입했고 전국 4만여 철도노동자들이 합류했다. 25일 경성출판노동조합이, 26일 경전이 파업했다(전현수 1993: 139). 섬유공장, 조선중공업 대구지부도 파업했다. 대구중공업회사에서는 동맹파업을 하면서 3개의 요구조건을 내걸었다. 회사운영에 대한 공장원 참여, 식량확보, 무조건해고 반대 등이 그것이다. 출판노조도 파업에 참여했고 신문발행을 중지했다. 9월 30일에 30여개의 업체의 5천명이 파업에 참여했다. 그 중 대구의 파업은 조직적이고 중앙의 지시에 충실했다. 일반시민후원단이 구성되어 파업 동참금이 납부되기도 했다(이재영 2015: 15-16). 파업은 학생들의 동맹휴학과 노동자, 학생, 시민의 정치적 시위운동으로 발전했다.

그러나 9월 30일 경찰, 대한노총, 우익세력 수천 명이 용산철도기관구를 습격하여 파업을 진압했다. 경전과 총파업본부가 설치된 영등포조선피혁공장이 진압되었다. 10월 3일 1만여 명이 파업에 들어갔으나 이날부터 철도는 운행을 재개했고 10월 15일경 대구와 부산을 제외한 전 지역에서 파업이 거의 종결됐다. 그러나 10월 1일 대구에서 시위중인 노동자가 경찰의 발포로 사망한 사건을 계기로 대구 노동자들이 경찰서를 습격하고 무기를 탈취하여 격렬한 투쟁이 지속됐다. 다시 전국적으로 노동자, 농민, 시민들이 경찰서, 군청, 지서, 읍면사무소를 습격하여 경찰, 관리를 몰아내고 무기를 탈취했다. 항쟁은 12월초까지 73개 시, 군에서 전개되어 3.1운동 이후 최대 규모의 군중투쟁을 기록했다(전현수 1993: 139-140).

사태가 심각해진 것은 대구시민 400여명이 대구부청 앞에서 쌀을 요구하자 경찰이 군중에게 발포하면서부터이다. 군중들이 발포한 경찰을 구타하고 여성들이 부청으로 들어갔다. 파업투쟁이 식량문제를 매개로 하여 일반 대중들과 결합되었다. 남조선총파업 투쟁위원회 앞에 산업별로 수천 명씩 집결하여 농성했다. 공장파업단과 일반시민이 합류하여 대구의 노동자총파업은 일반대중이 참여하는 대중투쟁으로 발전됐다. 경찰이 군중을 해산했는데, 저녁에 무장경관이 남아있는 군중을 해산시키려고 기습적으로 습격·발포하여 사상자가 발생했다. 이에 군중도 경찰을 공격했다. 학생대가 출동하여 사망한 노동자 시신을 메고 대구의전에서 대구경찰서까지 시위를 벌였다. 학생, 노동자, 시민들이 대구경찰서를 포위하여 경찰관을 무장해제시켰다. 대구시투쟁위원회에 노동자, 민청원, 농민, 시민 등 2만 명이 집결하여 집회를 가졌다. 무장경찰관 150명이 출동하여 연설중인 여성노동자를 현장에서 사살했다. 이에 군중들이 경찰을 공격했고 사상자가 발생했다(이재영 2015: 17-18).

대구지역의 관공서, 금융기관이 파업했고 도청간부들은 "시민에게 사과함" 발표 후 사직서를 제출했다. 대구시 영화관, 상점, 음식점 등이 문을 닫았다. 파업은 대구시 기타 기관으로 파급됐다. 경찰은 충북 300명, 충남 450명의 경관대 지원을 받고 군정 공안국장이 대구에 출동하여 지휘했다. 미군 장갑차 등이 대구경찰서에 도착하여 해산을 명령했다. 이에 파업대책위원회와 교섭하여 파업의 합법성을 인정했다. 검속한 사람들을 모두 석방하고 무장탄압 금지를 승인받았으며 학생들이 무기를 반납하고 해산했다. 그러나 시민들은 경찰에 대한 증오로 자발적으로 각 지역별로 경찰과 친일파 사택을 습격하여 파괴했다. 경북 미군정이 대구에 계엄령을 발표했고 미군부대를 파견했다. 10명 이상 집회는 전면 금지되었고 야간통행과 인쇄물의 발행 배포도 금지됐다. 대구시내 치안은 미군, 경찰증원대, 국방경비대가 담당했으며 대구시내 각처에서 1천명을 검속하여 600명을 구금했고 파업은 불법화되었다. 미군정은 제5관구

경찰청장을 정직시키고 대구, 경산, 영천, 성주경찰서장을 면직했다. 노동자와 협의하여 일부 노동자는 직장으로 복귀됐으며 10월 12일 경에는 거의 모두 복귀됐다. 10월 22일 계엄령이 해제된다(이재영 2015: 19-20).

10월항쟁은 10월 2일 대구경찰서가 접수되면서 지도부의 손을 떠나 민중에게 넘어가면서 벌어진 사건이다. 노동자, 농민, 학생, 시민, 의사, 심지어 일부 군정관리와 경찰까지 대구항쟁에 참여했다. 미군정, 친일파, 친미파, 일부 유산계급을 제외하고는 대부분의 사람들이 참여한 셈이다. 이들의 요구를 보면 여성들의 경우 쌀을 요구하며 부청에 진입했다. 노동자는 임금과 수당의 인상, 쌀 배급의 증대 등 일상적인 생활난을 호소했다. 학생들은 경찰의 발포금지 및 무장해제, 애국자 석방을 요구했다. 일반시민은 이들에게 호응했다. 다수의 행정관리는 미군정의 협조를 거부했으며 의사들은 경찰의 치료를 거부했고 일부 시민들은 경찰을 직접 공격했다(이재영 2015: 25).

1946년 콜레라가 창궐하여 많은 사람이 사망했고 무엇보다 식량이 부족했던 것도 10월항쟁의 큰 원인이다. 이는 미군정청의 식량정책 실패 및 가혹한 하곡수집이 원인이 된 것이다. 당시 10월 항쟁은 3.1운동을 이은 운동으로 평가되기도 했다(김한식 2014: 518).

04 _ 한국전쟁 이후의 경제와 신생활운동

한국전쟁은 경제를 파탄시켰다. 경제는 1956년에 들어와서야 전쟁 전 수준으로 회복되었고 도시경제는 다시 활기를 띠게 된다(김호기 2000: 690).

이 시기 일상적인 경제활동으로 '계'를 들 수 있다. 1953년 일부 사람에 의해 계가 시작되었다가 이후 많은 이가 하게 되어 1954년에는 한 주에 몇십만 환을 헤아렸고 1955년 상반기에 3~4백만환으로 모집되었다. 또한 순번으로 하던 것에서 낙찰계라고 해서 5할, 6할하는 입찰을 할 정도로 절정에 달했다. 이 돈은 다시 1할 5분 또는 2할에 상인들과 실업가에게 사서 은행처럼 이용되었다. 그러다가 1955년 상반기 말엽부터는 폐단이 생기기 시작하여 폐가하거나 자살하는 사람까지 발생했다. 이 문제가 국회에까지 보고될 정도였다(경향신문 1955. 12. 29).

신생활운동은 학생들이 주도하고 시민들이 호응한 활동이다. 4월혁명 이후 학생들은 자치학생회를 구성하여 학원자주화운동을 폈다. 학도호국단은 철폐되었고 학생회가 부활했다. 대한민국대학생총연합회가 조직되었는데 일부 학생들이 이 단체를 학도호국단의 재판이라고 비판하고 1961년 대한민국학생자치연합회를 조직했다. 자치학생회는 계몽활동, 즉 공명선거운동, 신생활운동을 펼쳤다. 신생활운동은 정신적, 문화적 타락을 개인의 자각과 주인의식의 함양으로 해결하려 한 것이다. 대외의존을 배격하여 국산품사용운동을 벌이고, 부패관리에 대한 정화운동, 독점재벌에 대한 경제적 민주화 운동 등을 전개했다. 한편, 이들은 통일운동에는 미온적이거나 반대했으며 일부는 반공을 주장하기도 했다. 대학생총연합회는 '전국학생 반공궐기대회'를 개최했다. 또한 국토 개발, 치산치수 작업에 대해서도 논의했다. 이는 당시 일반적인 학생운동과는 괴리가 있는 것이었다. 신생활운동의 목표는 자립경제였으며, 미국 원조에의 의존을 탈피하는 것이었다(이우재 1983).

1960년 서울대 문리대를 중심으로 국민계몽대가 조직되었다. 국민계몽대 선언문은 "조국과 민족의 복지 달성의 근본은 신생활, 신도덕에 있음을 망각하지 않고 (…) 조국과 민족의 장래가 영원히 빈곤과 무지의 심해 속에 버림받지 않으려면 그 근본적 방책이 4월혁명 정신의 완수와 국민 계몽에 있음을 확인하고 여기에 국민계몽대를 조직한다."(대학신문 1960. 7. 11)는 것이었다. 성균관대에서도 '민주사상고취계몽대'를 조직했고, 중앙대에서 농촌사회연구회를 발족하여 농촌계몽활동을 펼쳤다. 연세대에서 지역사회개발대, 경북대에서 민주선거촉진학생연맹과 대학선거계몽단이 만들어져 선거계몽운동을 전개했다. 계몽대는 주로 7·29 선거에서 자유당출신 후보를 규탄했다. 신생활운동은 자립경제, 사치근절, 부패 척결, 양담배 못피우게 하기, 커피 안 마시기운동 등을 구호로 내걸었다. 부산대는 신생활연구회를 창립했다. 국민생활의 질적 향상과 도의생활 실천 부활이 목표였다. 관용차 부정사용척결운동도 벌였다. 학생들이 시내 유흥가와 유원지에 있는 관용차를 적발하여 업무상 배임혐의로 고발하기도 했다. 일반대중은 신생활운동에 대해 더욱 급진적이 될 것을 요구하기도 했다.

제 3 장

사회 참여

01 _ 결핵 퇴치와 나환자 구제

이 시기 결핵과 나병은 가장 문제가 되었던 질병으로 여겨졌다. 1952년
'사랑의 깃' 모금액 중 6%가 나병환자와 결핵요양사업에 쓰였다(경향신문 1952.
10. 13). "결핵성 질환 특히 폐결핵의 만연상은 심각한 국민보건문제의 과제"였
다. 이 병의 원인으로 한국전쟁으로 인한 국민생활 수준의 급격한 하락과 부자
연스런 생활환경이 지적되었고 이것이 '많은 청년의 활동성을 박탈'하여 이를
'년액으로 환산하여 2천억환의 국가경제 소모'가 발생되어 '망국병'이라 일컬
어졌다(송형래 1954).

결핵 퇴치를 위해 크리스마스씰이 발행됐다. 덴마크의 한 우체국 직원이
어린이 생명을 구하기 위해 씰을 구매하여 우편물에 붙이는 방법을 생각해낸
이래 덴마크에서 1904년 크리스마스씰을 발행했고 이후 세계 각국에서 발행
했다. 한국에서는 1932년 12월 황해도 해주 구세결핵요양원장으로 있던 캐나
다 선교사 셔우드 홀에 의해 처음 발행되었다. 그는 1940년 일제에 의해 강제
추방될 때까지 9차례 씰을 발행했다. 해방 후에는 셔우드 홀을 도왔던 문창모
의 주도로 1949년 한국복십자회에서, 1952년에는 조선기독교의사회에서 씰을
발행하였으나 큰 성과는 없었다. 그 뒤 1953년 11월 대한결핵협회가 창설되면

서 본격적인 발행이 시작되었으며 점차 전국적인 결핵예방기금 모집운동으로 발전했다. 첫 해에는 160만환이 모금되었고 1956년에는 10배인 1,600만환이 걷혔다. 1957년에는 3천만환을 목표로 모금운동이 전개되어 전국의 각급 학교, 국군장병, 전 공무원이 참여토록 했다. 1매 당 10원에 판매됐다(조동수 1957). 1959년에는 8천만환을 목표로 모금운동이 전개됐다. 마찬가지로 전국의 공무원, 육해공군 장병, 각급 학교의 교직원 및 학생과 전국 주요도시의 국민반의 협조로 전 국민에게 크리스마스씰을 분매케 했다(동아일보 1959. 10. 15).

이 시기 보건 문제이자 또한 사회문제가 된 것은 나환자였다. 시민들은 나환자 구제에도 참여했다. 예를 들면 대한노총경전노조자동차과분회원은 서울 망우리 나병환자수용소에 15,800원을 기부했다(경향신문 1949. 1. 19). 동아일보는 나환자가 수용된 소록도 상황에 대해 "현재 요양 생활형편은 부식물을 구할 길이 없는데다가 중병에 중약치료를 가하고 있는 6천여 명의 대(大)세대를 가진 요양소인 만큼 국가배급 만으로는 의식주의 최소한도의 생활도 확보하기 곤란하여 자가 원조가 없는 자는 굶주린 배를 움켜쥐고 비관저예하다가 영양부족으로 날로 사망 혹은 자살까지 하고 있고 또한 다수의 비교적 건강한 분들은 생명의 위험을 느껴가면서 모험적인 수영 도주까지 감행"하고 있다고 보도했다. 따라서 나환자들을 격리할 생각만 하지 말고 나환자들이 소록도에 자진해서 가려 할 정도로 소록도가 나환자의 안주지가 될 수 있게 해야 한다고 썼다. 그러면 절대 건강인에게 해독을 끼치지 않을 것을 보증할 것이며 "겨레의 혈통정화에 이바지 하는 길일 것"이라고 했다(동아일보 1953. 6. 5).

다음의 글은 나병이 일반인에게 공포를 심어주는 사회적 문제가 되고 있음을 보여준다.

문둥병이라 하여 일반국민이 모두 대기(大忌)하는 우리나라의 나병은 나병 자체보다는 그 사회적 문제가 더욱 심각한 과제를 던져주는 실상에 있으며 이러한 과도한 국민공포심은 허다한 중요 국민보건 문제를 해결하여 나가는데 대하여 적지 않은 지장을 초래하는 것도 또한 부정할 수 없는 사실이며 늘 유감스러운 일로 지적되는 바이다. 나병이란 본시 우리나라의 일종의 풍토병이요 그 발병만연의 과학적 근거를 지실한다면 과도한 기탄심과 공포현상은 현재 우리 사회에서 보는 바와 같이 인식되지는 않을 것으로 확신하는 바이다. (…) 민족의 영원한 순혈(純血)을 조속한 시일 내에 확보하고자 함에 있어서도 일반 건강국민이 나병의 정체를 정확히 파악함으로써 감염을 미연에 방지하도록 하는 효과가 있을 것이다(송형래 1954).

이어서 나병은 12세 이하의 아이들이 상처를 통해 전염되기 쉽고 성장기 이후에는 전염이 잘 되지 않으니 무조건적 공포심은 갖지 말도록 하라고 권고했다(송형래 1954). 다음의 글도 당시 나병환자의 실태와 일반인들의 관점을 잘 보여준다(김명복 1959).

세계에서도 나병환자가 많기로 유명한 나라의 하나인데 오늘날 우리 한국인은 아직도 나병은 그 잠복기가 너무나 길어서 하나의 유전병이라고 인식하는 사람들이 대부분이다.

유전병이 아닌 게 이미 옛날에 과학적으로 증명되었거니와 완전한 격리를 하면 절대로 전염되지 아니하는 것도 이미 오래전부터 시행되고 있다. 이와 같은 나병에 대한 의학적 지식의 부족으로 나병환자와 같이 생활하고 있는 가정이 하나 둘이 아니고 한 부락을 이루어 대구시 근처에 살고 있으며 시내를 보행하면서 걸인 노릇을 하고 있는데 요정 주인이 손을 잡고 싸우는 것을 볼 수 있어 피난 중에 가슴 아픈 일이었는데 요사이 서울에도 나병환자 걸인이 적지 않게 보여 나균을 전파시킬 것이니 각자가 주의해야겠고 이 상태를 해결하는 데는 정부의 대책이 없으면 이것을 방지할 수는 없을 것이다.

그저 인정없이 "섬"으로 쫓아버리려고만 하지 말고 나환자로 하여금 지극한 동포애로써 요양소를 찾아들어갈 수 있는 이를테면 소록도로 하여금 나환자의 안주지가 되도록 자활능력을 잃은 저의 환자들을 국가보호 하에 완전히 격리해 살려야 한다.

그리하여 구나(救癩)사업에 이바지하고 있는 의학계에서는 하루바삐 인류의 적인 나균 순수배양에 성공하여 민족우생에 개가를 이룰 수 있는 날이 오기를 빌 어마지 않는다.

나병 문제에 대해서는 이렇듯 주로 나환자의 복지가 거론되었지만 또한 빠지지 않고 등장하는 것이 위에서 언급된 것과 같은 '순혈' 담론이었다. "겨레 의 혈통정화", "민족의 영원한 순혈(純血)을 조속한 시일 내에 확보"하자고 했 고 나병환자는 건강한 국민의 순혈을 보전하기 위해 의연히 자진격리함을 각 자 의무로 명심하라고 했다(송형래 1954). 의학계에서는 "나균 순수배양에 성공 하여 민족우생에 개가를 이룰 수 있는 날이 오기를" 빈다고 했다(김명복 1959). 당시에는 혈통, 순혈을 강조한 민족주의, 국수주의적 담론이 거리낌 없이 쓰였 다는 것을 알 수 있다.

02 _ 전재민 구호

해방 후 대표적인 사회문제 중 하나는 해외에서 돌아온 전재민의 구호 문 제였다. 귀환 조선인 수는 약 300만 명으로, 일본에서 140만 명, 만주에서 100 만 명, 중국에서 10만여 명, 기타 지역에서 10만여 명이 귀국했다(이종호 2009: 329). 북한에서 내려 온 월남인도 있었는데 이들의 수는 만주나 일본에서 온 이주자보다 적었다. 이들에 대해서는 배타적 정서가 있었다고 한다. 외국에서 돌아온 이들은 전쟁에 의한 피해자란 의미의 전재민, 전재동포로 불렀다(김익균 2011: 48).

이들의 귀환으로 인구가 남한의 전 인구의 6분의 1을 넘는 급격한 증가를 보였고 이는 사회적 위기를 일으켰다. 역사상 유례를 찾기 힘든 급속한 인구팽창이었기 때문이다. 또한 전재민에 대한 미군의 구호는 정치적 이유와 임기응변적 대응으로, 효과적으로 이루어지지 못했다. 해방 후 남한의 구호대상은 크게 셋으로 나뉜다. 첫째는 250만 명 이상 되는 귀환 전재민이고 이들이 구호대상의 대다수를 차지했다. 둘째는 해방 후의 혼란으로 경제적 능력을 잃은 실업자와 빈민이다. 1946년 11월 당시 실업자는 약 11만 명이고 전재실업자는 약 63만 7천명이었다. 그러나 사실상 이 수치의 두 배가 될 것으로 추정되었다. 세 번째는 1946년, 1948년 여름의 수재와 태풍에 의한 이재민이었는데 약 19만 명 이상으로 추정된다. 합치면 200만 명 이상의 구호대상이 군정기간 동안 있었다고 할 수 있다(황병주 2000: 79-81).

해방 후 초기에는 구호운동의 성격을 갖는 각종 대중집회와 행사가 자주 개최되었고 구호단체와 언론사의 구호활동, 개인의 기부가 있었다. 1945년 8월 31일 조선재외전재동포구제회가 결성된 것을 필두로 수십 개의 구호단체가 결성되었고 건준을 비롯하여 주요 정당과 단체에는 구호 내지 원호부가 조직되었다. 이들은 응급구호, 주택알선, 직업알선, 귀향협조 등의 활동을 했다. 1945년 9월 20일 부산진 역원들이 110원을 갹출하여 귀환동포구호회에 기증했다는 기사를 필두로 구호금 모집, 미담기사 등이 빈번히 등장했다(황병주 2000: 82-83).

한국인들은 1945년 말까지는 귀환자와 월남인에 대해 전 민족이 함께 구호해야 할 집단으로 생각했다. 그러나 1945년 12월 겨울이 되면서 귀환자들에 대한 인식은 사회문제 차원의 것으로 변하기 시작했다. 더구나 귀환자와 월남인의 아사, 동사가 일상화되자 미군정의 무성의한 구호정책을 비판하기 시작했다(이연식 2016: 145-147). 전재민들은 전염병의 보균자로 간주되기도 했다. 당시 유행한 천연두에 대해 언론은 "외지에서 귀국하는 전재민"에 의해 "어떠한 전염병이 전염될지 모르니" 시민들은 주의하라고 했다(동아일보 1945. 12. 4).

해가 바뀌어도 전재민 문제는 해결되지 않아 구제사업은 계속되었다. 공연 등을 통해 전재민들을 돕기도 했다. 전재민원호단체인 조선국민후생대는 1945년 12월 22일부터 3일간 동양극장에서 극단공연을 하여 그 수익금을 전재동포 원호에 사용했다(동아일보 1945. 12. 21). 성신고등여학교는 전재동포구제음악회를 개최했는데 그 수익금 2만원을 전재민구제금으로 써달라고 동아일보사에 기탁했다(동아일보 1946. 6. 4). 오산기독청년회에서도 전재민구제음악회를 개최하여 그 수익금 3,313원을 기탁했다(동아일보 1946. 6. 21). 1946년 7월 26~27일에는 전재민과 고아를 돕기 위한 남조선신인음악콩클대회가 이태원리 고아원 주최, 동아일보사 후원으로 개최됐다(동아일보 1946. 7. 21).

권번 예기들도 구호금을 기부하는 등 참여 주체가 다양했다. 그러나 때로는 무리한 모금으로 비판도 있었으며 비리가 드러나기도 했다. 미군정이 관공서, 회사, 공장 등의 직원 월급에서 일정액을 갹출하고 정과 동의 행정조직 단위로 모금하는 등 구호금을 강제모집하기도 했다. 만일 기부에 응하지 않으면 쌀을 배급하지 않거나 사탕을 주지 않는 식으로 진행하기도 했다(황병주 2000: 96-99).

전재민 구호에 이미 귀화한 동포들이 앞장서기도 했다. 아직 돌아오지 못한 화북재류동포 2만 명이 정치부에 수용되어 있다고 전해지자 이미 귀화한 동포들이 중심이 되어 종로기독청년회관에서 화북귀환자대회를 개최하고 군정청과 임시정부에 탄원하는 등 구원사업에 대해 토의를 했다(동아일보 1945. 12. 11). 전재민 스스로 기업을 만들고 자조적인 조직을 결성하기도 했다. '귀환병사', '응징사'들이 치안유지, 전시색(戰時色) 제거, 교통정리, 국문강습소 개최 등의 활동을 전개했다. 이렇듯 전재민들 스스로가 자신보다 더 어려운 전재민을 돕고 전재학생들이 계몽운동에 나서기도 했다(황병주 2000: 85). 1946년 9월 13일에는 13개 구호단체를 통합하여 순전히 전재민들만을 회원으로 한 '전재동포총동맹'가 결성됐다(남찬섭 2005: 50). 귀농한 전재민을 이미 이주해 살고 있는 전재민이 돕기도 했다. 서울에서 천막생활하는 전재민을 수원으로 보내 귀농하게 하는데 본래 살고 있는 귀농인이 쌀과 가구 등을 주어 맞아주었다는 기사가 나기도 했다(동아일보 1947. 12. 26).

전재민 구호는 시간이 지나도 계속 이어졌다. 중국인화상조합도 구제금 1만원을 기부했으며 대한애국부인회는 빵 1만개를 전재동포수용소에 보냈다(동아일보 1946. 9. 17). 서울시가 시행한 후생사업강조주간 중에 시민의연금이 80여만 원이 모아졌다(경향신문 1947. 1. 22).

겨울이 되면서 의류기부가 이어졌다. 서울 옥인동 동회에서는 옷과 이불을 보내고 역원들이 관내 각 가정으로부터 침구와 의류를 기부 받아 이것을 1,700여 세대의 전재민에게 나눠주었다(동아일보 1946. 12. 5). 서울시는 경찰서 직원이 각 가정을 방문해 의류를 수거하기도 했는데 일주일간 9개 경찰서에서 모은 의류가 7,492점에 달했다(동아일보 1946. 12. 19).

전재민의 가장 큰 고통 중 하나가 거주할 곳이 없는 것이었다. 특히 겨울이 다가오면서 그 문제는 심각했다. 강원도 원주 주민 이재춘은 자신의 사재를 들여 주택 30채를 지어 전재민에게 제공했다(동아일보 1946. 10. 29). 국내 일본인들을 송환하고 그 집을 귀환자에게 제공하자고 주장해온 단체들은 왜 일본인이 돌아간 뒤에도 그 집을 제공하지 않는지 군정을 비판했다. 특히 요정에서 도색영화를 상영한다는 사실이 알려지자 매국노의 소굴인 요정을 당장 폐쇄하고 귀환자와 월남인에게 제공할 것을 요구했다(동아일보 1946. 12. 11; 이연식 2016: 152-153). 미군정은 그렇게 되면 요정을 나중에 못쓰게 된다고 반대하자 이에 대한 비난여론이 들끓었다(남찬섭 2005: 47). 또한 미군정이, 연장과 공사를 전재민이 전부 부담하는 조건으로 움집과 비슷한 집을 지어주겠다고 하자 여론은 이 집들이 "도저히 사람이 살 수 없는 우릿간 같은 것으로서 과연 사람이 개나 돼지가 아닌 이상 이런 집에 살 수가 있느냐"고 하면서 "남산 밑에 대궐 같은 일인주택을 몇 채씩이나 접수하고 있는 악덕모리배들과 대조해 볼 때 너무나 모순이 큰 전재민 주택문제"라고 비판했다(경향신문 1946. 11. 17). 이에 미군정은 1946년 12월에 2,460명 수용 예정으로 남산동 일대의 적산요정 13개의 개방을 결정했다. 그러나 요정에서 거부하여 전재민과 요정종업원 간에 싸움이 벌어지고 그 과정에서 전재민이 얼어 죽고 아이가 폐렴으로 죽는 사건이 발생했다(남찬섭 2005: 47). 이후에도 적산요정 개방을 미루다가 1947년 1월 그 규모를 줄여서 개방했다. 2차 요정개방이 시도되었을 때 중국인 요정업자들은 찬성했으나 조선인 요정업자들이 반대했다(남찬섭 2005: 48). 이 시기 특이한 점은 이렇듯 전재민 구호 사업에 국내 중국인들이 적극 협조했다는 것이다. 신문 지상에 중국 상인들의 기부 소식이 자주 보였다.

전재민에 대한 현지 주민들의 태도는 당시 소설 속에서도 드러난다. 전재민의 시각으로 당시 상황을 그린 소설을 보면 높은 사람들은 자신의 이권만 챙기지 분단이나 국가 재건에는 관심이 없다. 그러나 전재민이 정거장이나 기차에서 만난 서민들은 누더기를 걸치고 무례하지만 따뜻하고 흉허물이 없다. 이리역 주변의 장사치들은 그들의 삶이 고단함에도 전재민을 괄시하지 않았다. 남을 배려하고 인정이 넘치는 사람들로 그려졌다. 서울에서 멀어질수록 전재민이 자활할 여지가 더 커졌다. 이들은 호남선 기차간에서 순박하고 따뜻한 인정을 경험한다. 다같이 가난한 처지이면서도 구호금을 모아주었다. 작가는 이들이 국가가 아닌 인정공동체에서 도움을 받은 것으로 묘사했다. 반면 서울은 빈부격차가 오히려 더 벌어지고 식민지 권력이 재생산되는 곳으로 그려졌다(안미영 2011: 281-286).

03 _ '동정봉투'를 통한 모금

전재민 구제 방법 중 하나는 '동정봉투'를 통한 모금이었다. 이 모금방식
은 전재민 뿐 아니라 이후 일반 빈민들을 위해서도 시행되었다. 서울시청에서
는 1945년 12월 11일부터 17일까지 일주일을 동정주간으로 하여 각 가정에서
5원, 10원, 100원 이상의 돈을 넣은 동정봉투를 정회에 보내어 모금에 참여케
했다(동아일보 1945. 12. 12). 1946년 6월 21일에도 전재동포구호주간이 실시되
었다(동아일보 1946. 6. 21). 12월 21일부터 일주일간 후생사업 원호강조주간을
시행하여 시민들로부터 모금하여 2백만원을 모았다. 학생의 학용품 절약, 애주
· 애연가의 술·담배 절약을 청해 이 절약분을 모금에 더하기도 했다(동아일보
1946. 12. 17). 1947년에는 겨울을 맞아 서울시와 서울시사회사업협회가 공동주
최로 12월 11일부터 일주일간 후생사업강조주간을 정해 의연금 250만원과 헌
옷을 모아 세궁민에게 보냈다. 일반의연금은 동회를 통해서 각 가정에 동정봉
투를 배부하여 시 직원이 동에 파견되어 거두고, 단체의연금은 은행, 회사로부
터 모금했으며, 식당, 극장, 상점은 주간 소득의 10분의 1을 냈다. 국민학교 학
생들도 의연금을 납부했다(동아일보 1947. 12. 4).

이 시기 재난을 당한 이에 대한 구제는 이렇듯 국가의 복지가 아니라 시민
들의 구호에 주로 의존했으며 거의 준조세 형태로 모금했다.

04 _ 여순사건 피해주민 구제

1948년의 여순사건으로 970명이 피살되고 1,400동의 건물이 불에 탔으며
백억에 가까운 재산 손실이 있었다고 한다. 이재민은 10,055명에 달했다(동아
일보 1949. 8. 18). 전남지역의 관공서와 집들이 불타고 식량이 탈취되어 이에 의

연금과 의료품이 모집되었다(경향신문 1948. 11. 3). 이 구호금은 주로 학교의 직원과 학생들이 보냈는데 이는 학교 측의 모금운동이 있었다는 것을 추정케 한다. 여수, 순천 지역 조난민의 구호를 위해 서울명동천주교회 계성국민학교 아동들이 8,600원을 거두었고(경향신문 1948. 11. 19) 서울시 숭인국민학교 아동들도 14,230원을 기부했다(동아일보 1948. 11. 21). 서울풍문여중 학우회, 계성여중 직원과 학생, 가명국민학교 학생, 성모기숙사, 배재중학교 직원과 학생(경향신문 1948. 12. 3), 동덕여중 직원과 학생(경향신문 1948. 12. 9), 동구여상(경향신문 1948. 12. 15)도 참여했다. 서울대 공과대학생인 평양 제2중학교 35회 졸업생 9명이 신설동 도로공사로 받은 임금을 모아 구호금으로 내기도 했다(경향신문 1948. 12. 1).

종교 신자들도 많이 기부했다. 천주교회 약현성당의 소년회, 소녀회, 복사회, 매일미사회, 성가대, 가명유치원이 기부했으며(경향신문 1948. 11. 23) 평택천주교회 신자들(경향신문 1948. 12. 3), 명동천주교회성모자비회, 명동서울가톨릭합창단(경향신문 1948. 12. 15), 주문진교회 신자들, 옥계교회 신자들(경향신문 1949. 1. 21)이 참여했다. 직장인들로는, 조선운수주식회사 직원들(경향신문 1948. 12. 3), 충북 음성군 감곡면사무소 직원들, 미군 제207 헌병대 한인종업원, 광천우편국 직원들(경향신문 1948. 12. 9), 대한노총경전노조자동차과분회원들(경향신문 1949. 1. 19)이 참여했다.

남대문 뒷골목 빈터에 집합소를 갖고 있는 '넉마장사'(넝마주이) 48명도 16,300원을 냈다. 이들은 "우리들은 넉마장사이나 이번 반란사건에 집, 가족, 재산을 잃고 방황하는 사람들을 생각하면 우리들은 너무나 고맙고 행복합니다"라고 했다(경향신문 1948. 12. 9). 임곡면에서는 시국대책위원회 회원들이 임곡역에서 여행객들로부터 의연금을 받았는데 모두 불평하지 않고 웃는 얼굴로 하사했다고 한다(경향신문 1948. 12. 30). 지역민으로는 평택 주민들(경향신문 1948. 12. 15), 강릉 옥계 주수리 주민들(경향신문 1949. 1. 21)이 참여했다고 전해진다.

05 _ 한국전쟁 피해자 구제

　한국전쟁 발발 후 시민들은 전쟁 와중에도 전란 극복에 힘을 보탰다. 예를 들어 1950년 부산 YMCA를 중심으로 피난민 수용과 구호사업이 실시되었으며 시민들은 수혈운동에 참여했다. 한국전쟁은 또 한번의 큰 규모의 구호를 요하는 피해자를 대량 양산했다. 1951년 1월 당시 북한 피난민이 약 50만 명, 서울 피난민이 약 100만 명, 서울 이남지역 피난민이 약 100만 명으로, 합하여 약 250만으로 추정되었다(동아일보 1951. 1. 17). 1952년 1월에는 피난민이 650만 명으로 늘어났다(경향신문 1952. 1. 17).

　피난민들은 거주할 곳이 없어 고통을 받았는데 지역민들의 주거지 제공으로 고통을 경감할 수 있었다. 예를 들면 1951년 2월초 충남지역 주민들은 일반가정이나 여관을 막론하고 빈 방을 "피난민에 자진 제공함으로써 전래의 미풍을 발휘하여 일반에 감격을 주었다."(동아일보 1951. 2. 6) 한국식산은행 직원들은 월급에서 일부를 떼어 939,000원을 전시구호대책위원회에 기증했다(동아일보 1951. 5. 31). 서울 광복국민학교 학생들은 맥주 깡통과 빈병을 수집하여 군경원호회에 기탁하기도 했다(경향신문 1952. 11. 9). 춘천 성매매 여성들의 갱생단체인 '협심회'는 8천환 상당의 담배, 사과를 가지고 병원에서 치료를 받는 장병들을 위문했다. 이들은 또한 화재로 사망한 동료의 장례식을 베풀고 임신으로 일을 못하는 윤락여성을 원호했다. 춘천시 사농동에 사는 '양공주' 권모 양을 비롯한 50여명의 '위안부'들은 일인당 3백환씩 거두어 동회경비용 전화기와 장례식 기구를 기증했다(경향신문 1953. 4. 28).

　위 사실에서도 알 수 있듯이 모금은 사회 내 소외된 자들로부터 많이 이루어졌다. 전쟁 피해자인 상이군경, 고아 등을 돕기 위해 마련된 동포애발양 기간에 기부한 사람들 중 많은 이가 가난한 이들이었던 것으로 판단된다. "동포애발양기간 중에 '동포애'를 발양한 사람이 가난한 월급쟁이"로서 이들은 월수입에서 1할 정도(38,765환)를 성금했다. 그런데 이런 일은 있음직한 일이라고 해도 "마포형무소 수감자 일동이(28명) 2,800환을 기탁"한 것에 대해, 이러다가 앞으로는 "구제를 받아야 할 상이군경과 고아원, 양로원 등에서 동포애를 발양하는 성금이 나올까 염려되게 됐으니 누가 누구를 구제해야 할 지 주객전도될까 두려우니 낼 사람이 내야"한다고 한탄하는 기사가 났다(경향신문 1953. 11. 3).

강원도 간성, 연천, 화천 등 전쟁 후 수복된 지역의 재건을 위해 대학생들이 나서기도 했다. 25개 대학의 학생들로 조직된 유네스코 학생건설대는 1954년 여름 수복지구의 농촌을 찾아가 봉사활동을 했다. 허물어진 길을 닦고 새는 지붕을 고치고 화장실을 지었으며 환자를 돌보고 맷돌 돌리는 일을 했다. '자유조국'과 애국가를 가르쳐주기도 했다. 이들이 마을을 떠날 때 마을 부녀자들과 아이들은 울면서 따라왔다고 한다. 학생들은 겨울에도 봉사활동을 했다. 이들의 봉사는 이전과 다른 것으로 평가되었다. 이전에는 주로 "재래식 문맹퇴치의 계몽운동"이었다면 이 봉사는 "농업기술반, 보건의료반, 협동조합반을 종합편성하여 농민의 실생활면을 건전하게 하여 가면서 생활재건의 방향으로 추진"했다는 것이다. 또한 특징적인 것은 전국 각 시도에서 학생 대표를 한 명씩 뽑아 이들이 활동방법을 익힌 후 참가한다는 것이었다. 이들은 농촌과 학교를 긴밀히 연결하는 협동체를 만들어 그 산하에 농촌친목회, 수양회, 순회문고, 아동운동부를 두는 계획을 세웠다. 이들은 협동조합의 성공을 통해 이상촌을 건설하고자 했다. 대상 마을은 38도선 이북에 있는 화천 간동면 5개 부락으로 이 곳은 격전지로 유명했던 곳이다. 이 마을은 1954년 성과에 힘입어 세계유네스코 학생건설대가 방문할 가능성이 있는 '유네스코 마을'이 되었다. 인구 4,020명에 불과한 작은 마을이지만 문맹, 빈농, 환자가 없고 "풍요한 생활환경 속에서 자유와 평화와 문화를 아울러 즐길 수 있는 자그마한 이상촌을 건설하려는 것"이 목표였다고 한다(동아일보 1955. 1. 19). 이후 이 활동이 대학생들의 농활과 야학의 전통으로 이어졌다.

청소년들도 수복지역 주민들을 위해 기부 및 봉사를 했다. 성동공업고등학교 청소년 적십자단은 수복지구인 양구의 군량국민학교를 방문하여 연필, 노트, 빵 등의 위문품을 전달하고 공업에 대한 강연을 했다(동아일보 1955. 11. 19).

당시는 전쟁으로 거의 모든 국민이 피해자였기 때문에 사실상 구호를 할 여유를 가진 한국인은 거의 없었다고 할 수 있다. 정부에서는 국민에게 피난민 구호에 앞장설 것을 호소했으나 국민들 역시 매우 어려운 생활을 하고 있었으므로 쉬운 것이 아니었다. 당시 언론기사를 보면 동포애를 호소하는 총리서리의 시정연설에 대하여 "'민간 각 단체나 개인에게 전쟁 피해의 공평한 부담과 동포애와 도의심에 호소하노라'고 서리는 부르짖고 있으나 민간에서 할 원호나 협조를 너무 바라지 말고 외원의 활용과 행정부의 적극 시책을 더욱 활발히 하는 것이 현명할 줄 믿어마지않는다"고 쓰고 있다(경향신문 1952. 1. 17). 따라서 구호금은 주로 외국으로부터 왔다. 우선 재외동포들의 구호가 이어졌다. 하와이 등 미국에 사는 한인들이 5천 달러에 달하는 구제금을 보내왔다(동아일보 1951. 1. 23). 같은 해 4월에도 하와이연합동지회 등 하와이 한인들이 구호금을 보내왔다(동아일보 1951. 4. 20).

기독교인들의 봉사도 한 몫 했다. 1951년 1월 25일 장로교 부산중앙교회에서 각 교파의 대표자들이 CWS 한국위원회(KCWS)를 만들자 한국 기독교인들이 많이 참여하여 봉사했다(윤정란, 안교성 2012: 7). 우표 발행도 구호의 역할을 했다. 1950년대부터 2~3종의 자선우표가 발행되어, 재해, 기금, 모금, 구호 의연금 등의 명목으로 마련됐다. 1953년 8월 1일 적십자 모금우표 2종, 1957년 9월 1일 세종대왕 1차 수해구제 2종 등이 있다.

06 _ '사랑의 깃' 구매 운동

전쟁 피해자 구제의 한 방법으로 '사랑의 깃' 구매운동이 시작되었다. 이 운동은 1951년 4월에 처음 시작됐는데 닭의 깃에 붉은 물을 들여 판매하여 모금하는 것이었다. 붉은 색은 사랑의 상징이고 닭과 오리 깃은 동서양을 통해 명예, 정의, 용기, 봉사 등의 정신을 상징해왔다고 한다. 이러한 사랑의 깃은 사회복지사업을 위한 기부금을 공동모집하는 상징으로 여러 나라에서 쓰고 있다고 했다. 사랑의 깃 운동은 미국에서는 1946년부터 일본은 1948년부터 시작되었다(경향신문 1952. 10. 13).

전쟁으로 인한 이재민, 상이군인, 고아를 원호하고자 정부가 마련한 '사랑의 깃' 구매운동에 국민들이 동참했지만(경향신문 1952. 10. 3; 동아일보 1952. 10. 19) 이 운동은 비판도 많이 받았다. '사랑의 깃'을 거의 강제로 할당하여 판매하기도 했기 때문이다. 그러자 사람들은 개인적으로 닭털을 붉게 물들인 깃털을 마련해 "'호신술'로 옷에 달고 다니게 되어서 갑자기 닭털 단 행인이 시가를 범람하게 된 것이다."(동아일보 1952. 10. 25) 또한 그 붉은 색은 전쟁 중 북한군 점령지역에서 사람들이 달고 다닌 붉은 헝겊을 연상케 하여 공포를 불러일으켰다고 지적되기도 했다(동아일보 1952. 10. 25). 이런 비판을 의식해서인지 이듬해 '사랑의 깃'의 색은 녹다색(綠茶色)으로 바뀐다. 1953년 10월 '동포애발양월간'이 지정되어 그 행사 중 하나로 사랑의 깃 가두판매가 시작되었다. 여학생들이 시내 27개소에서 행인들에게 사랑의 깃을 내어주고 성금을 모집했는데 250만개의 판매를 계획했다. 한 개에 10환으로 이 돈은 군경유가족을 위해 쓰여 졌다(경향신문 1953. 10. 5). 한편 이 성금이 정치자금으로 횡령되기도 했다. 1954년 7월 사랑의 깃 성금이 김용표의 민의원 출마운동 자금으로 사용되었다가 탄로가 났다. 관련자는 5~6명으로 고위층까지 연루되어 파장을 낳았다(동아일보 1954. 7. 29).

'사랑의 깃'은 1954년에 '사랑의 리본'으로 바뀐다. 구호대상자는 여전히 전쟁으로 피해를 본 전몰군경유가족 및 상이용사다. 종이로 만들어진 '사랑의 리본'은 300만개가 제작되었고 한 개 당 20환에 판매하여 총 6천만 환 이상의 모금을 목표로 했다. 국민반을 통해 한 가구당 20환 이상을 모금하고, 학생들은 전몰군경유가족 및 상이용사 가정에서 봉사하기로 했다(경향신문 1954. 9. 30). 목표액 6천만 환 중 6백만 환은 사무비에 쓰였고 8백만 환은 수금이 되지 못해, 총 4천 8백만 환이 원호사업에 쓰이기로 했는데 모금을 시작한 지 7개월이 지난 후에도 사용방도가 결정되지 않아 사람들의 비난을 받았다(경향신문 1955. 5. 18). 매년 10월에 실시한 '동포애발양의 달'은 1955년에는 실시되지 않고 대신 재무부에서 '범칙물자 매각대금'을 성금으로 사용하기로 했다(동아일보 1955. 9. 13).

07 _ 4월혁명 희생자 구제

4월혁명 때의 발포는 많은 사상자를 냈다. 이에 4월혁명으로 인한 부상자를 위해 써달라고 서대문구 영천동 주민들이 6,500환, 고려대 여학생이 5천환을 냈고, '캇타' 제약회사 한국 대리점이 알부민 혈청 10개를 기증했다. 민의원 유홍의원 부부는 깨죽을 쑤어 시내 16개 병원을 다니며 나눠주었다. '한양여성크럽'에서도 위문을 했고, 메디칼센타 외국인 의사 50명과 한국인 종업원들이 헌혈을 해서 혈액을 공급해주었다. 백병원에서 치료받던 학생들도 현장에서 입원환자를 구출하고 거리에서 모금을 하여 환자들에게 과일 등을 사주었다. 동아일보사와 직원들, 익명의 여고생이 기부금을 냈고, 한 노점 상인이 셔츠 10점, 연대생이 파인주스 2상자를 기부했다(동아일보 1960. 4. 22). 왼쪽 손목에 총상을 입은 서울대 한 학생은 경험담을 쓰면서 받은 위문금으로 등록금을 냈다고 했다(동아일보 1960. 8. 2).

08 _ 수재민 구제

해마다 수재로 인한 재해민이 발생하여 이에 대한 모금도 활발하게 일어
났다. 그 중 학생들의 활동이 두드러졌다. 1946년 7월 4일부터 이틀간 시내 가
두에서 반탁전국학생연맹 회원들이 수해이재동포 구제금을 모금하여 5,388원
60전을 동아일보사에 기탁했다. 혜화국민학교, 재동국민학교, 남산국민학교,
청준국민학교 학생들(동아일보 1946. 7. 9), 경기도 지역 국민학교, 중학교의 직원
들과 아동들이 28만여원을 모으기도 했다(동아일보 1948. 9. 22).

경성열차구원, 조일조사원도 참여했다(동아일보 1946. 7. 9). 기생들도 동참
하여 예성사 기생일동이 4만원, 한성사 기생들이 15,000원을 냈다(동아일보
1948. 8. 27). 형무소 재소자들도 기부에 동참했다(동아일보 1948. 8. 27).

수해민을 위한 기부는 주로 해당 지역 주민들에 의해 행해졌다. 뚝도협진
회의 면민들(뚝섬 주민들)이 자신들도 수해를 당했음에도 불구하고 13,000여원
과 약품 5백점을 모아 기부했다(동아일보 1946. 7. 9). 1948년 여름 서수면은 수
해로 인해 가옥이 침수되고 농작물이 격감하여 주민들이 고통을 받았는데 같
은 면에 사는 한 주민이 결혼비 일부를 떼어 3만원을 기부했고 또 다른 주민
은 자신이 제작하는 도기 2백여점을 기부했다(경향신문 1948. 12. 30).

1957년 수해는 유난히 매우 심각했다. 23년만의 홍수를 당한 이 해 여름
40여일간 계속된 폭우로 낙동강과 영산강이 범람하고 전국적으로 44억 5천
여만환 가량의 물적 손실을 입었다(경향신문 1957. 8. 6). 8월 7일 보건사회부 집
계에 의하면 사망자 155명, 실종자 73명, 부상자 250명이고 파괴·유실된 가
옥이 6,272동, 전답이 13,095정보이며 이재민이 28만 4천여명에 달했다(경향

신문 1957. 8. 9). 이에 익명의 기부자가 수재민에게 보내달라고 3만환을 보내왔고(경향신문 1957. 8. 7) 각 방면에서 금품 기부가 이어졌다(경향신문 1957. 8. 9). "돈은 없으나 다른 물건이라도 수해민들에게 내놓고 싶은데 무엇이 적당합니까?"라고 하는 문의가 많아 경향신문측은 음식, 의복, 성냥, 고추장, 마늘, 설사약 등이 필요하다고 했다(경향신문 1957. 8. 9). 노기남 주교, 정관계 인사들, 창신국민학교 학생 등 각계각층으로부터 온 성금과 물자는 수표 1,147,774환, 현금 157,326환, 의류 12상자, 통조림 15개, 밀가루 20포대, 식기와 구두 1상자, 기타 물품 2상자로서 수해지구에 전달됐다(경향신문 1957. 8. 26). 한국음악가협회에서 음악인들이 각 사람당 200환 이상 모금하기로 했으며(경향신문 1957. 8. 18), 서울형무소와 청주형무소 수감자 414명은 50,333환을 보건사회부에 기탁했다(경향신문 1957. 9. 21). 1958년 여름에도 금강과 낙동강 유역을 비롯한 남부지방 일대에서 큰 수해를 입었다(경향신문 1958. 7. 11).

1959년에는 유명한 태풍 사라호가 발생하여 큰 피해를 보았는데 사망자 740여명, 부상자가 2,450명, 건물피해가 145,000여 호, 선박피해가 10,290여 척, 전답이 128,000여 정보에 달했다. 피해 총액이 872억 환으로 추산되었으며 이재민 총수는 984,000여명에 달했다(동아일보 1959. 9. 25; 1959. 10. 4). 이 시기에는 시민모금에 강제성이 있어서는 안 되겠다는 여론이 대두된다. 또한 모집된 금품이 정확히 이재민에게 돌아가도록 해야 하며 특정 정치인들이 자신의 지역 주민의 환심을 사기 위해 분배에 개입하는 일이 없어야 한다는 점도 강조됐다(동아일보 1959. 9. 25). 이번에도 여지없이 형무소 재소자들이 돈을 모아 기부했다. 서울형무소 409명, 전주형무소 142명이 "푼푼이 모은 작업보상금 중에서 12,036환을 의연금으로 거두어 냈다(동아일보 1959. 10. 3).

자연재해 중에는 수해 뿐 아니라 설화도 있었다. 1956년 중동부 지역의 '폭풍설(暴風雪)'은 당시 40년 만의 초유의 사태였다. 군 관계 46명이 사망했고 51명의 부상자와 실종자가 발생했다. 민간인의 경우 38명의 사상자를 냈고 막대한 재산의 건물, 선박, 전답 등이 파괴·손실되었다. 또한 기아와 추위로 고통 받는 재민이 4만명에 이르렀다(경향신문 1956. 3. 8). 이에 서울사범대학 부속고 등학교 직원과 학생들이 설화지구 구제를 위해 39,090환의 동정금과 392통의 위문문을 기탁했다(동아일보 1956. 3. 7).

09 _ 화재민 구제

이 시기 화재 사건도 많았다. 1947년 서울시 아현동에서 화재가 나서 이재 민이 발생하자 이웃들이 돈을 모아 기부했다. 17,093원이 이재민에게 전달되 었다(동아일보 1947. 3. 5).

1953년 1월 30일에 그 유명한 부산 국제시장 화재가 발생했다. 화재로 5 천여동의 건물과 수천여억 원의 물자가 타버렸다. 이에 "추위에 떠는 이재민들 을 위하여 따뜻한 동포애는 즉각 여지없이 발휘"되었다. 정부와 대한적십자사, UNCAC에서 구호활동을 펼쳤고 일반시민들도 동참했다. 부산시의 각 동은 주 먹밥 4백 개를 만들기로 하고 한 세대 당 한 개의 식기를 내기로 하여 14개 동 에서 주먹밥 5천명 분을 급히 만들어 이재민에게 공급했다(경향신문 1953. 2. 4). 같은 해 11월 27일에 부산에서 또 큰 불이 났다. "유사 이래 초유의 대화(大 火)"로 이재민이 3만여 명에 달했다. 경향신문사가 의연금을 모금하면서 본사 가 5만환, 본사 직원들이 32,100환, 천주교 서울교구가 5만환을 우선 내어 모 금에 참여했다(경향신문 1953. 11. 30). 이번에도 소외된 이가 더 구호에 앞장섰 다. 팔 다리가 잘려 육군병원에서 치료를 받고 있던 상이군인 14명이 부산화재 이재민을 위해 3,010환을 냈다(동아일보 1954. 1. 11).

10 _ 절량(絶糧) 농가 구호

농촌에서는 해마다 춘궁기에 절량농가가 발생했는데 1961년 봄에는 유난
히 더 심각한 양상을 보였다. 이에 남녀노소 할 것 없이 현금, 의류, 쌀 등 구호
금품을 기부했다(동아일보 1961. 3. 14). 이번에도 역시 학생들이 많이 기부했다.
선린상업고등학교 학생들이 12,600환, 의류, 곡식을 기부했고, 서울공업고등학
교 소년단원들이 5천환, 동대문시장상인들이 십만 환, 한국조폐공사직원들이
566,800환, 수원기독교학생연합회원들이 26,510환, 제일은행 직원들이 151만
환, 수도의과대학교수 부인친목회원들이 23,500환, 효창크리스도의교회 신자
들이 13,100환, 대한증권거래소시장 대리인회원들이 5만환, 동아일보사와 직
원들이 220만환을 기부했다(동아일보 1961. 3. 14; 1961. 3. 15). 서울 서라벌예고의
한 학생은 거리에서 모금을 하여 7,310환을 모아 보냈다. 그는 모금 중에 '초라
한 신문팔이 노인'이 자신을 "일부러 불러 주머니돈 250환을 몽땅 털어주던
일은 지금도 가슴을 뭉클하게 해준다"고 말했다."(경향신문 1961. 3. 25)

의대생들은 농촌을 찾아 진료사업을 하기도 했다. 세브란스의과대학 기독
학생회에서는 매년 여름방학 때 무의촌(無醫村)을 찾아 진료사업을 했다(경향신
문 1949. 8. 3).

제 4 장

문화 참여

01 _ 신문 구독과 방송 청취

해방 후 폐간되었던 신문들이 복간되고 새로운 신문들이 창간되었다. 1945년 9월 7일 『조선인민보』가 발간되었는데 해방 후 최초의 한글신문이었다. 대표적인 좌익 신문인 『조선인민보』와 『해방일보』는 당시의 언론계의 판도를 장악했다. 9월 6일에 영자신문 『서울타임스』가, 10월 초순에 『자유신문』이 발간되었다. 총독부 기관지였던 『매일신보』가 1945년 11월 23일자부터 『서울신문』으로 개칭했고 같은 날 『조선일보』도 다시 발간되기 시작했다. 『동아일보』도 12월 1일 속간되었다. 1946년 2월 27일에는 『한성일보』가 창간되었다. 해방 후 발간된 신문은 지방지를 포함하여 70여 개에 이르렀으며 그 중 좌파적 성향이 압도적으로 많았다. 잡지로는 『백민』, 『민성』, 『문화창조』, 『혁신』 등이 창간되었다(임영태 2008: 105-106). 미군정기 동안 이들 신문들은 미군정이 잘못을 저지를 경우 이를 가감없이 폭로했다. 예를 들면 이 당시 미군이 한국 여성들을 상대로 저지른 성범죄에 대해서도 많이 기사화되었다(이경식 2017).

이승만 정권 시기에는 동아일보, 경향신문, 사상계가 여론 형성에 크게 영향을 끼쳤다(김호기 2000: 692). 그러나 경향신문은 결국 1959년에 폐간되고

4월혁명 이후에야 복간될 수 있었다. 4월혁명 발단에는 3.15부정선거와 김주열 사건, 고대생 피습사건 등을 정확히 보도한 언론의 공이 적지 않다. 또한 동아일보, 조선일보, 한국일보, 서울신문, 경향신문 등의 신춘문예와 장편 현상소설 공모는 신인 작가 발굴에 큰 힘이 되었다(임영태 2008: 230).

당시 방송국은 서울, 충북, 충남, 전북, 경북에 각각 1개소씩, 전남, 경남, 강원에 각각 2개소씩 모두 11개소에 있었다(임영태 2008: 106). 미군정은 방송을 국영으로 운영하면서 처음부터 직접 관리하고 적극적으로 이용했다(박용규 2005: 77-78). 조선방송협회가 청취료를 징수하여 방송비 일부를 부담했지만 한국인들이 수신기를 살만한 경제력이 없어 유료청취자 수는 12만 명이 되지 못했다(박용규 2005: 82-83). 1947년에 청취자 수는 18만 839명이었는데 그 중 한국인이 17만 877명, 외국인은 9,962명이었다(임영태 2008: 106).

청취자의 참여를 유도할 수 있는 프로그램은 '학생시간,' '신인연예,' '청취자문예' 등이었다(박용규 2005: 88). 청취자 의견을 보면 뉴스와 대중음악 프로그램에 대한 관심이 높았다. 1946년 5월의 조사에서 청취자들은 서양음악을 줄이고 한국 민요나 유행가를 늘릴 것, 국사·국어 강좌와 미국의 소리 방송을 오후 7시 이후에 편성할 것을 요구했다. 또한 방송이 식량문제에 무관심하고 세계 뉴스를 적절하게 제공하지 않으며 미국의 선전기관이라고 비판한 청취자 의견도 있었다. 또 다른 청취자는 예술의 타락과 저속한 선전을 지적하기도 했다. 또한 대중의 생활감정을 반영하는 정도가 너무 낮다고 비판했다. 드라마에 대해서는 연일 동일한 출연자에 식상하다고 했다(박용규 2005: 90-92).

1950년대에 방송은 관 주도의 공영으로 청취자는 규율, 통제의 대상이었다. 그러나 1950년대 후반 민영방송사의 등장으로 방송은 청취자를 의식하기 시작한다. 서울방송국은 대중의 관심을 받지 못했고 공보처 방송은 외면 받았다. 1954년 기독교방송과 1959년 문화방송이 개국하여 본격적인 방송시대가 개막된다. 그러한 가운데 KBS〈인생역마차〉폐지사건이 발생한다. 이 방송은 청취자의 사연을 방송했는데 높은 청취율을 유지하였음에도 불구하고 폐지되었다. 그 내용이 "우리 일상생활의 어두운 측면만이 과장, 반복되는 데서 기인하는 사회적 영향을 우려"했기 때문이라는 것이다. 1957년부터 청취율이 조사되었고 1958년 모니터제도가 시행되었다. 이 제도는 큰 관심 속에 진행되었으며 모니터 응모신청이 쇄도했다. 그러나 일반인의 참여가 제한되었고 감청제도와 크게 다르지 않았다. 이런 제도에 대해 많은 이가 의문과 불만을 표출했다(문선영 2012: 191-202).

02 _ 도시의 다방과 극장

해방 후 도시화가 더욱 확대되어 1949년 17.3%였던 도시화율이 1960년 28%로 증가한다(김호기 2000: 691). 도시에는 다방이 많이 생겼다. 서울에만 백여 개의 다방이 있었고 매일 평균 드나드는 사람 수는 350여 명이었다고 한다. 시내 전 다방 출입자는 3만여 명으로 추정되었다. 시인, 문학가, 구직자, 무역인, 모리배 등 여러 종류의 사람들이 모여 갖가지 화제가 교환되고 교제가 이루어지는 곳이 다방이었다. 다방은 부동층의 집결지로 인식되었고 따라서 당국에 있어서는 다방이 중요한 취체대상이었다. 또한 다방은 당대의 문화가 활성화되는 공간이었으므로 문화에 대한 통제는 다방에 대한 통제와 연결된 것이었다. 다방에서 음악, 문학, 미술 등의 소규모 단체의 모임과 결성이 이루어졌다. 다방은 해방 후 급증했고 1947년 5월 23일 다방업조합이 결성되었다. 이 시기에 취체가 급증하여 당국은 다방에 대해 가격 상승이나 불량우유 판매 등의 이유를 들어 행정조치하거나 적발했다(김만석 2014: 164-168).

다방은 많은 이들이 드나들며 소일하는 곳으로, 실업자와 모리배가 모이는 곳으로 묘사되기도 했다. 경찰은 다방에서 유한층이 시국을 몰인식한 채 시간낭비를 하고 있으며 모리배, 징병기피자 등이 피난처로 이용하고 있다고 보고 다방 영업시간을 단축시켜 정오부터 7시까지만 영업하게 했다(김만석 2014: 168-170). 당시 상황을 그린 영화 〈자유부인〉을 보면 사람들이 다방에서 만나 사업을 논하거나 친교를 하는 것 뿐 아니라 부적절한 거래를 하기도 했다. 여성들도 다방을 애용했다. 도시화의 진전과 여권의 향상은 여성으로 하여금 적극적으로 여가를 즐길 권리에 대해 눈을 뜨게 했다. 당시 사회는 여전히 남성중심 사회로 여성의 여가활동이나 친교에 대해 비판적이었다. 영화 〈자유부인〉도 그러한 취지에서 만들어졌다고 보여지지만 다른 한편 여성들이 적극적으로 자신의 삶을 영위하고자 한 측면도 보인다. 영화 중에 '여성도 경제력을 가져야 남편의 압제로부터 해방될 수 있다'는 대사가 나온다. 또한 담배를 피우고, 술을 마시고, 춤을 즐기는 등 그 당시로서는 다소 파격적으로 보이는 오락도 여성들은 즐겼다.

해방 후 극장도 사람이 모이는 대표적 장소였다. 특히 도시의 실업자들이 많이 모였다. 서울 시내에 11개의 극장이 있는데 매일 이곳에 출입하는 관객 총수가 241,902명이며 이 중 8할이 실업자라고 했다. 한국전쟁이 발발하고 제일 먼저 내려진 조치 중 하나가 서울 시내의 요정, 카페, 빠, 극장의 휴업이었다. 문화적 공간에서 담론이 유통되면서 불온한 사상이나 혼란이 야기될 위험을 사전에 방지하자는 것으로 보여진다. 당시 합동수사본부에서 은잔디 다방 마담인 김순임을 체포하여 취조했는데 그 결과 그가 한국전쟁 전 남로당 비밀당원이며 보위부 및 내무서 집회사무소로 자기 다방을 제공했고 명동 민주전선반 간부로 활약했다고 밝혔다(김만석 2014: 168-170). 그러한 방식으로 당국은 극장과 다방 등을 통제했고 그것은 바로 사람들의 모임과 여론에 대한 통제를 의미했다.

03 _ 농촌의 오락

해방 후 급격한 도시화와 더불어 농촌의 문화는 더욱 빈곤해졌다. 이 시기 농촌의 오락거리 부재가 쟁점이 되었다. 언론은 농촌에 음악이라고는 절구질, 빨래하는 소리 뿐이고 미술은 부적 뿐이라고 풍자했다. 한국 농촌문화의 옛 것은 옛 것대로 자취를 감추어가고 새 것은 아직 받아들여지지 않아 완전히 문화의 기근 상태라고 지적했다. 유일한 오락은 약장사 음악 뿐이라는 것이다. 도시는 레코드 초고확성 소리로 고통스러운 반면 농촌에는 라디오 한 대가 없다고 한탄했다(경향신문 1955. 9. 27).

전통적 오락인 남사당패, 농악대, 산대놀이, 가면극, 박첨지 꼭두각시 놀이 등은 구시대 유물로 사라졌다. 남사당패는 남녀노소 없이 다 좋아한 공연이었고 농악대는 부락협동의 가장 좋은 표본이었다. 산대놀이, 가면극, 꼭두각시놀이는 민속적으로 발달해온 놀이였다. 일제는 농민들의 연대를 두려워하여 농악대 등의 전통행사를 없앴다. 농촌에 전통 놀이 대신 유행가요와 도박이 성행했다. 경향신문은 그나마 학교와 교회가 농촌에 늘고 있어서 다행이라고 평했다(경향신문 1955. 9. 27).

04 _ 교육 참여와 사친회

이 시기에 교육이 사회이동 수단으로 인식되어 교육열이 높았다. 1946년에서 1960년까지 대학생 수가 9배 증가한다(김호기 2000: 692). 전통적으로도 교육열이 높은데다가 전쟁 중에 군대를 안 갈 방법이 대학에 가는 것이라 돈이 조금이라도 있으면 너도나도 자식들을 대학에 보냈다. 대학이 계속 늘어나 교수들이 이 학교 저 학교를 뛰어다닌다 해서 '행상 교수'라는 말이 붙을 정도였다(임영태 2008: 210).

학부모는 자녀 교육에 사친회(師親會)를 통해 참여했다. 사친회는 육성회의 전신으로 공보다 과가 더 많다고 알려진 조직이다. 대표적 폐단으로 회비 징수가 꼽힌다. 이를 없애기 위해 교육세를 징수했으나 학생을 시켜 임시운영비라 하여 징수를 여전히 하고 있어 국회에서까지 논란이 되었다. 사친회는 한국전쟁 때 생겨난 '후원회'의 후신으로, 후원회는 전시 중 피난지에서 자녀교육을 위해 천막을 쳐 임시학교를 만들고 교사의 보수를 부담하기 위해 생겨났다. 그 후 1951년 사친회로 개편된다. 후원회로 운영되는 동안 학교 측과 학부모 측과의 마찰이 있었기 때문이다. 마찰의 원인은 학교 측이 비용을 마음대로 쓸 수 없는 구조에서 비롯되었다. 그러는 동안 세계적 풍조인 PTA(Parent-Teacher Association)의 취지를 수용하여 후원회를 사친회로 개편한 것이다. 단 대학의 후원회는 그대로 남았다. 사친회 구조에서는 학교장이 회장을 맡고 이사장, 이사, 학급별 대의원, 감사, 고문을 둔다. 또한 기획, 문화, 보건, 지도, 후생 등의 분과회를 만들고 학급사친회를 둔다(동아일보 1958. 11. 15).

사친회는 1) 대의원 선거 2) 대의회에서 결의된 안건 처리 3) 학교와 가정의 연락 4) 가정 교육의 지도를 한다. 대의회는 규약의 제정과 개폐, 사업계획의 결정, 회비와 기타 징수금의 결정, 세출·세입의 예산편성과 승인 등을 한다. 사친회가 지향하는 것은 교원·학생·학부모의 단체로서 상호협조이다. 가정과 학교에서 학생의 보호 및 지위향상, 학생의 생활지도, 심신의 건전한 발육을 기하는 일, 학교와 가정의 교육적 환경의 정비와 교육성과를 올리기 위한 일, 학생과 교직원의 사회적·경제적 향상을 위한 일 등을 하는 것이 목적이다. 그런데 그동안 한 일은 주로 교직원의 후생비 마련이었다. 국가나 지방행정단체에서 해야 하는 학교 시설의 개축을 위해 학생을 통한 금품의 징수가 이루어진 것이다. 1955년에는 각종 명목의 금품징수와 부정행위로 경찰수사까지 행해졌다. 1958년 10월 1일부터 교육세법이 시행되어 사친회 운영비 징수를 중지하게 되었는데 법 시행이 되기까지 임시징수란 명목으로 운영비가 다시 징수되었다. 이에 의무교육이 시행되는 국가에서 사친회의 징수는 불법이라고 지적되었다. 또한 10월부터 교육세를 내고 있는데도 계속 징수하는 경우가 발생했다. 문제는 기부금품모집금지법에서 사친회 회비 징수는 제외되었다는 것이다(동아일보 1958. 11. 15).

05 _ 종교 활동

일제강점기에는 종교의 자유가 제한되었다. 일제는 1915년 총독부령 제83호로 포교규칙을 공포하고 신도, 불교, 기독교만을 종교로 인정했다. 당시 총독부 통계자료에 의하면 1937년 조선인 불교신자는 19만 3천여명, 기독교 신자는 49만명이었다. 그러나 일제강점기에 가장 많은 신자를 가진 종교는 천도교로, 총독부 자료에 의하면 신자 수가 9만명이 넘었고 동학계 교단을 모두 포함하면 12만명 가까이 되었다. 해방직후 천도교인 수는 280만 정도였으나 그 중 70%가 북한에 있었다. 그나마 남한의 천도교인들은 반일을 지속적으로 강조하고 분단을 반대했기 때문에 미군정의 지원을 받을 수 없었고 그 결과 쇠퇴의 길을 걷는다(김철수 2013: 343). 1947년 1월 기준으로는 불교 신자수가 421만명, 유교 인구수가 60만여 명, 기독교 신자수가 33만명으로 집계된다(이황직 2014: 121).

미군정은 종교의 권리를 보장하였기 때문에 기성 교단의 재건은 물론 새로운 신흥 종교집단도 활발히 교단을 재건했다. 당시 종교계는 천도교(변광조), 불교(김법린), 천주교(장면), 대종교(조완구), 기독교(오하영), 천도교 청우당(이응신), 기청(基靑)(변성옥) 등이 입법위원으로 등장했다. 따라서 이 시기에는 천도교, 불교, 천주교, 대종교, 기독교 등 5대 종교 집단이 경합하고 있었음을 알 수 있다(박승길 2015: 125).

그 중 기독교와 천주교는 미군정의 지원을 받으며 성장했다. 특히 기독교는 이승만 정부의 정책적 지배이념과 가장 친화력을 가졌다. 한국전쟁이 발발 한 후에는 대한기독교구제회, 대한기독교구국회, 선무공작대, 기독교의 용대 등이 생겨 구국과 반공을 동일시하는 태도를 취했다. 반공주의는 교리의 수준으로 격상되어 기독교 신자의 자격 요건 중 하나가 되었다. 또한 이승만 정부의 기독교적 세계관으로 인해 1949년 사주관상을 미신으로 간주하여 단속했고 1950년 목사인 사회부 장관 이윤영이 무녀금지령을 내렸다. 1957년에도 무당과 박수에 대해 일제히 단속령을 내렸다. 그러나 정권은 1959년 10월 무당연합회인 대한신정회 조직을 후원했는데 이는 선거를 대비한 전략이었다(김철수 2013: 343-346).

4월혁명 이후 이승만 정부의 몰락과 더불어 사회는 다분히 반기독교적으로 바뀌었다. 4월혁명 당시 교수단 데모는 유교계 지식인들이 주도했다(이황직 2014: 117). 이후 기독교의 위상변화는 교단 내부의 갈등을 초래했고 그동안 억눌려 왔던 불교와 신종교들이 새롭게 활동을 시작했다. 4월혁명 희생자 위령제도 불교식으로 진행되었다(김철수 2013: 346).

생존과 민주주의를 위한
시민의 참여

시민사회 제도사에서의 주체가 국가, 조직사에서의 주체가 단체라면, 생활사에서의 주체는 시민 개개인들이다. 한국 시민사회 생활사에서는 시민들 각자가 주체가 되어 국가에 저항하고 시민사회의 변화를 이끈 사례를 정치, 경제, 사회, 문화 영역으로 나누어 살펴보았다.

시민이 정치에 참여하는 대표적 방식은 선거 등 투표 행위, 정당·사회단체에 가입하여 활동하는 것, 집회·시위 등 집단행동에 참여하는 것 등을 들 수 있다. 정치 참여 부분에서는 시민들이 오늘날과 마찬가지로 집회에 참여하여 자신들의 의사를 표출했다는 것, 정회·동회 등의 주민조직은 시민들이 동원되거나 참여하는 통로가 됐다는 것을 살펴봤다. 학생들은 초기에 주로 동원되었으나 부정 선거 등 이승만 독재가 극을 치달은 1960년에 들어오면 정권 타도에 앞장서게 된다. 초기에는 주로 고등학생들이, 이후 대학생, 교수, 노인, 구두닦이들까지 참여한 것이 4월혁명이며 그 결과 이승만 정권은 물러나고 2공화국이 들어서게 된다. 즉 시민들의 참여로 정권교체가 이루어진 것이다.

시민들의 경제 참여는 농업, 노동단체, 협회, 직업단체 활동과 근검, 절약, 소비자 행동 등을 들 수 있다. 경제 참여 부분에서는, 해방 후 혼란스럽고 어려운 경제 상황에서 노동자들이 자주관리운동을 펼쳤으나 미군정이 이를 용납하지 않았다는 점, 미군정의 쌀 정책 등의 실패 등 경제적 실책으로 시민들의 분노가 극에 치달았고 그 결과 9월 총파업과 10월 항쟁이 일어나게 된 과정을 살펴보았다. 이후 한국전쟁으로 인한 경제파탄 상황에서 학생들이 신생활운동을 주도하고 시민들이 호응한 점도 경제 참여 활동으로 주목했다.

시민들의 사회 참여 활동으로는 각종 모임 및 단체 참여와 기부·자원봉사 활동 등을 들 수 있다. 정치와 경제참여 부분은 이미 연구가 많이 되어 상세하게 다루지 않았으나 사회 참여 분야는 기존 연구가 적어 되도록 많은 사례를 통해 구체적으로 기술하고자 했다. 보건 분야와 관련하여 결핵 퇴치와 나환자 구제활동을 보았는데 크리스마스씰 구매는 잘 알려진 모금방법 중 하나이다. 이 시기 한국에서는 전쟁, 재해 등으로 인한 피해자가 매우 많았고 이에 시민들은 여러 가지 방식으로 구호에 참여했다. 이 시기 시민들이 모금을 위해 구매한 '사랑의 깃'과 '사랑의 리본'은 오늘날 '사랑의 열매'의 전신이다.

시민들의 문화 참여로는 친목단체 구성 및 참여, 문화, 연구, 교육, 종교와 관련된 시민적 활동을 들 수 있다. 신문·잡지 구독, 독자투고, 시청자 활동도 중요한 시민적 행동이다. 해방 후 많은 종류의 신문과 잡지들이 발행되어 시민들에게 소식을 전했으며 시민들을 이를 통해 여론을 형성했다. 4월혁명의 확산에도 언론의 힘이 컸다. 라디오 방송 청취자는 비록 그 수는 적었지만 방송 프로그램에 대해 적극적으로 의견을 개진했고 민영방송사는 그러한 청취자 견해를 의식하지 않을 수 없었다. 다방은 소규모 단체의 모임과 결성이 이루어지는 장소가 되었다. 사친회는 학부모가 교육에 참여하는 기회를 제공하였지만 동시에 금품을 징수할 수 있는 수단이 됐다. 종교 활동을 통해서는, 해방 후 기독교가 정부의 지원을 받아 성장했지만 이승만 정권의 부정행위로 사회 여론이 반기독교적으로 바뀌었음을 알 수 있었다.

1945~

한국
시민사회
이념사

1960

한 국 시 민 사 회 사

제 1 장

정치 이념

01 _ 민주주의

(1) 해방 전 민주주의 이념의 확산

제헌헌법은 대한민국이 민주공화국으로서 주권은 국민에게 있고 모든 권력은 국민으로부터 나온다는 것을 천명하고 있다. 따라서 민주주의는 국가형성기 대표적인 정치이념이라고 할 수 있다. 많은 이들이 한국에 민주주의를 미군정이 이식했다고 생각하는데 그것은 사실이 아니다. 이미 조선 중반이후부터 백성들 사이에서 신분차별 철폐 등 평등의식이 싹트고 있었고, 구한말, 일제 초기에 민주주의 사상이 널리 퍼져가고 있었다. 구한말에는 위험스런 사상으로 여겨져 별로 언급이 되지 않다가 이후 점차로 이상적인 정치체제로 소개되기 시작했다. 1908년 원영의는 『대한협회회보』 3호 "정체개론"에서 민주공화제가 가장 앞선 것이라고 했다(박찬승 2013). 1917년 신규식, 박은식, 조소앙 등이 서명한 '대동단결선언'에서는, 융희 황제(순종)의 주권포기는 군주의 주권포기일 뿐이어서 일본에 대한 주권 양여는 근본적인 무효이며 따라서 순종의 주권포기는 우리 국민에 대한 묵시적 선양이기 때문에 주권이 국민에게 상속되었다고 쓰여 있다(한홍구 2003: 34). 이 선언의 이념이 기반이 되어 3.1운동 후 세워진 대한민국 임시정부의 임시헌장 제1조에는 "대한민국은 민주공화제로

함”이라는 조항이 들어가게 되었다. 이는 우리나라의 군주정의 오랜 역사를 감안할 때 거의 기적에 가까운 일이라고 한다. 민주주의 국가들 가운데에서도 헌법에 스스로를 민주공화국이라고 선언한 나라는 그리 많지 않았다는 것이다(박찬승 2013). 3.1운동 이후 민주공화정을 정체로 표방한 대한민국임시정부가 수립된 사실은 계몽의 대상으로만 여겨지던 일반 민중의 민권이 공화정의 주권자로 정립되는 토대가 되었다(전상숙 2017, 222).

1956년 발간된 교과서에도, 조선 말기에는 “민주주의보다도 어떻게 하면 내정을 개혁하여 독립을 유지하느냐가 가장 중대한 문제”였다고 하면서 선조의 애국운동이 한일합방으로 수포로 돌아갔지만 “그 후 우리나라의 민족운동은 제국주의에 반항하여 자유와 독립을 회복한다는 민주주의 방향에서 전개되었다”고 했다. 일제에 반대한 주요 목적이 “민족의 독립과 국민의 자유를 보장하려는데 있었다”고 하여 “왕조 복귀를 위하여가 아니라, 국민 전체의 자유와 행복을 위하여 투쟁하였다”고 했다. 즉 “3.1 독립선언의 요지는 우리의 인권을 민족의 이름으로 주장한 역사적 의의를 가진다”는 것이다. 국내외에서 전개된 우리의 “모든 민족운동은 민주주의와 분리할 수 없는 것”이라고 했다. 그렇기 때문에 “우리 대한민국은 기미 3.1운동의 정신을 그대로 계승”하고 있다는 것이다(민병태 1956: 52-53).

해방 전 민주주의는 무엇보다 ‘인민이 지배하는 정치 체제 또는 이념’으로 소개되고 있다. 1922년에 발간된 『현대신어사전』에는 민주주의가 “인민의 권리와 자유를 극도로 존중하여 인민 전체가 국가의 주권을 장악하여 국가의 최고 지위를 차지하고자 하는 주의”로, 『신인간사전』(1929년)에는 “대다수 사람의 지배로 하는 정치”로, 『신어사전』(1946년)에는 “인민의 정치, 인민을 위한 정치, 그리고 인민이 하는 정치를 주장하는 주의”로 소개되고 있다.[32]

(2) 미군정기 민주주의 이념

해방 후 냉전이 시작되고 한반도에 미군정이 들어서면서 민주주의는 다소 반공적 성격을 띠기 시작한다. 1946년 7월 트루만은 서신에 한국이 "아시아에서 우리의 성공 전체가 달려 있을 지도 모를 이데올로기적 전쟁터"라고 했으며 "우리는 한국인들에게 우리 형태의 민주주의를 보급할 목적으로 홍보 및 교육 캠페인을 수행할 것"이라고 썼다(김국태 역 1984: 317; 손인수 1990: 409). 이때 '우리 형태의 민주주의'는 사회주의 소련을 비판하고 평등보다는 자유가 강조되는 영·미식 자유민주주의를 뜻한다. 심지어 미국의 어느 한 주의 초등학교 사회생활과 교과과정을 그대로 번역하여 교재로 사용하기도 했다. 이에 "일제하 교육이 우리 땅에 일제문화를 옮겨 심고 있었다면 미군정하 교육은 미국 문화를 옮겨 심고 있었던 것"이라 비판되기도 했다(손인수 1990: 339-340).

미군정 정책에 비판적이었던 리처드 로빈슨은, 당시 한국인들이 좌익에 더 우호적이란 점, 민주주의는 자본주의든 사회주의든 어떤 경제체제에도 적응할 수 있는 정치·사회제도라는 점, 따라서 민주주의를 사회주의·공산주의와 대립시키지 말아야 한다는 점을 강조했다(정용욱 2003: 162). 그러나 그의 이러한 주장은 관철되지 못했다. 미군정은 한반도 및 아시아에서 소련과 경쟁하면서 남한 국민에게 미국식 가치관과 친미 의식을 확고하게 주입시켜 이데올로기적 우위를 점하고자 했다. 이때부터 한국에서 민주주의는 오로지 영·미식 자유민주주의만이 민주주의인 것으로 이해되어 왔으며 미국은 다른 나라의 번영을 바라는 좋은 나라인 것으로 교육되었다. 교과서『국제생활』을 보면 "민주국가는 자기 나라의 번영을 원하듯이 남의 나라의 번영을 원하고, 그를 위하여 협조하는 것이 미국을 비롯한 여러 나라가 우리나라를 원조해 주게 되는 원인이다. 민주주의의 확립과 발전을 위하여 원조해 주는 것이다"라고 쓰여 있다(손인수 1990: 409-410).

그러나 실제 정책을 보면 미군정은 민주주의 실현을 위해 남한 내 시민사회 세력들과 협조하려는 의지를 별로 보이지 않았다. 그럼에도 불구하고 여운형 계열은 미군정과 계속 협력을 유지하고 친일 민족반역자만 제외한 우익을 포함한 광범위한 좌우합작이 필요하다고 인식했다. 반면 조선공산당은 신전술로 나아갔다. 미군정이 제국주의정책을 실시하고 있다고 판단한 것이다. 박헌영은 미군정이 "모스크바 삼상결정을 위반하고 국내반동분자들을 그 주구로 삼아 조선을 또 다시 식민지로 만들고 있다"고 간주했다(전현수 1993: 133). 그러나 그 역시 즉각적으로 군정타도를 주장하지 않고 미군정에 대해서 "우의적 관계를 변함없이 계속함과 동시에 미군정의 옳지 못한 정책에 대해서는 적극적으로 폭로전술을 채용하여 미국이 약속과 같이 조선독립과 민주개혁을 실천할 때까지 여론을 환기하여 대중적 동원과 압력으로써 그 관철을 위하여 싸워야"한다고 했다. '미군정에 자기 반성의 기회'를 주어 민주주의노선으로 복귀시키고 공위를 재개시켜 한국문제를 평화적으로 해결한다는 전망이 유지됐던 것이다(전현수 1993: 133). 그러나 결국 좌익은 미군정과 극한의 대치 상태에 놓이게 되고 미군정은 좌익 타도에 앞장서게 된다.

(3) 제헌헌법과 경제적 민주주의

1948년 제정된 제헌헌법은 무엇보다 건국이념으로서의 민주주의를 실현하는 데에 목표를 두었다. 그러나 이후의 헌법 개정과정은 권력 연장을 위한 민주주의의 왜곡에 다름 아니었다. 제헌헌법은 1952년 제1차 개정을 겪게 되는데, 개정의 주된 내용은 대통령 직선제였다. 그런데 당시 야당은 내각책임제로의 개헌을 모색하고 있어 결국 국회안과 정부안이 각각 발췌된, 소위 '발췌개헌안'이 통과되었다. 제헌헌법의 다른 부분, 국민의 기본권 조항과 경제관련 조항에는 수정이 가해지지 않았으나 개헌 결과 대통령에로 권력이 집중되는 현상을 가져왔다. 소위 '사사오입개헌'이라고 불리는 1954년 제2차 헌법 개정의 주요내용은, 국민투표제의 채택 및 대통령 중임 제한 철폐였다. 개헌 내용 중 국민투표제는, 국가적으로 중요한 사항을 결정할 때에는 국민투표로 한다 는 것인데 이는 국민에게 권리를 주려는 것이 아니라 의회 내 야당세력의 권력 을 약화시키기 위한 것이었다. 왜냐하면 당시 풍토는 관권선거를 통해 얼마든 지 민의를 조작할 수 있었기 때문이다. 따라서 2차 개헌 역시 대통령의 권력강 화 및 연임를 위한 것이었다.

1956년 교과서는 "우리나라의 건국이념"으로 첫 번째는 민족자결주의, 두 번째로 민주주의를 들고 있다. 그런데 우리 "헌법의 기본적 특징은 민주주의를 실현하는데 있다"고 했고 "헌법(제2조, 제5조 및 제27조)에서 규정된 바와 같이 주권은 국민에게 있으며, 모든 국민의 권리를 보장하는 현대 입헌주의(立憲主 義, constitutionalism)가 그대로 채택된 것"이라고 했다(민병태 1956: 14). 그런데 제 헌헌법을 통해 실현하고자 하는 민주주의는 미군정 시기에 강조된 미국식 민 주주의 보다 독일 바이마르헌법의 영향을 많이 받았다. 이는 제헌헌법이 당시 선진적인 세계 조류를 반영하여 그 결과 사회적·경제적 기본권을 보장하는데 초점을 맞추었기 때문이다. 즉 제헌헌법에 나타난 민주주의는 정치적 평등 뿐 아니라 경제적 평등이 중요하다는 당시의 세계 조류와 한국의 심각한 경제문 제를 반영한 것이다.

교과서는 인류의 민주주의 역사로 그리스의 직접 민주정치, 로마의 법률 제도와 행정제도, 근대 유럽의 대의제도와 삼권분립을 들고 있다. 민주주의의 정의로서는, 그리스 헤르도토스의 "다수에 의한 지배" 또는 "권리의 평등이 유 지되는 사회"에서, 브라이스의 "자격을 가진 시민 다수의 의사로 지배되는 정 부"까지 소개하고 있다. 또한 민주주의 사상으로는 존 로크의 사회계약론, 공 리주의, 19세기말의 이상주의, 현대의 경제적 균등이론 등을 소개하고 있다(민 병태 1956: 45-48).

헌법에서의 사회적·경제적 기본권 보장과 교과서에서의 경제적 균등이론

소개는 당시의 경제적 민주주의 강조와 관련성이 있다. 조병옥에 의하면 "우리 헌법은 경제적 민주주의를 실시할 수 있는 법적 토태(土台)가 충분히 구비되어" 있다. 즉 "경제상의 강자의 횡포가 야기되어 빈부의 현격한 차이를 초래할 우려가 있을 때"에는 경제적 자유의 허용을 법률이 정한 바에 따라 국가가 제한할 수 있게 되어 있다는 것이다. "빈부의 현격한 차이를 초래하게 된다면, 그것은 민주주의 본래의 목적에 도리어 배치되는 결과로서, 각인의 자유와 평등을 확보하는데 커다란 장해를 가져올 것을 방지하기 위하여, 우리 헌법은 이것을 극히 중요시하여 선명(宣明)"했다는 것이다. 1954년 그는 한국의 경제적 실정을 검토해볼 때 "확실히 불평등의 경제적 병리상태에 놓여 있다"고 보았다. 그런데 이는 제도상의 결함보다 정치적 빈곤에서 기인되는 것이라고 했다. 국민경제가 '총파탄상태'에 놓이게 되고 "불평등의 경제적 병리상태를 초래케한 근본원인"은 '정책의 빈곤' 때문이며, "경제적 평등 및 경제적 민주주의와 아울러 정치적 평등 및 정치적 민주주의가 실시되지 않았기 때문"이라고 했다(조병옥 1954b).

조병옥은, 분배가 공정하지 않아 경제적 평등이 이루어지지 않은 체제를 '시민적 민주주의'라고 칭했다. 이는 당시 '시민'이 부르주아의 의미를 더 강하게 지녔음을 짐작케 한다. 이 시기에는 오늘날 시민에 해당되는 용어로는 주로 '공민'이 쓰였다. 조병옥은 "경제적 평등을 말살하려는 자본주의 팽창시대와 같은 시민적 민주주의"는 "전형적 자본주의 경제체제를 인정하면서, 정치권력과 그것을 조종할 수 있는 독점자본가와 결탁하여, 생산에 기여하는 공적에 비례하여, 국민의 생산과실이 공정하게 분배되지 못할뿐더러, 생산력의 담당자인 노동자 및 농민이 경제적, 정치적 지위를 약체화하는 방법을 위하여 경제적 평등의 기회를 부여하지 않으려고 한다"고 했다. 이러한 시민적 민주주의는 정치적으로 국민에게 자유를 허용한다고 하더라도 그것은 진정한 의미의 자유가 아니고 민주주의라고도 할 수 없다고 했다. 그러면서 "정치는 경제 집중의 표현"이란 말이 있는데 이는 "경제적 민주주의(경제적 평등)를 실시하는데 있어서 그 뒷받침이 되는 것이 곧 정치적 민주주의(정치적 평등)라는 것을 의미한다고도 생각"할 수 있다고 했다. 따라서 한국의 경제적 병리상태의 원인은 정치적 빈곤, 정치의 병리라는 것이다(조병옥 1954b).

(4) 여권론

당시 교과서 『정치와 사회』는 여성의 권리에 대해서도 설명하고 있다. 여권을 옹호한 책으로 존 스튜어트 밀의 『여성의 예속』을 소개했으며(민병태 1956: 164), "남녀평등"이란 장을 두어 성차별을 비판하고 성평등에 대해 설명했다. 한국의 경우 과거에는 남존여비의 풍습으로 인해 여성이 가정주부 외에는 인정되지 않았고 최근까지도 사회는 남녀평등에 관심이 없었다고 했다. 그러나 헌법은 "남녀동등을 기본으로 하는 혼인(헌법 제20조)을 확인하였으며, 여자의 근로에 대한 특별한 보호(헌법 제17조 3항)를 규정하고 있다"고 했다. 저자는 "남녀평등을 실질화 하기 위하여 여성에게 특별한 대우가 필요"하다고 했다. "여성은 과중노동을 할 수 없으며, 출산 전후에 일정한 휴가가 필요"하다는 것이다. "이러한 모든 보호는 같은 기본권을 가진 여성에 대하여 마땅히 있어야 하는 것"이라고 했다. 그러나 여전히 한국사회는 과거의 생활양식을 탈피하지 못하여 여성은 대부분의 시간을 가사 일에 쓰고 있고 사회에서 활동할 여지가 전혀 없다고 했다. 그러므로 여성이 사회활동을 통해 지위를 가지려면 우선 생활을 개선해야 한다는 것이다. 즉 모든 생활을 과학화하여 가정생활로 낭비되는 시간과 노력을 경감해야 한다는 것이다. 또한 사람들의 인식과 태도가 바뀌어야 한다고 했다. 여성이 "옳은 말을 할 때도 여자가 무엇을 아는가 하는 의식과 태도는, 국가 인구의 반이 없어도 좋다는 이외에 아무 것도 아니"라고 했다. 지금까지 사회에 대한 여성의 기여가 적은 것은 이러한 여러 구속 때문이지 결코 여성의 능력이 열등한 까닭이 아니라고 강조했다(민병태 1956: 164-166).

중등교과서도 참정권을 포함하여 여성의 권리에 대해서 다음과 같이 쓰고
있다.

> 과거의 여성이란 종교상, 법률상, 도덕상 여러 가지 구속이 많았고 반드시
> 남자를 따라가야만 하는 것이어서 교육도 시키지 않고 집안에서 일이나 하고 남
> 자에게 예속되어 있었다. 그래서 여러 점에서 남자에게 뒤떨어지며 대부분이 무
> 지 무능하였다. 그러나 원래가 무능한 것이 아니므로 구미 각국에서는 이미 19세
> 기 후반에 부인의 참정권 운동이 일어나 마침내 남자와 거의 다름없는 모든 권리
> 와 의무를 갖게 되고 남자들과 같은 직업을 갖게 되었다(왕학수 1956: 132).

두 교과서 모두 서구사회는 일찍이 여성의 권리에 눈을 떴으나 우리는 뒤
늦게 깨닫기 시작했다고 설명한다. 그러나 우리의 경우 이미 1919년 제정된
대한민국임시헌장 제3조에서 "남녀귀천급빈부의 계급이 무하고 일체 평등"하
다고 하여 남성과 동등한 여성의 권리를 인정하고 있으며 이는 시기적으로 중
국, 일본 뿐 아니라 미국, 영국보다도 앞선 것이었다(이준식 2009).

해방 후 미군정 역시 원칙적으로는 남녀평등을 주장했다. 이 시기에 여성
들은 좌우 분열에 따라 참여 조직과 주장이 달랐다. 그러던 중 1946년 12월 1
일 개원한 남조선과도입법의원에서 의원이 관선과 민선으로 나뉘었는데 민선
의원은 선거권을 '만 20세 이상의 세대주'로 규정하여 여성을 원칙적으로 배
제시켰다(이배용 1996: 190). 이에 여성들은 반발했다. 민선의원이 아닌 관선의
원으로는 모두 우익단체 여성이 선출되었다.

이 시기에 여성들은 법적 차별 철폐, 즉 장남자상속법 개정, 이혼과 배상청
구문제, 부양료 청구권 등을 주장하며 각 정치단체에 건의 성명서를 발표하는
활동을 했다. 또한 아내도 남편의 간통을 이유로 이혼소송을 제기할 수 있는

권리와 여성의 재산청구권 인정을 주장했는데 이를 보면 당시까지도 아내의 간통만이 문제시되었다는 점을 알 수 있다(이배용 1996: 211).

또한 이 시기 주부들의 운동으로 '생활간소화 운동'이 있다. 1947년 말부터 주부들은 여성단체와 협력하여 생활간소화 운동을 전개했다. 그 내용은 가정 내 식사시간의 일치, 부엌 개조, 부엌에 수도 설치, 일의 순서를 정해 짜임새 있게 살림하자는 것이 대표적이다. 이러한 운동은 여성의 문맹율을 낮추는데도 기여했다(이배용 1996: 184). 앞서, 교과서에서 "여성이 사회활동을 통해 지위를 가지려면 우선 생활을 개선"해야 한다고, 즉 "모든 생활을 과학화하여 가정생활에 낭비하는 시간과 노력을 경감해야 한다"고 했는데 그러한 문제의식에 대한 실천이라고 할 수 있다.

(5) 독재에 반대하는 민주주의

이 시기에 민주주의는 무엇보다 독재를 막는 것이라고 강조되었다. 당시 이승만의 독재와 권위주의는 상식을 벗어나는 것이었다. 이승만에 대해 '각하' 뿐 아니라 '폐하'란 말까지 쓰였다. 그리하여 각하폐지론이 통과되기도 했다(동아일보사 1985: 316). 김성수는 부통령 사임이유서에서 "원컨대 앞으로 국가민족의 운명을 염려하는 일개 평민의 입장에서 우리나라의 전제 군주적 독재정치화의 위협을 제거하고 진정한 민주주의를 실현함으로써 전 자유세계의 동정과 원조를 획득하여 항구적인 자유와 평화와 복락을 이 나라 이 겨레에 가져오도록 하기 위하여 국민대중과 함께 결사 분투할 것을 맹세하는 바입니다."(동아일보사 1985: 319-320)라고 썼다.

이를 반영하듯 교과서도 민주주의와 관련하여 독재를 비판하는데 주력했다. 『정치와 사회』 교과서에는 "우리의 사상문제는 독재의 배제와 민주주의 확립에 있다. 이 두가지 사실은 중대한 사명을 띄운 두 가지 면을 말하는 것이다. 독재의 배제는 민주주의의 옹호이며, 민주주의의 확립은 독재를 배제하는 것이다."라고 쓰여 있다(민병태 1956: 154). 1954년 동아일보 기사는, 본질적으로 독재로 가기 쉬운 행정부 권한을 제한하는 것이 민주주의라고 주장했다. 그러기 위해서는 국회가 정부의 힘을 제한해야 하며 이것이 권력의 분립과 제한의 원리에 입각한 민주주의라고 했다. 정부의 권력을 제한하고 국민의 권력을 회복하는 것이 국회의 사명이라고 했다(동아일보 1954. 1. 31). 『정치와 사회』 교과서는 삼권분립을 설명하면서 우리나라는 엄격한 삼권분립은 아니나 권력남용을 방지하도록 되어 있다고 했다.

> 그 뿐 아니라, 우리나라 헌법은 엄격한 삼권분립주의를 채택하지는 않았으나, 견제와 균형(check and balance)에 의하여 권력 남용을 방지함으로써 국민의 자유와 권리를 보장한다. 행정부가 법안을 제출할 수 있는 것은 행정부가 입법기능을 수행하는 것이라고 볼 수 있으나, 입법의 중요 기능은 여전히 입법부가 가지고 있으며, 사법권의 독립이 확보되어 있다. 권력 분립의 취지는 원래 권력남용의 방지와 국민의 자유 옹호에 있는 고로, 우리는 미국의 삼권분립제도를 그대로 채택하지 않았다 하더라도 이 목적을 달성할 수 있는 것이다. 입법부와 행정부가 밀접한 관계를 가진 영국에 있어서도 사법권의 독립과 존엄성이 훌륭히 유지되고 있다는 사실은 이 점을 증명하는 좋은 예라고 볼 수 있다(민병태 1956: 14-15).

독재국가가 아닌 민주국가의 특징으로 정당정치가 강조되었다. 여론은 정당을 통해 구체적 정책으로 조직화되는 것이며 국민은 대통령이나 국회의원을 뽑을 때 인물과 동시에 이들의 정책을 효과적으로 실시할 정당에 대해 투표하는 것이라고 쓰고 있다. 따라서 소련과 같은 일당독재는 민주주의 국가가 아니라고 본 것이다. 또한 여론에 의해 정부를 평화적으로 교체할 수 있는 것인지가 민주국가의 기준으로 제시되었다(민병태 1956: 33-34).

이같은 지적들은 간접적으로 이승만의 장기집권을 비판한 것으로 여겨질 수 있다. 이 시기에는 이렇듯 시민사회에 대한 국가의 감시와 개입이 촘촘히 이루어지지는 않았다. 그러나 여전히 일부 교과서에는 권력의 흔적이 보이기도 했다. 중등교과서 『국가생활』의 〈읽어 두기〉에는 이기붕의 글 "민주주의의 본질"과 조선일보의 글이 실려 있다(왕학수 1956).

앞서 보았듯이 헌법은 민주주의를 보장하고 있었지만 현실은 그렇지 못했으며, 이같은 상황을 지적하는 글이 1955년 신문에 게재되었다. 그 내용은 다음과 같다.

우리나라에서도 그 예에 따라 민주헌법을 제정하였다. 그 헌법의 내용은 어느 국가의 헌법에 비하여도 뒤떨어지지 않으리만큼 진보적이다. 신앙과 양심의 자유, 언론, 출판, 집회, 결사의 자유, 학문과 예술의 자유, 거주 이전의 자유, 인신의 자유 등등 자유권의 보장은 물론 자유권의 보장을 더욱 확보하기 위하여 모든 국민에게는 국가 각 기관에 대하여 청원할 권리를 주며 공무원의 불법행위에 대하여 국가에 손해배상을 청구할 권리와 공무원의 파면청구권을 인정하였다. 대통령, 부통령, 국무위원, 심계원장, 법관, 기타 법률에 정하는 고급 공무원이 헌법 또는 법률에 위배한 때에는 국회는 탄핵을 소추할 수 있게 하였다. 그리고 교육을 받을 권리, 근로의 권리와 의무, 근로자의 단결권, 단체행동권, 이익균점권 등 국민의 생존권을 충분히 존중하고 또 다시 경제조항을 삽입하여 사회정의의 실현과 균형있는 국민경제의 발전을 기하였다.

그러나 과거 7년간의 헌정의 실적을 살펴보면 언론, 집회의 자유는 없는 것 같으며, 인신의 자유가 언제 존중되었던가 의심하지 않을 수 없다. 물론 전화(戰禍)의 영향도 있었으리라. 또 청원권과 국가에 대한 손해배상청구권과 공무원파면청구권은 거개가 명목뿐이요, 그것을 추구하는 자를 보지 못하였다. 근로자의 모든 권리는 노동운동의 정치적 도구화에 사장되고 말았다. 정치상층부와 공무원의 위헌위법은 많다고 하면서도 아직 그것을 탄핵소추한다는 말, 그 말부터도들은 바가 없다.

그리하여 현하 우리 사회에는 정치의 무책임, 행정의 태만, 국회의 무능, 권력의 남용, 관기의 해이, 이권의 농단, 법적 질서의 문란, 인권의 유린, 언론 집회의 위협, 도의의 퇴폐, 경제의 파탄, 금융 대부의 불공정, 사치의 성행, 풍기의 타락 등으로 악기류(惡氣流)가 문자 그대로 충만하여 있다(한근조 1955).

그렇다면 이러한 우리 정치의 문제를 해결하고 독재를 막으며 민주주의를 실현하기 위해서 일반 시민들은 어떻게 해야 한다고 했는가. 앞서 문제점을 지적한 한근조는 "항간에서는 우리 민족은 민주정치에는 실패하리라는 말을 듣는 동시에 또 학계에서는 우리 민족은 언어, 문자, 풍속, 습관 내지는 감정이 동일한 바 많아서 즉 사회의 동질성이 풍부한 까닭에 민주정치에 반드시 성공하리라는 논(論)도 듣게 된다. 세론은 어떻든 간에 우리는 현대에 처하여 민주정치를 행하지 않을 수 없는 것이다."(한근조 1955)라고 하여 우리 사회 내 구성원의 동질성이 민주주의 실현에 유리하다는 것과 또한 그렇지 않다하더라도 민주정치를 할 수 밖에 없는 현실을 강조하고 있다.

교과서는 일반인들에 대해 민주주의의 확립을 위해서는 첫째는 자신의 정신과 태도를 굳게 가지며 둘째, 우리가 생활하는 작은 사회를 명랑하게, 즉 자기 주변을 민주화하라고 했다. 셋째로는, "우리는 사회의 움직임에 대하여 관심을 가지며, 이것을 비판함으로써 자기의 양식에 따라 행동하여야 한다."고 했다. 덧붙여 학생들에 대해 학생의 본분을 떠나서는 안된다고 하면서 선생과 부형 또는 선배의 말을 들어서 누가 보아도 타당한 언동을 하여야 한다고 했다. 자기의 독단적 언동은 민주주의를 받아들일 기량을 포기하는 것이라고 했다(민병태 1956: 154-155). 즉 학생은 학생답게 공부에 전념하라는 것이 아니라 누가 들어도 타당한 논리를 가지고 자신의 주장을 피력하라는 것이다. 또한 저자는 민주주의는 여론에 의해 운용되기 때문에 자칫 군중심리에 기울어지는 경우가 많으며 따라서 "우리는 어떠한 것이 국가와 국민을 위하여 좋을런지를 정당히 판단할 실력이 있어야 한다."고 했다. "민주정치가 우민정치로 타락하느냐 않느냐는 오로지 우리의 확고한 태도와 교양에 달린 것"이라는 것이다. 따라서 국민교육의 보급이 중요하며 문맹의 퇴치가 필요하다고 했다(민병태 1956: 36).

또한 대체로 많은 민주주의 비판자들이 안보 논리로 민주주의 주장을 억누르기 마련인데 저자는 국가의 안전성도 결국 민주정치에 의해 보장되는 것이라 하여 안보는 오히려 민주주의가 지켜주는 것임을 암시하고 있다. "민주국가에 있어서는 모든 국민에게 주권이 있는 까닭에 국가와 국민이 서로 결부되어 안전성을 가지게 된다."는 것이다. "국가가 있어야만 자기의 자유와 권리가 보장된다는 의식을 모든 사람이 가진다면, 국가는 가장 넓고 안정한 기반에 서게 된다."고 했다. "민주정치는 국민이 국가를 지지함으로써 자유와 행복을 가질 수 있음을 느끼는 고로 언제나 안전성을 가진다."는 것이다(민병태 1956: 34-35).

(6) 비판세력과 2공화국의 민주주의

민주주의가 독재에 반대하는 이념으로 제시되었듯이 이승만 정권에 비판적인 세력과 인사들이 가장 강조한 이념이 민주주의였다. 지배 권력은 주로 자유민주주의를 강조했는데 이것은 반공주의 내지 권위주의에 다름 아니었다. 이에 학생 등 비판 세력은 지배 세력의 이념에 반대하여 민주주의를 대항담론으로 내세웠다. 이들에게 있어서 민주주의는 '사수되어야'할 만큼 절박한 것이었다. 학생들은 "마산사건에서 총부리 앞에 민주주의를 목이 메이도록 외치다가 쓰러지고"(『동아일보』 1960. 4. 18; 고영복 1986) 또한 "이 땅의 민주주의를 수호하기 위하여 피를 바칠 때가 온 것"(동아대학교 성명서(1960. 4. 19); 고영복 1986)이라고 주장했다.

야당 역시 민주주의를 독재에 반대하는 것으로 이해했으며 내각제, 자유로운 분위기, 공정한 선거를 내세웠다. 야당은 공약으로 "인권을 옹호하며 자유분위기를 보장하는데 특별히 주력할 것이며 이리하여 국민들이 부드러운 공기 속에서 보람있는 삶을 영위할 수 있도록 최선의 노력을 하고자 한다"고 제시했다. 또한 "모든 민간단체들을 관권의 지배로부터 해방시켜 각자의 자주적 입장에서 진정한 민주적 발전을 도모할 수 있도록 하고자 한다"고 했으며 "모든 급의 선거에 있어서 관권의 간섭을 일체 배제하고 자유분위기를 확보"하겠다고 하였다. "실로 자유롭고 공정한 선거는 이 나라를, 데모크라시의 낙원으로 만드는데 기본적인 요소가 되는 것이기 때문"이라는 것이다(『동아일보』 1956. 4. 15; 허동현 1999).

이렇듯 야당에 있어서 민주주의는 정치적 자유가 그 중요한 내용임을 알 수 있다. 여당인 자유당에 의하면, '인간의 존엄성'이 민주주의의 핵심적 요소이고 '권리와 의무를 법으로 보장받은 각 개인의 힘이 곧 민주정치의 기초'이다. 또한 '언론의 자유와 다수결의 원리' '상대주의,' '관용성과 조화성,' '대동소이한 정치적 견해를 일괄적으로 통합'하는 국회, '공산주의에 대항'하는 것이 민주주의의 중요한 요소이다. 반면, 민주당에 의하면 '민주주의는 정치의 주재자가 국민'이고 '백성이 제일이요, 백성이 주장하는 나라'이며 '국민 전체의 손으로 좌우되는 정치,' '법치주의,' '의회정치,' '정당정치,' '권력분립정치,' '여론정치'이다. 또한 '대통령은 주권자인 국민의 공복'이 되는 국가가 민주주의 국가이다. 이렇게 볼 때 자유당은 민주주의에 대해 개인주의, 자유, 상대주의, 타협의 정신 등을 강조함으로써 민주주의를 개인주의화, 탈정치화하고 투쟁성을 약화시키는 방향으로 해석했다. 자유당이 주장한 '언론의 자유'는 절대적인 자유를 의미하는 것이 아닌 것으로 언론자유에 대한 제약 역시 합리화되었으며, '다수결의 원리'는 다수당인 자유당이 자신의 정치활동을 정당화하기 위한 주장이었다(백운선 1981). 반면 민주당은 민주주의 개념에 있어서 국민을 강조함으로써 정치적인 면을 분명히 강조하고 있다(이나미 2011).

장면은 한국에서 민주주의의 실현이 지체된 근본적 원인은 제도의 결함이나 국정을 담당한 인물의 결함에서 기인하는 것이라기보다는, "선거민 자신들의 역량문제에 귀착하는 것이며 민주주의의 후진성"에, 실질적으로는 "대의정치가들의 민주정신의 불철저 내지는 실천력의 결핍"에 기인하는 것으로 보았다. 이에 한국이 진정한 의미의 민주주의를 수립하기 위해서는 먼저 "선거민과 대의사"들의 의식 개혁과, "개별적·분화적인 시민의 의사와 이익을 공공의 일반의사 내지 이익으로 통합해 대표"하는 정당, "노동조합, 협동조합 혹은 제종(諸種) 단체 연합" 등 '사회대중운동'의 건전한 발전과 같은 제도적 장치의 기능 발휘가 필요하다고 보았다(장면 1956; 허동현 1999). 따라서 그는 2공화국 시기의 계속되는 데모는 국민들이 진실한 자유와 민주주의를 배우는데 필요한 것으로 보아 억누르지 않는 것이 좋다고 생각하였다. 따라서 "연일 계속되는 데모로 인해 사회가 혼란에 빠졌지만, 민주당이 집권한 후 집권 전의 공약을 위배할 수가 없었"고 "'총검에 의한 외형적 질서'보다는 '자유 바탕 위의 질서'가 진정한 민주적 질서라고 믿었기 때문에, 오랫동안 자유당 정권 하에 억눌렸던 국민들이 자유가 허락된 이때에 쌓이고 쌓였던 울분을 한 번은 마음껏 발산시키고 나서야 가라앉을 것은 어찌할 수 없는 뻔한 일"이라고 보아 "은인자중"하였다(이나미 2011).

'국민이 열망하던 자유를 한 번 주어보자'는 것이 민주당 정부의 이념이었다. 갈수록 혼란을 더해 가는 사회상황 속에서 우리는 철권으로 억압하는 대신 시간으로 다스리고자 했다. (…) 귀와 입으로 배운 자유를 몸으로 배우게 하려는 의도였다. 이론과 학설로 배운 자유는 혼란을 일으키지만 경험으로 체득한 자유는 진정한 민주주의의 단단한 초석이 되는 것이다. 자유가 베푼 혼란과 부작용에 스스로 혐오를 느낄 때 진실한 자유를 얻는 것이다(장면 1956; 허동현 1999).

군사정권마저도 2공화국에 대해 "방종이나 무질서에 가까웠던 것이기는 하나 국민의 자유가 거의 최대한으로 인정받을 수 있었던 시기"로 평가했다(허동현 1999). 그러나 보수정당으로서의 한계와 끊임없는 파쟁, 부정선거 관련자에 대한 미온적 태도로 민주당과 장면은 민의를 얻지 못했다. 또한 당시 혁신계 정치세력과 학생들의 민족통일 열망에 대해 적절한 방안을 제시하지 못하고 오히려 데모규제법과 반공법을 제정하여 이에 대처하려 하였다(강만길 1994). 당시 한국이 "국가체재(體裁)로 내세우고 있는 것은 민주주의와 자유주의 경제와 반공"이었는데 전적으로 미국의 원조에 기대었고 해방 직후부터 사회는 오랜 세월 정치인들의 암살, 부패, 독재에 시달려왔다. 또한 4월혁명 이후에도 집권당의 파벌싸움은 계속되었다(이철범 1960).

이렇듯 제2공화국의 민주주의 실험은 경제적 침체, 미국에 대한 의존, 정치적 불안정 등으로 인해 어려운 상황 속에 있었다. 그럼에도 불구하고 1961년 초반부터는 정치적 분위기가 비약적으로 개선되었다(브루스 커밍스 2001). 따라서 당시 상황이 이후 쿠데타로 집권한 박정희 정권을 정당화하기엔 이미 안정을 찾아가고 있었다. 쿠데타 당시 데모도 사그라들기 시작했으며 경찰의 방어력도 강화되었다. 사실상 시위는 1961년 4월 이후에 줄어들었고 심지어 4.19 1주년도 평화롭게 지나갔다(서중석 1994). 박정희를 포함한 군부 일부는 이미 이승만 정권 시기부터 쿠데타를 일으킬 계획을 갖고 있었고 몇 번의 기회를 놓친 후(강만길 1994), 이젠 더 이상 때를 놓칠 수 없다는 생각에 서둘러 쿠데타를 일으켰다고 볼 수 있다. 따라서 박정희는 우리 사회가 자생력있는 민주주의가 될 가능성을 짓밟았다는 비판을 면하기 어렵다. 또한 장면과 윤보선도 박정희 쿠데타에 너무 나약하게 대응했다. 장면은 도피에 급급했고 윤보선은 순순히 박정희의 뜻에 따랐다.

02 _ 자유민주주의

(1) 자유주의와 신자유주의 논의

자유민주주의는 무엇보다도 자유 또는 자유주의가 강조된 민주주의라고 할 수 있다. 『현대신어사전』(1922년)에는 자유주의를 "국민의 자유를 확장하고자 하는 정치상의 주의, 또 경제상 자유무역 또는 자유방임주의, 또 모든 사물을 자유로 하는 주의"로, 『신어사전』(1934년)에는 "소유의 자유, 고용의 자유, 생산의 자유, 소비의 자유, 경쟁의 자유 등으로 봉건적 전제제도를 타파한 자본주의 사상"으로, 해방 후 발간된 『신어사전』(1946년)에는 "19세기 자유경쟁이 성할 때 자본주의와 같이 흥한 개인의 자유를 존중하는 진보적 사상"으로 설명되고 있다. 따라서 자유주의가 소개되었을 당시 그 내용은 개인의 자유와 더불어 경제적 자유가 주된 것임을 알 수 있다(이나미 2015).

1950년대 중반 자유주의는 신자유주의와 관련하여 논의의 주제로 떠오른다. 1954년에 조병옥은 신자유주의에 대해 소개했는데 이는 오늘날 복지국가에 반대하는 Neo-Liberalism이 아니라 고전적 자유주의의 수정을 의미하는 New Liberalism에 대한 것이었다. 그는 미국의 윌슨 대통령이 신자유주의 이상을 제시했는데 그것은 자유가 자유방임이 아닌 적극적 요소를 내포해야 한다는 것으로 소수의 특권을 비판하고 공공의 사회적 복지를 도모하려는 것이었다고 설명했다. 또한 독점기업체의 폭리와 불법행위를 막고 노동자와 농민 조합운동을 지지하는 것이었는데 이러한 신자유주의에 입각한 경제정책은 세계추세에 의해 좌절되었다는 것이다. 대공황이 일어났고 주식시장이 붕괴되어 자본주의 위기가 발생했으며 불경기의 최고절정에 달하게 되었다고 했다(조병옥 1954a).

그나마 미국은 물자가 풍부한 가운데 빈곤을 타개하려고 자본주의를 수정했으나, 우리는 물자가 부족한 가운데 빈곤을 타개해야 하므로, "생산력을 증강시키는 것을 무엇보다 중요시하지 않으면 안된다"고 그는 주장했다. "생산력을 증강시키려면 자유경쟁의 생산과정을 인정하지 않을 수 없으며 이것을 통제경제로서 국가가 간섭하게 된다면 생산의 의욕은 감소되어 한정된 생산율밖에 못낼 것"이라고 했다. 결론적으로 그는 '제한된 자본주의'를 인정하자고 했다. 즉 국가가 물가조정 등 경제적으로 어느 정도 간섭하는 것으로, 이는 '자유주의에 대한 적극성을 가지고 있는 것'이라고 했다(조병옥 1959: 95-96).

(2) 미군정 및 미국의 자유민주주의 인식

미군정은 냉전기 이념적 경쟁으로 인해 소련에 반대하여 자유민주주의를 적극 강조했을 것으로 예상되지만 실제 포고문이나 연설문을 보면 미군보다 소련군이 오히려 더 자유와 자유민주주의를 강조했다. 이를 보면 냉전 초기에는 자유민주주의가 반공적 의미를 띠기보다는 단순히 자유의 가치를 옹호하는 민주주의로 쓰인 것으로 판단된다. 미국과 소련이 함께 연합군으로 참여한 2차대전 시기에 '자유'는 모두가 주장하는 가치였다. 1945년 7월 작성된 포츠담 선언에는, "세계의 자유 국가 국민들이 들고 일어선 위력," "기본적 인권이 존중될 뿐 아니라 언론의 자유와 종교의 자유와 사상의 자유가 확실하게 보장," "일본 국민의 자유로운 의사에 따라 평화를 지향" 등 자유가 중요한 가치로 제시되고 있다. 또한 앞서 언급했듯이 오히려 소련이 더 자유를 강조하고 있다. 맥아더의 포고문에서 자유란 단어는 보이지 않는 반면, 소련군 사령관 치스챠코프의 포고문을 보면 자유가 세 차례 언급되고 있다. 맥아더의 포고문에 자유란 용어는 없으나 '자유'와 관련된 내용으로, 미군의 조선 점령 목적이 "조선인의 인권 및 종교상의 권리를 보호함에 있음"이란 구절이 있다. 치스챠코프의 포고문 중 자유를 언급하거나 자유와 관련된 내용을 보면, "조선은 자유국이 되었다. (…) 당신들은 자유와 독립을 찾았다. 이제는 모든 것이 죄다 당신들에게 달렸다. 붉은 군대는 조선 인민이 자유롭게 창작적 노력에 착수할 만한 모든 조건을 지어 주었다. (…) 조선 인민 자체가 반드시 자기의 행복을 창조하는 자로 되어야 할 것이다"등이 있다(이나미 2015).

자유민주주의조차도 미국이 아닌 소련에 의해 언급되었다. 1946년 3월 제1차 미소공위에서 개회사를 보면, 미국측 대표 하지는 자유민주주의 또는 민주주의란 말을 한차례도 사용하지 않았고 자유와 관련해서는 단 한번 언급을 했다. 그 내용은 조선을 "자유열국 중의 1개 독립자주국으로 회복시킬 능력이 있느냐는 이 공동위원회의 결과가 증명할 것"이라는 것이다(서울신문 1946. 3. 21). 반면 소련측 대표 스티코푸는 자유를 7번, 민주주의를 12번, 자유민주주의를 한번 언급한다. 그 내용을 보면, "조선의 자유독립 부흥과 조선의 민주주의적 원칙하에서 발전될 제조건 등을 창립하기 위하여 해방을 원조하려는 위대한 연합국들의 자유의지와 갈망,""현하 조선은 자유발전의 새 도중,""조선민중은 피와 무한한 신음으로서 독립과 자유적 생활에 대한 권리,""소련은 모든 민족들의 자율과 자유적 존재에 관한 권리를 항상 주장,""조선민중은 연합국의 후원 하에서 평화를 애호하는 제민족과 우선적 관계를 취하는 자유적인 민주주의적 정부를 건립하려는 갈망과 결심을 표시,""민주주의적 조선독립국 건설의 위대한 목적,""조선민중은 자유민주주의적 제정당과,""조선인민들에게 정치적 자유와""조선의 진실한 민주주의적 독립국가가 되기를 기대,""조선에 민주주의적 임시정부는 민주주의적 각 사회단체가 참가,""임시적 후견제는 민족적 부흥과 민주주의적 원칙하에서" 등이다(서울신문 1946. 3. 21; 이나미 2015).

냉전이 심화된 1960년에 와서는 미국이 자유민주주의의 맹주로 여겨진다. 이때 자유민주주의는 반공주의를 의미했다. 당시 "전쟁도 아니고 평화도 아닌 미·소 간의 양극화된 국제정치정세 가운데"에 "미국의 정치는 자유민주주의 진영의 맹주로서 평화를 애호하는 각 국가와의 국가안전보장을 확립하여 국제친선을 도모하는 한편 고도(高度)한 행정·복지국가를 지향해나가고 있는 정치적 추세"를 보인다고 했다(경향신문 1960. 10. 21).

이러한 미국에 대해 "피상적인 제도의 관찰뿐만 아니라 동태적인 그 제도의 기능면을 연구하여 개척한 한국정치학계 최초의 문헌"으로 간주된 문창주의 『미국정치제도론』이 주목을 받았다. 이 책은 "미국 정치제도의 원리인 대통령제와 연방제를 역사적 시대적 관점에서 논급하기 위하여 영국 식민지 시대의 미주의 정치적 연원을 비롯하여 각 주정부 및 연방정부의 권력구조와 이들 권력구조가 시대적인 적극정치적 요청에 적응하도록 고도한 국가안전보장 확립과 정부의 행정·복지적 기능을 증진하며 정치의 안정을 기하도록 대통령 정부기구가 변천해나가고 있는 과정을 예리하게 분석 비판"하였다고 했다(경향신문 1960. 10. 21).

1960년에 들어서면 국제사회에서 미국의 힘이 줄어들고 있다는 인식이 대두한다. 미국이 무역흑자국에서 적자국으로 전락하고 금 보유고가 줄어들고 있다는 것이다. 그러나 저개발국 지원에 있어서 소련보다 우위에 서려면 유럽과 경제협조를 해야 하고 또한 그러려면 수입통제와 관세장벽을 없애는 등 유럽과 자유통상을 해야 하는데 미국은 그것과 동시에 국내산업을 보호해야하므로 겉으로는 자유통상을 주장하면서도 실제로는 주저하고 있다고 지적했다. 결론적으로 미국은 국제경제에서의 그 지도적 지위가 기울어가고 있다고 봤다. 그리고 그 원인으로는 인건비가 비싸고 사회복지에 비용을 많이 쓰고 있는 것을 들었다(동아일보 1960. 1. 13).

(3) 반공과 반독재로서의 자유민주주의

냉전이 본격화되면서 자유민주주의는 반공주의로 인식되기 시작했다. 1949년 3월 사회당부산시당부결성준비위원회 선언문에는 "제2차 대전 후 전 세계적 규모에서 대립 항쟁하는 두 개의 사상조류, 즉 자유민주주의와 공산주의가 미·소 양군의 분단점령을 계기로 하여 우리 국토에서 첨예적 대립을 격화"했다고 쓰여 있다(부산일보 1949. 3. 24). 1955년 신도성은 『사상계』에 "한국 자유민주주의의 과제"란 제목의 글을 실으면서 "요즈음 유행하는 '자유민주주의'란 용어는" "공산주의자들이 스스로 민주주의를 참칭하는 데 대하여 개념의 혼동을 피하기 위해서" 쓰이는 것 같다고 했다. 또한 "요사이 흔히 '자유민주주의'를 들추는 인사들 중에는 이것을 '사회민주주의' 내지 '사회주의'를 부정하기 위한 소극적 개념으로 정립하려는 듯한 경향이 있다"고 쓰고 있다 (이나미 2011).

반공으로서의 자유민주주의는 이승만에 의해서 더욱 강조된다. 1959년 공보실에서 펴낸 『우리대통령 리승만박사』에 "리승만대통령각하의 정치이념은 철저한 자유민주주의이며 이에 반하는 어떠한 독재주의나 침략주의도 이를 용인하지 않는 것이다"라고 쓰여 있다. 이때의 독재주의나 침략주의는 공산주의를 의미한다. 이승만은 "몸소 체험과 시범을 통하여 여기에 자유민주주의의 이론을 사상체계화하시게 되었"으며 "세계적인 대사상가로서" "이 위대한 지도자는 우리 민족으로 하여금 '민족의 진로'를 명시한 것이니 그것은 '반공·자유·민주주의'에 입각한 민족국가를 완성해야 된다는 것이다"라고 주장한다. 이러한 이승만의 반공으로서의 자유민주주의는, '대사상가,' '위대한 지도자'라는 이승만에 대한 묘사에서 단적으로 드러나듯이 서구의 자유민주주의와 달리 권위주의적 성격을 갖는다(이나미 2011).

반공주의적 자유민주주의로 포장된 이승만의 독재와 권위주의에 대한 비판에서 나온 것이 자유민주주의의 또다른 의미, 즉 '반독재로서의 자유민주주의'라고 할 수 있다. 1959년 『사상계』의 "한국자유민주주의의 위기"라는 글은, 한국의 자유민주주의가 가부장적 성격을 갖고 있는데 이는 그릇된 자유민주주의라는 것을 주장한다.

현재 우리 사회의 국시로 간주되고 있는 그 자유민주주의의 한국적 성격은 과거의 전제군주시대의 가산(家産) 국가적 관념에 입각하고 있는 데에 그 특색이 있다. (…) 그것이 바로 公私의 무분별이며, 그것이 바로 민주주의에 대한 집권자의 유권적 해석의 경우이다. 사실 우리 사회에 있어서는 이러한 그릇된 관념이 모든 사회단체로 하여금 여당의 산하단체로 하게 하여(한태연 1959).

이승만의 그릇된 자유민주주의 이념을 비판하면서 이승만 독재정권을 물리친 4.19 혁명이야말로 "한국민이 스스로의 힘으로 자발적으로 전취한 '자유민주주의혁명'으로 인식되었다. 그리고 그 혁명의 의미는 "진정한 자유민주주의를 발전시키는 것"이었다(민석홍 1960: 97-98). 그 이유와 의미는 다음과 같이 제시되었다.

그러면 우리는 어떠한 이유로 4월혁명을 '혁명'이라고 부르는가. 첫째 이유는 그것이 독재정권을 타도하였기 때문이요, 둘째 이유는 이와 결합되어 있던 특권적인 재벌이나 기업가층의 몰락의 바탕을 마련하였기 때문이다. 그러면 그것의 적극적인 의미는 무엇인가. 첫째는 진정한 의미의 자유민주주의를 발전시키는 것이요, 둘째로는 국민의 총체적인 부를 증진시키고 중산계급의 건전한 성장을 가능케 하는 합리적인 근대적 경제체제를 확립하는 것이다(민석홍 1960).

03 _ 민족주의

(1) 해방 전 민족주의 담론과 운동

한국에서 민족주의 담론이 처음 등장한 것은 1890년대 후반이다. 인쇄매체를 통해 서구의 사상이 소개되었고 국민, 인민, 동포 등의 용어도 자주 쓰이기 시작했다. 러일전쟁 후 대한제국의 황실이 약화되자 애국의 대상이 황제에서 민족으로 바뀌기 시작한다. 1900년대 후반에 이르러 국권 상실이 분명해지자 지식인들은 국가를 정신적 국가와 형식적 국가로 구분하고 전자를 국혼, 국수로 부르면서 이를 보존해야 한다고 주장했다. 일제강점기 민족주의 운동은 교육과 실업 진흥을 통한 실력 양성을 지향하는 국내 세력들과 즉각적인 독립을 목표로 무장투쟁을 전개하고자 한 국외 망명파로 나뉜다(전재호 2012: 133-136).

이후 침체에 빠졌던 민족주의 운동은 1919년 3.1운동을 맞아 극적으로 변화된다. 민족이 조선 독립의 주체로 등장했으며 각종 선언문에 민족은 자결의 주체, 독립 의지의 주체, 독립운동의 주체로 사용되었다. 3.1운동을 통해 독립운동의 주체로서의 민족이 일상용어로 확산되고 정착되었다. 또한 3.1운동은 민족주의가 공화주의와 결합하는 계기가 되었다(전재호 2012: 137).

1956년에 발간된 교과서는 대한민국이 1919년 독립을 선포하고 이후 민족운동으로 발전하게 되었다고 서술하고 있다(민병태 1956: 8). 더욱 명확하게는, 건국이념을 3.1독립선언에서 찾아볼 수 있으며 "유구한 역사와 전통에 빛나는 우리들 대한 국민은 기미 3.1운동으로 대한민국을 건립하여 세계에 선포"했음이 서술된 헌법 전문을 소개했다(민병태 1956: 13). 1948년 8월 15일은 '대한민국'이 아니라 "대한민국 정부수립을 선포"한 것으로 쓰고 있다(민병태 1956: 10). 또한 교과서는 '우리나라의 건국이념'으로 민족자결주의를 들면서 다음과 같이 서술하고 있다.

우리나라의 건국이념은 일제에 항거하여 민족의 독립을 부르짖은 3.1 독립선언에서 찾아볼 수 있다. 우리는 천부의 인권을 가진 평등인으로서 마땅히 자유와 독립을 향유하여야 할 것을 세계 만방에 선포한 것이다. 이것은 자유·평등인으로 구성된 우리 한민족이 불합리한 일제의 압정을 받을 수 없다는 정의의 부르짖음이었다. 헌법 전문은 유구한 역사와 전통에 빛나는 우리들 대한 국민은 기미

3·1운동으로 대한민국을 건립하여 세계에 선포한 위대한 독립정신을 계승하고 민주 독립국가를 재건하였으며, 정의·인도 및 동포애로 민족의 단결을 공고히 하고 유지 발전하여 나갈 것을 명백히 하고 있는 것이다(민병태 1956: 13-14).

즉, 이 시기에도 건국은 이미 3.1운동 직후에 이루어진 것으로 판단하고 있다.

3.1운동의 열기를 통한 독립과 대한민국 건립 선언에도 불구하고 세계정세의 변화와 더불어 민족주의 운동에 의한 독립의 희망은 희박해 보였다. 이후 민족주의는 사회주의 계열과 부르주아 계열로 분화되었고 사회주의자들은 민족주의를 부르주아 이데올로기라고 폄하하며 계급투쟁을 앞세움으로서 민족주의 담론을 부르주아 세력에게 빼앗기게 된다. 이후 민족주의는 세계 정세와 일본의 정책에 따라 반공주의와 결합하게 된다(전재호 2012: 138-146).

(2) 미군정기 민족주의

해방 후 한국 사회는 좌우 세력으로 갈리는데 초기에는 좌파가 민족주의 담론을 장악했으나 탁치논쟁 이후 우파가 반공과 더불어 민족주의 담론을 전유하게 된다. 반탁시위를 주도하는 좌익은 이승만 등에 의해 민족의 반역배로 규정되었다. 좌파는 소련의 앞잡이로 인식되었고 이승만은 신탁통치에 대한 한국인들의 반대 정서를 이용하여 반공주의를 민족주의로 보이도록 만들었다(전재호 2012: 146-150).

해방 후 대표적인 민족주의 집단으로 이범석의 조선민족청년단(족청)을 들 수 있다. 이범석은 미군정의 지원을 받아 족청을 결성하여 민족주의를 전면에 내세웠다. 족청은 해외와 국내 우파세력의 연합체 역할을 했다. 족청의 민족주의 이념은 1946년 조선민족청년단 '제1기 수훈생 입소식 훈사'에 잘 드러난다(전재호 2012: 152-154).

1. 우리는 민족정신을 환기하여 민족 지상, 국가 지상의 이념하에 청년의 사명을 다할 것을 기함.
2. 우리는 종파를 초월하여 대내 자립, 대외 공존의 정신하에 민족의 역량을 결집할 것을 기함.
3. 우리는 현실을 직시하여 원대한 곳에 착안하고 비근한 점에 착수하여 건국 도상의 청년다운 순성을 바칠 것을 기함.

이처럼 민족을 강조한 이범석은 한편 히틀러 숭배자로도 알려져 있다. 이범석은 1946년 귀국한지 얼마 되지 않아 그를 찾아온 청년들에게 "오늘의 조선도 해방이 되어 민주주의니 무엇이니 하지만, 나치스 같은 정치체제가 아니면 도저히 구해낼 길이 없다"고 했다. 그런데 "조선 청년들은 멋도 모르고 나치스를 싫어"한다는 것이다. 안호상도, "극도로 유행되고 있는 이 민주주의야말로 다시 흘러갈 것이요 결코 길이 머물러 남아 있지 못할 것임으로써, 우리 민족에 길이길이 남아 있을 지도원리가 되기에는 너무나 빈약하고도 천박하다 아니할 수 없다"고 했다(서중석 2005).

이들은 공산주의 뿐 아니라 자본주의도 비판했다. 양우정은 영미 자본주의는 자유와 착취의 이론 무장 밑에서 성립했다고 주장했다. 또한 "현대 자본주의와 공산주의, 이 두 개의 반동하는 정치 사조의 탁류 속에서 얼마나 역사가 욕되었"는지 한탄하면서 "이 착취의 원칙 위에 세워진 자본주의를 지양"하자고 했다. 자본주의자들은 나라 일보다 제 돈벌이를, 겨레보다 돈을 더 중요시하기 때문에 겨레의 분열과 나라의 약화를 초래하는 존재라고 비난했다. 양우정은 "자유라는 미명 아래 인간이 인간을 착취하는 자본주의의 모든 사회제도와 경제조직을 전복하지 않으면 아니된다"고 하면서, "우리는 현대물질문명의 기초를 구축하고 있는 자유주의적 경제이론을 근본적으로 비판하고 파괴하지 않으면 아니 될 것"이라고 했다. 안호상은 자본주의 나라에선 많은 무산자들이 아무리 일한다 할지라도 그 남은 이익은 모두 몇 사람의 자본주에게만 돌아간다고 비판했다(서중석 2005; 이나미 2011).

(3) 민족주의와 민주주의의 관계

제헌헌법은 "3.1운동으로 대한민국을 건립하여 세계에 선포한 위대한 독립 정신을 계승"했다는 점, "민족의 단결을 공고히"한다는 점, "우리들과 우리들의 자손의 안전과 자유와 행복을 영원히 확보할 것을 결의"한다는 점에서 민족주의 이념을 포함하고 있다(문지영 2002: 116-117).

당시 교과서에는, 우리 민족이 한반도 중부와 남부의 한(韓)족과 북부 고구려족이 동화하여 현재의 단일민족을 이루었다고 쓰여 있다(민병태 1956: 40). 또한 "세계에서도 가장 빛나는 4000여년의 장구한 역사와 문화"를 가졌으며 중국에 인접했으나 민족의 통일과 문화를 그대로 유지해온 점을 강조했다. 만주, 몽고 등 여러 민족이 중국의 한(漢)민족에게 동화됐으나 우리 민족은 여러 외부의 침략에도 불구하고 민족의 문화, 언어, 관습, 제도를 그대로 보존해왔다는 것이다. "이것은 우리의 조상이 훌륭한 소질과 능력을 가졌음을 증명하는 것"이라고 했다. "우리의 굳은 민족정신은 을지문덕과 이순신 장군의 이름과 더불어 남아 있으며, 왜정 36년에 항거한 투쟁"이 대한민국의 수립을 보게 했다고 강조했다(민병태 1956: 7).

그러나 반면 단일민족은 좋지 않은 점도 있으니 예를 들면 '일방적 민족애'로 인해 "잘못하면 자기 민족의 이익만 주장하는 제국주의로 나타날 수도 있다"는 것이다. "단일민족은 그 훌륭한 역사를 자랑하는 나머지 다른 민족을 멸시하는 기성(氣性)을 가지기가 쉽다"고 했으며 그 예로 중국을 들었다. 또한 그것이 원인이 되어 "서양문명의 섭취에 뒤떨어진 까닭에, 다년간 반 식민지의 지위"를 갖게 되었다고 했다(민병태 1956: 42). 이렇듯 헌법과 교과서는 우리가 민족주의를 지향하되 그것이 제국주의로 변화하지 않도록 주의해야 한다고 강조하고 있다. 제국주의에 대한 비판과 민족주의 이념은 제헌헌법이 반민족행위를 처벌하는 특별법을 제정할 수 있다고 한 점에서도 드러난다(문지영 2002: 116-117).

1950년 1월 『경향신문』의 "우리의 진로"라는 기사는 민족주의가 민주주의를 토대로 해야 함을 주장하고 있다. 당시의 "국제적 정세로 보아서나 주체적 사정으로 보아서나 우리의 금후의 진로는" "민주주의를 토대로 한 민족주의의 실천"이라고 했다. 세계적으로 볼 때 "전후 약소민족제국이 상실하였던 국권, 인권, 자유해방을 찾는 동시에 공통되게 강조하는 것이 민족주의와 국가주의라는 것이 특징"이라고 했다. 또한 "침략을 목표로 공세를 취하는 공산주의를 박멸하는데 국가주의와 민족주의 이외에 다른 길이 없을 것도 사실이나 이 국가지상 민족지상이 잘못 해석되어 민중 가운데 뿌리를 박는 날 전체주의의 길로 들어갈 위험성이 있음을 우리는 미리 간파하고 우리 민족의 진로는 끝까지 민주주의를 토대로 한 세계평화에 연결된 민족주의로서 엄연한 자주와 자유를 수호하는데 큰 특성이 있어야 할 것"이라고 강조했다(경향신문 1950. 1. 4).

민주주의를 강조하는 민족주의는 위 기사에서도 보여지듯이 공산주의에 비판적이다. 1957년 『동아일보』 기사는, 2차대전 이후 피압박민족의 민족주의 발전을 3단계로 볼 수 있다고 했다. 1단계는 아시아로서 인도를 비롯하여 파키스탄, 버마, 인도네시아 등이 독립한 것이다. 2단계는 중·근동과 아프리카로서 이란이 석유 문제로 맨처음 반기를 들었고 이집트, 수단, 알제리, 튀니지, 모로코, 키프로스 등에서 독립을 위한 반란이 일어났다고 했다. 3단계는 사회주의 권내 국가들로서 유고가 처음 자주의 깃발을 들었고 1956년 폴란드, 헝가리가 소련으로부터 독립하기 위해 혈투를 벌였다고 했다. 그런데 "중·근동 과 아프리카의 독립운동은 그 자체의 역량이 미숙한데다가 그 지역이 영·불의 생명선이 되어 있는 까닭에 쉽사리 목적을 이룰 수 없었으며 대규모의 유혈충돌을 면할 수가 없다"고 했다. 또한 "중·근동과 아프리카에서의 국제분쟁에는 유대족과 아랍족과의 항쟁, 영·불제국주의에 대한 내셔널리즘의 항쟁, 그리고 미·소의 대립이란 세 가지 요소가 중첩되어 있다"고 했다. 또한 기사는, 약소국의 민족주의를 자본주의 국가들이 자국을 번영시키기 위해 희생양으로 삼는 것으로 보았던 것이 기존의 사회주의 이론인데 사실은 그렇지 않으며 오히려 사회주의권 내에서 강대국과 약소국 간의 민족주의가 충돌이 일어나고 있다고 썼다 (동아일보 1957. 1. 1).

이렇듯 제헌헌법이나 1950년대 여론은 민족주의가 민주주의와 국제평화에 기반해야 한다는 것인데, 그 역의 주장도 제기되었다. 즉 민족주의가 민주주의에 토대를 두어야 하듯이 민주주의 역시 민족주의적이어야 한다는 것이다. 예를 들면 2공화국의 장면은 민주주의자이긴 하였으나 민족주의적인 사람은 아니었다고 평가되었다. 따라서 당시 한국 국민의 강한 민족주의적인 열망을 충족시킬 수 없었다는 것이다. 장면은 "미국쪽 문헌에는 지적이고, 유능하며, 합리적이며, 유순하며, 수많은 한국인들의 특징인 강경한 민족주의가 결여되어 있다고 거의 한결같이 묘사"되어 있었다. 실제로 그는 제2공화국 정부를 이끄는 동안 미국 대사관과 서울주재 CIA 책임자와의 상의없이 중요한 조치를 취한 적이 거의 없었다고 한다. 그의 미국인들과의 관계는 시대의 전형적인 예를 보여주었다는 것이었다(브루스 커밍스 2001).

그러나 민족주의와 민주주의가 독재를 정당화하기 위해 결합할 경우 이승만이 주장한 '민족적 민주주의'라는 기형적 이념이 될 수 있다. 이승만은 해방 후 한국에 오자마자 '먼저 한데 뭉쳐야 할 것' 강조하면서 초당파성을 주장한다. 그의 초당파성은 미군정 시기에는 우익과 반공세력의 단결을, 정부수립 후에는 자신으로의 강력한 권력 집중을 의미한 것이다. 이승만은 정당무용론을 제창하면서 자신이야말로 당파를 초월한 유일한 범국민적 지도자임을 부각시켰다(손봉숙 1987). 그는 이를 위해 '민족적 민주주의'라는 이념을 제시했다.

1948년 9월 31일 국회에서 행한 시정방침 연설에서 그는 "대한민국은 신생자주독립의 민족적 민주주의 국가로 탄생하였다"고 하고 민족적 민주주의 국가란 단일민족국가로서 어떠한 개인이나 집단적 특권은 허용되지 않으며 만민이 균등한 국가를 지향한다고 했다(김혜수 1995).

이승만 정권 후반기에도 왜곡된 민족주의와 민주주의 결합 모델로 '한국식 민주주의'가 제시된다. 민주주의가 담론에서 배제되고 반대세력의 대항담론으로 전유되자 이에 대한 대응으로 '한국식 민주주의'가 등장한 것이다. "오늘의 한국에는 한국식 민주주의의 특수생태"가 있다는 것이다. "이 대통령의 반공독립노선과 민주주의 민족국가 창건의 기본정신에 의해 정치적 안정"을 이루기 위해 "법질서 및 정부의 조직체계에 대한 존중 등이 필요"하지만 "민주 창달을 위해 대통령중심제를 통한 국내정국의 안정"이 절대 필요하므로 "국회가 민중의 뜻을 반응하지 못할 때는 민중이 들고 일어나야 한다"는 것이다. 그러나 야당이 1956년 "민권이 없으면 국권도 없다"고 하자, 이승만은 "국권이 위태로운 경우에 민권만의 주장이 존재할 수 없으며 국권이 확립됨으로써 민권이 보장될 수 있다"고 했다(손호철·김윤철 2003). 따라서 이승만은 민중을 존중한 것이 아니라 국회의 반대를 억누르기 위한 조처를 취한 것이며 그 결과 이승만의 의도와는 반대로 이승만을 물리치기 위해 민중이 일어났다(이나미 2011).

04 _ 일민주의

(1) 일민주의의 기반

초당파성을 주장하던 이승만은, 재선을 위해서는 정당의 지지가 필요하다고 인식하여 1951년 신당의 필요성을 역설하면서 새 정당은 일민주의의 토대위에서 노동자, 농민을 중심으로 하는 전국적인 규모의 대중정당이어야 함을 천명했다(권영설 2000). 일민주의 역시 민족적 민주주의로 해석되었다. 그는 한국민족을 '일민'으로 보았고 "나뉘어지는 데서 죽고 일(一)에서 산다"고 하여 민족적 민주주의 즉 일민주의를 국시로 제창했다(김혜수 1995). 이승만은 『일민주의 개술』에서 "하나가 미처 되지 못한 바 있으면 하나를 만들어야 하고, 하나를 만드는 데에 장애가 있으면 이를 제거하여야 한다"고 하였는데 이는 반대와 차이를 용납하지 않겠다는 무시무시한 발언이다. 또한 그 말대로 그의 반대자나 경쟁자들은 거의 제거되었다. 그는 "우리 민족은 하나"라고 하면서, "국토도 하나요, 정신도 하나요, 생활에도 하나요, 대우에도 하나요, 정치상 문화상 무엇에고 하나"라고 했다(서중석 2005). "한 백성인 국민을 만들어 민주주의의 토대를 마련하고 공산주의에 대항한다"는 것이다(손호철·김윤철 2003). 이는 또한 의회민주주의나 정당주의를 부정한다는 자신의 기본 생각을 다시 한번 강조한 것이다. "정당이라는 조직만 중요시 해서 각종 명의로 단체를 조직"하는 것을 비판하고, "우리는 정당주의를 아직 정지하고 이 주의만을 발전"시키자는 것이다(서중석 2005).

일민주의의 실현주체로서 어느 한 정당이나 단체로는 불가능하다고 하여 전국민에 의한 국민운동으로 추진하기 위해 국민회, 청년단, 부녀회 등을 전국 방방곡곡에 설립하고 확대해야 한다고 했다. 이때 모든 단체의 총재는 전부 이승만이었다. 대한노총, 대한농총, 대한어민회, 대한체육회, 대한소년단 중앙본부, 대한참전전우회의 대표도 이승만이 맡았다. 부녀회는 예외였는데 그 마저도 프란체스카가 회장을 맡았다. 대한청년단이 일민주의 이념 하에 단일청년 조직체가 되었고 중앙학도호국단이 결성되었다(김혜수 1995). 국민회는 18세 이상 모든 남녀가 가입의무를 갖고 있었으며 회비도 강제로 내야했다. 따라서 사회전체가 한 사람을 정점으로 조직되었다고 할 수 있다. 이러한 국민운동은 정부의 지도하에 이루어져야 하는 것으로 약간의 국가주의사상의 개입은 불가피하다고 보았다. 이는 마치 일제강점기의 총동원령과 흡사하며 전체주의적이라 할 수 있다. 일민주의는 결코 당강이 아니고 민족과 국가의 강령이기 때문에 일민주의 정당으로서의 일당독재란 있을 수 없다는 주장 역시 일제강점기의 논리와 흡사하다(이나미 2011).

일민주의의 사상적 근원은 단군신화와 화랑도라 하여, 단군의 홍익인간에서 화랑의 중의경사로 이어진 건국과 통일의 맥을 이승만이 이었다고 주장했다(김혜수 1995). 이는 이승만을 신화화한 것이다. 화랑의 중의경사 즉 "의리를 무겁게 죽음을 가볍게" 여기는 사상은 홍익인간 사상과 같다고 보았다. "우리는 오늘날 한 백성이요 한 겨레인 일민을 만들기 위하여 제 생명과 가족과 또 재산을 다 바치고 있다. '백성 혹은 민족 위해 제 몸 바치는' 곧 살신위민이라는 이 일민주의정신이" 곧 단군의 홍익인간과 화랑의 중의경사와 같은 줄기의 사상이라는 것이다(안호상 1956). 이범석은 "확고한 애국심을 견지하여 회색적이고 투기적인 구차한 생명관을 포기함으로써 민족의 영원한 생명을 삼고 자아를 희생하는 정신을 더욱 고지" 할 것을 촉구했다(서중석 2005).

일민주의는 인종주의적 성격마저도 갖고 있다. 즉 '순수한 피'와 '한 핏줄'이라는 것이 강조되었다. 이범석은 "우리는 민족지상의 명령으로 그 피의 결합을 요구"한다고 했다. 또한, 독일의 히틀러가 순수한 피를 강조하는 운동을 일으킨 일이 있었는데 이는 독일의 역사배경으로 보면 사실상 되지 못할 것이긴 했으나, "현실적으로 유태인을 배척함으로써 민족적 결속에는 심대한 효과가 있었던 것"이라고 하면서, "이 하나의 산 실례만 가지고서도 피의 순결이라는 것이 얼마나 존귀한 것이며 중요한 것인가를" 깨달아야 한다고 주장했다. "족속과 족속과의 투쟁에 있어서 우승한 족속은 생성 발전하였고 열패한 족속은 전락 쇠멸하였다"고도 하여 사회진화론적 사고도 드러냈다.

이것이 곧 끊으랴 하여도 끊을 수 없는 민족이라는 유대요, 이것이야말로 자연이 엄숙히 명령하는 혈통의 작용입니다. 피! 父子의 피! 골혈의 피! 민족의 피! 이 피야말로 모든 문제의 시초요 결말입니다. 우리 조선민족청년단의 사업은 이 피에 대한 연구 분석 종합, 이 피의 조직 재생 배양 그리고 활약 무한한 활력을 기르는 데 있습니다(서중석 2005).

따라서 '피'의 연결을 이해하는 것이 중요한 것이었고, 국가의 질서와 조직은 가정에 있어서의 부모와 형제같은 도의적인 질서이고 조직이라고 하였다 (김혜수 1995; 이나미 2011).

(2) 영도자론

일민주의는 영도자의 능력을 강조한다. "일민주의는 영명하신 우리의 지도자 이대통령 각하께서 그의 혁명투쟁을 통하여 체험하신 민족의 부활과 조국의 광복을 찾기 위한 이론과 실천의 양면을 체계화한 철리적 민주원론"이라고 단언했다. 안호상은 일민주의가 대한민국의 국시요 우리 민족의 지도원리라고 공언했다. 이범석은 이승만이 "삼천만의 국부이시며 영명고매하신 민족의 지도자"로서 "어두운 밤의 등탑이 되시었으며 넓은 바다의 나침반이 되시"어 "삼천만의 동포는 오늘 모두 각하의 눈앞에 서기(瑞氣) 충만하고 각하의 무릎 앞에서 노래하고 춤추며 이날을 경축"한다고 했다. 또한 이재학은 이승만이 "3천만이 경앙하는 절세의 애국자이시며 민족의 태양"이라고 하자, 양우정은, 이승만이 한민족 3천만을 인도하는 별일 뿐 아니라 전세계 17억 5천만의 인류에게 새로운 희망을 지시하는 거대한 태양이라고 경쟁적으로 찬양했다(서중석 2005).

일민주의는 지도자와 신종자로 구성되어 있다. 안호상은 결국 대한민국은 한 사람의 위대한 지도자에 의해 통치되지 않으면 안 될 것이며, 이 한 사람의 지도자는 현 대통령이라는 것이다. 즉 일민주의 창도자인 이대통령을 받드는 수밖에 도리가 없고, 자유당은 일민주의를 기본이념으로 하는 만큼 이대통령의 절대적인 지도권을 확립하고 보장하지 않으면 안 될 것이라고 했다(서중석 2005).

이범석은 "우리는 왜 영도자를 옹호하여야 하는가?"라는 질문에 "그것은 오직 국가를 사랑하기 때문"인데, "그러고자 함에는 반드시 한 사람의 중심인물이 있어 단결하고 영도하는 데서만이 가능할 것"이라고 했다. 그렇게 했음에도 불구하고 나라에 우환이 생긴다면 그 이유는 국민 때문이라고 했다. 정성이 부족하다는 것이다.

이처럼 영명한 영도자가 있고도 국가에 우환이 있다면 이는 영도자를 받드는 국민의 정성이 부족한 것으로밖에 볼 수 없다. 그러면 우리는 어떻게 영도자를 옹호하여야 하는가? 입으로만이 아니다. 진심 성의로써 받들어 명령을 준봉 실현함에 조그마한 사념도 주저도 있어서는 안 될 것이다(이범석 "영도자와 국민"; 서중석 2005).

윤치영도 "이렇게 위대한 지도자 아래 이와 같은 민족이 나라를 이룩하지 못한다면 이 세계는 멸망할 것"이라고 하였다(서중석 2005).

이렇듯 이승만을 지도자로, 국민을 신종자로 파악한 일민주의는 사실상 국민을 신종자로조차도 대우하지 않았다. 한국전쟁 때 국민에게 안심하라고 하고는 이승만 자신은 대전으로 피신하고 한강교를 끊어 많은 사람들을 희생시켰다. 뿐만 아니라 다리가 끊겨 피난 못한 사람들은 부역자로 처벌됐다. 젊은이들은 국민방위군으로 모집되어 수만 명이 동사, 아사되었으며, 거창과 산청에서 수백 명이 학살되었는데 대부분이 부녀자, 어린이, 노약자였다. 고창, 함양에서도 비슷한 규모의 학살이 있었다(이나미 2011).

(3) 제3의 이념으로서의 일민주의

일민주의의 또 다른 특징은 자본주의와 공산주의 모두 비판한다는 점이다. 양우정은 영미 자본주의는 자유와 착취의 이론 무장 밑에서 성립하였다고 비판했다. 또한 "현대 자본주의와 공산주의, 이 두 개의 반동하는 정치 사조의 탁류 속에서 얼마나 역사가 욕되었"는지 한탄하면서 "이 착취의 원칙 위에 세워진 자본주의를 지양"하자고 했다. 자본주의자들은 나라 일보다 제 돈벌이를, 겨레보다 돈을 더 중요시하기 때문에 겨레의 분열과 나라의 약화를 초래하는 존재라고 비난했다. 양우정은 "자유라는 미명 아래 인간이 인간을 착취하는 자본주의의 모든 사회제도와 경제조직을 전복하지 않으면 아니된다"고 하면서, "우리는 현대물질문명의 기초를 구축하고 있는 자유주의적 경제이론을 근본적으로 비판하고 파괴하지 않으면 아니 될 것"이라고 했다. 안호상은 자본주의 나라에선 많은 무산자들이 아무리 일한다 할지라도 그 남은 이익은 모두 몇 사람의 자본주에게만 돌아간다고 비판했다(서중석 2005).

일민주의적 민주주의는, 자본주의적 민주주의 및 공산주의적 민주주의와 구별된 제3의 체제로 파악되고 있다. 근대적 자유민주주의는 자본주의적 민주주의로서, 이는 돈에 의한 자유와 착취의 이론 위에서 성립되었으며 공산주의적 민주주의는 계급지배와 굴종의 이론 위에서 성립되었다는 것이다(김혜수 1995). 따라서 두가지 민주주의는 다같이 계급적이고 당파적이므로 불완전한 것으로, "참된 완전한 민주주의"는 "일민주의적 민주주의"라는 것이다(안호상 1956).

우리는 한사람만이 자유롭거나 또는 몇 사람만이 자유로움이 아니라 모든 사람들이 한결 같이 다 자유스럽기를 바라며 노력한다. 부르주아의 자유만이 아니라 프롤레타리아의 자유도 귀하며 또 프롤레타리아의 자유만이 아니라 부르주아의 자유도 중히 여겨주어야 한다. (…) 자유는 언제나 오직 하나일 뿐이다. 우리는 한사람만도 한당파만도 또 한계급만이 아니라, 오직 한백성을 주로하는 까닭에 한사람, 한당파, 한계급 등의 부분적 자유가 아니라, 도리어 한백성의 온통의 자유가 그 주목적이다(안호상 1956).

우리 뿐 아니라 세계의 다른 약소민족도 일민주의의 민족 이론으로 무장하여 자본주의 국가들이 자체의 모순으로 파탄될 것을 기다릴 것이 아니라 그들이 최후의 활로를 찾아 해외 식민지 상품시장의 재분할 재편성을 기도하는 야망을 분쇄하지 않으면 안 될 것이라고 주장했다. 또한 한국은 미소 양국에 의해 점령되어 해방은 말뿐이요 그들의 이기적 침략적 의도 밑에서 우리를 국제적 노예로 만들고 말았다고 설명하면서, 우리가 이들로부터 해방되려면 우리의 붉은 피가 바다를 이룰 것이라고 강조했다(서중석 2005).

해방직후부터 건국에 이르기까지 많은 장애가 있었던 것은 무비판적으로 미국의 민주주의를 요란히 떠들었기 때문이라고 하면서, 더욱이 공산세력조차도 민주주의에 '진보적'이란 관용구를 씌어 사용하고 있어서 민주주의에 대한 혼란이 극심하다고 보았다. 특히 공산주의와 사상전을 하기 위해서는 이 광범하고 막연한 민주주의로써만은 강력히 싸우기 어렵다는 것이다. 따라서 새로운 이론과 주의가 필요한데 이것이 바로 일민주의적 민주주의라는 것이다(김혜수 1995). "우리의 최대의 적이요, 세계에 공통된 적인 공산당파를 박멸하려면, 우리는 일체의 지방열과 파당심을 버리고 서로 함께 뭉쳐 한겨레, 곧 일민의 정신만을 가져야 한다"는 입장을 표명했다(양우정 1949; 김용일 1999).

이러한 일민주의가 사라진 것에 대한 몇가지 이유가 제시되고 있다. 첫째는, 일민주의는 국가주의 지배담론으로서 분명한 자기 체계를 갖추고 있었던 것도 아니었으며, 국가의 노골적인 억압성만을 동원함으로써 만족할만한 지배효과를 거두지도 못했다는 것이다. 이는 일민주의론의 담론의 지속성에서도 그렇고, 여타 지배담론의 정치에 있어서도 별다른 레퍼토리를 제공해주지 못한 데서도 확인할 수 있다는 것이다(손호철·김윤철 2003). 두 번째로, 이승만이 안정적인 정권을 유지하게 되면서 확고한 권력 장악이 더 이상 불필요해져서 일민주의가 사라졌다는 해석도 있다. 즉 일민주의는 1952년 부산정치파동이 후 안정적인 정권을 유지하게 되자 효용가치가 없어지면서 사라졌다. 그리고 이후에는 반공만이 강조되었다(김혜수 1995; 이나미 2011).

05 _ 반공주의

(1) 미군정기 반공주의

해방 후 새로운 사회건설을 위해 여운형의 건국준비위원회 등 주로 좌파 와 중도파가 활발한 활동을 벌여나갔다. 1948년 정부 수립 전 미군정청에서 서울 시민들을 상대로 한 조사에 의하면 조사대상자의 77%가 장차 수립될 정 부가 지향해야 할 사상으로 사회주의, 공산주의를 꼽았을 정도로 한국사회에 서는 좌파가 더 지지를 받았다(송복 2000). 이는 일제강점기 우파의 친일행적과 무관하지 않을 것이다. 송진우는 여운형의 협력 요청을 번번이 거절했는데 그 이유는 건준위가 좌익집단이라는 것이었다(백완기 2008: 43). 뿐만 아니라 송진 우는 여운형의 건국준비위원회와 대립하여 국민대회준비회를 발족시켰다. 김 성수는 이 모임의 상임위원을 맡으면서 정치 행보를 시작했다(이완범 2009: 47). 1945년 9월 6일 건준은 조선인민공화국 성립을 선포했는데 이에 고려민주당, 조선민주당, 한국국민당, 대한민국 임시정부 환국환영국민대회 등 우파 세력 들은 크게 반발하여 9월 16일 한국민주당(한민당)을 창당한다. 또한 임정을 승 인한다고 하고 인공 타도 성명을 발표했다(최상용 1988: 146).

이렇듯 좌파의 선점적 활동이 강화되는 가운데 우파는 좌파와 협력하기보 다는 독자적인 정치세력을 형성코자 했고 그러한 시도 속에서 가장 먼저 결성된 조직이 한민당이었다. 이들은 체계적인 이데올로기에 기반하여 조직되었다 기보다는 좌파에 대한 반작용으로 등장하였다고 할 수 있다. 이들은 대체로 일제 식민권력 아래에서 지주 또는 자본가였기 때문에 좌파의 주장에 우려를 가지시 않을 수 없었다. 그렇다고 달리 방어를 할 수단도 없는 이들은 사신의 취약함을 보완해줄 세력으로 미군정을 찾았으며 좌파의 성장을 막고자 했던 미군정의 이해관계와 맞아떨어지게 되었다. 미군정은 우익세력을 강화하고자 했고 한민당은 미군정이 보기에 "그 상당수가 미국 또는 한국 내의 미국계 선교기관에서 교육받은 전문적인 교육계 지도자들로 이루어져 있는" 민주주의적 혹은 보수적인 세력이었다(정해구 1994).

즉 미군정이 통치를 위해 채택한 인물들은 강한 반공주의 신념을 가진 이들이었다. 예를 들면 조병옥은 강한 반공이념을 미국 유학시절에 내면화한 인물인데 그에 의하면 "개인의 완성이 국가의 목적이요, 국가는 개인완성의 조장 기관에 불과"한 것이었고, "인류사회는 절대적 평등사회를 이룰 수는 없으나 상대적 평등사회는 지향될 수 있"는 것으로, 이러한 사고를 부정하는 맑스주의는 그 반대 논리로 인식되었다. 그는 "인류의 질적 향상의 운명은 개조에 있는 것이므로 공산주의와 같은 만병통치격인 일개 이데올로기의 유물변증법만 가지고는 지상낙원을 건설할 수가 없"다고 했다. "사회진보의 원리는 개조에 있으며 혁명은 마땅히 부정되어야 한다"는 것이다(조병옥 1986). 그는 유학생활을 통해 그러한 신념을 갖게 되었는데, 다음의 회고는 그러한 점을 잘 보여준다.

이 대학에서 나는 특히 러시아인 교수인 씽코비치 교수의 지도에 의하여 2년간 1주일에 3시간씩 금융, 재정학은 물론 경제학원리와 사회주의, 공산주의에 대한 이론적 비판의 강의까지 들었다. 이 씽코비치 교수의 개인지도를 받으면서 나는 독일어 원서로써 마르크스의 자본론도 탐독한 바 있으며, 그와 같은 공산주의의 이론과 본질론을 읽음으로 해서, 유물론적 입장을 취한 유물사관의 전체를 명확하게 파악하게 되었다. 이러한 학구적 경험은 후일의 공산주의 내지 공산주의 전략을 비판하고, 자유민주주의를 옹호하는데 있어서 커다란 도움이 되었으며, 내가 학구생활을 할 때나 오늘날 정치생활을 하는데 있어서도 그 학구적 경험은 무엇보다 커다란 무기가 되었다고 생각한다(조병옥 1986).

당시 미국 사회는 '적색공포'의 사회적 분위기가 만연되어 있었다. 1차대전 후 실업률은 급격히 증가했으며 노동운동과 러시아 혁명에 의해 고무된 급진주의 운동이 일어났다. 미국 사회는 전후 불안과 혼란의 원인을 노동운동과 급진주의로 돌렸으며 사회주의, 공산주의는 물론이고 진보적인 일체의 사회운동마저 미국의 이념과 질서를 파괴하는 악으로 인식되었다. 조병옥이 컬럼비아 대학에 입학한 1919~1920년에 그 분위기는 절정에 이르렀다(이수일 2001).

조병옥은 컬럼비아 대학에서 장덕수를 만나게 되는데 장덕수도 사회주의와 결별하고 문화주의로 전환했다. 장덕수는 반맑스주의를 학문적으로 발전시켜 컬럼비아 정치학 박사학위 논문 주제도 "맑스주의 국가론비판"으로 제출하였으나 채택되지 않아 "영국적 방식의 산업 평화: 노동 분쟁과 민주주의의 관계"란 주제의 논문으로 학위를 취득했다. 그 내용은 영국 자유주의 전통과 노자협조의 흐름 속에서 자본주의 모순을 해결해가는 역사적 사례를 구체적으로 분석한 것이었다(이수일 2001). 이와 같이 미국 유학생활을 통해 강한 반공주의를 내면화한 인물들이 주로 미군정에 의해 채택되어 반공전선에 앞장서서 많은 좌파 인물들 및 민중을 탄압했다.

조병옥에 의하면 한민당은 "좌익집단을 성토타도하는데 중대한 역할을 하였다." 조병옥은 한민당의 첫째 사업을 건준위, 인공을 거세시키는 일이라고 회고했다. 그에 의하면 건준위는 소련군의 지령을 받고 조직되었다. 그러므로 "이렇게 좌익이 발광적으로 태동할 때 민족진영을 대표한 한국민주당은 건준 타도와 공산주의와 대결하게 되었다"고 그는 회고했다(조병옥 1959: 144-146).

미군정 정보참모부와 방첩대 역시 '격렬한 반공주의에 따라 행동'했다(정용욱 2003). 군정청 공보부는 박헌영이 소련 일국만의 신탁통치를 원하고 한국을 소련의 한 연방으로 편입시키기를 원한다는 기사를 배포하는 등 공작차원의 여론조작도 서슴치 않았다(방선주 1987; 정용욱 2003). 이들은 좌우합작에 대한 공작도 하였다. 하지는 굿펠로우에게 보낸 1946년 6월 23일 편지에서, 정치고문이 "많은 한국인들을 만나고 있고, 황소를 분열시킬 수 있다고 믿기 시작했다"고 하면서 "나는 이들이 비(非)소비에트 좌익들을 끌어냄으로써 공산당 앞잡이들을 와해시키기를" 바란다고 썼다. 미군정은 모든 대중운동을 공산주의자의 소비에트화 기도와 연결된 정치적 운동으로 간주하여 불온시했다. 미군정의 개혁조치는 반공정책의 일환이었고 공산주의 세력으로부터 대중을 분리시키기 위한 수단이었다. 미군정은 개혁이 이러한 목적을 뛰어넘어 발전하는 것을 용납하려 하지 않았고 사회경제적 개혁정책으로 인해 우익의 지지기반이 상실되는 것을 원치 않았다. 개혁정책의 궁극적 목표는 대중들의 혁명적 열기를 완화시키고 이를 미국 점령정책의 목표에 따라 개량화시키는 것이었다(정용욱 2003).

한편, 김성수는 한독당과 합당하려고 노력했는데 이 역시 공산당 등 좌익을 압도하기 위한 것이었다. 한민당 내 진보파 원세훈과 김병로가 공산당과 합의한 내용에 대해서는 당내 보수파의 편을 들어 반대했다(동아일보 1946. 1. 23; 이완범 2009: 52-53). 또한 김구가 남북협상의 길을 가면서 "나에게 좌도 없고 우도 없다. 오직 민족의 통일이 있을 뿐이다"라고 하자 이것을 위태롭게 생각하여 김성수는 김구와 길을 달리 하게 되었다(백완기 2008: 48). 심지어 미군정이 자신들의 입지를 넓히기 위해 김규식과 여운형을 중심으로 좌우합작위원회를 만들자 한민당은 이를 공산당에 대한 유화책이라 하여 강력하게 비판했다(백완기 2008: 48).

1946년 7월말 신전술의 등장 이후 좌익은 11월에 이르러 사회노동당과 남조선노동당으로 나뉘게 된다. 지역별로 보면 경북, 전남이 박헌영파의 강경 노선을 따랐고 경남, 전북, 충남, 충북은 반박헌영파(대회파)였다. 따라서 10월 인민항쟁이 경북, 전남에서 격렬했다. 대회파는 10월 인민항쟁을 극좌모험주 의적 행동으로 비난했다(이재영 2015: 24).

(2) 이승만의 반공주의

이승만은 미군정보다도 더 강하게 반공주의를 주장한 인물이다. 그는 일찍이 구한말 때부터 반러의식을 가졌는데 이것이 반소·반공이념으로 이어졌다는 해석도 있다. 이승만은 1917년 볼셰비키 혁명이 일어나자 공산주의를, 자유를 원하는 인간의 본성을 거역해 가며 국민을 지배하려는 사상체계로 규정하고 이 사상에 입각한 정치는 반드시 실패할 것이라고 장담했다(유영익 1995). 그는 소련을 나치즘, 파시즘과 같은 전체주의 국가로 파악하고, 미국 민주주의에 대한 도전세력으로 보았다. 그는 소련이 미국 내에 자신의 조직체를 가지고 있으며 소련정부와 흡사한 정부를 수립하기 위해 미국 정부를 전복하려는 의도를 갖고 있다고 주장했다. 이승만이 상해 임시정부를 방문하여 회의를 했을 때 임정 내에서 소련의 힘을 빌려 독립운동을 강화하자는 의견이 나오자 그는 "공산주의는 민주주의에 반대되는 사상"이며 "동양에서 표본적 민주주의 문명국가를 구현시키려는 우리 이념에 합치될 수 없는 이론"이라고 주장했다. "공산주의 사회는 노예생활을 말하는 것"으로 "공산당의 원조로써 우리의 독립을 성취시킨다는 것은 천만부당하며 그것은 조국을 다시 공산주의 국가의 노예를 만들자는 주장"이라고 비판했다(임병직 1964). 또한 이승만은 중국에 대해서도, 아무리 중국인이 노력해도 미국의 원조가 없으면 소용이 없다고 주장했다. 차라리 신문에 일인의 만행을 알려줘서 미국 국민의 동정을 얻어 이들의 압력으로 의회를 움직여 미국의 원조를 받아내야 대일전쟁에서 이길 수 있다는 것이었다(고정휴 2004).

　이러한 그의 반공주의는 미국에서 주목을 받기 위해 시작한 것으로 볼 수 있다. 실제로 그가 주목받기 시작한 것은 미국인의 반공의식을 부추기면서부터이다. 당시 이승만을 지지한 미국인들은 반소·반공정책을 추구하던 공화당 극우반공주의자들로서 종전 후 세력을 형성하고 국무부의 대중·대소정책을 견제했다(정용욱 2002). 1945년에 이르러서 이승만은 미국의 대소련유화정책과 소련의 한반도에 대한 지배욕을 공개적으로 비난하기 시작했다(고정휴 1993). 그는 1945년 4~5월 국제연합 창설을 위한 샌프란시스코회의를 전후하여 미국이 얄타에서 소련에 한국을 떠넘기려 했다는 비밀협약설을 언론에 흘렸다(고정휴 2004). 이승만의 얄타밀약설 폭로 이후 동지회의 기관지인『북미시보』는 소련의 한반도 적화 야욕을 비난하는 기사들을 게재했다. 예를 들면, "중국서부지방 연안에 있는 중국공산당 소재지 안에 아라사가 한인 공산당 임시정부를 조직하여두고 장차 파란국의 루블린 공산정부처럼 승인 주장하려는 것"(『북미시보』1945. 6. 1)이라고 쓰고 있는데, 이는 소련이 한국에 폴란드의 루블린 정권과 같은 괴뢰정부를 세우려 한다는 의미이다. 이승만은 소련과 중국에서 활동하는 한인공산주의자를 견제하고 임정의 연립정부 구성에도 제동을 걸기 위해서도 이러한 주장을 했다고 볼 수 있다. 얄타밀약설도 근거 없는 것으로 드러났는데, 그의 이러한 거짓 폭로의 배경에는 반소, 반공의식과 루스벨트 행정부의 대소 유화정책에 대한 우려가 작용한 것이라고 볼 수 있다. 이승만은 한국에 기독교와 자유민주주의에 입각한 국가를 건설하기 위해서는 소련의 한국에 대한 개입을 봉쇄하고 소련의 영향력 하에 있는 한인 집단이 국내에서 정권을 장악할 수 없도록 해야 한다고 주장했다. 또한 이것이 미국의 이익과도 일치한다고 강조했다(고정휴 2004). 이러한 주장이 미국내 극우파들의 이해관계와 일치하면서 이들이 이승만을 추켜세우기 시작한 것이다. 그는 미국이 동유럽에서와 같이 대소유화정책을 취한다면 "한국민중에게 그들의 선택한 정부를 수립할 수 있는 공평한 기회를 부여하려는 미국정부의 선의는 소련 지배하에서는 불가능할" 것이라고 경고했으며, 미국의 대소유화정책이 "1905년 이래 한국을 희생시켜가면서 일본에 유화적인 기습을 낳았던 것과 마찬가지로 한국에 대한 정당함을 희생으로 한 커다란 불행을 초래할 것"이라고 했다. 그러므로 '한국 임시정부의 승인'만이 소련의 한국에 대한 약탈을 막을 수 있는 '유일한 수단'이며 해방됨과 동시에 '연합국의 감시 밑에서 총선거를 실시한다'는 양해 하에 '임시정부의 가승인'을 주장했다(이시형 1995).

이승만이 반공을 내세운 것은 그의 신념이 그러했다기 보다 그것이 그에게 이익이 되었기 때문으로 여겨진다. 왜냐하면 그는 때에 따라서는 공산주의를 용인하는 듯한 발언도 했기 때문이다. 집권 이전에 그는 지지자를 많이 끌어모으기 위해 자신이 공산주의 자체에 반대하지 않는다는 말을 자주 했다. 1945년 10월 21일 중앙방송 연설에서 "나는 공산당에 대해 호감을 가지고 있는 사람"이라고 하면서 "그 주의에 대하여 찬성하므로 우리나라의 경제대책을 세울 때 공산주의를 채용할 점이 많이 있다"고 했다. 이어 11월 21일에는 "공산정부만 수립하기 위하여 무책임하게 각 방면으로 선동"하여 "국사에 손해를 끼치는 이들"과는 협동할 수 없지만 "경제방면으로 근로대중에게 복리를 줄 (…) 목적으로 공산주의를 주장하는 인사들"과는 협력할 용의가 있다고 했다(유영익 1995). 초대 대통령 기념사에서도 "기왕에도 누구이 말한 바와 같이 우리는 공산당을 반대하는 것이 아니라 공산당의 매국주의를 반대하는 것이므로 이북의 공산주의자들은 이것을 공실히 깨닫고 일제히 회심해서 우리와 같이 같은 보조를 취하여 하루 바삐 평화적으로 남북을 통일해서 정치와 경제상 모든 권리를 다 같이 누리게 하기를 바라며 부탁합니다"라고 나타나 있다(초대 취임사 1948. 7. 24). 이와 같은 주장은 해방 후 사회 내 주류였던 사회주의자들을 포섭하기 위한 발언이라고 볼 수 있다(이나미 2011).

공산주의를 견제하고 자신의 권력기반을 다지기 위해 이승만은 친일파를 대거 등용했다. 친일 자산가, 친일관료, 친일 지방유지 등 친일파가 그의 정치적 기반이 되었다. 이승만은 친일 경찰을 적극 두둔하였으며, 과도입법의원, 민선의원에 친일파를 대거 당선시켰다. 이에 김규식 등이 항의하자 친일파 처단은 민심만 혼란시키는 일이라고 주장했다(서중석 2005).

통일정부를 위한 남북협상이 결렬되고 남한만의 단정 수립이 확정되면서 1948년 8월 대한민국 정부가 공식적으로 수립되었다. 대통령이 된 이승만은 북한과 공산주의의 존재를 자신의 권력을 강화하고 독재를 정당화하는데 이용했다. 그의 '철저한 자유민주주의'는 철저한 반공주의를 의미했다(공보실 1959). 이승만정권의 통치이념은 서구식 자유민주주의와 반공으로 알려져 있으나, 자유민주주의는 단지 이데올로기적인 상징조작으로만 기능하였을 뿐 반공이념이 지배적 위치를 차지했다고 할 수 있다(김혜수 1995; 최봉대 1985; 손영원 1987; 진덕규 1981). 그는 극단적 반공주의의 표방과 함께 북진론을 여러 차례 표방했다.

(3) 조병옥의 반공주의와 반공활동

해방 후 반공주의를 지지하며 활동한 우익인사들이 여럿 있지만 그 중에서도 미국 유학생활을 통해 반공주의를 내면화한 조병옥의 반공활동은 두드러진 것이었다. 윌리암스 대령은 경찰의 총책임 경무국장의 자리가 공석에 있다고 하면서 공산군에 대항하기 위해 "공산주의이론에 투철하고 반공사상에 철저한 유능하고도 실천력이 강한 한인 중의 애국적 인사가 아니면 도저히 이 중책을 감당해 나가기가" 어렵다고 하면서 인물 추천을 요구했는데(조병옥 1959: 149), 그 자리에 조병옥이 추천되었다. 조병옥은 회고하길, 자신은 미군정기간 중 공산주의자의 수법에 넘어가지 않았는데 그 이유는 콜럼비아 대학 재학시절 씽코비치 교수로부터 맑스의 이론에 대한 강의와 자신의 학구적 비판의 근거로 인해 "우익의 분열은 좌익의 이익을 가져온다는 것을 자각"했기 때문이었다. 그래서 그는 김구와 미군정을 연결해주려고 노력했다고 한다(조병옥 1959: 167-168).

조병옥이 경무국장으로 취임한 후 무엇보다 주력한 것은 경찰병력 강화였다. 제주도를 포함하여 각 도청소재지에 경찰청, 각 시에 경찰서, 각 읍·면에 지서 등을 설치하여 계통적인 경찰망을 조직하고 카빈, M1 소총 등의 경무기와 중화기 등으로 중무장화하여 "수시로 각지에서 일어나는 공산당의 폭동에 대비"했다. 조병옥은 '민주경찰'을 확립하기 위해 수시로 민주경찰의 본질과 반공경찰의 임무와 사명에 대해 강의했으며 각 지방의 경찰서를 시찰하면서 인민위원회 및 인민공화국이라는 집단을 불법화해야겠다고 느꼈다고 했다. 그는 자신이 하지 중장과 아놀드 군정장관에게 인공의 불법화와 인민위원회의 해체를 선포하자고 주장하여 하지가 인공이 한민족의 자유독립 달성을 방해하는 것이라는 성명을 발표하고 인공을 해산시켰다고 했다. 한편 하지 중장은 남로당과 인민위원회는 불법화시킬 수 없다고 했는데, 그 이유는 당시 미국무성이 미국헌법에 의거해서 결사의 자유를 보장하고 있는 까닭에 인민위원회는 하나의 정당으로 간주했다는 것이다. 그러나 조병옥은 인민위원회가 정당으로 간주될 수 없다고 주장했다. 또한 당시 인민위원회 간판이 행정관서와 학교 등에 붙어 있었고 마치 행정관서의 행세를 했기 때문에 인민위원회를 그대로 두어서는 군정의 운영상 또는 치안유지상 커다란 방해를 초래하게 될 것이라고 주장했다. 그는 하지와 아놀드에게 "강력히 진언하여 마침내 인민위원회를 해체하게 되었고" 그 자신이 지방에 순시할 때 직접 인민위원회의 간판을 뗀 적도 있었다고 했다(조병옥 1959: 152-155).

조병옥은 제주 4.3항쟁에 대해서도, "4월 3일에는 제주도에서 총기수류탄으로 무장한 폭도들이 전도(全島) 15개 경찰지서 가운데 11개 경찰지서를 습격하고 경찰관과 우익인사들을 살상하는 만행이 시작"되었는데 "한라산의 지리적 특수성으로 경찰의 토벌로서는 공비와 폭도들을 완전진압할 수가 없어서 4월말부터는 국방경비대와 경찰이 합동작전을 하여 그 해 6월 초순에는 대체로 질서가 회복"되었다고 회고했을 뿐이었다(조병옥 1959: 211).

조병옥은 좌익집단을 해체하고 더 나아가 극우집단을 적극 지원했다. 그는 조선민주청년동맹과 조선민주애국청년동맹을 해체시켰는데 이후 하지와 러치가 서북청년회의 해체를 지시하자 그는 다음과 같이 부당하다고 주장했다.

> 그래서 나는 그 부당성을 지적하기를 북한공산치하에서 가혹한 비민주적 독재정치에 시달려 갖은 고역을 다 맛본 젊은 청년들이 고향과 부모형제들과 생이별을 하고 월남한 그들에게 다소 불법성이 있었다고 해서 서북청년회와 같은 열렬한 반공적 우익청년단체를 해체한다고 하는 것은 한민족의 자유독립을 완성하기 위한 준비기관인 미군정의 본래의 임무와 사명에 어긋나는 처사일 뿐만 아니라 또 따라서 서북청년회를 해체하는 경우에는 국립경찰로서만으로는 남한의 치안을 유지할 도리가 없는 실상임으로 절대로 서북청년회는 해체해서는 안된다고 주장하였던 것이다(조병옥 1959: 155-156).

그래도 하지가 듣지 않자 조병옥이 직접 만나 다시 요청하여 결국 서북청년회를 유지시켰다. 그는 서북청년회를 해체했더라면 좌익 지하조직은 더 활발히 전개되었을 것이라고 회고했다. 또한 공산당의 지령에 의해 산발적으로 일어나는 폭동을 국립경찰만으로는 도저히 진압할 수가 없었을 것이라고 주장했다(조병옥 1959: 156). 그는 또한 다음과 같이 회고했다.

> 민애청을 해체시키는 동시에 민족진영의 우익청년단체를 육성시킨 것과 같이 경전노조사건, 용산철도노조사건, 인쇄노조사건 등에 대한 강력한 조치를 취

하는 반면 전평을 해체시키는데 성공했으며 전평 대신의 민족진영의 노동단체로서 대한노총을 육성시키는 근본방침을 세워 민주주의사회에서의 노동자의 자유와 권익을 위하여 우익노동운동자들로 하여금 진정한 노동운동을 발전하도록 하였던 것이다. 이렇게 해서 나는 각사회단체를 우익으로 전환시키는데 주력을 경주하였던 것이다(조병옥 1959: 156-157).

5·10 선거를 반대하는 행위에 대해서 그는 "이러한 폭도들의 만행을 대비하기 위하여 나는 미리 향보단을 조직케 하고 경찰지서 단위의 각 지역에 55세 이하 청장년의 지원자로서 경찰과의 협력 하에 자발적인 자위조직을 결성"하게 했다고 주장했다(조병옥 1959: 212).

그는 단정을 지지하는 이유에 대해 "공산주의의 본질과 공산주의의 본연의 양상을 과학적으로 판단해 볼 때, 소련은 동독을 해방하지 않고 자기수중에 넣고 적화시키는 것처럼 북한도 동일한 방법을 취하면서 절대로 내놓지 않을 것"이라고 하면서, "그런 까닭에 남북통일은 상당한 시일이 걸릴 것이므로, 남한의 2천2백만의 자유민들은 언제까지나 그들 공산주의자들의 잔인무도한 횡포와 행패를 그대로 보고 좌이대사(坐而待死)할 수는 없는 것"이라고 답했다. 그렇기 때문에 "하루빨리 남한만이라도 단독적으로 총선거를 실시하여 국회를 구성하고 그 국회에서 헌법을 제정하여 주권정부를 수립함으로써 국민의 정치적 이상을 달성하고 국민의 자주독립의 의욕을 총족"시켜야 한다는 것이었다(조병옥 1959: 208). 즉 그는 단정 수립의 이유로 반공과 남한 자유민의 보호를 든 것이다. 남한 만이라도 자유를 누려야 한다는 것이었는데 그에 의하면 이미 남한에는 자유분위기가 존립하고 있었다. 그에 의하면, "그동안 4개 반으로 나누어 남한전역을 시찰중이던 유엔한국위원단은 동년 4월 28일에 '광범위의 지방시찰을 한 결과 남한에는 언론, 출판, 집회의 제민주주의적 자유가 용인존중되는 자유분위기가 명백히 존립하고 있음을 인정'"했다고 진술했다(조병옥 1959: 212). 유엔한국위원단이 방문했을 때 조병옥은 환영회 개최를 주장했으며 다음과 같은 환영연설을 했다.

지금 우리 3천만 민족은 자유독립국가를 수립하느냐 않느냐의 역사적 순간에 놓여 있습니다. (…) 그러나 북한 공산주의자 및 소련 측은 이 성스러운 과업을 수행하기 위하여 내한한 유엔한국위원단의 입북을 거부하고 한국총선거를 거절하는 태도를 취하고 있습니다. 우리가 공산주의의 정체를 잘 알고 있으므로 그들의 예정된 계획에 의하여 그와 같은 태도는 응당 취할 것이라고 생각하고 있었던 것입니다. (…) 현존한 국제 정세 하에서는 남한만이라도 자유로운 총선거를 실시하여 (…) 닥쳐올 공산주의와의 대결에 있어서 우리민족이 민주역량을 총집중해야 된다고 믿는 바입니다(조병옥 1959: 212-213).

위 글을 보면 자유독립국가의 수립, 자유로운 총선거는 공산주의와의 대결을 위한 것임을 알 수 있다. 김구, 김규식의 단정 반대 및 북한 방문에 대해서, 조병옥은 늘 그랬듯이, "나는 콜럼비아 대학 당시 씽코빗치 교수로부터 개인적 지도를 받았던 까닭에 공산주의의 본질과 공산주의의 파괴적 특성을 잘 파악하고 있는 고로 그들이 북행을 하여 남북협상을 한다고 하더라도 결국은 하등의 결론도 못얻고 그대로 돌아올 것이라고 확신"했다고 회고했다(조병옥 1959: 209).

그는 남북분단을 심지어 숙명적인 것으로 파악했다. 그는 그 뿌리를 조선시대까지 거슬러 올라가 설명했다. 그는 "이조시대의 정치의 죄악으로 인하여 북한동포는 생산계급화가 되었던 때가 있으며 남한동포는 권력계급화된 적이 있었"다고 하면서 그래서 홍경래난까지 일어났다고 했다. 이와 같이 "이조 오백년간 우리 한민족이 남북으로 갈리어 같은 동포이면서도 차별대우를 받게 된 것은 이조정치의 역사적 산물"이라고 보아, 남북 분단은 어제 오늘의 일이 아니라는 것이다(조병옥 1959: 194-195).

　조병옥은 1954년 '신민주주의'를 제창하며 다시금 공산주의를 비판한다. 공산주의 뿐 아니라 사회주의와 사회민주주의도 공산주의와 마찬가지라고 비판했다. 그는 공산주의를 "소유권의 철폐와 생산분배수단의 공유를 통하여 계급 없는 사회를 건설하려는 프롤레타리아 독재정치에 의한 일국가사회주의 혁명정치나 국제사회주의 혁명정치"라고 보았고, 사회주의와 사회민주주의는 "자유주의 경제원칙에 의한 생산수단의 자유경쟁을 부정하고, 국가적 입장에서 강력한 경제통제력으로 경제적 평등만을 중요시 하는 까닭에, 그 국가적 통제의 경제적 압력은 잘못하면 '공공의 복지'라는 이름 아래, 국민의 기본인권을 유린하고, 정치적 평등을 경시하여, 국가가 가지고 있는 정치권력은 강압독재정치로 변화하기 쉬운 것"이라고 보았다. 따라서 "사회민주주의나 공산주의, 파시즘 등은 주의의 본질이나, 정책적 성격에 있어서 다소의 차이는 있을 것이나, 전체주의적 입장에서 비판해볼 때 경제적 평등과 공공의 복지를 국가적 통제력으로 강력 촉진시키기 위하여 정치적 평등의 국민의 자유권을 침해하는 점에서 동일하다"는 것이다(조병옥 1954b). 이렇듯 그는 사회민주주의도 파시즘과 마찬가지로 인권을 유린하고 정치적 자유가 없는 체제로 될 가능성이 크다고 보았다.

　구 한민당 세력이 이승만 정권하에서 야당으로 밀려나면서 이승만 정권을 비판했어도 이렇듯 반공주의란 면에서는 일치점을 보였다. 이전에는 주로 맑스주의에 대한 이론적 비판이었다면 1950년대에는 소련을 비롯한 공산권을 경계하는 냉전·반공주의가 더 강조되었다. 조병옥은 '자유세계의 방위와 발전'이 '인류사에 있어서 커다란 창조'를 가져왔다고 하면서 소련의 적색 제국주의를 비판한다. 소련은 철의 장막을 확장하여 약소민족, 인접국가의 정복과 병합을 자행했으며 그에 따른 자원과 시장의 팽창을 가져왔다는 것이다(조병옥 1959: 13-14). 이는 자본주의 시장 축소에 대한 우려라고 할 수 있다.

이런 관점에서 그는 대소 강경책을 지지했다. 힘에는 힘으로 맞서야 한다고 하면서, "자유진영의 총본영인 미국도 냉전에는 냉전으로 대항하고 있으며 열전에는 열전으로 대하고" 있다고 했다. 더 나아가 "미국의 대소정책은 항시 강경정책이라야만 한다. 미국의 대소정책이 강경할수록 모든 자유진영의 국가군이 고무하여 집단안전보장 체제하에 단결하게 될 것"이라고 주장했다(조병옥 1959: 15).

(4) 공산권의 몰락 전망

당시 반공주의 이념은 소련의 팽창정책이 비판되고 공산권의 몰락이 전망되면서 더 강화됐다. 1949년 10월 『경향신문』 기사에 의하면, 공산주의는 변증법적 유물론을 세계관의 토대로 하여 조국도 민족도 저버리고 노동계급의 독재사회를 목적으로 폭력, 살육, 파괴만을 정치운동으로 알면서 소련 제국주의가 인류와 민족을 노예로 만들었다.[33] 그런데 유고슬라비아의 티토는 소련의 지배를 벗어나 "민족과 조국의 영원한 자유와 행복을 위하여 재출발"했다는 것이다. 이어 "소련이 민중의 힘으로서 붕괴될 날이 멀지 않을 것은 소련을 연구한 자의 공통된 판단이고 중공 자체가 지금 헤게모니를 잡았다 하나 내부분열과 농민의 반발로서 해체될 날도 멀지 않을 것"이며 "북한의 괴뢰집단이 전민족의 힘으로 몇몇의 그들의 수괴를 타도시키는 날 와해될 것"도 잘 알고 있다고 썼다(경향신문 1949. 10. 8).

동아일보 역시 1950년대 중반 공산권에서 "자유혁명의 화산이 폭발하고 있다"고 보았다. 헝가리, 폴란드, 동독 등을 거쳐 소련의 심장부인 모스크바까지 흔들리고 있다는 것이다. 소련은 스탈린주의로 복귀할 것인가 해빙을 계속할 것인가의 양자택일에 놓였다고 했다. "각국 공산당은 티토주의 문제와 나아가서는 사회주의 이데올로기 자체의 문제로 심히 동요하고 있는" 실정이라고 했다. 이에 "동구 위성국의 총본산인 소련 자체가 티토주의에 대하여 필사적인 도전"을 하고 있으며 티토는 폴란드, 헝가리 사건의 책임이 티토주의자에게 있는 것이 아니라 소련과 동구 국가들의 스탈린주의의 '청산(清算)불충분'에 있다고 하면서 스탈린주의자들이 소련군의 출동을 요청함으로써 헝가리 인민의 반소, 반공운동을 일으켰다고 지적했다. 폴란드 언론도 소련의 헝가리 간섭을 비난하고 소련의 네오스탈린이즘 경향을 격렬히 공격했다고 했다. 루마니아에서도 스탈린주의자로 지목받은 당 간부들이 노동자와 학생들의 반대에 직면하여 좌불안석인데 루마니아 군대는 소련군에 의해 무장해제를 당했다고 보도했다. 이에 헬싱키에서 세계평화대회가 개최되어 소련군의 철퇴(撤退)와 헝가리의 주권존중을 희망한다는 코뮤니케를 발표했음을 알렸다(동아일보 1957. 1. 1).

반면 자본주의에 대해서는 '총체적으로 보아' '상승과정에 있다'고 했다. 따라서 "맑스주의로 하여금 자본주의에 대한 문제의식과 평가를 달리하지 않을 수 없게 하였다"고 보았다. "자본주의의 계속 상승은 사회주의가 자본주의보다 과연 진보적인 제도인가에 대해 근본적인 의혹을 자아내게 하고" 있으며 "선진자본주의의 번안(繁案)이 과거처럼 식민지나 세력권 확보의 토대 위에 반드시 서 있는 것이 아니라는 사실은 후진국의 내셔널리즘을 희생치 않고서는 선진국의 자본주의가 번영할 수 없다는 명제를 대체로 부정하는 것"이라고 했다. 1956년을 회고해볼 때 강대국 대 약소국의 내셔널리즘의 충돌이 자본주의권 내에서보다 사회주의권 내에서 훨씬 더 치열했다는 사실은 '대서특필해야 할 것'이라고 했다(동아일보 1957. 1. 1).

자본주의가 공산주의를 이길 수 있는 한 방법으로 원자력 이용이 제시되기도 했다. 1955년 원자력평화이용회의가 개최되면서, 공산주의를 이길 수 있는 유일의 방법이 원자과학이라고 주장되었다. 해방 후 10년 동안에 "눈부신 발전의 사상(事象)이 하나 있다면 이는 원자과학의 발전이며 이것이야말로 공산주의의 존립의 근거를 극복하는 유일의 동인"이라는 것이다. "무서운 원자력을 살육무기의 제작으로부터 인간이 이용하기 시작했었고 그 사용은 벌써 10년전 일본에서 전무한 참화를 내었다는 것은 인류가 저지른 가장 불행한 사실"이었다. 그러나 이후 원자력의 연구와 이용이 발전되어 제네바에서의 원자력평화이용회의까지 개최하게 되었다고 했다. 이 회의는 "신비절대한 원자력을 인류전멸의 위협으로부터 인류전체의 복지를 보장하는 데로 전환시키는 중대한 계기"가 되었다고 했다. "빈고(貧苦)와 질병과 폭력으로부터 인류를 구제하는 종복으로서 원자력이 등장되는 날에는 공산주의는 존재이유를 잃게 되고 개성의 자유와 존엄이 약속되는 평화로운 민주주의 사회로 귀일하게 될 것도 멀지 않은 장래의 일"이라고 강조되었다. 당시 한국은 미국과 더불어 원자력협정을 체결했는데 이는 '과학발전의 역사적 전환기'를 맞아 각성한다는 표현이며 앞으로 "과학의 후진성을 극복하는데 남보다 몇 십 배의 노력을 경주"해야 한다고 강조했다(경향신문 1955. 8. 15).

원자력평화이용회의에서 소련은 협조적 태도를 취했는데 국내 언론은 이에 대해 의문을 표했다. 원자력의 평화적 이용이 인류의 복지를 향상하는 것에 목적이 있다고 하지만 "이것이 원자력 상품화 경쟁의 시발점을 이루었다는 것과 또 원자력평화이용 문제와는 달리 핵무기의 생산 및 저장 경쟁이 양대 진영간에 여전히 격심하게 계속 되고 있다는 것도 엄연한 사실"이라는 것이다. 따라서 소련의 협조적 태도가 "핵무기 생산 경쟁을 집어치우겠다는 의도에서 나온 것은 아닐 것이요 그 한도 내에서 자유진영은 경각심을 높일 필요가 있어 보인다"고 했다(동아일보 1955. 8. 28). 현재 핵 발전과 이용의 위험성이 경고되고 있고 북한의 핵무기 개발이 첨예한 쟁점이 되고 있는 시점에서 이와 같은 당시의 원자력 이용의 낙관과 우려는 시사하는 바가 크다고 하겠다.

1950년대 후반, 언론은 다른 국가의 사회주의 정당의 몰락에도 주목했다. 영국에서 노동당이 패배하고 분열 위기에 놓였으며 일본사회당도 분열된 것을 사회주의 자체의 위기로 보았다. 다음의 글은 그러한 관점을 보여준다.

오늘날 사회주의 정당의 분파적 대립이 분열에 직면하게 된 가장 중요한 원인은 세계의 자본주의가 완전히 안정기에 들어섰고 자본주의 체제가 요지부동하게 확립되었다는 점이다. 일반적으로 전쟁 직후 자본주의 경제가 심한 상처를 입고 사회적인 대립과 불안이 지속되고 있는 동안 사회주의 정당은 현저하게 진출하지만 부흥이 진보되어 자본주의가 점차로 안정하여 번영 상승의 길을 걷게 되면 사회주의 정당은 몰락을 하게 되는 법인데 현재는 바로 후자의 시기에 해당하는 것이다. 그런데다가 보수정권의 꾸준한 '체제 내에서의 개혁'운동은 점차로 결실(結實)하여 광범위한 사회보장제도의 실시를 보아 근로대중의 생활을 개선하여 놓았으니 사회주의 정당이 정치적으로 입각할 수 있는 사회계급적 기반은 약화되지 않을 수 없는 것이다. 사회개량주의 정책을 가지고 체제 내의 결함을 시정·제거하여 복지국가의 이념이 구현될 적에 혁명을 가지고 체제 전환을 해버리자는 사회주의는 점차로 매력을 상실하게 되는 것이니 영국 수상 맥밀란 씨가 금차의 총선 직후에 "이미 계급정당은 존립할 기초를 잃었다"고 말한 것은 이러한 의미로 해석하지 않으면 안 될 말인 것이다.

사회주의 정당이 사회주의 정당으로서의 본령을 발휘할 수 있는 정치적·경제적 여건을 상실하였을 적에 그 정당은 이데올로기나 기본정책에 반해서 자연히 좌우파로 갈려지기 마련이니, 우파는 자본주의 정당과의 투쟁의욕을 잃어 온건한 사회개량주의 노선을 택하게 되는 것이고, 좌파는 점차로 과격화하여 나중에는 공산당과 일선(一線)을 획(劃)하기 어려운 정도로 급진화하고 마는 것이다. 영국 노동당의 좌파나 일본사회당의 좌파가 국내정치나 국제정치에 있어서 공산당과 거의 다름이 없는 정책을 주장하고 있는 사실이나, 또 양당의 우파가 공히 보수당과 거의 다름이 없는 주장을 내세우고 있는 소이는 여기 있다 할 것이니 자본주의 정당과 공산당의 중간적 정당으로서의 사회주의 정당은 아무래도 사회발전의 어떤 시기에 가서는 양극화의 작용을 면할 수 없는 것이다(동아일보 1959. 10. 20).

기사는 이어서 이러한 사회주의 정당의 몰락이 일시적인지 항구적인지 알수 없으나 "자유민주주의의 강인성과 보수정당의 앞날에 대해서 자신을 더욱 강하게 가져도 좋다 하는 낙관론에 도달하게 되었음을 부인할 수 없다"고 결론지었다.

이같은 국제 정세와 사회주의 몰락을 반영해서인지 4월혁명 이후 선거에서 당선된 사회주의 정당 후보자는 자유당보다도 적었다. 이는 또한 민주당이 사회주의 정당을 경쟁자로 생각하여 적극 공략했기 때문이기도 하다. 민주당은 이들의 공약보다 더 나은 것을 제시하려고 노력했다. 사회주의자들은 '계획혼합경제'를 제시했는데 민주당이 군인과 공무원의 봉급 인상, 중소기업과 농민에 대한 대부, 관개사업을 들고 나와 사회주의자들보다 우위에 섰다. 한편 사회주의자들은 통일과 관련해서는 보다 적극적인 공약을 내걸었다. 이승만은 '평화통일'이란 말을 반역과 동일시했는데 사회주의자들은 중립국 감시를 통한 통일, 북한과의 문호교류, 중국의 유엔 가입을 공언했다. "통일론이 이정권 몰락 이후의 한국에서 상당한 투표 요인 요소가 되었"기 때문이다(동아일보 1960. 8. 12).

06 _ 통일 · 평화 이념

(1) 북진통일론

이 시기 등장한 통일 이념 중 하나는 이승만의 북진통일론이다. 그는 정부 수립 직후부터 일관되게 북진통일을 주장해왔다. 이는 남북협상을 통한 통일 정부 수립을 주장한 김구의 통일론과 대조된다. 그러나 남한은 무력으로 북한을 통일할 수 있는 능력을 갖추지 못했다. 1949년 미군은 500여 명의 군사고문단만 남고 철수했고 국군은 매우 취약한 상황이었다.

한국전쟁 발발 후 이승만은 북진통일을 더욱 강조했다. 1950년 7월 19일 이승만은 트루먼에게 유엔의 작전 목표가 38선의 원상회복이 아니라 북진통일임을 주장했다. 1953년 국회도 '통일 없는 휴전 반대'를 결의하고 '북진통일운동특별위원회'를 구성했다. 12월에 이승만은 전쟁불사 성명을 발표한다. "1954년 1월 22일까지의 기간에 정치교섭이 효과를 거두지 못할 경우에는 군사적으로 한국을 원조한 제국은 전쟁을 재개함에 있어서 자동적으로 이에 참가해야 할 것이다. 이러한 전쟁이 자기들의 자유와 안전의 방위와는 아무런 관계가 없다고 생각하는 국가나 장병이 한국땅에 머물러 있다면 그러한 국가나 장병은 자기들의 본국으로 철수해도 좋다."고 발표했다(노중선 1996: 24, 34, 38). 또한 휴전을 반대하는 대대적인 북진통일 궐기캠페인을 전개했다. 이승만은 1955년 8월에도 휴전협정을 즉시 폐기하고 북진통일을 주장했으며 1959년 6월 UPI 기자회견에서도 무력북진통일을 재강조했다. 한편 같은 날 미국은 이승만의 북진을 지지하지 않겠다는 성명을 발표한다(노중선 1996: 49, 68).

이승만의 북진통일론은 북한의 평화통일공세에 대응하고 미국의 지원을 보장받으며 국내의 남북협상론과 평화통일론을 억압하기 위한 것이었다(장호근 2007: 178). 1953년 체결된 한미방위조약에서 무력을 통한 한국문제의 해결을 금했기 때문에 북진통일론은 현실적으로 불가능한 주장이었다. 북진통일론은 나라를 비상결속체제로 만들어 이승만 권력을 강화하기 위한 것이었다. 북진통일운동은 1950년대 말까지 계속되었지만 1956년 5월 정부통령 선거와 그 이후에는 효과가 약해졌다(서중석 2005: 125).

북진통일론과 늘 쌍을 이루면서 상호보완하는 주장이 '북한 자유선거론'이다. 정부는 북한지역에서의 자유선거를 통한 남북한통일을 지속적으로 주장했다. 1950년 9월 임병직 외무부장관은 유엔안보리에 '북한만의 유엔감시하선거'를 요청했다. 1953년 이승만은 "북한만의 단독선거로 국회의 잔여 의석을 채우는 것이 원칙이다. 그러나 북한주민이 희망한다면 전국 총선거를 받아들일 용의가 있다"고 했다(공보처 1953; 노중선 1996: 37). 한편, 1954년 5월 변영태 외무부장관은 제네바회담에서 한국통일문제에 대해, 통일독립민주한국을 수립할 목적으로 종전의 유엔 결의에 의거하여 유엔 감시하에 자유선거를 실시하며, 선거에 의해 수립된 '전한국 의회'는 통일한국의 대통령을 새로이 선출할 것인가의 문제, 대한민국의 현 헌법을 수정할 것인가의 여부, 군대의 해산에 관한 문제를 제정해야 한다고 주장했다. 또한 대한민국 헌법은 전한국 의회가 수정하지 않는 한 계속 유효하다고 했다(노중선 1996: 41-42). 이승만은 1958년 6월 '유엔 감시하 북한만의 선거'를 다시 주장한다. 같은 해 10월 양유찬 주미대사는 '1) 유엔감시하에 중공군을 북한으로부터 철수시키고 이를 확인 2) 중립국이 아니라 유엔 감시하에 북한에 자유선거 실시 3) 유엔의 결의에 따라 한국에 민주적인 통일국가가 수립되는 즉시로 유엔군을 철수시킬 것'이라는 한국통일에 관한 3개항을 발표했다(노중선 1996: 65).

국회는 지속적으로 북한지역만의 선거를 통한 통일을 주장했다. 1954년 10월 국회는 "유엔 감시하에 북한 전지역에서 전공산군이 철퇴한 후 선거를 실시하여 대한민국 주권을 확충하는 것이 국시이다"라고 결의했다. 11월에는 '한국 중립화 및 남북총선거안 반대', '북한만의 선거를 통일방안으로 하는 안'을 결의했다. 1957년에도 "중공만의 북한지역에서의 철수, 유엔감시하에 북한 지역만의 자유선거, 한국의 유엔가입"을 내용으로 하는 통일방안을 채택했다(노중선 1996: 44-45, 59).

한편, 정당의 통일방안을 보면, 민주당은 1957년 10월 3차 전당대회에서 '유엔 감시하의 남북한 총선거'를 주장했고 1958년 2월 자유당은 제4대 민의원 선거에서 "국방력을 강화하여 강토의 방위를 공고히 하는 동시에 자유 제국과의 유대를 긴밀히 하여 반공투쟁에 공동전선을 형성하고 나아가서 유엔의 협조를 얻어 중공군을 철퇴시키고 대한민국의 주권하에 북한에 자유선거를 실시하여 국토의 통일과업을 달성한다"는 통일정책을 발표했다(노중선 1996: 60, 64).

(2) 평화통일론과 중립화통일론

통일방안으로, 북진통일론 외에 다른 목소리도 있었다. 1952년 8월 3일 대
통령 후보 이시영은 '통일문제'에 대해 다음과 같이 정견발표를 했다. 1) 유엔
을 계도하고 유엔에 협력하여 남북정전회담을 최단 시일 내에 성공시키고 국
군과 인민군을 함께 발전적으로 해소한 '민족평화군'을 창건한다. 2) '평화민
족 통일국가'를 건립한다. 3) 남북을 통한 일체 정치범은 일단 석방하고 추후
심사하되 지도자의 지시에 의한 범행을 일체 불문에 붙인다(노중선 1996: 32).

중립화통일론도 등장한다. 1955년 2월 2일 재미 조국중립화위원회의 김
삼규는 "한국에서 미·소간의 국가적인 이해관계를 조정함으로써 진정한 민족
적인 자주성을 확립하는 것이 중립화운동이다. 통일된 중립한국은 강대국(미·
소·중·일)의 국제적 보장에 의하여 정치적 독립과 영토적 보전이 준수되어야
한다."고 주장했다.

같은 날 당시 서울대 학생이었던 김낙중은 '통일독립청년공동체안'을 대
통령에게 청원서로 제출한다. 그 내용에 따르면 민족을 통일하는 청년의 자치
적 생활공동체인 통일독립청년공동체를 수립하여 남북한의 주권을 점차 이 청
년공동체에 이양하자는 것이다. 김낙중은 월북하여 이 제안을 북한 당국에게
도 전달한다. 귀환 후 국가보안법 위반으로 구속되었다(노중선 1996: 47-48).

가장 대표적인 평화통일론은 조봉암과 진보당의 주장이다. 1956년 조봉암
은 북진통일론을 배격하고 평화통일론을 주장했다. 조봉암은 이승만의 북진통
일론이 유엔과 미국이 반대하기 때문에 현실성이 없으며 미소냉전을 벗어나
민족 자주적으로 통일을 이루어야 한다고 주장했다(서중석 2005: 125). 진보당
창당대회 때 발표된 통일방안은, 통일독립된 민주한국의 국회를 형성하기 위
하여 자유선거를 시행한다는 것, 선거를 감독하기 위해 인도, 스위스, 체코 대
표로 구성된 국제감시위원회를 설치한다는 것, 선거 실시를 위해 남북한은 각

각 대표를 뽑아 전한국위원회를 설치한다는 것, 전한국위원회는 통일한국의 헌법 작성, 군대의 해산 등에 관한 문제를 결정한다는 것, 통일독립민주한국의 평화와 재건 조력을 강대국을 포함한 제국가가 책임을 진다는 것이다(노중선 1996: 54-55).

(3) 4월혁명 이후의 통일논의

북한은 이승만의 북진통일론에도 불구하고 지속적으로 평화통일론과 남북교류를 주장해왔다. 4월혁명 발발 후에는 남북한 정당·사회단체 대표회의를 제안했다. 남한의 정당들과 사회단체들도 다양한 통일방안을 앞다투어 내놓기 시작했다(노중선 1996: 73-109).[34] 7월 12일 사회대중당은 "유엔이나 적당한 국제감시단의 감시리에 통일되어야 하고 그 선행조건으로 문화교류, 제한된 경제교류, 인사교류를 해야 한다"고 주장했다. 7월 14일 민주당은 유엔 감시하의 남북한 자유선거를 주장하면서 그 전에 남북교류를 하는 것은 공산 측이 파괴·교란 행동을 중지한다는 보장이 없는 한 위험천만한 일이므로 거부한다고 했다.

8월 14일 김일성은 "어떠한 외국의 간섭도 없이 민주주의적 기초 위에서 자유로운 남북 총선거를 실시하는 것이 평화적 조국통일의 가장 합리적이고 현실적인 길"이라고 하면서 "그래도 남조선당국이 남조선이 다 공산주의화될까 두려워서 아직은 자유로운 남북 총선거를 받아드릴 수 없다고 하면""과도적인 대책"으로 "남북조선의 연방제를 실시할 것을 제의"했다. "연방제는 당분간 남북조선이 현재 정치제도를 그대로 두고 조선민주주의인민공화국 정부와 '대한민국 정부'의 독자적인 활동을 보존하면서 동시에 두 정부의 대표들로 구성되는 최고민족위원회를 조직하여 주로 남북조선의 경제문화 발전을 통일적으로 조절하는 방법으로 실시하자는 것"이라고 했다. 만일 이 제안도 받아들일 수 없다고 하면 "남북조선의 실업계 대표들로 구성되는 순전한 경제위원회라도 조직하여 남북 사이의 물자를 교역하며 경제건설에서 서로 협조하고 원조하도록 할 것"을 제안했다. 이 제안 이후에도 장면 국무총리와 정형일 외무부장관은 시종일관 유엔 감시하의 선거를 주장했다. 9월 23일에는 흐루시초프 소련 수상이 제15차 유엔총회에서 '외부의 간섭없는 남북한 통일'을 권고했으며 '북한의 제안은 동서독일연합과 같은 합리적이고 평화통일의 좋은 출발이 되는 유일한 방법'이라고 강조했다.

9월 30일에 민족자주통일중앙협의회(민자통)는 즉각적인 남북정치협상, 남북 민족대표들에 의한 민족통일 전국최고위원회 구성, 외세배격, 통일협의를 위한 남북대표자회담 개최, 통일 후 오스트리아식 중립 또는 다른 형태를 택할 것인지 결정해야 한다는 견해를 발표했다. 10월 3일에는 김용중 재미 한국문제연구소장이 한국중립화통일방안을 제안했다. 그는 비동맹국가로 구성된 중립국위원단의 감시 아래 자유선거를 실시하여 통일하자고 제안했다. 윌리엄 풀브라이트 미하원 외교위원장은 "한국민의 자발적인 행동에 의해 통일되어야 한다"고 하면서 "유엔의 원조 하에 자유선거로써 성취할 수 있다"고 했으며 맨스필드 미 하원의원은 오스트리아식 중립화통일방안을 제안했다.

그러나 정일형 외무부장관은 오스트리아식 중립화통일론 수용은 불가하다고 했고 통일방안은 '반공을 전제로 하는 유엔 감시하의 남북총선거'임을 재확인했다. 장면총리 역시 "유엔 감시하에 남북을 통한 총선거로서 자유·민주·통일하는 것만이 현하 한국정부가 취할 수 있는 유일한 통일방안"이라고 했다.

대체로 국제사회, 북한, 남한의 시민사회는 통일에 대해 적극적인 방안을 제시하는 반면 2공화국 정부와 민주당은 유엔 감시하의 자유선거를 고집하면서 비타협적자세를 견지했다. 북한은 당시 유엔을 "미국 침략주의를 돕는 비법적 단체"로 인식했기 때문에 유엔의 감시는 받아들일 수 없는 조건이었다. 심지어 11월 11일 메논 유엔 주재 인도대표도 "한국의 평화통일 실현을 위하여 유엔의 테두리 밖에서 중립국으로 구성된 국제위원회의 감시하에 남북한 자유선거 실시를 요구할 것"이라고 하면서 한국의 통일을 위해서는 남북한이 직접 대면하여 회담을 시작하고 통일을 위한 타협해결안을 내보여야 한다고 주장했다.

07_ 진보·보수 이념

오늘날의 의미로 쓰인 진보, 보수 개념은 20세기 초에 등장한다. 『국가사상학』(정인호 1908)을 보면 "능히 진보와 보수 양당으로 하여금 그 종지를 평균히 보전하니", "상원의원은 대개 보수당이 많고 하원의원은 대개 진보당이 많으니라"는 표현이 나온다. 이후 진보 개념은 사회주의적 유물사관과 결합하면서 사회주의적 목표를 전제한 개념이 된다. 1946년에 나온 『신어사전』(민조사)를 보면 '보수주의'를 "낡은 것, 옛날 것을 그대로 지켜나가는 주의. 신흥 부르주아지의 급진주의에 대한 구 봉건적 특권계급의 현상유지주의에서 생긴 말"이라고 설명한다. '진보적 민주주의'란 용어는 '사회주의적 색채가 농후한 민주주의'라고 풀이되었다.

진보가 보수를 공격할 때 보수보다는 주로 반동 내지 반동우익으로 불렀다. 또한 친일민족반역자, 매국노, 파괴분자 등의 용어가 많이 사용되었다(정승현 2013). 진보 개념이 사회주의와 결합되면서 우파들은 진보란 말을 꺼리기 시작한다. 그 예로 미군정 교육이 처음에는 '진보주의 교육'으로 불렸으나 이후 '새교육 운동'으로 바뀌어 불린 것을 들 수 있다(김준현 2014).

진보·보수가 유의미하게 통용된 것은 1950년대 중반부터이다. 신상초는 1957년 "우리나라 정계나 언론계에서 보수와 진보를 구별하여 논의하기 시작한 것은 불과 2, 3년 전부터"였다고 회고했다. 1954~55년 사사오입 개헌 이후 신당운동이 진행되면서 당의 이념과 정책, 결집할 정치세력의 범위를 놓고 보수세력, 진보세력이란 말이 생겼다. 그 이전까지는 여당·야당을 주로 사용하다가 신당 운동 이후부터 조봉암을 중심으로 하는 세력은 진보, 자유당과 민주당은 보수로 규정되었다. 조봉암은 「내가 본 내외정국」(1955)에서 민주국민당의 몇 논객이 "진보적이니 혁신적이니 하는 것은 모두 다 사회주의에 통하는 것"이라는 구실로 자신을 배제했다고 비판했다(정승현 2013).

1956년 11월 10일 진보당 창당대회 개회사에서 조봉암은 "자본주의와 그 앞잡이인 보수당"에 맞서 "나랏일을 바로 잡고 국민을 살리는 유일한 길은 오직 진보적 사상을 가진 혁신요소의 대중적인 집결로 혁신정당을 조직"하는 것이라고 선언했다. 이때 조봉암이 경쟁 정당을 보수로 처음 규정하고 한민당과 민국당을 보수적이라고 비판한다. "자본가와 지주계급을 대표하는 정당으로 출발"하여 "일제시대와 군정 이래로 우리 근로대중에게 군림하여오던 또 하나의 기성 보수세력이 야당으로 자처"한 것이 한민당과 민국당이라는 것이다. 당의 이념을 '사회적 민주주의'로 설정하고 복지국가, 사회보장제도, 국민의 생활향상, 분배의 평등, 경제성장, 평화통일, 참된 민주주의 실시를 내세웠다. '계획적 경제체제'를 수립하여 산업의 부흥, 국가발전, 새로운 민족문화 창조를 실현하는 것이 '한국의 진보주의'라고 주장했다. 강령을 보면, 냉전이 격화되면서 미국이 "한국의 부패한 보수세력을 원조"하고 이들과 결탁했다고 비판한다. 해방 후 한국이 경제와 산업이 발전되지 못한 것도 "무능부패한 우익 보수적 정치세력" 때문이며 국영기업의 불하는 보수세력의 이익을 위해 진행됐다고 지적했다. 그런데 "우리나라의 우익적 보수세력의 일부 대변자들"은 국영기업의 실패를 지적하면서 자유경제를 대안으로 내세운다는 것이다(정승현 2013).

조봉암이 유력한 경쟁자로 떠오르자 이승만은 진보당을 해체시키고 조봉암은 간첩혐의로 사형시켰다. 그러면서 진보는 일시에 금구(禁句)가 되었다. 다음은 1958년 3월 21일 동아일보에 연재된 소설 「격랑」의 한 대목이다(김준현 2014).

> 봉건적이란 말에 준식은 "그럼 미스 최는 진보적이요?"라고 응수했다. "진보란 말은 요즘 안쓰는 거예요. 소식불통이네. 그게 금구(禁句)가 된 줄도 모르시는군. 현대적이라고 하는 거예요."

이 소설이 실린 바로 전달인 1958년 2월 25일 진보당이 등록취소되었다. 진보당에 대한 정권의 무자비한 대응이 사람들로 하여금 진보란 말의 사용을 꺼리게 했음을 알 수 있다.

그러나 한편, 이승만 정권의 부정과 횡포가 날이 갈수록 심해지자 보수에 대한 비판도 다시 제기되었다. 1960년 조세형은 '한국 보수주의는 이념이 없다', '그 정치적 전통이 아무 것도 없다'고 하면서 "부패, 권모, 무법, 독재 등이 극히 중요한 한국 보수주의의 성격이 되었다"고 비판했다(정승현 2013). 결국 4월혁명이 일어나 이승만 정권은 몰락했고 그 이후에는 보수에 대해 거리낌없는 비판이 가해졌다. 이에 한태연은 4.19 이후 '정치적 무풍지대'에서 "안일과 고식으로서만 시종하던 보수적 정치세력"이 반성하고 미래를 전망하지 않을 수 없게 되었다고 했다(이나미 2017).

제 2 장

경제 이념

01_ 경제현실 인식

1956년 교과서는 "우리나라 재정의 현실"이란 제목 하에 우리 경제의 어려움을 서술하고 있다. 우선 일제강점기에 우리 경제가 '극도로 피폐'했으며 게다가 "우리 경제 자체가 일본경제의 한 부분으로써 유지되었다"고 지적하고 있다. 해방 후 국토가 양분되고 이에 군사와 치안에 대부분의 국가수입을 지출해야 하므로 경제 불안과 물가고로 나라 경제가 어려운 처지라고 했다. 해방 후 3년간의 국민경제는 '생산위축과 통화증발'로 나타났다고 했다. 1948년 한국 정부는 미군정 예산을 결산하고 건전한 재정을 위해 국고지출의 절약과 미국 원조를 기반으로 새 예산을 세웠으나 이후 여순사건, 한국전쟁 등으로 "군사비, 수습비 및 치안유지비의 방대한 지출"이 재정악화를 심화시켰다고 했다. 이후 긴급물자를 다량 도입해 1953년부터는 안정을 달성하면서 경제부흥에 착수하게 되나 전쟁기간 동안 물가가 10배로 올랐으며 산업시설이 파괴되고 전쟁 대비 지출이 많아져 방대한 차입금으로 경비를 충당하게 되었다고 했다. 1954년부터도 외국원조에 의한 경제부흥과 군사비 지출에 중점을 두었으나 대충자금이 충분하지 않아 막대한 적자를 냈으며 이러한 적자재정을 벗어나는 것이 가장 시급하다고 저자는 쓰고 있다. 방대한 지출의 원인은 주로 군사비로, 1953년에 총 세출의 71%를, 1954년에 73%를 국방비에 쓰고 있다고 했다. 또한 재정을 안정시키기 위해 국민은 낭비를 삼가야 한다고 쓰고 있다(민병태 1956: 120-123).

경제적 어려움과 국가재정의 불안정은 낭비가 주된 비난의 대상이 되게 했다. 집이 없어 고통받는 이재민들과 큰 요리집에서 흥청망청하는 돈을 쓰는 사람들이 곧잘 비교되곤 했다. 따라서 이 시기 경제와 관련하여 자주 강조한 덕목은 검소와 청빈이었다. 아울러 부흥, 경제재건, 자립경제 등도 자주 언급되었다. 검소와 청빈은 주로 공동체에서 강조되었다. 부흥과 경제재건 담론은 1950년대에 자주 등장했다가 1960년대에 오면서 그 수가 적어진다. 이때부터는 발전 담론이 증가한다. 부흥도 재건의 뜻을 지닌 것으로 전쟁 이전의 상태를 회복하는 것을 일차적인 추구대상으로 설정했다. 정부 뿐 아니라 일반 사회에서도 경제는 중시되었다. "누구나 말하는 것이 경제재건이고 때로는 경제자립을 부르짖기도" 했다(김종태 2015: 107-109).

02 _ 미국 유학파의 경제 이념

해방 후 경제정책 형성에 영향력을 행사한 이들의 경제이념은 어떠한 것이었을까. 앞서 언급했듯이 미군정은 통치를 위해 주로 미국 유학파들의 협조를 구했는데 이들은 대체로 자유경제 원리를 신봉하는 이들이었다. 이들은 유학 당시 미국 경제학의 이론체계를 구축한 J. B. 클라크(John Bates Clack)의 한계효용론에 영향을 받았다. 조병옥은 클라크의 "경제학사상의 최대공적은 멘거(Karl Menger)나 왈라스(Marie Esprit Leon Walras) 또는 제폰스(William Stanley Jevons) 등의 경제학자와는 독립된, 사유재산제와 자유경쟁원리를 기초로 하여 한계효용이론을 체계화하는데 노력한 점에 있다"고 보았다(조병옥 1986). 1920

년대 클라크에게 지도를 받거나 그의 학설을 추종한 유학생들은 조병옥, 이긍종, 김도연, 김우평 등으로 이들은 기본적으로 자본과 생산중심적인 경제학풍에 입각하여 당시 민족경제 자립의 방안을 강구했고 철저히 반맑스주의적 입장을 견지했다(방기중 2003). 조병옥에 의하면 "한계효용설은 노동가치설이나 생산비설에 대립되는 학설"로서, "재산의 가치는 일체 인간의 욕망, 즉 주관적 평가에 달려 있다"는 것이다(조병옥 1986). 이긍종 역시 효용을 중심 개념으로 한 물질적 공리관을 근본으로 해야 한다고 주장하면서 결론적으로 개인의 자유를 중심으로 기업심리를 자극하여 생산활동을 보호하는 자유주의 경제관과 정책이 가장 이상적이라고 주장했다. 평등한 분배는 생산의 자유를 해치고 생산의 부자유는 생산량을 감퇴시키므로 생산과 분배, 자유와 평등은 본질적으로 상호 모순관계에 있다고 주장하면서, 19세기 이래 자본주의 발전의 원동력이 된 자유경제원리와 경제정책을 지지했다(방기중 2003).

03 _ 전평의 이념과 노선

사회주의 이념은 노동운동의 사상과 활동에 영향을 주었다. 일제강점기에 도입된 사회주의는 노동운동의 사상적·실천적 기초가 되었다(이재영 2015: 11). 조선노동조합전국평의회(전평)의 경우 조선공산당의 변혁론을 기초로 삼았다. 조선공산당은 토지문제의 혁명적 해결과 주요산업 국유화를 경제강령으로 하고 친일과 민족반역자를 제외한 전민족적 통일전선을 기초로 한 혁명적 민주주의 정부 수립을 정치강령으로 하는 반제반봉건 민주주의혁명론을 강령적 방침으로 제시했으며 전평 지도자들은 이에 따라 노동운동의 진로를 모색했다(전현수 1993: 113).

그러나 전평 지도부는 산업건설노선과 자주관리노선의 두 진영으로 분열되어 있었다. 전자는 한철이, 후자는 현훈이 중심이 되었다. 산업건설노선의 지지자들은 경제부흥을 전민족적 요구인 동시에 노동계급의 생활향상과 직결된 요구로 이해했다. "노동자는 동포애로서 건국투사로서 산업을 부흥시켜 국민 생활을 안정시키기 위해 노력하는 동시에 자신도 한 노력민으로서 자유인으로서 상당한 물자적 보장을 받아야 한다"고 주장했다. 노동자는 파업을 할 수 있으나 노동자의 생활개선 한가지만 생각하는 과오는 극복해야 한다고 했다. 또한 미군정의 협조를 기대했으며 미군정당국과 대립하는 태도에 대해 신중할 것을 당부했다. 이들은 파업을 자제하고 생산에 협조하여 경제부흥에 기여하며 '노력에 상응한 임금'을 요구하는 방향으로 노선을 설정했다. 반면 자주관리노선의 지지자들은 경제부흥이 일제잔재와 이윤독점을 목적으로 하는 모든 반동적 요소를 배제하고 노동자계급의 조직관리와 감독이 있어야 가능하다고 전제했다. 그리하여 노동자의 공장관리권을 주장했다. 또한 군수산업의 평화산업으로의 전환을 통해 실업자들을 흡수하고 양심적인 민족자본가를 포섭하고자 했다. 이러한 운동에 대립하는 미군정과는 투쟁할 태세를 갖췄다(전현수 1993: 120-122).

초기에는 이 두 노선 간에 갈등이 없었고 좀 더 산업건설노선에 치우쳐 있었다. 자주독립과 경제건설을 원조하는 미군정의 정책에 적극 협력하며 양심적 민족자본에 대해서는 파업을 하지 않을 뿐 아니라 생산에 적극 협력한다고 선언했다. 따라서 인민정권 수립을 위한 투쟁의 하나로 노동운동을 생각한 것이 아니라 노동조건 개선을 위한 운동으로 생각했다. 더구나 모스크바 삼상회의 결정을 지지하기로 한 상황에서 더욱 미군정 정책에 협조할 수 밖에 없었다. 미국에 대적할 이유가 없어졌기 때문이다(전현수 1993: 123-125). 그러나 삼상회의의 결렬 및 미군정의 좌익과 노동자 탄압에 직면하자 전평의 정책이 변화한다. 산업건설운동이 비판되었고 파업 회피는 '노동자계급의 무장을 해제시키는 전술'이라고 비난받았다(전현수 1993: 135).

04 _ 제헌헌법의 경제사상

제헌헌법의 경제 관련 규정은 자유주의 원리보다 독일 바이마르헌법의 영향을 받아 자유경쟁 보다는 분배와 균형이 더 강조되었다. 이는 당시 세계 조류의 영향으로 사회적·경제적 기본권이 중시되었고, 한국의 경제가 "확실히 불평등의 경제적 병리상태에 놓여"(조병옥 1954b) 있었기 때문이었다. 제헌헌법은 기본권을 보장하고 있으나 기본적 권리라 하더라도 공공복리를 위해 조정될 수 있다는 점이 부언되고 있으며 특히 재산권은 그 보장의 내용과 한계를 법률로써 정하되 공공복리에 적합하도록 행사되어야 한다고 강조되었다. 대한민국 경제질서의 기본을 "사회정의의 실현과 균형있는 국민 경제의 발전을 기함"으로 명시하면서 "각인의 경제상 자유는 이 한계 내에서 보장된다"(제84조)고 규정하여 경제조항 전반에 걸쳐 국가의 계획과 통제를 인정하고 있다(문지영 2002: 79). 따라서 제헌헌법은 사회복지주의를 그 기본원리의 하나로 갖고 있다고 평가된다(김영수 2001).

당시 사회적 약자에 대한 보호권과 같은 사회권까지 국민의 기본권으로 보장될 수 있었던 것은, 상대적으로 진보적인 생각을 가졌던 원외의 한독당이나 중도파와 이념적으로 가까운 50여명 가량의 의원들의 노력 때문이라고 해석되기도 한다(김일영 2000: 137). 제헌헌법 기초에 핵심적으로 관여했던 유진오는 "경제 문제, 사회 문제에 관해서는 단순히 자유를 주자는 데 그치지 아니하고, 국가가 이 문제에 적극적으로 참여해서 어떠한 사람은 도와주기도 하고 어떠한 사람은 제한하는 그런 체제를 채용"해봤으며 "종래에는 재산권을 오로지 신성하고 불가침하다고 이렇게 규정되었던 것인데, 이 헌법에 있어서는 재산권은 보장되지만 그 내용과 한계를 법률로써 정하게 되어 있"다고 언급했다. 또한 "이 헌법의 기본 정신은 정치적 민주주의와 경제적 사회적 민주주의와의 조화를 꾀하려고 하는데 있다"고 하면서 "민주주의의 근원이 되어 온 모든 사람의 자유와 평등과 권리를 위하고 존중하는 동시에 경제적 균등을 실현해 보려고 하는 것"이라고 주장했다(현민 유진오박사 고희기념논문집 간행위원회편 1982: 447-448). 그러나 제헌헌법의 목표는 통제경제라기보다는 당시 사실상 국유 상태에 있는 귀속재산을 매개로 한 경제건설이 당면 과제였기 때문에 '국유'라는 용어는 대부분의 기업체가 귀속재산으로 국유상태에 있다는 사실을 표현한 것이다(신용옥 2009: 2-3).

2차 헌법개정은 경제 조항에 중요한 변화를 가져왔다. 즉 제헌헌법에서는 국가의 경제 개입 및 사유재산권 제한이 강조되었는데 이것이 2차 헌법개정을 통해 완화되었다. 그 주요 내용은 중요한 자원들 및 자연력에 대한 국유 규정과 공공기업의 국·공영 규정을 완화하고 대외무역에 대한 국가 통제를 법률로써 정하며 사영 기업의 국·공유화와 그 경영에 대한 통제, 관리 규정을 보다 엄격하게 적용한다는 것이었다. 이러한 개정은 주로 외자유치를 통한 자본주의 발전을 위해 필요한 경제활동의 자유를 확대 허용한 것이다(문지영 2002: 88-89). 따라서 자본주의 발전을 위해 복지보다는 시장 및 경제활동의 자유가 더 확대된 것이라고 할 수 있다.

05 _ 이승만의 자유방임주의

헌법 개정의 방향이 경제 자유화로 간 것은 이승만 정부의 경제이념이 반영되었기 때문이다. 이승만 정부는 자유방임주의를 신봉하여 "우리 경제상 문제를 경제상 원칙적으로 해결하자는 작정으로 정치상 관련이나 법제상 위력으로 강제력을 쓸려는 것은 다 없애고 자유방임주의의 순리를 따라서 나가자"고 하면서, 주요 기간산업과 지하자원 등에 국유를 명시하는 등 '국가자본주의적' 요소를 상당히 갖고 있었던 제헌헌법을 1954년 자유시장 경제원칙에 맞추어 수정하고 귀속재산 불하, 은행민영화 등을 과감하게 시행했다. 이승만의 경제관 및 경제 정책을 볼 때 이는 자유주의에 대한 신념이라기보다는 제3세계적 현실을 무시한 무지의 소산이라는 해석도 있다(손호철·김윤철 2003: 256-257). 또한 정권연장을 정당화하는 반공주의의 강조와 북진통일론은 경제문제를 부차적인 것으로 미루어지게 하였다. "우리나라 현금에 가장 급하고 중대한 문제가 남북통일이고 그 다음이 경제안정"이라는 이승만의 발언은 경제발전에 대한 그의 무관심을 보여준다. 이승만 정권의 경제정책은 오로지 미국의 원조에만 의존한 것으로 경제문제는 바로 원조문제라는 인식을 보여준다(손호철·김윤철 2003).

자유방임주의는 당시 동아일보도 지지했다. 동아일보는 1954년 1월 '국영주의'를 비판하는 기사를 썼다. 1953년 9월 영국 노조대회에서 국영화정책의 실패를 확인하는 동시에 "우리의 목적은 국영주의에 있는 것이 아니다"라고 국영주의를 완곡히 반대하는 결의를 채택했다고 소개했다. 따라서 한국에서 국영주의를 지양하기 위해 개헌하는 것은 당연하며 사회정의는 국영주의에 의해서만 실현될 수 있는 것이 아니라고 강조했다. 영국의 경우를 보면 국영은 국민소득을 증진시키는데 있어서 민영보다 못하다는 것을 알 수 있다는 것이다. 그러면서 국영 만이 선이라고 광신하는 맑시스트 못지 않은 자가 학계, 국회, 관계에 적지 않다고 한탄했다. 또한 설사 국영주의에 의해 분배의 공평이 이루어진다고 해도 생산이 적다면 채택해서는 안된다고 주장했다. 한국상황에서는 생산의 증대가 더 필요하기 때문이라는 것이다. 생산의 증강이 있어야 국민생활의 향상을 볼 수 있으며 또한 세계적으로 보아도 전후 국영화운동을 벌인 나라들이 다시 민유화 운동으로 바꾸고 있다고 강조했다(동아일보 1954. 1. 28).

1954년 12월에는 "감상적 사회주의"라는 제목의 사설에서, 2차대전 후 떠오른 사조였던 사회주의가 10년이란 실험기간을 거치면서 파탄에 부딪혔다고 썼다. "생산수단을 사회화하는 범위가 넓어지면 넓어질수록 경제적 균등이 실현되고 국민의 복지가 증가되리라 하던 낙관적 사상이 '생산수단의 사회화에 기인하는 생산력 발전 템포의 지연'이란 가리울 수 없는 역사적 사실 앞에 무릎을 굽히고 있다"는 것이다. 프랑스, 영국 등에서 중요 생산수단의 국유화, 대기업의 국영화 등에 의한 사회주의 건설이 국공영 기업체의 생산 성적 부진과 이에 따른 국가사회생산 총액의 상대적 감소, 총체적인 생산력 발전 템포의 지연이란 현실 앞에 후퇴할 수 밖에 없었다는 것이다. 이에 영국 노동당수가 "사회주의는 반드시 생산수단의 사회화를 촉진함으로서 이루어지는 것이 아니다. 그것보다도 여하히 하여 사회적 생산의 총액을 증가하며 또 그것을 고루 국민에게 분배함으로서 사회복지를 증가할 수 있겠는가 하는 것이 중요하다"는 식으로 사회주의 개념을 시정했다고 했다. 사설은, 사회주의란 본래 서구 선진국에서 생산력이 발전하자 분배의 공평을 기하여 국민의 생활수준을 고루 높이기 위한 사상으로 반드시 이를 위해 생산수단의 사회화부터 해야 한다는 법은 없었다고 주장했다. 이는 공평분배를 위한 한 수단에 불과한 것이었다는 것이다. 그런데 생산수단의 사회화만이 공평분배에 이르는 유일한 길이라고 믿음으로써 오늘날 사회주의의 비극이 생겼다고 했다(동아일보 1954. 12. 30).

사설은 이어, 국공영 기업의 지배인이 태만하고 무책임하며 노동자들도 문란한 노동규율 밑에서 일한다면 사영에 맡겼을 때보다 훨씬 생산능률이 저하되는 것은 명백하다고 했다. 즉 국공영에서는 '공덕심'이 사영의 이윤욕을 대신할 수 있는 것인데 그런 공덕심은 "국민생활이 어느 정도 윤택하여 국민의 도덕의식이 발달한 사회가 아니면 기대하기 어렵"다는 것이다. 그런데 우리의 경우 이러한 "시행착오적인 사회주의적 건설의 희생"이 되었다고 했다. 중요 생산수단과 귀속용산(用産)의 대부분은 국유화, 국영화했는데 그 결과 일부 특권층의 사복을 채우는데 악용되었고 무위, 태만, 독선의 관료주의의 경제적 토대를 형성하였다는 것이다. 그로 인해 사회 총생산력은 저하됐고 국민생활수준은 향상하지 못했다고 했다. 사회주의는 생산보다 분배를 더 고려해도 좋을 만큼 생산력이 발전한 사회에서 논할 문제이지 한국처럼 이제 겨우 자본주의 초기에 들어선 사회는 분배보다 생산을 먼저 고려하면서 사회적 생산 총액의 증가에 거족적으로 박차를 가해야 한다고 했다. 이념으로서의 사회주의는 지지해도 좋으나 절대적 빈곤상태에 있는 우리 사회에서 그것을 실천하려 해서는 안된다는 것이다. 그러한 사람들은 좌익소아병, 감상주의, 현대판의 오웬들이라고 했다(동아일보 1954. 12. 30).

06 _ 야당의 경제이념

이승만과 동아일보의 자유경제 지지, 국영화 비판 등은 사회주의에 대한 논쟁을 일으켰다. 야당인 민주당 역시 창당 때부터 사회주의를 반대하는 '자유경제원칙'을 제시했다. 신당발기 취지문의 "사회정의에 입각한 수탈없는 국민경제체제의 확립"에서 '수탈없는'이라는 어구는 사회주의를 의미하기 때문에 부당하다는 의견이 제기되자, 대신 '자유경제원칙'이란 용어가 첨가되어 "자유경제원칙 하에 생산을 증강하고 사회정의에 입각하여 공정한 분배로써 건전한 국민 경제의 발전을 기하며"로 바꾸었다(백운선 1981).

이렇듯 1954년 말 신당의 노선문제로 사회주의가 논쟁의 중요 주제로 떠올랐다. 주요 주장들을 보면 첫째는 사회주의를 강령으로 하자는 것, 둘째는 사회복지의 향상을 목표로 하여 그 수단은 사회주의적인 것과 자본주의적인 것을 가리지 말자는 것, 셋째는 사회복지를 위해서는 균등분배를 배려한 자유기업주의가 최선이라는 것이다. 동아일보는 이 같은 논쟁에 대해 세 번째 견해를 제외한 주장은 추상적이라고 비판했다. 사회주의는 순정(純正)사회주의, 기독교사회주의, 상디칼리즘, 조합사회주의, 과학적 사회주의, 공산주의의 사회주의적 단계, 사회민주주의, 삼민주의, 국가사회주의, 공상적 사회주의 등 그 종류가 매우 많은데 이는 사회주의의 내용이 추상적이기 때문이라고 했다. 그러나 공통적인 것은 국영주의, 협동조합주의, 계획경제라고 했다. 그런데 사회복지의 향상을 위해 사회주의가 최선인 것처럼 생각하는 사람이 많지만 동서고금을 통해 보면 보수파 정부들이 더 사회복지를 증진시켰다고 주장했다(동아일보 1955. 1. 11).

한편, 1956년 무소속으로 부통령 후보로 나선 이범석은 당시 경제적으로 "관료특권의 지배와 자유방임정책의 혼합으로 인하여 소수의 부유 사치와 대중의 궁핍빈곤"을 가져왔다고 지적했다. 그리고 해결책으로, "국민생활의 균등한 향상과 국가수요의 우선 충족을 위하여" "경제에 대한 국가 관여가 있어야 할 것이며 그 목적과 배치되지 않는 한 개인의 창의와 자유경쟁이 존중되어야 할 것"이라 하여 경제에 대한 국가주도를 우선시했음을 알 수 있다(동아일보 1956. 4. 20).

조봉암이 중심이 되어 1956년 11월 창당된 진보당은 사회민주주의를 표방했다. 조봉암은 개회사에서 자본주의 세계도 날로 수정되어 사회민주주의적인 전법을 쓰고 있고, 공산주의 세계도 날로 변해서 사회민주주의적인 방향으로 가고 있다는 수렴론을 펴면서 사회민주주의 사회로 가자고 호소했다. 그리고 '피해대중의 전위대'가 되자고 주장했다(서중석 2007: 180). 진보당의 강령 정책은 혁신정치의 실현, 수탈 없는 경제체제의 확립, 평화통일의 실현 등이었다(오호택 2006: 91).

당시 김동명은 진보당이 '수탈없는 경제정책'을 내세운 것에 대해 "결국 자유경제의 구축(驅逐)을 의도하는 것"이라고 하고 "계획, 통제경제만이 수탈 없는 경제사회를 건설할 수 있다는 공허한 관념론, 공식론은 벌써 맑스, 레닌과 함께 미라가 되어 버린지 오래"라고 지적하여 다시 한번 '수탈' 개념이 논쟁의 중심에 섰다. "진보당적 사유방식에 의한다면, 자유경제란 수탈하는 경제

를 말함이오, 계획경제란 수탈없는 경제체제의 별칭인 것처럼 생각하고 싶어
하는 모양이나, 그렇다면 계획경제의 본존인 소련이 수탈적이냐 자유경제의
대종인 미·영이 수탈적이냐를 대조 비교해 보라"고 했다. 또한 북한도 같은 사
례로 들었다. 계획과 통제는 자유에 봉사하는 것이어야 하며 자유정신만이 착
취와 수탈, 사회악과 인간악을 이길 수 있는 것이라고 주장했다. 또한 자유경
제는 과거에는 "혹시 자본가의 이익을 옹호하기에 여념이 없었을지 모르나 오
늘의 그것은 분명히 자유로운 창의에 의한 기업활동을 적극 조장함으로써 국
가의 번영과 국민경제의 윤택을 도모하자는 것이 그 주장되는 목적"이라고 했
다. "자본가, 기업가는 국가적 계획과 목적에 의하여 구사, 이용되고 있는 하나
의 편리한 도구쯤으로 봐도 무방"하며, "적어도 오늘의 정치는 자본가를 위하
여 있는 것이 아니라 자본가, 기업가가 정치를 위하여 있는 것"이라고 했다. 따
라서 "오늘에 있어서는 자유경제나 계획경제나 그 이념적 방향에서는 완전히
일치"한다고 했다. "자유냐 계획이냐는 결국 어느 편을 택하는 것이 보다 더
정치적 목적 즉 국리민복을 도모하는 데 유리할 것이냐에 의하여 결정"되어야
한다고 했다. "자유냐 통제냐는 경제체제에 관한 한 그 자체에 절대적 의미를
부여하는 것은 무의미하다"는 것이다. 즉 "각개 국가의 그때그때의 경제적, 국
가적 조건에 의거하여 논의되어야 할 하나의 정책문제, 기술문제일 뿐"이라고
했다(김동명 1956). 따라서 김동명은 자유경제를 옹호하고 통제경제를 비판했으
나 그 내용을 보면 실상은 그 둘의 차이를 명확히 하지 않았음을 알 수 있다.
이는 당시 자유경제에 대한 무조건적 옹호가 더 이상 설득력을 갖지 못했음을
보여준다.

　　이승만 정부가 자유경제를 강조했다고 해서 경제를 독점하지 않았던 것이
아니었다. 오히려 당시 경제의 관료독점이 비판되었다. 즉 민주당은 관권이
'금융기관, 귀속사업, 특수회사 등을 지배'하고 있다고 비판하고, 따라서 '민간
자유기업을 조장·육성하여 허가·인가 등의 제도를 가능한 최대한도로 철폐하

고 인정과세 폐지 기타 세제를 혁신하여 산업의 자주적 발전을 조장할 것'을 강조하였다. 따라서 민주당 역시 자유로운 기업 활동을 보장할 것을 촉구한 측면에서 자유방임주의에 접근하였다고 볼 수 있으나 경제를 무정부상태로 방치하는 것에는 비판적이었다. 장면 부통령의 경우 이승만과 달리 공산주의보다 불안과 빈곤이 더 위기를 가져온다고 하여 경제 문제를 강조하였다. 이 나라의 경제조건을 개선하는 것이 한국통일에 대한 제1보로서, 불안과 공포로부터의 해방을 위한 민주주의의 실현과 이를 담보할 경제적 번영을 위해 외국 경제원조를 이용해야 한다는 것이었다(허동현 1999). 1960년 7.29 총선 유세에서는 그는 다음과 같이 말했다.

민주주의 경제는 경제활동의 유력한 동기로서 또는 경제발전의 유력한 추진력으로서 개인의 창의 재능 식견 경험을 존중하는 것이지 결코 경제계를 무정부상태로 방치하여 부익부 빈익빈의 불평등한 사회를 만들자는 것이 아니다. 하물며 민주주의 이념이 자유에만 있는 것이 아니라 평등과 우애에 있다는 것을 상기함에 있어서랴. (…) 어쨌든 민주정치가 성장하기 위해서는 '배고파 못살겠다'고 아우성치는 백성을 그대로 두고는 가능성이 없다. 생산력을 증강하여 근로하는 국민 대중에게 공정하게 분배됨으로써 국민의 생활이 안정되며 그 수준이 향상되는 것이 '데모크라시'의 전제조건이다.

위의 글에서 보이는 바와 같이 장면은 이승만이 경제를 무정부상태로 방치한다하여 그의 자유방임주의를 비판하고 이것이 부익부 빈익빈의 불평등한 사회를 가져올 것이라는 것, 민주주의는 자유 뿐 아니라 평등과 우애를 존중한다는 것, 생산의 증강과 공정한 분배가 민주주의의 전제조건이라고 주장했다.

이후 제2공화국을 이끌었던 장면 정부는 경제제일주의를 내세워 경제개발계획을 추진했다. 1961년 신년사에서 장면은 경제가 우선이고 통일은 다음이라고 천명했다.[35] 건설, 전력, 광공업, 중소기업 등 인프라 건설에 주력했으며, 일반적인 국토개발계획과 더불어 소양감 댐 등 5개 댐 건설을 통한 전력 증강 계획을 세웠다. 이러한 계획을 이끌어갈 국토건설대에 공채로 학사 2,000명을 선발했다. 7개년 전원개발계획, 8개년 석탄개발계획, 산업철도, 도로항만 확충계획도 세웠다. 이를 위해서는 무엇보다 재원 확보가 시급했으며, 미국의 대외정책이 무상원조에서 차관으로 전환되면서 기존 경제정책의 틀을 바꿀 수밖에 없었다. 따라서 한일관계의 개선이 필요했으므로, 재일동포 재산, 일본인 자본 반입, 미국 및 서독과의 기술 원조와 장기 차관을 추진했다 (서중석 1994).

그때 추진했던 국토개발사업, 경제개발 5개년 계획 등은 정권이 몰락한 이후에도 계승되어 시행되었다(전재호 2000a). 사실상 5.16 군사 정권은 장면정부의 계획을 그대로 가져갔다고 할 수 있다. "방법론은 물론이고 세부항목까지 거의 같은데 달라진 부분은 성장목표를 연 6.1%에서 7.1%로 높인 것 뿐"이었다고 증언되기도 했다(허동현 1999).

07 _ 부의 분배와 경제적 균등 관념

앞서 살펴보았듯이 이 시기에 부의 분배와 경제적 균등은 첨예한 논쟁을 일으키는 주제였다. 제헌헌법은 경제적 균등을 명시하고 있는데 이는 자유방임주의의 폐단을 제거하고 모든 국민이 물질적 복리를 누리게 하기 위한 것으로 해석되었다. 교과서는 "경제적 균등"이란 제목 하에 다음과 같이 쓰고 있다.

우리나라 헌법은 국민의 주권과 개인의 권리를 정치적으로 보장할 뿐 아니라, 일상생활에 있어 경제적인 균등을 명문화하고 있다. 이것은 자유방임주의의 폐단을 제거하며, 노동자와 자본가의 대립을 제거함으로써 모든 국민으로 하여금 국가에 봉사하도록 하자는 것이다. 헌법 전문의 동포애로써 민족의 단결을 공고히 하여 민주주의 제도를 실현한다는 취지와, 헌법 제5조의 균등사회 원칙은 우리나라가 한 계급에 의한 독재정치가 아니라, 모든 국민이 정치적 권리와 동시에 물질적 복리를 누릴 수 있다는 것을 말하는 것이다. 이러한 우리나라의 민주주의 이념은 제1차 대전 이후에 제정된 독일의 바이마르 헌법 및 제2차 대전 이후에 제정된 불란서 제4공화국 헌법에서도 찾아볼 수 있는 것이다(민병태 1956: 15).

위의 교과서와 다른 해석도 있다. 공정한 분배가 자유경제체제 하에서 더 성공적으로 시행되었다는 것이다. 즉 당시 김재순은 세계적으로 자유경제체제에서 "공정분배를 위한 시책 내지 사회보장제도 등이 훌륭히 성공"했다고 주장했다. 영국에서 노동당 정권이 들어섰으나 "자유경제의 기본적 체제를 변질시키지 못"했으며 "노동조합이나 소비조합과 결탁하여 영국 자본주의의 위기를 구하고 이를 다시 안정시키는데 역할을 하였다"는 것이다. 요컨대 이것이 결코 사회주의 사회로 접근한 것이 아니라고 하여 공정분배 문제를 다시금 사회주의를 비판하는 논의로 이끌어 갔다. "사회보장제도가 '요람에서 묘소까지'라는 슬로건으로 채택되어 주요 산업의 몇몇이 국유화되기는 하였으나 이러한 시책이 비단 사회주의의 원칙에서 출발한 것이 아니"라는 것이다. "보수당 정권에 의한 완전고용의 실업대책이며 교육, 노동조건, 구제, 오락 등의 진전을 보고 그래도 자유경제체제와 공정분배 원칙의 양립이 근본적으로 불가능하다고 할 것인가"라고 반문했다. 서독의 경우도 "철, 석탄, 전기 요금 등을 제하고 가격통제를 일절 철폐하고 시장경제 법칙 하에 자유 기업을 촉진"시켰으며 "분배문제보다도 생산성의 향상을 일층 중요 긴급한 최고 목표로 삼고" 있다고 했다. "자본소유와 영리성 및 자유경쟁을 전적으로 부정하는 경제체제 즉 사회주의 내지 공산주의 국가에서의 계획경제를 채택하지 않는 한 그것은 어디까지나 자유경제체제임에 틀림없는 것이고 그것이 제아무리 통제경제를 채용하더라도 그 본질은 변화하는 것이 아니"라고 했다. 따라서 "오늘날의 자유경제체제를 진부한 관념을 가지고 자유방임정책과 혼동한다는 것은 무지의 소치이거나 혹은 사회주의 내지 공산주의자들의 고의적, 정략적 중상"이라고 했다. 또한 맑스나 엥겔스가 말한 "노동자의 궁핍과 빈곤, 사회적 불안 등은 이미 자유국가에서 사라진 지 오래"라고 하면서 "방금이라도 사회혁명이 습래할 것 같이 보였던 어젯밤의 악몽은 사라지고 자유경제의 새로운 발전은 따뜻한 태양 볕에 축복받고 있는 것이 오늘의 현실"이라고 했다. 구미 국가들의 경기는 상승세이고 생산과 수출도 상승을 보여주고 있다고 하면서 "번영과 희망을 구가하고 있는 것이 오늘날 자유경제체제를 채택하고 있는 자유세계의 현황"이라고 했다. 심지어 소련도 "근래에는 자본주의 경제체제에 관한 맑스, 레닌, 스탈린 식의 진부한 공식론을 불신하고 있다"고 했다(김재순 1956).

이와는 다른 주장을 펴고 있는 인물로 조봉암과 뜻을 같이 했던 서상일이 있다. 그는 사회적 민주주의 시대가 시작되었음을 주장하면서 개인 본위의 자유경제가 아닌 국민대중의 경제적 생활을 향상시키는 참다운 의미의 자유와 평등을 실현하자고 주장했다. 다음의 글은 그의 주장을 보여준다.

오늘날 민주주의 시대에 있어서 어느 것이 악이라 할 것이며 어느 것이 선이라 할 것인가? 자본주의 사회에서는 봉건시대의 사상이 악이라 하면 대중사회 즉 사회적 민주주의 시대에 있어서는 자본주의 즉 개인주의가 선이 될 수가 없을 것이다.

사회적 복지국가를 훌륭히 건설하고 있는 북구 제국(諸國)은 더 말할 것도 없거니와 영국만 하더라도 그의 자본주의적 본질은 크게 변혁되어 보수정권 하에서까지도 대중 본위의 국가생활을 영위하고 있는 것이다.

외국 원조는 줄어가고 자립경제의 수립을 지향하지 않으면 안되는 마당에 있어서 (…) 개인 본위의 자유경제만을 외칠 것이 아니라 국민대중의 경제적 즉 물질적 생활을 보장 향상시켜 참다운 의미의 자유 평등을 실현할 수 있는 방면으로 각도를 돌리지 않으면 안 된다고 생각한다. 새로운 우주적 세기는 개시되고 제2 산업혁명을 전망하는 이때에 있어서 낡은 세계관에 사로잡혀 자기들만이 호화로운 생활을 지속하기 위하여 권력을 놓지 않겠다고 모략중상 권모술수 폭력 등등으로 일을 삼고 있는 것은 이 무슨 나라의 꼴이며 이 무슨 민족의 참상인가!(…)

나는 외친다. 부패하고 불법하고 빈궁한 이 낡은 사회를 하루 빨리 혁신하여 명랑하고 청신하고 부유한 민주국가를 건설하여야 할 것을(서상일 1957).

요컨대 앞의 두 주장은 당시 서구 경제체제가 자본주의의 변화를 보인 것인가 아니면 지속된 것인가 하는 데에서 차이를 보인 것이라고 할 수 있다. 즉, 두 주장 모두 공정한 분배나 사회보장제도의 필요성을 인정했다는 점에서 공통점이 있다.

08 _ 노동자의 보호와 이익균점권

제헌헌법은 노동조건의 기준과 노동3권을 국가의 법률로 보장하여 노동자를 보호했으며 노동자의 이익균점권을 명시했다. 노동자의 이익분배 균점권 조항은 당시 다른 나라의 헌법에서 찾아보기 힘든 독특한 규정이었는데(김영수 2001), 이러한 권리를 기본권으로 보장할 수 있었던 것은 한독당과 중도파 의원들의 노력 때문이었다고 한다(김일영 2000: 137). 한편 노동자의 이익균점권은 대한노총이 기업국유화를 반대하는 우파의 정치논리에 따르면서도 생존권 보장이라는 근로대중의 정서를 반영한 결과라는 해석도 있다(신용옥 2009: 2-3).

당시 교과서 『정치와 사회』에는 노동에 대해 "노동자는 생활할 임금을 받고 안전한 일터에서 일할 수 있어야 하며, 가족생활을 보장하며, 실업하였을 때는 새로 직장을 가지거나 그렇지 않으면 국가의 보호를 받아야 한다"고 써져 있다. 이와 관련된 문제가 '노동문제'이며 현대 노동문제에 있어 가장 중요한 사항은 다음과 같다고 했다(민병태 1956: 160-162).

① 노동자는 자기의 노동에 대하여 정당한 임금을 받을 권리가 있다. 우리나라 헌법은 법률이 정하는 바에 따라, 이익의 분배에 균점할 권리가 있다고 규정하고 있다(헌법 제18조). 노동자가 국민의 권리와 의무를 행사하기 위하여는, 생활유지에 필요한 최저 임금의 기준이 있어야 한다.

② 노동자는 체력의 한도가 있는 고로, 일정한 시간 외에 노동하기가 곤란하다. 그 뿐 아니라 노동자는 휴식함으로써 더욱 생산능률을 올릴 수 있는 것이다. 현대 문명국가에 있어 8시간 노동을 강조하는 것도, 노동자의 지위 향상을 도모하는 데 있다. 이보다도 한걸음 더 나아가서 유급휴가가 실시되어야 하는 것이다. 노동시간 문제에 관련하여 우리는 연소자와 부인의 취업시간 제한 같은 중요한 대책을 들 수 있다.

다음에, 노동자가 일하는 직장의 안전과 위생을 보장하여야 한다. 탄갱(炭坑)이나 공장의 환기와 채광은, 노동자의 건강을 위하여 절대로 필요한 것이다.

여기에 말한 임금, 노동시간 및 직장의 안전, 위생문제를 우리는 노동조건이라고 하며, 노동조건은 노동문제에 있어 중심을 이루는 것이다.

③ 다음에는, 노동자가 노동 능력을 상실하였을 때의 대책이 필요하다. 노동자가 질병이나 노령에 의하여 노동할 수 없게 된 때는, 그 노동자와 가족을 구제할 어떠한 대책이 필요한 것이다.

④ 노동자는 하는 일에 따라 다른 노동자와 같은 임금을 받는 것이 원칙이다. 그러나 가족이 많을 때는 특별한 부조책이 있어야 한다. 자녀의 교육 또는 출산에 대하여 별도의 조치가 필요한 것이다.

⑤ 노동자는 신체에 고장이 없더라도 실업하는 경우가 있다. 이것은 본인의 불찰이 아니라, 사회적 조건에 의하여 일어나는 것이므로, 마땅히 여기에 대한 대책이 있어야 한다.

중등교과서 『국가생활』에서도 "노동자의 보호"라는 글이 실렸는데 그 주요 내용은 아래와 같다.

이러한 좋지 못한 노동 상태를 개선하여 노동자를 보호하기 위하여 근래에 와서는 여러 가지 국가적 사회적 정책이 법으로 정해져 있으며, 선진 국가에 있어서는 이것이 엄격히 실시되고 있다. 즉 도의적인 견지에서 자본가들의 주의를 환기시키기도 하고, 때로는 노동자 자신들끼리 단결하여 노동조합을 만들어 자본가와의 거래에 있어서 자신을 보호하는 것이다(왕학수 1956: 94).

이와 같이 노동자를 보호하고 노동관계를 개선하여 국가 산업의 완전한 발달을 도모하는 국가가 취하는 방책을 통틀어 사회정책이라고 부른다. 국가가 문명된 국가일수록 사회정책을 적극적으로 실시하는 것이다. 그 이유는 다름 아니라 국민의 생활이 국가의 발전에 크나큰 관계가 있기 때문이다. 노동자의 생활문제는 널리 국가 전체의 문제인 것이다. 그들의 생활이 안정되어야 비로소 산업이 발전하고 국가경제가 확립되고 국가의 전체적 발전이 있을 수 있는 것이다. 우리는 이 점에 대하여 각별히 깨닫는 바 있어야 한다고 믿는다. 우리나라 현 상태에 있어서는 이 점에 관하여 더 한층 힘써야 한다고 본다(왕학수 1956: 95).

이렇듯 당시 헌법과 학교 교육은 노동문제를 매우 중시했으며 국가가 적극 나서서 해결해야 하는 것으로 간주했다. 당시 언론도 단결권, 노동조합 설립 등 노동자의 권리를 적극 옹호했다. 1959년 한국화약주식회사에서 사용자가 노조설립을 방해하자 이에 대해 동아일보는 "근로자의 단결권을 침해말라"는 제목의 기사를 냈다. 기사는, 노조 발전의 역사적 유래를 보면 노조는 근로자들이 단결의 힘을 빌어 사용주의 무제한적 이윤추구욕을 견제하고 근로자들이 사람다운 대접을 받기 위한 것이라고 하면서 우리 헌법도 이것을 보장하고 있음을 지적했다. 또한 "대체 우리나라 사람들 가운데는 노조라면 일종의 계급투쟁기구로 간주하여, 이를 위험시 내지 적대시 하는 관념을 가지고 있는 자 적지 아니한데, 자본주의 체제 하의 노조를 계급투쟁기구로 보는 것은 19세기적인 노조관 아니면 노조에 관한 좌익적인 해석에 지나지 않는 것"이라고 하면서 "20세기 후반기의 노조라는 것은 근로자가 주체가 되어 자주적으로 단결하여 근로조건의 유지 개선 기타 경제적 사회적 지위향상을 도모하기 위한 조직체요, 정치적으로 보아서는 일종의 압력단체에 불과하다"고 했다. 또한 "이러한 노조의 결성과 그 합법적인 활동전개는 사회정책적 또는 사회보장적 견지에서 얼마든지 환영할 일이지, 조금도 배척당할 성질의 것이 아닌 것이요, 국민경제적인 입장으로 보아서도 사용자로 하여금 근로기준을 준수시켜 노동력의 재생산을 보호하는 의미에서 분명히 플러스가 되는 것"이라고 했다. 노조를 적대시하고 위험시하는 것은 "정치권력이 노사관계에 적극 개입하여 양자 간의 이해관계를 조정하고 그렇게 함으로써 국민전체의 복지실현을 가기(可期)치 않으면 안 될 복지국가 체제 하에서는 하나의 시대착오로서 배격되지 않으면 안되는 것"이라고 주장했다(동아일보 1959. 5. 1).

또한 노동문제는 농촌의 빈곤과 연결지어 설명되기도 했다. 농촌의 피폐가 노무자의 도시집중을 가져와 실업문제를 야기한다는 것이다. 따라서 축산 등을 비롯한 부업을 장려하여 농촌생활을 윤택하게 함으로써 도시 노동자의 실업을 방지해야 한다고 했다(민병태 1956: 168). 또한 농민들은 공동의 이익을 위해 수리조합에 가입할 수 있다고 하면서 이를 공공조합의 한 유형으로 소개하고 있다. 즉 "공공조합은 일정한 국가의 목적을 달성하기 위한 자치단체"로서 법률에 구속되고 국가의 감독을 받는데 두 가지 유형이 있다고 하면서 수리조합과 의사회 등을 그 예로 들었다. 수리조합과 같은 공공조합의 경우 "이해가 공통된 자들만이 가입"하여 구성하는 경우로 논을 경작하는 농민들이 가입하는 단체라고 했다. 의사회와 같은 공공조합은 "동업자 사이의 공동 이익을 위하여, 또는 산업의 개량 발달을 촉진하기 위하여, 국가가 공적 사무의 일부를 그들의 단체에게 위임하는 경우"로, "국가는 법률로서 단체의 설립을 규정하며, 동업자를 강제적으로 여기에 가입하게 하여 국가의 목적을 달성한다"고 했다. 그리고 그 예로 의사회와 함께 주류업조합을 들었다(민병태 1956: 132-133).

제 3 장

사회 이념

01 _ 위생사상과 국민건강

(1) 위생관념 논쟁

조선시대에 외국인들이 한국에 와서 가장 많이 지적한 것 중 하나는 한국인들의 비위생적인 생활이며 또한 개화 지식인들이 가장 많이 강조한 것 역시 위생관념이다. 일제강점기에도 위생은 매우 강조되는 담론 중 하나였다. 이들은 한결같이 한국의 전통적 생활과 사고방식이 비위생적이라고 보았다.

어떤 이는 비위생적이고 거친 환경을 한국인의 특성과 연관시키기도 했다. 한 일본인은 조선인이 잡초와 같다고 하면서, "질식할 듯한 환경과 모든 생활의 악조건과 싸우면서 밟혀도 채여도 마치 뽑아도 뽑아도 연달아 돋아나는 잡초와 같이 늘어만 가는 인구증식력과 강인한 생존력에 일종의 공포를 느꼈"다고 했다. 한 일본 교수는 "조선인은 가공(可恐)할 민족"으로 "나무조각, 함석조각을 모아서 가는 곳마다 집을 짓는다"고 했다. 한국인들은 천정이 높은 중국집의 방을 복층으로 만들어 두 가구가 같이 사는 생활력을 보이기도 했다고 한다. 또한 알려진 바와 다르게, 조선인들은 의학지식도 별로 없고 위생시설도 나빴음에도 유아사망율이 그다지 높지 않았다고 한다(조현경 1947).

한국인의 이러한 강한 생존력은 빈곤의 산물이었다고 지적된다. 따라서 거친 음식을 먹는 마른 이가 더 건강하고 비만한 사람이 단명하듯이, 앞으로 한국도 생활수준이 높아지면 저항력을 잃을 것이고 문명병이 생길 것이라는 것이다. 또한 도시화, 공업화, 인구집중으로 인해 전염병 등 각종 병이 생겨날 것이므로 위생사상의 보급이 시급하다고 했다(조현경 1947). 즉 조현경의 설명을 보면 전근대적인 생활이 비위생적인 것이 아니라 오히려 근대적 삶이 위생사상을 필요로 한다는 것이다. 또한 인간이 동물이 아니므로 생존 만이 아니라 문화를 누려야 하고 따라서 생존력이 강하다고 하는 것이 결코 인간다운 삶을 의미하는 것이 아니라고 했다.

한국전쟁 기간 중 위생문제가 다시 심각한 주제로 떠올랐는데 이는 한국 국민의 위생사상 부족이 한 원인인 것으로 설명되기도 했다. 당시 언론보도에 따르면 한국의 유아사망률이 세계 최고이고 평균 수명이 37세에 불과했다고 했다. 전쟁 중인 1952년에 열린 세계 보건의 날 기념식에서 당시 최재유 보건 장관은 "우리 한국인이 원래 과감한 성격과 건전한 체질을 가지고 있음에도 불구하고 우리 국민에게 위생사상이 부족하고 환경위생의 불량, 영양부족 등이 원인이 되어 한국의 유아사망률은 매 천명에 220인이라는 세계최고기록을 점하고 있으며 우리 민족은 1백여만명의 결핵성 환자와 60만명의 폐간디스토마 특수환자와 4만여명의 나병환자를 가지고 있는가 하면 해마다 문명국가로서는 있을 수 없는 유행병이 발생되어 한국인의 수명은 37세라는 짧은 숫자를 나타내고 있다"고 했다. 당시 구미 각국의 평균 수명은 60여세였다고 한다(동아일보 1952. 4. 8). 이같은 결과는 전쟁이라는 비상한 상황이 반영된 결과로 여겨진다.

유행병이 큰 문제로 지적되었듯이 전쟁의 영향으로 전염병이 나돌았고 이는 위생과 관련된 심각한 문제로 인식되었다. 전쟁 후 피난민이 운집함으로 인해 환경이 악화되어 각종 전염병이 급증했는데 1951년에는 장질부사 환자가 8만여명에 달했고 그 중 14,000명이 사망했다. 그러나 해마다 환자 수는 줄었고 염형석은 이를 볼 때 "우리나라 국민들의 위생사상이 향상되었고 국내의 위생시설은 많은 개량과 발전을 본 것"이라고 했다. 또는 소아마비가 미국에 많고 한국에 적은 것이 면역이 생겨서 그런 것처럼 장질부사도 면역이 생겨 그런 것일 수 있다고 설명했다. 그러나 마실 물이 깨끗하지 않고 벌레들이 들끓어 안심할 수 없는 상황이므로 이러한 환경개선과 더불어 예방주사를 반드시 맞으라고 강조했다(염형석 1955). 또한 당시 매년 뇌염 때문에 사람들은 공포에 떨었는데 이 역시 민간의 위생 및 방역사상을 계몽·보급하여 해결할 일이라고 주장되었다. 모기, 파리 등의 곤충을 박멸하기 위한 구충제, 소독제가 민가에 보급된다 하더라도 이를 유효하게 사용하지 않는다면 약제만 낭비될 것이며 일반 가정에서 유행병 환자의 격리수용을 꺼려 이를 숨기는 동안 그 가족과 이웃까지 전염시킬 수 있기 때문이라는 것이다(경향신문 1956. 8. 31).

농촌위생도 중요한 주제 중 하나였다. 실제로 농민이 전 인구의 80% 이상을 차지했기 때문에 농민위생이야말로 국민위생이라고 해도 과언이 아니었다. 또한 식량생산이 국가와 사회의 가장 기본이 되는 것이므로 농사짓는 장정(壯丁)의 건강과 체력이 매우 중요하다고 강조되었다. 그런데 "원래 농촌은 자연생활 환경에 있어서 좋은 조건을 구비하고 있음에도 불구하고 농촌의 사망률이 도시 이상의 율(率)을 가지고 있음은 오로지 농촌위생의 결함을 의미하는 것"으로 그 주요한 사례를 보면 1) 높은 유아사망률 2) 기생충과 트라코마 3) 위장장해와 질병 4) 주택구성의 불비(不備) 5) 영양 및 음료수의 불량 6) 의료기관의 결핍 7) 위생사상의 결핍 8) 각종 보호시설의 불비 등이 있다고 했다. 따라서 이에 개선되어야 할 사항으로, "1) 오물의 처리를 합리화하여 분뇨시비에 기인하는 기생충 소화기계 전염병을 박멸시킬 것 2) 우물을 개량하여 물을 매개로 하는 전염병을 방지할 것 3) 영양지식을 보급하고 특히 편식을 피할 것 4) 트라코마 예방치료에 힘쓸 것 5) 일반의료 및 위생시설을 보급시킬 것 6) 위생사상을 보급시킬 것 7) 과로를 피하게 할 것" 등을 들었다(김영일 1957).

(2) 정신위생과 문화

위생사상에는 신체 뿐 아니라 정신에 관한 것도 포함해야 한다는 주장도 제기되었다. 당시 서명원에 의하면, 위생사상이 높다는 것은 기본적으로 "신체 위생에 관한 지식이나 태도가 높고 따라서 건강을 잘 유지할 수 있다는 것"을 말하는 것이지만 "건강을 유지하려면 이 신체적 위생만 가지고는 불충분한 것"이며 이에 못지않게 중요한 것이 '정신위생'이라는 것이다. 그 이유는 마음과 몸은 서로 분리될 수 있는 것이 아니며 "인간이란 유기체는 정신면과 신체면을 공유하는 통일체이기 때문"이라는 것이다. 수면이 부족하면 정신이 둔해지고 슬픔을 느끼면 소화가 잘 안되는 것을 그 예로 들었다. 그런데 건전한 신체와 건전한 정신은 그 조건으로 건전한 환경을 필요로 한다고 했다. 예를 들면 화목한 가정에서 건전한 자녀가 성장하고 경제적으로 불안한 사회에서 불량소년이 늘어가며 "정치적 불안으로 항구적인 생활계획을 못하는 국가에서는 선량하고 순진한 국민이 생길 수 없다"고 했다. 그러면서 "원자시대(原子時代)에 사는 20세기인들은 과연 그 전 시대의 사람들보다 행복하다고 장담할 수 있을까"라고 반문했다. "사회가 복잡해지고 문화가 향상함에 따라서 우리 생활은 더욱 복잡해지고 역설적이나 오히려 문제를 많이 일으키게 된다"고 했다. 왜냐하면 이러한 복잡해진 사회와 문화는 인간 본성에 역행하기 때문이라는 것이다. "문화사회에는 정신병자가 많고 전후(戰後)에는 정신병자가 늘어"가는데 "그 원인은 결국 인간본성에 무리가 많이 생기어 적응해나가지 못해서 오는 결과"라고 했다. 따라서 인간은 변화된 환경에 적응을 해야 하는데 이때 필요한 것이 '조정'이라고 했다. 그리고 그것에 해당되는 여러 가지 사례 중 하나로 공장 파업을 들었다. "공장에서 파업이 발생하는 것은 반드시 노동조건이 불량해서만이 아니고 때로는 고용주와 노동자와의 대인관계에 간극이 있어 오해와 불안에서 결과하는 빈도가 자못 큰 것"이라는 것이다. 그러면서 현대 의학이 치료에 앞서 예방에 더 힘쓰므로 이와 마찬가지로 "정신위생에서도 역시 이미 문제거리의 인물을 치료하느니보다 이런 사람이 되지 않도록 예방하는 것이 좀더 효과적이고 경제적"이라고 했다. 그 예로서 부모의 사랑을 못받으면 남을 미워하게 되는 것, 경쟁을 너무 강요당하면 열등감을 갖게 되는 것, 경제적 안정감이 없으면 불안감이 발생하는 것, 자기 능력을 모르고 이상만 높으면 실망 끝에 타락하는 것, 도덕적으로 너무 결백하면 본능과의 충돌에서 인격파열을 가져오는 것을 들었다. 그러면서 정신위생을 "현대과학이 알려주는 모든 사실을 토대로 하여 개인이나 사회가 자기 환경을 건전하게 건설하고 또 그 환경에 적응해서 현실을 도피하지 않고 당당하게 직면하여 응분의 만족감, 성공감, 행복감을 느껴가며 생을 영위할 수 있도록 하는 학문"이라고 결론지었다(서명원 1956).

위생적 생활과 관련하여 또한 중요하게 거론된 것이 '문화'이다. 이 시기에 문명 개념도 여전히 쓰였으나 주로 서구 문명을 비판하는 의미로 쓰였다. 과거에 문명이 주로 서구의 문물을 찬양하기 위해 쓰여진 것을 생각하면 이는 획기적 변화이다. 이 시기에 서구문명, 현대문명에 대한 비관이 등장했으며 비서구중심적 문명 담론이 부상했다. 그러나 이후 발전담론이 부상하면서 비서구중심적 문명 담론이 쇠퇴한다(김종태 2015: 123-124). 이 당시 문명을 대신하여 문화가 야만과 반대되는 의미로 쓰였다. 문화인, 문화민족, 문화생활, 문화주택 등이 그렇게 쓰인 경우이다. 임진준은 "문화인은 주택을 과학화하며 위생화하여 자기의 생을 안전케 하여 민족의 향상과 발달을 촉진시키고 있는데 야만인은 이와 반대로 주택을 원시적으로 조류처럼 수지(樹枝)에 깃들이고 살며 혹은 짐승처럼 동굴을 파고서 그 안에서 거주"한다고 하여 문화개념을 통해 위생문제를 문명과 야만의 기준으로 파악하고 있다. 즉 "인간은 그 거주하는 주택에 의하여 문화인과 야만인과의 구별을 하게 된다"는 것이다. 또한 아무리 정치, 문학, 음악 등의 수준 높은 지식이 많다고 해도 생활양식이 개선되지 않으면 문화민족이라고 할 수 없다고 했다. 그는 적산가옥의 구조를 재인식할 필요가 있다고 했는데 그 중에서도 목욕탕을 손꼽았다. 이는, 아무리 가난해도 목판이나 양철판으로 목욕탕을 구비할 수 있으므로 경제 능력의 문제가 아니며 이것이야말로 문화민족의 가정에 없어서는 안 될 조건이라고 했다. 또한 각 가정에 수도와 펌프시설, 화장실에 손 씻는 시설을 마련해야 한다고 했다(임진준 1955).

김영일도, 인간이라면 누구든지 자기 생명을 유지하려는 본능이 있는 것이나 "인지가 진보하고 자연을 이용하여 인위적 생활을 영위하게 되어 이것이 고도화되면 미적 생활을 요구"하게 된다고 했다. 또한 문화적 생활을 영위하려면 "심신이 완성된 인격을 요구"하게 되며 "건강에 대하여도 문화성이 풍부한 건강생활을 높이 평가"해야 한다고 했다(김영일 1955). 문화는 '서구의 자유스러움'을 의미하기도 했다. 〈자유부인〉을 보면 문화는 야만과 대조되어 쓰였는데 양품을 사용하거나 여성이 담배, 술, 춤 등을 즐길 줄 아는 것 등을 의미하기도 했다.

(3) 국민의학

이 시기에 위생과 관련하여 크게 주목을 받은 저서는 하두철의 『국민의학』이다. 일반인들에게 의학지식과 위생사상을 심어주는 것이 절실했다고 여겨지던 당시에 이 책은 "우리나라 현실 면에 비추어 실로 거대한 업적"으로 그 내용 중 "민족국가에 토대가 되는 우생학을 비롯하여 통속적인 세균학, 용이한 소독법, 국민으로서 필지(必知) 실행하여야 할 위생학, 영양학, 국민보건상 일대 암이라 할 수 있는 기생충병의 예방과 구충법, 광범위한 각 과 질병에 대한 원인과 증상, 가정요법과 간호법 등은 참으로 용의주도를 극(極)하였고" 또한 구급소생술 등을 다루고 있다고 했다. 당시 일본의 대중의서는 주로 민간요법이지만 이 『국민의학』은 "글자 그대로 국민의학으로서의 종합적 체계와 내용을 완비한 것"으로 "국민필지와 실행을 용이케 한 일대 지침적 보전이라 가가

호호에 상비 필독할 긴요성"이 있다고 했다(최동 1952).

위 주장 중 놀라운 것은 일본제국주의가 극복되었다고 여겨진 해방 후에
도 우생학 등이 의학의 주제로 다루어졌다는 점이다. 더구나 우생학이 민족국
가의 토대가 된다고 보았다는 사실이 주목된다. 송홍섭은『국민의학』이 "민족
장래를 좌우하는 민족우생학"을 다루고 있음을 가장 중시했다(송홍섭 1952).
'민족우생학'이란 표현을 쓰며 이것이 민족 장래를 좌우한다고 본 것이다. 더
나아가 이 책이 다루고 있는 "임산부의 양생법, 최신육아법, 성생활과 우생학
적 결혼대상의 선택법 등은 금상에 첨화격"이라고 칭송하고 있다. 우생학이 민
족적 차원 뿐 아니라 결혼상대를 고르는 것 등 개인적 차원에서도 적용되는 것
을 아무렇지도 않게 보고 있는 것이다. 이는 당시에 보편적 인권의식이 부재했
음을 알 수 있는 대목이다.

또한 '국민의학'이란 개념은 의학을 개인적 차원 뿐 아니라 국가적 차원에
서도 매우 중시하고 있다는 점을 보여준다. 이와 유사하게 체육도 '국민체육'
으로 육성해야 한다는 주장도 제기되었다. 김영일은 "구미 선진국은 보건체육
에 오랜 역사를 가지고 있다"고 하면서 "19세기 전반부터 전국적으로 이 체육
운동을 일으키고 더구나 제1차대전 이후 가속도로 여러 나라가 다투어 국가총
동원이 되어 실행하여 국민의 건강체위를 향상"시켰다고 했다. 그 중에서도 특
히 스웨덴의 사례를 들었다. 이 나라는 "1세기 전에는 국민체육이 여러 나라
중에서도 가장 하위에 있어 국민의 체질은 여지없이 쇠약하고 원기는 타락되
어 국민의 생활정도가 극도로 저하되어 있었"는데 스웨덴 체조의 원조인 링이
1814년에 스웨덴 체조를 발표하자 소학교에 체조장이 설치되고 이후 이것이
전국적으로 보급되어 각종 단체의 체육장이 설치되어 잘 활용되었다는 것이
다. "40세 이상의 부녀로 조직된 단체도 있고 여급, 여공으로 된 급도 있고 소
사, 직공 또는 청년만으로 된 단체도 있고 은행, 회사원으로 된 단체도 있다"고
했다. 그 결과 스웨덴 국민은 "전 세계에 자랑할 만한 우수한 체격과 체질을 가

지고 있으며 최근 60년간에 전 국민의 평균대 수명이 9년이나 연장되었다"는 것이다. 그 밖에 영국은 스포츠를 통한 신사도를 조성했으며 덴마크는 체조를 국가정책에 활용하여 국가경제의 토대로 삼았고 미국은 체육활동을 통해 인간성 개발, 안전생활능력 확보, 여가 선용, 인간생활의 윤택화를 이루었다고 했다. 따라서 우리도 국민체육운동을 일으키고 보건시책에 순응하며 공중위생에 철저하자고 했다. 또한 "국민이 체육적인 활동경험을 통하여 몸과 마음을 건전의 길로 이끌며 여가를 선용할 줄 알고 자기생활을 윤택화할 줄 알아서 가정의 단란화와 아울러 사회를 명랑하게 하자"고 했다(김영일 1957).

02 _ 복지국가와 사회사업

(1) 복지국가 이념

전통적 개념으로서의 '복지'는 주로 일반적인 행복과 안녕을 의미했다. 1940년 말에서야 오늘날과 유사한 복지국가 개념이 보이기 시작하는데, 1950년대 중반까지도 복지국가는 오늘날의 근대적 의미가 아니라 백성의 행복을 중시하는 계몽 군주의 정치체제로 설명되었다. 윤제술은 "역사적으로 고찰할 때 개명적 군주제 하에서는 국민의 행복촉진은 가능했으며 이를 일컬어 정치학자들은 복지국가 내지 경찰국가라고 하였다"고 했다(윤제술 1955). 따라서 1940년대 후반부터 1950년대 중반까지 복지국가 개념은 계몽군주제와 현대 복지국가로 혼용되어 쓰였음을 알 수 있다. 1954년 기사를 보면 "계몽적 절대 군주도 군주 개인의 영화를 위하여 전제했다기보다 오히려 국민의 복지를 위하여 한 것인데 다만 그 결과가 폭정이" 되었다고 설명하고 있다. 이어서 "계몽적 전제군주의 시대의 복지국가로부터 약한 정부야말로 좋은 정부라는 보험 국가 내지 제한정부로의 전환이야말로 민주주의의 역사적 전기"라고 지적했다(동아일보 1954. 1. 31). 이 글 역시 복지국가를 전제군주의 국가로 보지만 동시에 약한 정부, 제한 정부의 반대어라고 했는데, 이는 오늘날의 복지국가가 강한 정부, 큰 정부를 지향하는 것과 같은 의미를 내포했음을 알 수 있다. 또한 당시의 인식이 작은 정부를 민주적인 것으로 보았다는 점이 독특하다.

현대적 의미의 복지국가 개념은 경향신문이 1949년 선거를 앞둔 오스트레일리아와 뉴질랜드의 정당 정책을 소개하면서 등장한다. 오스트레일리아와 뉴질랜드의 국민들은 "완전한 복지국가를 원하는가 또는 사회주의를 억제함을 원하는가 하는 문제를 결정"해야 한다고 함으로써 복지국가를 사회주의와 등치시키고 있다. 또한 양 국가의 노동당의 승리는 사회주의의 실현을 의미하며 국민들은 정부의 통제정책과 복지정책에 익숙해져 변화를 원하지 않게 될 것이라고 했다. 양국 노동당 정부는 고율 징세 정책을 취해왔고 정부 고용자들을 증가시켰다고 했다. 일부 산업을 국유화하고 일부 기업에 관여하기도 했으며 사회복지시책을 확대하여 사회주의 정책을 추진해왔다고 했다. 한편 달러 부족과 공산주의자들이 이끄는 파업에 골치를 앓아왔다고 했다. 선거를 앞두고 양국 노동당은 "실업을 근절시키고 저임금 노동자들의 생활수준을 향상시키고 중대한 인플레이션을 방지하였다고 주장하고 있다"고 했다. 또한 사회복지시책, 연금제도, 유아수당제도, 무료의료제도도 이들의 성과로 제시되었다. 그러면서 "만약 노동당이 재선되면 사회복지정책이 더욱 확대될 것이라고 말하고 있다"고 소개했다(경향신문 1949. 11. 17).

복지국가의 이념은 자유권의 평등 뿐 아니라 생존권의 평등도 마찬가지로 추구하는 것이라고 설명됐다. 따라서 "당국은 실업자의 동태를 정확히 파악하고 사회정책적 내지 사회보장적 입법을 가지고 그들의 구제책을 본격적으로 강구해야 한다"고 했다(동아일보 1956. 6. 7). 또한 "생산규격의 감시, 품종의 지정, 자유계약의 알선, 노동조건의 지시 등등 인민의 생활의 어느 것을 간섭하지 않는 것이 없는 오늘의 복지국가에 있어서는 자연 그 정치가 민주방식을 따르지 않을 수 없다."(한근조 1955)고 하여 국민 생활 전반에 관여하는 국가가 복지국가라고 소개되었다. 복지국가는 '후생(厚生)국가'라고도 표현되었다(동아일보 1958. 9. 21).

복지국가는 지상낙원으로 묘사되었다. "세상에 지상낙원이라는 곳이 있다면 그 사회에서는 한사람의 거지도 찾아볼 수 없고 노동력이 없는 병신이라고 인정만 받으면 한평생을 먹고 사는 의식주 문제에 대해서 구태여 머리를 쓰지 않아도 살아나갈 수 있겠으며 또한 노쇠하면 국가의 따뜻한 보호를 받으면서 여생을 편안하게 지낼 수 있는 환경"을 말하는 것으로 "이와 같이 철저하게 사회보장제도가 서 있는 이상적인 복지의 나라"는 북구 스칸디나비아 3개국인 노르웨이, 덴마크, 스웨덴이라고 했다(경향신문 1958. 11. 4). 스위스와 미국을 복지국가에 포함시키기도 했다(경향신문 1960. 10. 20; 1960. 11. 5).

그러나 언론은 우리 국민이 이러한 나라의 생활수준을 목표로 삼아서는 안된다고 주장했다. 경향신문 1958년 1월 19일자 기사를 보면 미국 시민들이 향유하고 있는 생활수준을 누리고 있는 나라는 그리 많지 않으며 따라서 헐리우드 영화를 보고 그런 생활을 기준으로 삼으려 한다면 그것은 위험한 일이라고 했다. 그렇게 되면 소수 만이 미국적 생활수준을 즐기고 나머지는 더욱 가난하게 될 것이라는 것이다. "생활수준 향상과 국민복지 보장을 가장 긴급한 과제로서 촉구한다고 해도 그것이 의미하는 바는 방마다 텔레비전 장치를 갖추도록 하자는 이야기는 아니고 '일요일에는 매 가정의 솥 마다 닭 한 마리'라는 30년 전의 미국의 슬로간의 한국판 즉 충분한 의식(衣食)과 서적 그리고 때로는 휴가, 여행, 교육을 받을 균등한 기회 등등 이러한 것을 의미"한다는 것을 강조해야 한다고 했다.

복지국가에 대한 단점도 소개됐다. 예를 들면 세계에서 가장 자살률이 높은 나라들이 복지국가라고 했고(경향신문 1957. 7. 28), 영국의 경우 '불량아동'이 문제가 되고 있다고 하면서 이는 영국이 "안정된 복지국가─사회보장제도라든지 모든 제도로 일반국민의 생활보장 등 복지를 주고 있음—가 되어 가고 있음과 함께 영국 소년들의 꿈도 점점 퇴화"해져가고 있다고 소개하고 있다(동아일보 1956. 3. 26). 복지국가가 국민의 활력을 없애고 나태함을 조장한다는 인식은 학교 교육에서도 강조되었고 오랫동안 한국사회를 지배해왔다.

한편, 복지국가는 지방자치제를 비판하는 구실이 되기도 했다. 복지국가는 이제 세계적 추세로 봐도 대세인데 복지국가는 기본적으로 강한 중앙정부를 전제하므로 지방자치와는 거리가 있다는 것이다. "지방자치에 있어서는 수백 년의 역사를 가지고 있고 타국에 많은 모범을 보여 온 영국에서도 근래의 복지 국가화 경향은 새로운 중앙집권화의 방향으로의 전환을 시현"하고 있으며 지방자치를 원칙으로 삼고 있는 스위스를 보더라도 "근래 중앙으로부터의 통제가 새로운 행정경향으로 되어"있다는 것이다. 모범적인 지방자치 제도를 갖고 있는 미국도 중앙정부에 의한 지방 보조, 사회정책의 중앙통제는 중앙집권화의 새로운 방식을 보여준다고 했다. 따라서 우리도 지방자치에 대해 다시 생각해봐야 한다는 것이다. 또한 "원래 지방제도는 오랜 역사적 기초를 필요로 하는 것이므로 어떠한 국가에서 성공하였다고 하여 다른 나라에서도 같은 결과를 얻으리라고는 말할 수 없다"고 했다. 특히 우리나라에서는 "긴 세월을 두고 관료적 지방제도가 뿌리를 박아 내려온 관계로 지방자치에 대한 주민의 인식 및 공민 관념의 박약은 지방자치의 발전을 조해(阻害)함이 매우 클 뿐 아니라" 남북이 분단되어 있어 정치적, 경제적으로 혼돈상태이므로 지방제도의 근본적 개편이 어렵다고 했다(조효원 1956).

또한 당시 모든 이념과 활동이 좌파인지 우파인지 이분법적으로 재단하는 경향이 복지국가 개념에서도 제기되었다. 이는 오늘날에도 마찬가지인 현상이기도 하다. 즉 복지국가가 자본주의인가 사회주의인가가 논쟁이 되었다. 김재순은 사회보장제도가 사회주의 원칙에서 비롯된 것이 아니라고 하면서 "복지국가라는 말이 있으나 이 복지국가가 사회주의에의 결정적 스텝이라는 증거는 어디나 없다"고 했다. 영국의 경우를 볼 때 "주택의 개량, 의료서비스의 개선, 기타 각종의 사회적 복지의 진전은 오늘날 노동당 때보다도 보수당이 더 훌륭한 성적을 올리고 있"다는 것이다(김재순 1956).

한편 김환태는 민주적 사회주의를 맑시즘적 사회주의와 구분하고 복지국가의 이상은 민주적 사회주의에 의해 실현되고 있다고 봤다. 그는 "현대 민주정치 하의 자본주의경제는 라스키가 지적한 바 심각한 위기에 당면"했다고 보고 "생산, 분배, 교환의 모든 주요 형태를 국유화하면서도 그 방도를 의회주의에 호소하고 있는 브리티쉬 쏘시얼리즘은 한 단계씩 전진하면서 복지국가의 이상을 실현하며 현대 민주정치의 경제적 위기를 극복"하고 있다고 했다. 영국 사회주의는 정치적 자유와 경제적 평등을 조화하려는 복지국가의 이상이라고 했다. 그러면서 영국사회주의의 특징으로 맑시즘, 사회주의와 전연 공통성을 갖지 않는다는 점, 자본주의 모순을 시정하는 방도로서 독일혁명에 의하지 않고 민주대의제도에 의하여 점진적으로 해결하고자 하는 점이라고 했다. 민주적 사회주의라고 일컬어지는 영국사회주의가 표방하는 복지국가 이념은 라스키가 말한 "동의에 의한 혁명과 계획적 민주주의"와 양립될 것인지가 앞으로 전세계의 관심이라고 했다(김환태 1960).

(2) 사회보장제도

복지국가 이념은 기본적으로 개인 불행의 원인이 그 개인에게 있는 것이 아니라 사회와 국가에 있다는 것을 전제한다. 『정치와 사회』 교과서는 "근대 산업사회의 발달에 따라 노동문제와, 생활에 위협을 받고 있는 빈민을 어떻게 구제하느냐 하는 문제가 시대의 중대 문제로 등장"했다고 하면서 이러한 "사회문제는 불우한 구제 대상자의 과오에 의한 것이 아니라, 대부분이 사회 자체의 조건에 기인한다"고 했다. 그리고 사회문제에 대해서 "일부 유지의 자선사업에만 기대할 것이 아니라, 국가 전체가 강력한 해결책을 강구"해야 한다고 했다(민병태 1956: 159). 『국가생활』교과서에서도 "사회정책의 개선"이란 제목 하에 "사람은 누구나 다 잘살기를 바란다. 그러나 생활난에 쪼들리는 사람이 많다. 이들은 대개 일을 하려고 아무리 노력하여도 되지 않는 것이다."라고 쓰고 있다. 그리고 "이것은 근대의 자유 경제 조직으로 말미암아 큰 자본으로 많은 생산을 하게 되니 적은 자본을 가진 사람, 세민, 농민들은 생업을 유지할 수가 없어 드디어는 가족이 흩어지고 방랑하다가 부랑자가 되고" 직장을 가진 사람도 실업자가 되며 설사 직장을 가졌다 해도 영양 부족으로 병이 생기고 자녀 교육도 못 시키므로 불량소년이 생긴다고 했다. 이런 이들이 절도범, 강도가 되어 범죄를 저지르는 사람이 된다고 하여, 불행과 범죄의 원인을 개인에게 두지 않고 사회와 국가에 두고 있다(왕학수 1956: 130).

또한 이렇게 되면 국민 전체의 공존공영이 불가능해지며 "불우한 사람들이 잘 사는 사람을 미워하게 되므로 친화 협력이 파괴되고 국민 전체의 단결을 잃게 되어 국력이 쇠퇴된다"고 했다. "그러므로 약자와 불우한 사람을 돕는 것은 민주주의 국가를 건설하기 위하여 긴요한 일이다."라고 쓰고 있다(왕학수 1956: 130-131). 그리고 그 해결방안은 아래와 같이 제시하고 있다.

그러면 사회 문제는 어떻게 해결할 것인가? 먼저 각자가 근면 노력하여 생업에 종사하고 힘을 다하여 생존경쟁에 낙오자가 되지 않도록 용감하게 나아가서 자주적으로 앞길을 개척해 나가야 한다. 반면에 국가에서는 국민의 경제적 발전을 위하여 여러 가지 시설을 하며 저리자금을 융통하여 산업을 장려하고 여러 가지 기업을 일으켜 모든 국민이 취업케 하며 빈곤한 사람, 불쌍한 사람들을 위하여 공장법, 노동보험법, 소년노동법, 임금법, 실업자구제법, 부인노동법, 건강보험법 등 여러 가지 사회 정책이 필요하다.

국민의 생활난을 없애고 사회 문제를 해결하기 위하여서는 국민의 자유로운 경제활동을 조장하되, 국가기관이 재물을 분배를 공정히 하여 무산자를 보호하고 모든 국민이 안정을 얻게 해야 한다.

이러한 경제 조직과 사회제도는 세계의 여러 나라에서 실시하고 있다. 즉 국민의 경제적 자유를 인정하되 독점과 전단을 방지하여 무산자는 안심하고 일할 수 있도록 생활을 보호하고 병폐를 개선하려는 것이다. 또 근로 능력의 상실로 자활하지 못하는 사람은 국가에서 보호하고 직공에게 기술을 양성하고 농민에게 농토를 분배한다. 중요 산업은 국영으로 하며 사기업에 있어서도 국가 경제상 필요한 것은 정부에서 원조 또는 통제한다(왕학수 1956: 131-132).

그렇다면 한국은 어떻게 사회적 약자를 보호하고 있는가. 교과서는 우리 헌법이 "노령·질병 기타 근로능력의 상실로 인하여 생활 유지의 능력이 없는 자와(헌법 제19조), 여자와 소년의 근로(헌법 제17조 2항)에 대하여 국가가 법률로서 보호하기로 되어" 있으며 "남녀동권을 기본으로 할 것과, 혼인의 순결과 가족의 건강을 국가가 특별히 보호하도록 규정하고 있다(헌법 제20조)."고 했다. 이러한 헌법 조문은 "국가가 국민의 생활 보호, 불구자의 구제, 아동의 보호, 남녀의 동등한 대우, 주택 부조, 교육 부조, 의료 부조, 출산 부조, 생업 부조, 그 밖의 사회문제를 적극적으로 해결함으로써 사회의 병근(病根)을 제거할 것을 말한다"고 했다. 현대국가에서는 여성과 아동 노동 문제는 인도상으로 보아 방임할 수 없는 것이므로 입법에 의해 사회정책을 강구한다고 했고 성년노동자의 보호는 노동 조건의 개선과 노동조합의 승인으로써 하고 소액소득자와 구제를 요하는 대상자에 대해서는 광범한 사회정책을 강구하고 있다고 했다. 이렇듯 사회문제는 자선사업에서 출발하여 현재는 강력한 사회보장제도를 채택하는 사회정책에 의해 해결된다고 보았다(민병태 1956: 159-160).

"사회보장제도는 국민 생활에 대한 보장을 제도화한 것"으로, 그동안 국민 생활 불안은 사회사업에서 담당해왔으며 노동문제는 노동자와 사업주가 처리하고 이후 노동자는 자신의 권리를 보장하기 위해 노동조합을 갖게 되었으나 이 모든 방식이 전 국민을 보호하지 못했으며 불충분했다는 것이다. 사회문제는 사회 전체가 책임을 져야 할 문제이므로 정부는 국민의 빈곤을 구제함과 동시에 빈곤을 제거하기 위해 대규모의 노력을 하게 되었다는 것이다. 그 중 1935년 미국연방 사회보장법과 1948년 영국의 각종 사회보장법이 가장 완비된 보장제도라고 했다. 사회보장제도는 사회보험제도에서 출발했다고 했다. 사회보험이란 노동자의 병, 재해, 실업, 노령에 대비하여 국가, 사업주, 노동자가 서로 비용을 분담하는 제도이지만, 노동자에 국한된 것이 아니라 일반 국민의 자녀교육을 위한 교육보험, 은급제도 등도 사회보험이라고 했다. 사회보장제도는 각 나라의 실정에 따라 다른데 영국과 미국의 경우 노동자 뿐 아니라 아동보호, 노령, 은퇴에 이르는 광범위한 사회복지를 법률로 규정하고 있다고 했다(민병태 1956: 162-163).

명완식은 윌리엄 베버리지(Willam Beveridge)가 제시한 영국 사회보장계획의 3대 지도원리를 소개했다. 첫째, 개혁안은 과거의 경험을 충분히 살리되 그 경험을 얻는 과정에서 생긴 부분적 이해관계에 구애되어서는 안된다는 것이다. 한국의 경우 당시는 전쟁이 모든 기반을 파괴한 상태에서 과거의 경험을 자유롭게 살릴 절호의 기회이며 일시적 미봉책은 불필요하다고 했다. 둘째, 사회보험은 사회개혁의 종합정책의 일환으로 취급해야 한다는 것이다. 충분한 사회보험은 소득의 보장이 되며 궁핍을 막을 수 있게 한다고 했다. 궁핍은 질병, 무지, 불결, 게으름과 더불어 오대악 중 하나로 보았다. 셋째, 사회보장은 국가와 개인의 협력에 의하여 달성되어야 한다는 것이다. 국가는 관리와 비용 분담의 책임을 지며 사회보장제도를 수립하는데 있어 노동에 대한 자극, 기회와 책임 관념이 약화되지 않게 해야 한다는 것이다. 국가는 국민의 최저생활을 보장해야 하나 각 개인이 자신과 가족을 위해 국가가 설정하는 최저한도 이상의 것을 마련하려는 자발적 노력을 하게끔 해야 한다는 것이다(명완식 1954).

(3) 사회사업

빈자나 재난을 당한 자에 대한 구호를 국가와 사회가 담당해야 한다고 했을 때 국가가 아닌 주로 민간차원에서 복지서비스를 제공하는 사업을 '사회사업'이라고 불렀다. 1954년 한국사회사업연합회 상무이사 명완식은 한국사회사업을 개관하는 글을 쓰면서 '사회보장의 정도가 바로 그 사회의 진보 정도'라고 주장했다.

> 우리는 일상생활에 있어서 실업, 질병, 노령, 기타 무수한 불안과 재액의 위협을 받고 있다. 그러나 개인의 힘으로는 이러한 여러 가지 불안과 재책을 극복하도록 만전의 준비를 강구하는 것은 도저히 불가능하므로 국가, 사회가 이것을 극복하는 책임을 진다. 어떤 학자는 말하기를 "아담과 이브가 에덴동산을 쫓겨난 이래 불안정은 인류의 화(禍)다. 인류의 진보의 싸움은 안정(보장)을 얻으려는 투쟁이다. 사회가 그 성원에게 공여하는 보장의 정도야말로 그 사회의 진보정도를 측정하는 척도이다"라고 하였다(명완식 1954).

그는 이어 한국전쟁으로 인한 응급적 수요에 대처하면서 민간사회사업이 장족의 진보를 보았다고 했다. 그는 이제 휴전을 맞이하여 응급시책을 지양하고 국가부조제도를 수립해야 할 때라고 지적한다. 한국에는 그동안 일제강점기 조선구호령, 미군정기 후생시설운영에 관한 메모렌덤이 형식적으로 법적 효력을 갖고 있을 뿐 그 내용에 있어서는 기능을 상실하고 전시구호시책은 오로지 응급적 행정조처에 의거한 것이라고 했다. 사회부 당국이 국가부조제도의 기반이 되는 생활보호법, 아동복지법, 신체장해자복지법 등의 법령을 기초했으나 이러한 법령 실시에는 막대한 국고부담이 수반되므로 확고한 재원이 없으면 입법을 해도 소용이 없다고 했다. 그는 한국전쟁 후 빈곤자가 급증하여 국민의 최저생활보장을 국가부조제도에만 의존할 수 없는 현실이지만 그렇다고 하여 국고부담의 경감을 위해 극히 제한된 범위 내에서 국가부조제도를 수립한다면 이는 시대에 뒤떨어진 입법이 될 것이라고 지적했다(명완식 1954).

사회사업과 관련해서 1955년 김학묵이 쓴 『사회사업개론』이 사회보장제도에 대해 제대로 알렸다고 소개되었다. "사회사업보장제도의 미비 또는 후진성에서 오는 우리나라의 사회사업 현황은 첫째로 거기에 대한 이론과 기술의 부족으로 더욱 부진한 형편"에 있는데 이 책은 "선진국가에 있어서의 사회사업의 주체와 대상 및 사회복지에의 발전과정을 보고 오늘날 한국에 있어서의 사회사업의 파행적인 맹점을 가리켜 주고 있"다고 했다. 또한 이 책이 "흔히 조그마한 자선사업으로 자칫 인식하기 쉬운 사회사업의 규모와 내용을 자선뿐만 아니라 박애, 구빈 및 나아가서 사회개량으로 이끌어 나가는 데에 필요한 모든 바탕을 평이하게 설명"해주고 있으므로 "사회사업에의 입문서 역할까지 하고 있다"고 평했다(경향신문 1955. 5. 26).

(4) 4월혁명과 2공화국의 복지 이념

4월혁명을 어떻게 볼 것인가와 관련하여 여러 가지 이념논쟁이 등장하는데 그 중 복지국가 이념도 거론된다. 이태영은 "4월혁명이 단순히 독재정권의 타도라는 정치적 이유에서 출발했느냐 그렇지 않으면 사회적 경제적으로 병들어가는 '자유민주주의의 왜곡적 이식' 자체에 대한 수정적 요구로부터 출발되었느냐 하는 문제"가 있다고 했다. 또한 "자유권적 기본권의 보장문제가 복지국가 건설이념에 의해 제한된다는 현실적 추세가 이(李)정권에 의해 정당하게 운용되었을 경우 우리는 우리의 무정부주의적 자유권 즉 제4권으로서의 반항권의 행사를 포기 내지 유보했을 지도 모른다"고 했다(이태영 1961). 이 말은 이승만 정권이 복지국가 이념은 고사하고 최소한 국민의 자유권적 기본권이라도 제대로 보장했으면 4월혁명을 일어나지 않았을 수도 있다는 뜻이다. 그러나 강조점은, 복지국가 이념은 사회적·경제적으로 병든 자유민주주의의 수정이며, 자유권적 기본권의 보장을 제한할 수 있다는 것이다.

실상은 자유당 정권도 표면적으로는 복지국가 건설을 주장했었다. 즉 "자유당 정부가 노동자·농민의 복지국가를 건설한다고 고창했음에도 불구하고 실제에 있어서는 노동자의 권익보다도 기업주의 이윤추구만을 두둔"했었다(경향신문 1960. 10. 16).

복지국가 개념은 1960년 4월혁명 후 2공화국 시대에 접어들면서 빈번하게 등장한다. 학생들은 총선 "입후보자들에게 한국에서의 복지국가를 요구하였고 입후보자들은 적당한 이상형을 제시함으로써 이에 순응하였다."(동아일보 1960. 8. 12) 민주당은 '복지사회' 건설을 위한 공약을 선언했다. 이에, 당시 재정적 여건에 비추어 비현실적이라는 지적도 있었다. 원조는 감축하고 재정수요는 팽창하고 있으며 더구나 "이승만 정부가 남긴 빚만 해도 4천억이 넘는데 이런 여건 하에서 1, 2년 내 복지사회를 건설하겠다는 것은 한낱 꿈에 가깝다"는 것이었다. 적어도 7~8년의 시간이 필요하다고 했다. 그리고 구체적으로 제시한 안은 미국의 원조 증대와 화력 증강을 전제로 한 국방비 지출 절감 가능성을 타진하고 그에 따라 재원이 마련될 때까지 연기하는 것이 현책(賢策)이라는 것이다. 언론은 "복지사회 운운은 선거 때의 인기구호"인데 이것에 이끌려 인플레를 자극하는 일이 없어야겠다고 충고했다(경향신문 1960. 8. 31).

한편, 한국사회사업연합회는 1960년 9월 24일 '사회복지국가'를 이루기 위해 정부는 과감한 행정을 하라고 성명을 냈다. 성명서에 의하면 "민주당 내각은 못사는 사람들의 아우성을 귀로 듣고 눈으로 보라. 보건사회부장관직은 의업계의 부면(部面)이익을 대표하는 직이 아니요 국민의 어려움을 알고 처리하는 공직임을 알아야 한다. 환과(鰥寡), 고독한 양로자, 무의무탁한 전재고아, 전재미망인 등은 구호양곡 3홉의 잡곡과 30환 미만의 부식만으로는 살 수 없다"고 지적하고 "생활보호법, 아동복지법, 신체장해복지법 등 사회복지관계법령을 하루바삐 제정공포하라고 요망"했다(동아일보 1960. 9. 25).

재무장관은 예산 관련 제안 설명에서 "정부의 시정방침에서 천명된 바와 같이 신공화국의 사명은 정치면에 있어서 법치주의를 관철하고 온갖 부정과 부패를 제거하여 새로운 사회질서를 확립해놓고 그 터전 위에 경제의 급속한 발전을 이룩함으로써 마침내 복지국가를 건설하는데 있는 것"이라고 했다(경향신문 1960. 9. 30). 장면총리는 시정연설에서 "경제부문 행정에 있어서는 사회복지의 증진을 대목표로 하여 급속한 성제성장을 도모하는 경제제일주의를 실천"하면서 "과거 부패정권이 취해 온 관권경제와 불균형한 산업구조 등을 지양"하겠다고 했다. "사회복지를 증진시키는 터전을 마련함이 민주국가의 중요한 과업"으로 "국민의료의 균점과 질병예방의 충실을 기하여 국민보건행정의 조직화를 도모하겠으며 군경원호사업에 있어서도 현행 연금을 평균 3배로 인상하는 동시에 상이 정도를 기준삼아 연금액의 등차제를 실시함으로써 군경연금 지급의 합리화를 기하는 한편 4월혁명으로 인한 희생자의 유족과 부상자에 대하여도 대책을 강구"하고 있다고 했다. 또한 "태풍과 한발 등의 재해로 인한 이재민에 대하여는 정부의 구호양곡, 대여양곡 및 민간구호단체의 구호물자를 동원하여 종합적인 구호시책을 추진하는 동시에 정부예산으로써 복구사업에도 노력할 예정"이라고 했다. 실업자 문제는 가장 긴급한 과제이므로 임시적으로라도 공공사업과 국토계획을 위한 공사 예산을 활용하여 일터를 마련하겠다고 했다. 또한 노동단체의 자율적이고 합리적인 운동을 돕기 위해 중앙과 지방 노동위원회의 기능을 강화하고 근로감독관제를 실시하며 사회보장제도 수립을 위한 기초를 마련하겠다고 했다(경향신문 1960. 9. 30).

당시 언론 기사에 의하면 "진정 백성의 뜻으로 뽑힌 대표들에 의하여 이룩된 제2공화국정부는 압박과 빈곤으로부터 벗어나 자유와 번영을 누리게 해달라는 한결같은 국민들의 염원을 풀어주어야 할 중대한 책임을 걸머지고 새 출발"을 하였는데 민주당은 특히 "국민들의 '잘 살 수 있는 권리'를 되찾아주겠다고 외쳤으며 7.29 총선거 때에도 복지국가를 건설하겠다고 공약"했다(동아일보 1960. 10. 8). 그리고 그 목표를 4년 안에 달성하는 것으로 계획했으나 당시 재무장관은 실제로는 8년이 걸릴 것이라고 예상했다(동아일보 1960. 10. 5).

또한 민주당 구파의 신당 창당 준비를 위한 총회에서 채택된 취지문 중 경제정책이 주목을 받았는데 그 내용은 "국민경제의 균형있는 발전과 아울러 복지국가를 실현할 수 있는 새로운 경제정책을 수립하고 소욕을 버리고 대의에 나가는 인간 자세로서 국민의 신뢰와 희망을 차지할 수 있는 정책 중심의 국민적인 공당을 창건하기로 한다"는 것이었다(동아일보 1960. 10. 19). 1960년 12월 동아일보를 보면 "시대의 변천에 따라서 정부 기능이 축소되고 또는 확대되는 일"이 있었는데 "최근에는 복지국가의 개념이 발생하여 정부 기능이 확대"되고 있다고 했다. 최소한의 정부 기능은 "야경국가 기능 즉 치안확보"이며 "이 치안확보라는 기능을 충족시킨 후에 복지 기능이 충족되어야 하는 것"이라고 주장했는데, 이는 동아일보사 습격사건에 대해 장면정부가 소극적으로 대응하는 것을 비판하면서 나온 말이었다(동아일보 1960. 12. 16).

1961년 4월 1일 보건사회부 산하의 사회사업가와 보건관계자들이 가족계획협의회를 창설하기로 했는데 이와 관련하여 장경학은 가족문제를 복지국가와 연관지어 설명했다. 복지국가를 지향하는 국가는 가족의 건강과 행복을 위한 법적 계획을 마련하고 있는데 그 예로 친족법, 상속법, 조선인사조정령, 소년법, 형법과 근로기준법 중 부녀자 및 소년에 관한 법규, 경찰원호법, 전몰군경유족과 상이군경연금법, 공창제도 등 폐지령, 전시생활개선법 등을 들었다. 이러한 법이 있으므로, 한국의 가족이 문화의 혜택을 못 받고 건강하지도 행복을 누리지도 못하고 있는 것은 입법상의 불비 때문이 아니라고 했다. 따라서 가족계획협의회가 시도하는 입법촉진보다 가족이 빈곤으로부터 해방되는 것이 더욱 급하다고 했다(장경학 1961). 1961년 경향신문 신춘현상논문 공모에 당선된 정종윤의 글은 당시 국가의 복지정책과 관련하여 사회보장제도가 시급히 요청되고 있음을 보여준다(정종윤 1961).

사회보장제도란 근로능력의 상실로 인하여 생활능력을 가지지 못한 자에 대하여 국가의 적극적인 구제책이 있어야 한다는 것이다. 우리 헌법에도 이를 명시하고 있는 바 그 방안으로서는 가장 중요한 것이 사회보험제도인데 즉 질병보험, 상해보험, 폐질보험, 양로보험, 실업보험, 퇴직연금보험 등 각종 보험을 비롯하여 양로원, 고아원, 조산원, 무료진단소 등의 사회시설이 이에 병행해야 한다. 즉 소극적인 사회보장정책에서 적극적인 복지정책으로 국가시책이 전환되어야 한다는 것이다.

위 글을 보면 앞으로 한국이 복지국가가 되기 위해서는 이전의 소극적 정책실시와 달리 적극적인 복지정책을 펴야 함을 주장하고 있다. 이와 더불어 우리나라는 "자본주의라는 경제적 이데올로기의 체제하에서 국토의 개발 및 산업의 육성을 기도하여 왔으나 거기에는 일관된 계획과 그의 실현에 대한 구체적인 방안이 서있지 않음으로 인하여 경제적 후진성을 탈피하지 못하고 국토개발부흥의 만성적인 침체상태에 놓여"있다고 했다. 기간산업의 육성과 개발은 민간자본만으로는 불가능하며 정부의 투자를 요하므로 "순수한 자유주의적 경영방법으로서는 효과적인 능률을 기할 수 없는 것이어서 어느 정도의 국가적 통제와 계획이 뒤따라야 할 것"이라고 했다(정종윤 1961). 따라서 이 글 역시 복지국가 이념을 자유주의의 수정으로 보고 있음을 알 수 있다. 이와 같은 주장들은 복지국가에 대한 논조가 4월혁명 이전과는 매우 달라졌음을 알 수 있게 해준다.

03 _ 치산치수 이념과 애림사상

이 시기에는 환경보호와 관련된 논의를 찾아보기 어렵다. 환경보다는 주로 성장 담론이 지배적이었다(구도완 1993: 87). 그나마 환경과 관련된 주장이 있다면 그것은 산림보호와 녹화사업이었다. 그 이유는 산림이 경제에 매우 중요하고 또한 홍수를 막기 때문이었다(동아일보 1947. 1. 14: 경향신문 1947. 2. 14). 당시 대표적 환경 관련 담론은 '치산치수(治山治水)'로서 이는 오늘날 자연을 보호한다는 생태주의적 의미보다 자연을 잘 다스려 인간을 위해 활용한다는 의미가 강했다. '치산치수'는 당시 서울 시내 주요 로터리, 도심지 횡단로, 철도변, 교외의 녹화지대마다 걸렸던 표어이다. 이일구의 설명에 의하면 치산치수는 구미 각국에서 영위하고 있는 하천을 중심으로 한 고도로 합리화된 종합개발이며 그 중 가장 기본은 식수조림(植樹造林)으로 특히 우리나라의 경우 매우 중요한 긴급사항이다. 그 다음 중요한 것으로 사방(砂防)과 축제(築堤)를 들었는데 이는 단기간 내에 이루어질 수 있지만 "조림은 수다(數多)한 국민의 노력과 국민 전체의 애림(愛林)사상이 장구한 세월에 긍(亘)하여 요청"되는 것이라고 했다(이일구 1956). 이렇듯 당시 매우 강조된 사상이 '애림사상'이다.

기록상으로 조림의 역사는 신라시대 최치원이 경남 함양군수로 재직할 때 수해방지를 위해 나무를 심은 것으로까지 거슬러 올라간다. 이후 조림 및 애림에 관한 기록은 많이 등장한다. 애림사상은 일제강점기에도 자주 등장하는데 주로 홍수와 한발을 방지하기 위해 산림의 역할이 중요하다는 내용이다(동아일보 1929. 1. 26). 그러나 일제강점기에 그 이전에 비해 산림이 황폐해졌다고 지적되었다(동아일보 1947. 4. 25). 이승만도 식목일 담화로 "우리나라 사람들이 상고 이래로 문명이 발전되어서 수목을 심으며 보호해서 (…) 재목도 베는 때가 있어 그때에 한번씩만 베고 다른 때에는 베지 못하게 하여 재목을 풍족히 썼"는데 "왜정의 사십년동안 나무를 심고 보호하며 기를 줄은 모르고 모두 베어서 때기와 재목 쓰기에만 골몰하고 더욱 전쟁 중에는 일인들이 나무를 모조리 비워내었으므로 지금에 와서 보면 도처에 적산이 되어 황토백토에 사태가 내려서 큰 강에는 모래밭이 물보다도 많게" 되었다고 했다(동아일보 1949. 4. 6). 또한 당시 김정혁의 소설 『이민열차』를 보면, 사람들이 나무를 훼손하는 것에 대해 '망국인종'이라서 '애림사상이 무딘 것'이라고 나무랄지 모르나 그것은 모두 먹을 것이 없어 사람들이 나무껍질과 나무뿌리를 식량으로 삼은 까닭이라고 쓰고 있다(동아일보 1935. 1. 19). 즉 일제강점기 산림이 황폐해진 원인 중 하나는 식량이 부족했기 때문이라는 것이다. 그러나 한편 일제가 외양으로라도 녹화에 애썼다는 지적도 있다. "그래도 왜정시대는 일벌일식(一伐一植)을 꼬박 이행하여오는 체하였고 소위 사방공사(砂防工事)란 것을 법으로써 강행하였기 때문에 1945년초의 우리 전(全) 강토는 10년령의 송주가 검푸르게 자라나고 있었고 하천의 범람과 한발이 그다지 심하지 않았던 것이 사실"이라는 것이다(경향신문 1952. 4. 4). 사실상 해방 후 국내 혼란과 한국전쟁은, 나무를 심었다하더라도 금방 훼손될 수 밖에 없는 상황을 초래했다고 할 수 있다.

해방 후에도 애림사상은 계속 강조되었다. 특히 산불 방지가 요구되었고 '화전(火田)불은 절대로 엄금'되었다(동아일보 1946. 4. 27). 그러나 정작 '화전불 엄금'이란 교육을 받아야 할 집단은 그것을 알 수 없는 곳에 살았다. 그들은 화전민으로 이들이 녹화를 막는 주된 원인으로 지목되었다. 이들은 이미 오래전부터 산에 살면서 밭을 일구기 위해 산에 불을 놓아 나무가 사라지게 했다(동아일보 1935. 5. 17). 이일구에 의하면 화전민들은 1950년대에도 하천의 수원지가 되는 심산유곡 도처에서 한두 호씩, 때로는 수십 호의 큰 부락을 이루고 살았다. 1950년대 중반 기준으로 총 호수는 35,246호, 인구는 163,972명, 경작지 면적은 약 2만 정보였다. 지역별로는 강원도가 제일 많고 충북, 전북 등지가 그 다음을 차지했다. 이들은 숙전(熟田) 또는 화전을 경작했는데 이들 밭은 비탈진 땅에 계단식으로 일구어져 매년 많은 양의 토사를 하천에 내보내게 된다(이일구 1956).

미군정청은 산에 나무를 심자는 애림사상을 고취시키기 위해 '애림가'를 지어 부르게 하기도 했으며(동아일보 1946. 6. 7) 농무부 산림국은 애림사상을 고취하는 영화각본을 모집하여 그 결과 영화 〈귀향〉과 〈산으로 가는 사람들〉이 당선되었다(동아일보 1948. 7. 4). 그러나 해방 후 무질서한 벌채로 인해 미군정 3년 동안 산림은 이전에 비해 더 황폐해졌다고 평가되었다. 또한 미군정 당국이 특별히 나서서 조림공사 등의 적극적 노력을 기울이지는 않았다(경향신문 1952. 4. 4).

그럼에도 사회의 여론은 식수를 애국적 행위로 여겼다. "모두 산과 들에 나가서 우리들의 애국심을 있는대로 기울여 힘과 정성을 다하여 남보다 한 주(株)라도 더 많이 나무를 심어보자"고 촉구되었다. "'국가의 질환은 산림의 황폐에 있다'라고 한 철인 풀나트의 말이 역시 진리"라는 것이다. 미국의 경우 매년 각 주에서 모든 소학교 아동들을 비롯하여 온 국민이 식목을 하는 행사를 법률로 제정했고 독일에서는 '결혼식수'라고 하여 신랑이 여섯 주의 과수와 여섯 주의 참나무 묘목을 심었다는 지방장관의 증명 없이는 결혼식을 거행할 수 없는 전통이 '녹(綠)의 주간' 행사로 이어져 그 주 동안은 나무를 심는 것이 의무가 되었다고 한다. 또한 이탈리아도 법률로 나무 심는 날을 정해서 국민이 식목을 하고 중국도 3월 11일부터 18일까지의 일주일을 '조림운동 선전주'로 칭하여 쑨원의 서거를 기념하는 동시에 조림을 시행한다는 것이다. 우리나라도 선진국의 예를 따라 4월 5일을 식목일로 정했다는 것이다(현신규 1947). 우리나라의 경우 도벌과 남벌로 산이 황폐하여 큰 비가 올 때마다 산사태가 나서 하천과 강이 넘쳐흐르고 둑이 무너져 논밭이 물에 잠기고 도로와 교량이 파괴되어 국가발전에 큰 장해가 되었다고 했다. "삼림녹화의 성패는 역사에서 보는 바와 같이 실로 국가의 흥망을 좌우하는 열쇠가 되는 것"으로 "우리는 이러한 국가백정(百政)의 기초가 되는 산림녹화를 위해" 식수절을 맞이하여 거족적으로 국토녹화운동을 일으켜야 한다고 강조되었다(경향신문 1948. 4. 1).

당시 식목 등 산림보호는 주로 관주도로 이루어졌다. 산림국은 '여자애림

선전원' 10여명을 전국에 파견하여 산림보호 홍보를 하게 하고 그 성과를 듣기도 했다(동아일보 1947. 4. 25). 한 선전원은 "헐벗은 참혹한 산림의 현상을 우리들은 항상 염려하였으나 여성으로서 취할 방도를 모르던 차 금춘 도청에서 애림지도를 위해 여성의 궐기를 재촉하는 소식을 듣고 국토를 염려하는 여성의 한 사람으로서 이를 지원하고 미력이나마 조국재건에 이바지하고자" 나섰다고 했다. 선전 내용은 첫째 낙엽을 함부로 채취하는 것이 산림황폐의 원인이라는 것 둘째는 어린나무는 잘 가꾸고 큰 나무를 이용하라는 것 셋째는 각자 나무를 소비한 만큼 다시 심으라는 것이었다(동아일보 1947. 5. 7). 또한 산림의 피해를 막기 위해 '산림경관'이 무장을 갖추기도 했으며(동아일보 1947. 12. 9) 산에 나무를 심자는 애림인형극이 공연되기도 했다(경향신문 1948. 11. 21). 1949년 3월 공보처와 농림부는 애림주간을 맞이하여 표어를 제정했는데 "운국(運國)의 대업은 식목애림으로부터," "귀한 자녀와 같이 나무도 사랑하자," "부국의 자원은 식목애림에 있다," "푸른산 무성한 나무는 우리의 자랑," "산야의 녹화는 문명국의 자랑," "나무를 심고 애끼는 것도 애국의 정성" 등이 채택되었다(동아일보 1949. 3. 25). 이를 보면 산림보호는 애국담론과 연결됐음을 알 수 있다.

사실상 한국의 산은 일제강점기 전쟁물자용으로 벌채가 마구 행해지는 바람에 황폐해졌고 해방 직후에는 혼란 중에 남벌로 인해 촌락림까지 없어졌다. 또한 한국전쟁과 '산비토벌'로 산림이 더욱 파괴되었다. "후생과 경제의 견지를 떠나서 볼 지라도 이러한 살벌, 퇴폐한 환경 속에서" 정열, 사기, 덕력이 자라기 어려운 일이라고 한탄되었다. 그동안 녹화사업은 제대로 시행되지 않았을 뿐 아니라 그나마 심은 것을 사람들이 마구 벌목해갔다. 언론은 "치산치수는 고래 농본국의 정치핵심"으로 치산이 되어야 치수가 되고 치수가 되어야 한수재 대책이 세워지고 그래야 농사가 제대로 된다고 강조했다. "전 국민에게 이 식목행사의 필요성을 철저히 주지시켜 진실한 애림사상을 분기시키는 동시에 적절한 지도계몽 및 엄중한 보호감독을 요청한다"고 했다. "일반 국민들도 '종수(種樹)가 종덕(種德)과 같다'는 고시(古詩)에 이른 바와 같이 나무를 가꾸는 것을 덕을 가꾸는 것처럼" 하고 "여기에 성과 열을 기울이면서 상조상계의 자치적인 조직으로써 뜰을 녹화하며 동리를 녹화하며 또 나아가 전 국토를 녹화하는 결과를 맺어주도록 노력하기를 바란다"고 요청했다(경향신문 1955. 4. 6). 이러한 애림사상의 강조와 조림사업으로 1950년대 중반에 이르면 도시 근교와 지방에서는 그 효과를 많이 보게 된다. 또한 구공탄 사용의 증가도 산림녹화에 크게 기여했다(이일구 1956).

04 _ 박애주의

박애주의는 해방 전에도 자주 등장한 이념으로, 자유주의·평등주의와 더불어 프랑스혁명에서 비롯된 이념이라고 설명되었다. 박애주의는 "인생관계를 사회적으로 인식하야 호상부조(互相扶助)로써만 능히 충분한 발달을 기하며 선미한 사회를 실현할 수 있다는 민중의 이상과 소망으로 생"하였다는 것이다(동아일보 1920. 4. 2). '나와 사회의 관계를 알아 나의 책임을 선진(善盡)하며 나의 의무를 선행(善行)하는 것'을 박애주의로 보았다(동아일보 1920. 6. 1). 즉 개인주의를 벗어나 개인의 사회에 대한 책임과 의무를 강조한 이념으로 설명되었다.

박애주의는 일반적으로 기독교에서 비롯된 것으로 알려졌다(동아일보 1921. 6. 26; 1922. 3. 27; 1952. 12. 25; 1953. 9. 25). 유홍렬은, 종교인의 사명은 조물주의 뜻을 받들고 그 뜻을 실현하는 것으로 그것은 정의의 실현, 인도주의, 박애주의의 실천으로 나타난다고 했다. 기독교의 애(愛)와 불교의 선(善)이 그것을 표현하는 말이라고 했다. 그러므로 '자기 스스로를 사랑하는 것은 죽음에 이르는 길이요, 남을 사랑하는 것이 사는 길이다'라고 한 것처럼 종교인의 생활은 남을 사랑하는 것으로 시작해야 한다는 것이다(동아일보 1960. 12. 20). 유홍렬에 의하면 우리나라는 본래 유일신 하느님을 섬겼으며 그 근거로 단군이 하느님인 환인의 아들이라는 신화를 들었다. 따라서 제천행사도 매년 지냈고 이것이 고려시대에 들어오면 불교와 융합하여 팔관회(八關會)라는 거국적인 제찬 행사로 발전하게 되었다고 한다. 그러나 주자학을 지도이념으로 채택한 조선은 제천행사를 폐지하고 무종교주의를 신봉하게 되는데 그 결과 인간의 존엄성을 무시하고 인간을 한낱 초개와 같이 여겨 생사여탈을 자행하게 되었다고 보았다. 그러다가 천주교가 국내에 들어왔는데 고대 이래 우리나라가 유일신을 섬겨왔기 때문에 천주교를 쉽게 받아들일 수 있었다고 설명했다. 그러나 곧 주자학을 신봉하는 위정자들에 의해 탄압을 받았다고 했다. 그에 의하면 천주교는 "모든 사람을 다같이 천주의 아들이라고 보아 지상에 사랑과 평화의 나라를 이룩하고자 함을 그 사명으로 삼고 있었으니만큼 이러한 박애주의를 반대하는 사회에서는 언제는 큰 박해를 가하게 되었다"는 것이다(경향신문 1960. 9. 26). 가혹한 처벌을 면해주는 것도 박애주의로 이해되었다. 범죄인에게 은혜를 베푸는 것이 박애주의라는 것이다(경향신문 1960. 10. 13). 가혹한 처단은 남이 왼뺨을 때리면 오른 뺨을 내밀라고 한 기독교의 뜻과 박애주의에 어긋나는 행동이라는 것이다(동아일보 1961. 1. 6).

또한 박애주의는 적십자정신으로 소개되기도 했다. 적십자의 시조 앙리 듀낭은 천부적 박애정신의 소유자로서, 남을 돕는 일을 하는 부모와 어린 시절부터 남에게 봉사하기를 좋아한 성품으로 인해 박애주의를 실천하는 적십자를 창시했다고 설명되었다(동아일보 1959. 5. 8).

한편, 박애주의에 대한 냉소적 표현도 자주 등장한다. '값싼 박애주의'란 표현(동아일보 1924. 11. 7; 1925. 2. 11)이 일제강점기부터 나타났고, "허명무실한 형식주의나 박애주의의 탁상공론"(경향신문 1952. 10. 13)이란 언급도 보이며, 철학 강의, '동포를 사랑하라, 상이군인을 아파하라'라는 슬로건이나 포스터보다 더 필요한 것은 양심과 지성이라고 강조되기도 했다(경향신문 1952. 10. 13).

그러나 일반적으로는 박애주의는 보편적 가치로 인정받았다. "평화와 박애주의의 만고진리"(동아일보 1952. 12. 25)란 표현이 있었고 박애주의는 "만민은 평등하다"는 것으로 설명되었다(경향신문 1953. 9. 25). 또한 박애주의는 관용성을 갖는 것으로 이해되었다. "인간의 정신면을 다루고 있는 사람이라면 학자나 예술가를 막론하고 인간성을 무시할 수 없는 것이요 인간성을 존중하는 곳에는 반드시 관용성이 따르는 법이다. 그러므로 휴머니즘이란 말에는 인도주의란 뜻 외에 박애주의라는 뜻도 있는 것이다."(경향신문 1957. 3. 26)라고 설명되었다.

05 _ 인도주의

(1) 정의와 복지의 기초

인도주의는 해방 이전부터 인구에 많이 회자되던 이념이다. 오늘날과 다소 다르게 1920년대 인도주의는 '정의를 근본으로 하는 것'으로 설명되었다. '정의로 무기를 삼은 인도주의'와 '정의인도주의'란 표현도 등장한다. 이러한 정의인도주의는 윌슨의 민족자결주의와 동일시되었다. '정의인도주의로 세계를 풍미하던 윌슨씨' 등 윌슨의 민족자결주의와 쌍으로 자주 등장했다. 또한 시대적으로, 자본주의는 노동주의의 도전을 받고 있으며 침략주의와 제국주의는 평화주의와 인도주의로 바뀌려고 한다고 보았다(동아일보 1920. 4. 1; 1920. 4. 2; 1920. 4. 19; 1921. 4. 12). 해방 후에도 인도주의는 여전히 인류평등의 정신이며 침략과 정복의 반대로 이해되었다. 그러나 인도주의는 개인적으로만 실천되었지 국가가 실천한 적은 없다고 지적되었다(경향신문 1946. 12. 19).

또한 인도주의는 사회복지정책의 기초가 되는 이념으로 개인주의와 사회주의의 중간을 지향한다고 이해되기도 했다. 사회정책은 "정의와 인도주의를 기초로 하여 극단의 개인주의와 사회주의의 중간을 행(行)"해야 한다는 것이다(동아일보 1922. 1. 1). 박혜연은 사회정의의 실현을 위한 민중과 사회의 복지, 선(善)에의 지도가 있어야 한다고 하면서 정치적 민주주의와 부의 균등한 분배를 도모하는 경제적 민주주의를 근원적인 토대로 하는 인도주의 정신의 실천이 중요하다고 했다(박혜연 1955). 김덕준은 당시 일반인에게 잘 알려져 있지 않은 사회보장제도를 "입법화촉진운동에 일조가 되었으면 하는" 뜻에서 설명했다. 그에 의하면 과거에 빈곤과 실업의 원인을 개인에게 돌리는 때가 있었지만 실상은 개인이 그러한 불안과 재난을 극복할 수 있는 준비를 갖춘다고 하는 것은 불가능한 것으로 국가와 사회가 이것을 극복할 책임을 져야 한다는 것이다. 특히 19세기에 들어와 인도주의, 사회주의 사상의 발흥으로 국민의 생활보장은 국가의 책임이라고 하는 원리에 기초를 둔 국가의 공적 부조제도가 생기게 되었다는 것이다. "국민의 생존권 즉 건강하고 문화적인 최저한도의 생활을 영위하는 권리를 보장하는 것이 국가의 의무라고 하는 것이 확인되는 동시에 공적 부조제도에 의한 구호는 이미 은혜로서가 아니라 국민의 권리로서 받게 되었던 것"이라고 설명했다(김덕준 1955).

(2) 포로송환 문제

인도주의는 한국전쟁기에 포로의 강제송환과 관련하여 쟁점이 되었다. 즉 포로의 강제송환은 인도주의 원칙에 어긋난다는 것이다(동아일보 1952. 5. 10). 유엔군 측은 포로송환과 관련하여 "인도주의의 원칙과 개인의 권리수호"를 끝까지 주장한다고 했다(경향신문 1952. 5. 24). 이와 관련하여 동아일보는 1952년 6월 7일 뉴욕타임스 사설 내용을 소개하기도 했다(동아일보 1952. 6. 9).

제네바협정에 전(全) 포로를 적대행위가 종식된 후 지체없이 석방하여 송환하여야 한다고 규정하고 있다는 것은 사실이다. 또한 제네바협정에는 포로의 편의를 참작하여 그 송환은 인도적으로 하여야 한다고 규정하고 있다. 한걸음 나아가 제네바협정에는 포로를 한 전쟁이 끝날 때까지 억류하여야 한다는 의무라든가 적대행위 종식되기 전에 포로의 석방은 금지한다는 조항은 없다. 그러나 사실에 있어서 제네바협정은 비록 그 협정이 없다할지라도 각 측의 인도주의에 입각한 자애심이 포로의 석방과 송환을 위한 그 안을 실행하게 될 것이라는 것을 규정하고 있다. 공산측은 그들 자신이 수많은 포로를 전선에서 석방하였다고 주장하고 있는 바 이는 유엔군 측도 반공산주의 포로를 보호하는 수단으로서 전선후방에 석방할 수 있다는 것을 시준(示唆)하는 것이다.

이러한 포로 송환 문제는 휴전에 걸림돌이 되었다. 1952년 8월 상황에서 휴전회담이 교착상태에 빠진 이유는 중공군 포로의 송환문제 때문이었다. 제주도에 있는 중공군 포로가 2만명인데 유엔군에 의하면 이들 중 본국 귀환을 희망하는 포로는 5천명에 불과하다는 것이다. 이에 유엔군측은 "정의와 인도주의를 이유로 귀환을 불원하는 포로를 귀환하게 하지 않는다"고 하여 교착상태에 빠졌다. 이에 당시 언론은 이는 '공산군의 체면'을 손상시킬 것이라는 우려와 함께 미국이 대통령선거를 앞두고 휴전보다는 현 상태를 유지하는 것이 유리하다는 판단을 하는 것 같다고 논평했다(경향신문 1952. 8. 19). 즉 인도주의는 미국이 겉으로 내세우는 이유이고 실상은 다른 이해득실을 계산하고 있다는 것이다.

미국은 인도주의를 국시로 하는 국가로 여겨졌으나 실상은 그렇지 않음이 폭로되기도 했다. 한 노인이 미공군부대원 세 명에 의해 구타당해 실신한 사건이 발생하자 "어느 나라보다도 인도주의를 신봉하고 어느 국민들보다도 인권을 존중하고 인종차별을 않기로 유명하고 또한 자부하는 미국인들이 어찌해서"그런 행위를 했는가라고 당시 언론은 반문했다. 한국민이 미국의 원조로 살아가기 때문에 멸시와 학대를 받는 것인가 하는 의문을 제기하면서 원조는 정의와 인도와 박애에 입각한 것이어야 한다고 비판했다. 또한 미국인의 개척사는 인디안의 희생과 관련된 점, 한국전쟁의 원인이 '대국적으로 따진다면 미국의 실수'라는 점도 지적되었다(경향신문 1958. 3. 13).

그렇지만 미국은 대내외적으로 미국이나 미군이 인도주의의 실현자임을 홍보하고 있었다. 예를 들면 스펠만 뉴욕시 대주교는 미군이 인도주의의 수호자들이라고 말했다(경향신문 1955. 12. 25).

(3) 적십자의 정신

인도주의는 박애주의와 마찬가지로 적십자의 정신으로도 알려졌다. '모든 사람들이 인종과 국경과 계급을 초월하여 서로 돕자'는 것이 숭고한 인도주의로 뭉친 적십자의 정신이라고 했다(동아일보 1959. 5. 8). 적십자의 시조인 앙리 듀낭은 인도주의자로서 전쟁 때 부상자를 구하기 위해 애썼으며 그의 책『쏠페리노의 회상』은 인도주의를 널리 보급시키기 위한 것으로 전세계 베스트셀러가 되었다고 했다. 듀낭은 이 책에서 "잘 훈련된 자진봉사자들이 전시에 있어서 국적의 차별없이 부상자를 구호하도록 평화시에 미리 구호단체를 각국에 설립하자"고 주장했다고 했다. 또한 이러한 단체가 자유롭게 활동할 수 있도록 "각국이 신성한 성격을 띤 한 협약을 체결하고 여기서 승인된 하나의 국제적 원칙을 받아들이라"고 요청했다고 했다(동아일보 1959. 5. 8).

적십자의 인도주의는 일본과 북한 간 자국민 송환문제에서 다시 거론되었다. 1956년 일본적십자사의 대표들이 "자기들에게는 일본 내의 한국인을 북한에 송환하기 위한 문제를 토의할 권한이 부여되어 있지 않다"는 말을 하자 북한 측은 일본적십자사가 "적십자사의 인도주의 정신을 무시하였다"고 비난했다. 덧붙여 북한에 있는 일본인의 본국 송환의 교환조건으로 일본 내의 한국인의 북한 송환을 위하여 노력하도록 일본정부에게 요구할 것이라는 태도를 명백히 했다. 이런 갈등으로 인해 당시 북한에 억류되어 있던 50명의 일본인 송환 여부가 불투명해졌다(동아일보 1956. 2. 14). 이에 일본 정부는 "인도적 견지에서 재일교포의 북한 송치를 허가하고 있다"고 발표했는데 이에 한국 외무장관은 "이러한 처사는 도리어 인도주의와는 정반대되는 것이라 공박하고 교포에 여권을 발급할 수 있는 것은 오직 한국정부 뿐이라고 강조하면서 일본정부는 한국정부의 승인 없이 이들을 한국의 어느 지역에나 송치할 하등의 권리도 없다고 선언"했다(동아일보 1957. 3. 13). 1959년 일본이 인도주의적 관점에서 재일교포를 북한에 송환하기로 결정하면서 인도주의와 관련된 논란은 더욱 치열하게 제기되었다. 일본 측은 재일교포의 북한 송환이 '거주지 선택의 자유의사'라는 점을 들어 인도주의에 입각한 것임을 강조했으나 한국은 이것이 북한과 좌익의 계략에 의한 것이라고 비판했다(동아일보 1959. 8. 18).

(4) 서방세계의 보편 이념

적십자 활동 외에도 인도주의는 주로 구호활동과 관련되어 언급되었다. 구호활동은 당시 냉전 상황에서 주로 자본주의 진영의 국가들에 의해 행해졌기 때문에 인도주의는 '자유' 및 반공이라는 이념적 특성과 관련되어 강조되기도 했다. 예를 들면 1956년 유엔은 총회 결의를 통해 헝가리에 감시단 및 조사단의 입국을 요구했는데 헝가리 측은 "조사단 입국은 거부하지마는 유엔의 인도적 결의안을 환영하여 구호물자 만은 받아들이겠다"고 표명했다. 이에 대해 당시 언론은 "자유진영의 소박한 인도주의는 이용해도 무방하다는 배짱"이며 "자유제국가(自由諸國家)의 인도주의를 역이용하여 헝가리 민심을 조금이라도 수습"하겠다는 것으로 논평했다(경향신문 1956. 11. 15). 인도주의가 자유서방세계의 이념으로 알려졌던 것만큼 공산권 국가들은 비인도적인 것으로 간주되었다. 특히 피납사건과 관련하여 "문명과 인도주의의 이름"으로 "공산주의자들의 야만성을 철저히 규탄"하는 여론이 조성되었다(동아일보 1957. 11. 20).

당시 서방세계에서 공통적으로 거부감 없이 수용되었던 이념 중 대표적인 것이 인도주의였던 것으로 판단된다. 예를 들면 1958년 브뤼셀에서 열린 만국박람회의 주제는 "하나의 세계관 - 하나의 인도주의"였다. 이 주제는 서구의 많은 국가들이 공통적으로 인정할 수 있는 이념이 인도주의였음을 시사한다. 이 박람회에는 유엔과 유럽경제기구를 포함하여 약 50여개 국가와 국제적 단체들이 참가했다(동아일보 1957. 3. 15).

인도주의는 당시 소련식 공산주의를 비판하는 공산권의 신사조로도 소개되었다. "인간이 기계보다 더 중요하다는 생각"이 소련과 폴란드 등의 "동구라파 일부 지역에서 맹렬히 대두되고 있다"는 것이다. "이 사상은 휴매니즘(인도주의)으로서 알려져 있는 바 맑스·레닌주의에 입각한 공식적인 소련 사상의 근본개념을 부정하는 것"으로 폴란드 내의 좌익적 인텔리 층에서 강력한 지지를 얻고 있어 이에 당황한 폴란드 지도자들이 이 휴머니즘을 때려부시기 위한 조치를 취하기 시작했다고 언론은 소개했다. 이러한 인도주의 사상의 특징은, 반스탈린, 소련식 공산주의 비판, 공산주의 제도의 인도적 개혁, 폭력 지양, 도덕적 표준에 입각한 국가-인민 관계, 공산당의 교의와 상이한 의견을 발표할 수 있는 자유 등을 주장하는 것이며 이러한 사상이 등장한 거점은 헝가리, 폴란드, 모스크바라고 했다(동아일보 1957. 10. 5).

(5) 핵무기와 과학 비판

1957년에는 원폭·수폭 실험과 관련하여 인도주의가 거론되었다. 당시 영국은 태평양 크리스마스섬에서 수폭실험을 예정하고 있었는데 일본정부를 비롯하여 공산권, 서방의 인도주의자들이 반대했던 것이다(경향신문 1957. 3. 30). 박종화는 미국, 소련, 영국 등이 원폭 실험을 하는 것을 지적하면서 세계가 무로 돌아갈 위험에 처했다고 경고했다. 그는 일본 정부가 핵실험에 대해 "인도적 동기에서 제발 실험을 중지"해달라고 했음을 거론하면서 휴머니즘에 대해 설명했다. 그에 의하면 휴머니즘은 중세 유럽 시기 신의 속박에서 인간을 해방시키면서 과학정신을 가지고 인간의 권위를 주장하여 일어난 문학인데 이제는 과학 때문에 인간이 전멸을 당할 위험에 처했다고 지적했다. 그리하여 인간은 휴머니즘이 낳은 과학을 저주하면서 '인도주의의 도의적 휴머니즘'에 호소하고 있는 모순에 직면했다는 것이다. 인류의 생명을 위협하는 핵무기 역시 살기 위해서 가져야만 한다는 현실에서 그는 휴머니즘은 "인류 전체에 있어서의 모순이요 긍정일런지도 모를 것이다"라고 했다(박종화 1957).

박종화의 설명처럼 휴머니즘은 신으로부터 인간을 해방하고 과학정신을 갖고 일어난 문학인데 다른 한편 과학을 비판하는 문학사조이기도 하다. 주로 톨스토이, 빅토르 유고의 사상으로 알려진 인도주의는(동아일보 1920. 9. 20; 동아일보 1921. 11. 28; 경향신문 1958. 11. 22) 다음과 같이 설명되기도 했다.

자연주의가 과학적인 것을 역설하여 인간을 한 개의 산 기계로밖에 보지 않는 것은 불가하다. 인류는 기계도 아니요 금수도 아니다. 인간이란 인도적인 이상이 있고 애(愛)로서 서로 부조하는 따뜻한 정신이 있는 것이다(경향신문 1949. 2. 3).

최형종도 "인간의 본성이 선(善)이라는 것을 확인하고 인간세계의 휴머니즘에 대한 똑바른 신념을 갖는, 또한 그러한 신념 밑에서 실천하는 사회생활이야말로 건전하게 영위될 수 있는 것이지, 이를 망각하고 법률이나 명령만으로 사회생활의 규범을 삼으려 하는 사고방식은 숲을 보고 산의 존재를 잊어버린 격의 근시안적 관념에 불과"하다고 지적했다(최형종 1958).

제 4 장

문화 이념

01_ 사상 · 언론의 자유

미군정은 1946년 4월 『인민보』, 『자유신문』, 『현대일보』를 폐간시키고 그해 9월에 『해방일보』에 정간 명령을 내리는 등 언론을 탄압했다(임영태 2008: 40). 신문발행을 허가제로 만들어 시정을 비판하는 신문은 발행 허가를 내주지 않았다. 물론 좌익계의 간행물은 일체 허가되지 않았다. 미군정의 언론탄압이 노골화되어 가는 상황 속에서 신문 발행의 판권은 일종의 이권이 되어 판권매매가 성행했다(송건호 2002: 70).

이승만 정부도 사상과 언론의 자유를 제한했다. 1955년 1월 출판물임시단속법(5장 23조)이 제정되는데 '출판물에 관한 임시조치법안'으로도 불렸다. 그 법의 제정과정에서 표현의 자유에 대한 논란이 제기되었다. 공보처는 입법취지를 동 법안 제1조 "본법은 출판물의 발행 또는 수입에 관한 사항을 규정함으로써 출판문화의 건전한 발전향상을 도모함을 목적으로 한다"로 천명했다. 그러나 제15조 제1항은 "간행물에 국가안보를 문란케 하는 선동적인 사항이거나 인심을 혹란케 하기 위한 허위 또는 왜곡된 사항을 기재하였거나 법률에 저촉되는 사항을 기재하였을 때에는 공보처장이 그 정기간행물의 허가를 취소하거나 발간을 정지시킬 수 있다"는 것이었다. 정기간행물 뿐 아니라 일반출판물, 보통간행물, 외국출판물 등에도 같은 조항을 명시했다. 이는, 1952년 3월 '신문지법'이 공식 폐지된 후 그 대체 법안으로 입안하려다 실패한 '출판물법안'(1952)을 보완한 법으로 출판물법안보다 더 강력한 법안이다. 이에 대해 언론을 비롯한 문화단체의 반발이 극심했다. '민주주의에 역행,' '광무신문지법의 동곡이조,' '유출유괴한 언론정책,' '언론출판자유를 교살하는 악법,' '자유진영국가에서는 상상도 못했던 경이적인 법률안'이라고 비판했다. 국가안보의 문란이라면 국가보안법으로, 풍기문란이라면 형법으로 다스리면 된다는 논리가 제기되었다. 결국 이 법안은 공포되지 못하고 사장되는데 이 사건을 계기로 언론자유의 한계에 대한 논쟁이 촉발됐다(이봉범 2009a, 61-62).

　　당시 횡행했던 금지 및 검열은 주로 반공주의와 반일주의를 기조로 한 것이었다. 왜색 음식물 명칭 일소를 위한 대대적인 단속까지 벌어졌다. 당시 배일주의는 일반인의 보편적 정서였는데, 사실상 금지의 명분이 된 반일주의는 반공주의와 관계가 있었다. 예를 들면 일본을 통해 좌파적 잡지가 침투하는 것을 경계한 것이다. 서울시경국장이 '우리는 결코 일본을 증오하지 않는다. 그러나 일본에 있어서의 공산주의는 증오한다'는 발언을 했다. 일본의 용공적 태도를 문제시한 것이다. 일본이 당시 북한을 방문해 통상협상을 벌인 것과 재일 공산주의자를 도운 것도 문제시되었다(이봉범 2009a, 58-59). 서울시경국장 윤기병은 희망사 사장 김종완과의 토론에서 일본서적이 시장에서 범람하는 현상과 아울러 특히 적색 잡지가 대거 유통되는 문제의 심각성을 지적했다(한국일보 1955. 1. 16; 이봉범 2009b, 418).

　　학계에서도 검열과 관련하여 치열한 논쟁이 있었다. 『문화세계의 창조』 판금사건의 경우 학계는 국보법 적용 처사를 비난하고 대학교수 22인으로 심의회를 구성하여 문제가 없다는 결론을 제출했다. 반면 '저서의 내용이 국책의 파괴 기도가 역연하므로 의법 처단해야 한다'는 주장도 제기되었다. 이에 대해

'문화사관, 공영이념, 문화적 복리주의, 반전평화, 반공전쟁'을 설파하고 있는 동 저작을 악의적으로 왜곡하는 비학문적 태도를 철회하라는 반론이 제기되었다. 이렇듯 피검열자 사이에서도 논쟁이 벌어졌다(이봉범 2009a, 63-64).

02 _ 문학계의 논쟁

(1) 민족 대 계급

해방 후 문학계의 대표적 논쟁 중 하나는 민족문학 논쟁이다. 본래 민족문학을 처음 사용한 측은 좌익이었다. 이들에게 민족문학은 민족적 형식에 계급적 내용이라는 사회주의 창작방법과 무관하지 않았다. 이에 비해 우익이 사용한 민족문학은 민족적 전통, 민족혼을 강조하는 경향으로 전통과 역사의 단일성을 주장하고 현실보다 정신적 측면을 중시했다(김한식 2007: 232). 그러나 이후 민족과 계급 간의 선택문제로 격화되었고 결국 민족문학 대 계급문학으로 나뉘게 되었다. 초반에는 우익이 계급이나 좌파를 직접 비판한 것은 아니고 주로 좌우통일, 민족 해방이라는 대의를 앞세웠다. 당시 좌익이 갖는 논리의 우세를 무시할 수 없었기 때문이었다. 따라서 계급을 문제삼기보다는 분열을 문제삼았다(김한식 2007: 243).

우파지인 『백민』 창간호의 권두언은 다음과 같이 '계급 없는 민족의 평등'을 강조했다(이민영 2013: 441-442).

쓰는 것도 자유, 읽는 것도 자유, 모든 것이 자유해방이외다. 그러나 이 자유는 조선의 독립과 건설의 노선에서만 베풀어진 것입니다. 계급이 없는 민족의 평등과 전세계 인류의 평화를 위해 이 땅의 문화는 자유스러이 발전해야 할 것이며 그것을 달성키 위해 백민이 미력이나마 피난살이되기를 바라면서 창간호를 보내는 것입니다.

또한 『백민』에서 데모크라시를 민주주의, 민본주의라고 하면서 진보적 민
주주의는 토지를 농민에게 주고 대기업은 국영으로 하며 무산자 생활을 안정
시키고 언론집회의 자유 보장을 주장하는 것으로 보았다(김한식 2007: 239). 당
시 문학계는 우파지의 경우에도 자본주의에 대해 비판적이었다. 다음의 글은
그러한 점을 보여준다.

> 이리하여 불란서 혁명은 직공과 농민대중 희생으로 상공부르죠아지의 해방
> 을 원조하고도 그 밑에 지배되야 그들의 자본주의사회건설의 역할을 했었다. 불
> 란서 혁명의 전목표 자유, 평등, 동포애는 이를테면 부르죠아의 착취와 폭리를 위
> 해서 맨들어진 법률이었다.
> 현재 자본주의 조직이 푸로레타리아 농민의 손에 의하야 변혁의 과정에 있으
> 며 일부엔 이미 무너진 나라도 있다. 여기서 우리는 불란서 혁명이 철저하지 못했
> 든 것을 발견한 것이다. 우리의 갈 길은 결코 허방다리여서는 안 될 것이다(박문철
> 1946: 9; 김한식 2007: 241).

그러나 신탁통치 논쟁 이후 우파는 자신의 문학은 민족적인 것, 좌익의
문학은 외래적인 것으로 간주했다. 그러면서 반탁을 "삼천만의 자연발생적
소리"라고 주장했다. 함대훈은 "계급 없는 사회를 논하기 전에 국토 찾는 민
족이 되어야 할 것"이라고 지적했다(김한식 2007: 247-248). 『백민』도 이전에는
월북작가 송영의 글을 싣고 남한의 정치적 혼란을 지적하며 북한의 생활상을
긍정적으로 설명하는 '북으로부터 온 편지'를 게재하는 등 좌파와 선을 분명
하게 긋지 않았으나 1946년 후반부터는 변화가 보인다. 예를 들면 주기순의
'문학과 정치'(『백민』 5호)에서 이념적 경향이 예술 활동을 제약할 수 없음을

강조했다(이민영 2013: 442-444). 신탁통치 문제가 불거지고 문단사적으로는 '응향사건'을 겪으면서 계급문학이 본격적으로 공격의 대상이 되었다(김한식 2007: 243).

또한 미군정이 1946년 5월 정판사 사건을 계기로 좌익을 불법화하면서 많은 좌파 문인들이 월북했다. 1946년부터 1947년 사이에 이태준 이원조, 이동규, 한효, 홍구, 윤기정, 박세영 등이 북한으로 갔다. 1947년 임화, 김남천의 월북과 함께 남한의 좌익 문학단체였던 조선문학가동맹의 중심이 해주로 이전하면서 남북한 문학계는 이데올로기로 완전히 분리된다(이민영 2013: 434). 문학가동맹의 기관지는 『문학』이었고 투쟁으로서의 민족문학을 수립했다. 『백민』이 청문협 작가들을 중심으로 민족문학특집을 발행할 무렵 문학가동맹의 『문학』은 1946년 말에 일어난 인민항쟁을 기념하는 인민항쟁특집호(1947. 2)를 발간했다. 이전에는 다양한 작가들을 포함했으나 달라진 태도를 보였다. 1947년에 들어서면서 통합이 아닌 투쟁으로 변화했다. 1947년 『문학』 4호에서 김남천은 문학운동이 신단계에 들어갔다고 하고 삼상회담에 반대하는 세력을 적으로 규정하여 이들과의 투쟁을 선포한다. 문학주의적 태도는 문학운동을 해치는 것이요 문학의 적이라고 규정했다. 즉 『백민』이 문학과 정치의 분리를 내세운 순간 『문학』은 이들의 문화주의를 적으로 규정했으며 순수문학을 주장하는 사람들을 비판했다(이민영 2013: 446-448).

일찍이 관능적인 감각을 건드려서 파륜에 가까운 시를 쓰던 서정주씨는 일제 때 국민문학을 편집하다가 이 때는 급각도의 애국자가 되어서 대한 독립청년단 선전부장으로 취임하셔서 마이크를 대로 쪽으로 걸고 대한국 즉시독립과 찬탁배 타도를 외쳤던 것이다. 그리고 이 선전 부장의 산하에는 조지훈, 김동리 등 제씨도 적지 않은 감복력을 입었으리라고 믿는다.

그리고 그들의 충실한 개인 문필가들은 여기에 재빠르게 복무하는 것이다.

김동리씨는 민족정신을 고취한다고 하면서 민주주의문학자에게 싸움을 건다. 그의 "혈거부족"에는 얼마나한 인민을 향한 악선전과 모략이 있는가! 삼팔 이북의 민주개혁을 악선전하고 민주의원을 독립이라고 만세를 부르게 한 그의 죄상은 크다(김상동 1947; 이민영 2013: 449).

이로써 남한 내에서 이념 선택을 중심으로 아와 적이 구분되게 되었다. 김영석은 순수문학을 사이비 문학, 매국문학으로 규정했다. 순수문학을 비판하는 이들은 공통적으로 순수문학측이 반탁을 주장한다는 점을 비판의 근거로 내세운다. 문학가동맹과 『문학』은 인민항쟁을 지지하여 미군정과 마찰을 일으켜 갈등을 빚었다. 이후 문학가동맹은 자체 담론을 드러내기보다 북한 문단의 논리를 수동적으로 추종하는 양상으로 변화했다. 편집인이었던 이태준과 『문학』을 대표하는 평론가인 이원조가 월북한 상황을 반영한 것이다(이민영 2013: 449-450).

(2) 순수 대 현실

1947년에 들어서자 북한의 『문화전선』에서 북조선만의 새로운 문화건설 방향이 표명되었다. 1947년 2월 『'응향'에 관한 북조선 문학예술 총동맹 중앙당위원회 결정서』가 발표되었다. 『문화전선』은 이 글을 통해 시집 『응향』을 예술을 위한 예술로 규정하여 비판하면서 남한 문단과 변별되는 스스로의 담론을 창출했다. 『응향』은 북조선문학예술총동맹의 원산지부에서 1946년 12월에 발간한 시집으로 '예술지상적' 문학으로 비판되었다. 『응향』은 '회의적, 퇴폐적, 공상적, 현실도피적'이라는 비판을 받고 발매금지 조치를 당하게 된다. 이 사건으로 책임자 박경수가 경질되고 글을 실었던 구상이 남한한다(이민영 2013: 435-440).

이에, 김동리는 "문학과 자유의 옹호: 시집 『응향』에 관한 결정서를 박함"

이라는 글을 써서 북한의 '시집『응향』에 대한 결정서'의 내용을 비판했다. 김동리는 응향에 관한 결정서는 소련 연방주의자의 논리일 뿐이며, "염세적, 풍자적, 비수적 태도를 버리라"고 요구한 좌익 문단의 논리는 문학을 불가능하게 만드는 것이라고 비판했다. 이들이 내세운 '자유 발전'은 진정한 자유의 의미와 유리되어 있다고 주장했다. 이때부터 우익문단이 강조하는 자유는 예전의 계급차별이 없고 평등한 자유가 아니라 '정치로부터의 자유'가 되었다. 문학에 정치를 강요하는 소련, 북한의 문학론에 대항하여 자유는 곧 순수문학을 일컫는 것이 되었다(이민영 2013: 445-446). "개성의 자유를 봉쇄하는 획일주의적 기계시 속에만 자유가 있고 인간성이 있다는 소연방주의자와 및 그 주구들과 우리와의 사이에는 이미 언어가 통치 않게 되었"다고 했다. 이어서 김동리는 "진실로 문학을 가질 수 있는 작가는 현대의 신 인민도 거부하지 않으면 아니될 것"이라고 하여 인민을 '현대의 신'으로 불렀다(김한식 2007: 252).

이는 좌파 문학가가 주로 인민을 강조한 것에 대한 반응이다. 우파 문학가가 순수와 민족을 주장하면 좌파는 이에 인민으로 대응했다. 김동리가 북한의 응향에 대한 결정서를 비판하는 글을 싣자 백인준은 "문학예술은 인민에게 복종하여야 한다"라는 제목으로 글을 썼다. 또한『응향』사건의 배경이 된 소련당중앙위원회의 "잡지『별』과 레닌그라드에 관한 결정서", 쭈다노프의 "문학운동에 대한 소련당의 새로운 비판"이 실린다. 즉 소련과 북한의 당문학에 대한 설명으로 일관했고 북한의 논의를 답습하는 수준에 머물렀다(이민영 2013: 451).

1947년 2월 발간된『백민』7호는 문학과 정치의 분리, 순수문학의 정립을 주장했다. '문학과 정치'라는 권두언을 통해 문학이 정치에 예속되는 현실을 비판하면서 정치 아닌 문학에 중점을 두는 '순수 조선적 문학인'을 요청했다. 이 요청에 등장한 작가들은 조지훈, 박목월, 박두진, 서정주, 김동리 등 조선청년문학가협회(청문협) 계열의 작가들이었다(이민영 2013: 444). 이들은 정치

문제에 있어서는 중도적이고 타협적이었으나 문학과 관련해서는 좌익 문학은 문학이 아닌 것, 노예의 문학, 계급의 이해에만 봉사하는 것으로 비판했다(김한식 2007: 246). 청문협의 민족문학론은 순수문학론으로 좌익과의 대결 뿐 아니라 우익 내에서 헤게모니를 장악하기 위한 담론으로 기능했다(김한식 2007: 234).

1947년 7~8월 김동리와 조연현은 좌익문단을 정치주의적 문학으로 비판하고 본격적인 순수문학론을 전개한다. 이들 논의에 대한 대응으로 좌익 측에서는 김병규, 김동석이 나선다. 1947년 순수문학 논쟁과 관련된 글들이 한꺼번에 발표되었고 이를 바탕으로 남한 우익 문단이 정체성을 형성한다(이민영 2013: 445). 조지훈이 "정치주의 문학의 정체"(1948)라는 글에서, 순수문학은 "정당주의에 반항함으로써 문학의 독자성 옹호를 그 주안으로 삼는 것이며 일제봉건국수에 대한 반립으로만 서는 것이 아니라 유물사관에 대하여까지 반립으로써 출발"한다고 했다. 순수문학은 정치주의, 정당주의, 일제봉건국수, 유물사관을 비판하고 문학의 독자성을 옹호한다는 것이었다. 이는 문학이 문학 외에 다른 무엇에 복무하는 것에 대한 비판이었다(김한식 2007: 251-255).

그러나 민족문학에도 두가지 종류가 있었다. 김동리, 조지훈 등 청문협과 김광섭, 이헌구 등 중앙문화협회이다. 청문협은 젊은 문인들 중심으로 순수를 주장했고 중앙문화협회는 나이든 문인들로 민족 현실을 강조했다. 이들이 해방 이후 좌익이 사라진 문단에서 서로 경쟁하는 양대 세력이 된다. 김광섭, 이헌구 등이 현실을 강조하는 자유문학가협회와 『자유문학』의 중심인물이며 조연현과 김동리가 순수를 주장하는 한국문인협회와 『현대문학』의 중심인물이다. 김광섭은 문학의 사회적 임무를 강조했다. 민족의 당면한 위기를 극복하기 위한 문학을 민족문학이라고 규정하는 방식은 이후 1970년대 민족문학론에 반복해서 나타난다(김한식 2007: 256-257).

전통과 민족혼을 강조하는 문학은 이념적으로 현실 정권에 도움을 주었다. 김광섭, 이헌구로 대표되는 민족문학론은 관변 문학으로 떨어질 가능성이 컸다. 김광섭은 실제로 경무대 근무 경력을 가졌다(김한식 2007: 260). 한국문학가협회(『현대문학』)와 자유문학가협회(『자유문학』)가 1960년대에 양립하게 되는데 이는 중앙문화협회와 청문협의 차이에서 비롯된 것이다. 청문협 문인들이 대학에 자리를 잡으면서 권력 확산에 기여했다. 반면 민족의 위기를 주장한 이들은 이후 문학장에서 밀리게 된다. 민족담론이 힘을 잃으면서 민족문학담론이 힘을 잃게 된 것이다(김한식 2007: 265).

(3) 대중문학과 참여문학

한국전쟁 이후 문학계에 전후세대가 등장한다. 장용학, 김성한, 손창섭, 오상원은 "기성세대의 윤리의식과 사회적·도덕적 가치 개념에 대한 반항의식"을 드러냈고 박경리, 이범선, 이호철, 전광용 등은 "암담한 현실의 밑바닥을 살아가는 인간들의 모습"을 사실적으로 그렸다(임영태 2008: 221).

이 시기 문학계에서 논란을 일으킨 작품 중 하나인 정비석의 『자유부인』은 다른 차원에서 '반항적이고 현실의 밑바닥을 사는' 인간을 그려냈다. 이 소설은 1954년 서울신문에 연재되었는데 이 소설로 인해 서울신문은 부수가 대폭 늘었고 이 소설은 1954년 최고의 베스트셀러가 되었다. 그런데 황산덕 교수가 대학신문에 이 소설에 대한 비판문을 쓰면서 논란이 시작됐다. 황산덕은 교수의 부인을 허황되고 바람기 많은 여인으로 묘사한 것에 불쾌감을 표현했고 정비석은 이에 문학이란 이름으로 반박문을 냈다. 이 논쟁으로 『자유부인』은 시대의 상징으로 부상했다(임영태 2008: 212-212). 이후 서울신문이 1955년 『군웅』 연재를 중단시킨 사건이 있었다. 이유는 대중의 호응이 없다는 것이었는데 당시 문학계의 거센 반발을 받아 다시 연재를 재개했다. 신문은 제2의 『자유부인』이 필요했다. 이는 당시 문학 지형을 순수문학 대 대중문학으로 분극화시키는 촉매역할을 했다(이봉범 2009a, 56).

4월혁명은 문학이 다시 한번 큰 변화를 겪게 하는 결과를 가져왔다. 4.19 이후 문학계는 4월혁명의 정신을 오래 간직하도록 당시의 상황을 반영했다. 박두진의 시 〈우리들의 깃발을 내린 것이 아니다〉는 4월혁명의 이념과 목표를 분명히 제시하면서 혁명이 완성된 것이 아니라 앞으로 계속 추진되어야 할 과제임을 강조했다. 김수영은 〈푸른 하늘을〉이란 시에서 자유는 주어지는 것이 아니라 능동적으로 노력해서 얻어야 하는 것임을 주장했다. 참된 자유는 압제에 저항하는 '피의 냄새가 섞여 있는 혁명'을 통해서 얻어질 수 있다는 것이다. 4월혁명을 계기로 참여문학론이 대두되었다.

소설에서는 최인훈의 『광장』이 주목을 받았는데 이 소설은 그 이전까지의 금기를 깼다. 남과 북의 대비를 하고 남한의 현실에 대해 근본적인 비판을 가했다. 충격적인 것은 주인공이 결국 남과 북을 버리고 중립국을 선택했다는 점이다. 이는 4월혁명이 가져다 준 자유의 산물이라고 할 수 있다. 한편 최인훈의 소설은 현실도피적이고 패배적이라는 비판도 제기되었다. 역사의식을 가진 지식인이라면 현실적 상황, 조건, 역사현실을 직접 대면하여 싸워야 한다는 것이었다(임영태 2008: 285-287).

03 _ 교육 이념

(1) 미국식 교육

1945년 9월 16일 미군정의 주도로 조선교육위원회가 구성되었는데 그 구성원 대부분이 한민당과 기독교 계열이었다. 1945년 11월에는 10명의 미군과 80명의 한국인 대표로 교육심의회가 조직되었는데 여기에는 좌파와 우파, 중도파가 모두 망라되어 있었다. 그러나 신탁통치 정국이 터지면서 교육심의회는 분열되었다(임영태 2008: 102-103). 따라서 교육 정책은 우파가 주도하게 되었다. 1946년 8월에는 서울대학을 국립종합대학으로 하는 법령이 공포되었다. 국립대학안은 미군정이 대학을 미국식으로 급격하게 개편하려고 한 것으로 이에 교수와 학생들은 격렬히 반대했다. 학생들의 동맹휴학투쟁에 57개 학교 4만여명의 학생이 참가했는데 이 과정에서 5천명에 가까운 학생이 제적당하고 교수와 강사 전체의 4분의 3인 380여명이 학교를 떠났다(임영태 2008: 102-104).

『정치와 사회』교과서는 당시 교육제도에 대해, 해방 후 일제의 잔재를 일소하기 위해 민주주의를 채택했으며 그것을 위해 국민교육 제도를 개편했다고 했다. 제도만 바뀐 것이 아니라 "실은 교육 전체를 지배하는 근본정신에 있어 현저한 차이가 있"다고 했다. 구체적으로 제시한 것은 일제의 프랑스식 제도에서 미국의 민주적 방식과 우리 민족의 이념을 합한 제도로 바뀌었다고 했다. 미국의 방식에 우리 민족의 이념을 합했다고 하는 것은 1공화국의 홍인인간 교육이념을 의미한다고 짐작된다. 저자는 세계 역사를 볼 때 교육제도는 대학에서 출발했다고 했다. 세계에서 가장 오래된 볼로냐 대학교와 옥스퍼드 대학교, 케임브리지 대학교, 성균관은 아래로부터의 국민교육에서 발전한 것이 아닌 점을 지적했다. 그렇기 때문에 "아래의 교육은 결국 대학에 들어가기 위한 예비교육에 지나지 않았으며, 여기에 도달하지 못한 사람은 어떠한 체계적인 교육성과를 거두지 못한 채로 중단되는 것"이라고 했다. 이후에도 위에서 아래로 발달한 교육제도는 계속 유럽 각국에 남아있으며 우리나라 역시 일제가 채택한 프랑스식 제도를 갖게 되었다는 것이다. 아래로부터 위로 올라가는 방식의 국민교육의 민주화는 미국에서 가장 먼저 채택되었다고 했다. 그리고 그 이유로 미국에는 유럽에 있는 구제도와 전통이 없어 새 제도의 확립에 방해가 되는 것이 없었다는 것이다. 우리는 "해방 후 점진적으로 구제도를 타파하고 현재 미국 제도의 좋은 점과 우리 민족의 이념을 규합하여, 새로운 교육제도를 확립하고 있다"고 했다. 우리 교육제도는 "인격의 완성과, 자주생

활 능력과 공민으로서의 자질을 구비케 함을 목적으로 하는 것"이라고 했다
(민병태 1956: 138-139).

그러나 미군정 시기에 민주주의가 제대로 교육되었는지는 의문이다. 미
군정은 초기에 한국 내에서 이데올로기적 갈등이 첨예하다는 것을 이유로 교
육과 정치의 분리를 기본정책으로 하여 논란이 되는 모든 문제를 교과서 내
용에서 제외시키기로 결정하여, 그 결과 이데올로기적 의미를 내포하는 요소
는 교과서 내용에서 빠지게 되었다. "한국은 정치적으로 분열되어 있어 교과
서 문제는 모든 논쟁적인 의심을 피해야만 했다. 마침내 문교부는 이솝우화와
미국 교과서에 나오는 구절들을 번역하기로 결정했다"는 기록에서도 확인할
수 있다(김용일 1999: 111). 그리하여 교과서에는 주로 서정적 산문이나 운문,
자연현상, 일상생활과 관련된 것들을 다루게 되었다. 언더우드는 1947년에
한 보고서를 통해, 미군이 한국을 점령하면서 뿌리내리고자 노력하였던 민주
주의 이념을 기대하였던 것만큼 교과서에 반영시킬 수가 없었다고 서술하고
있다(오욱환·최정실 1993: 284-285). 그러나 이에 대해 이길상은 "기본적으로 정
치적 중립성이 요구되는 초중등 교육용 교과서를 집필하는 과정에서 한국인
들의 정치적 분열을 이유로 미국이나 서양 교과서 내용을 모방했다는 주장은
쉽게 납득하기 어렵다. 미국 중심 교과과정 편성을 합리화하기 위한 지적으로
보인다"고 평하였다(이길상 2002: 223).

(2) 듀이의 교육철학

미군정 시기에 교육 정책을 주도한 인물은 오천석이었다. 그는 미군정의
학무국 조직을 실무적으로 담당하면서 한국 교육의 기초를 잡았다. 그는 미국
컬럼비아대학에서 교육학 박사학위를 받았는데 당시 컬럼비아대학은 존 듀이
의 교육사상의 본산지로서 그의 절대적인 영향 아래 있었다. 오천석과 함께 유
억겸, 백낙준, 백남훈, 최두선, 현상윤, 김활란 등이 교육에 영향을 미쳤는데 이

들은 대체로 한민당과 관련을 맺고 있었고 기독교계이며 미국 유학파였다. 이들 중 상당수는 오천석과 마찬가지로 듀이의 영향을 직간접적으로 받았고 미국식 교육방식을 강조했다(임영태 2008: 104-105).

존 듀이는 미국식 민주주의를 대표하는 철학자로서 미군정기 한국의 민주주의 교육 철학은 거의 듀이의 이론에 의존하고 있다. 듀이의 교육사상과 한국 교육 간의 관계는 1920년대에 시작되었다. 오천석의 진술에 따르면 1927년 컬럼비아 대학에 있는 듀이의 클래스에 한국학생들이 수강하고 있었는데(김동구 1995: 139) 이들이 후에 미군정기 교육계 주요 인사들이 된다. 그들은 장이욱, 김홍제, 조병옥, 오천석 등이며 듀이의 제자이며 해설자인 킬패트릭의 강의를 수강한 사람으로는, 김활란, 서은숙, 장석영, 윤성순, 노재명 등이 있다(손인수 1990: 317). 듀이의 『민주주의와 교육』이 문교부에 의해 번역되었는데 이 번역서는 교육을 위한 주요 교과서로 사용되었으며 이 책을 제외하고는 미군정기 간에 미국의 교육사상을 수용하는데 크게 공헌한 번역서는 거의 없다(김동구 1995: 150-151).

오천석은 『민족중흥과 교육』에서 링컨이 말한 "인민에 의한, 인민을 위한, 인민의 정치"는 민주주의의 형식이라고 하면서 듀이의 입장에서 "민주주의는 하나의 생활의 방식"이라고 주장했다. 즉 이것은 "인간관계를 율하는 하나의 원리"로서 "민주주의 정신은 모든 사람으로 하여금 의식적으로 자율적인 인간으로서 가장 풍요하게 살 수 있는 공정하고 평등한 기회를 확보하려는 데 있다"고 했다(손인수 1990: 329). 이같은 사상은 민주주의를 생활영역에까지 확대하게 하지만 동시에 민주주의를 탈정치화하고 개인적 관계로 환원시키는 효과가 있다. 오천석은 이후 장면 정부에서 문교부장관이 된다.

(3) 조선교육연구회의 이념

이 당시 미국 민주주의 교육철학에 비판적인 사람들도 있었다. 그 중

1946년 8월 독일 유학자 중심으로 조직된 민주교육연구회가 있다. 이 단체는 같은 해 12월 조선교육연구회로 개칭한다. 주요 구성원에는 이승만 정부 초대 문교부장관이 된 안호상이 있다.[36] 그는 본래 오천석과 마찬가지로 한민당 계열이었지만 미군정기 교육개혁의 핵심에서 배제된다. 그 밖에 이극로, 안재홍, 손진태, 최현배, 조윤제 등이 있다. 이들은 미국 유학경험이 없으며 대부분 조선어학회나 진단학회 등에 참여한 국어·역사학자들이다. 이들은 미국 유학파와 달리 페스탈로치의 교육사상에 많은 영향을 받았으며 상대적으로 민족주의 이념을 강조했다. 이후 이 이념이 일민주의로 발전한다(임영태 2008: 218). 이들은 미국 유학자들과 갈등관계에 있었는데, 이들의 주장은 다음과 같다.

> 미국의 민주주의 교육철학은 우리에게 안 맞는다. 미국은 인종 전시장이기 때문에 교육철학도 여러 인종이 모여 사는 사회에 맞게 만든 것이다. (…) 나쁜 의미로 본다면 한국 사람들이 과거의 도덕이나 전통을 그대로 지키다가는 자기네 말을 안 따를 수가 많을 터이니, 이것을 어떻게든 파괴한다면 자기네 말을 잘 듣게 될 것이라는 생각이다. (…) 그래서 민주주의가 그 당시 우리 사회에 파괴적 혼란을 많이 일으켰던 것이다. 심지어 정부 수립 직후에 파주 국민학교에서는 기독교 신자 학부형들이 태극기에 경례하는 것을 우상 숭배하라고 반대하여 10일간이나 수업을 거부한 일도 있었다(김인회 1983: 106-106; 손인수 1990: 341-342).

또한 이들이 발간하는 『조선교육』에서 최재희는 "교육상의 자유주의"란 글을 통해 민주주의를 개성보다는 평등을 강조한 이념으로 보고 자유주의적 정신을 지지하기도 했다.

자유주의 교육 정신의 또한 중대 내용은 가지각색의 개성을 자유롭게 발휘케 하는데 있겠다. 민주주의의 정신은 자유로운 개성보다도 평등한 개인을 주장하기가 보통이다. 그런데 평등이란 것은 오히려 이성적 정신의 요청일 뿐이요, 사실의 세계에 있어서는 거의 실재하지 않는 것이다. 그러므로 그것은 있는 것이기보다는 있어야 하는 것이다. 이에 대해서 자유주의의 교육 정신은 옳고 나쁘고 거짓 의미의 평등 관념(가령 답안 내용의 여하를 불문하고 똑같은 성적을 주어야 한다는 식의 평등 관념)을 단연 청산케 하고, 반드시 똑같을 수 없는 개성을 본연의 개성 그대로 속전(束縛), 방해하지 않고 발양하도록 애쓰는 정신이다. 그리고 이러한 교육 태도로부터 사실은 옳고, 좋으며, 참다운 의미의 평등(공정)의 존재가 가능할 수 있는 것이다. 우리는 정치적, 법률적 견지에 있어서 사회의 모든 개인에게 평등한 권리를 인정하고, 모든 개인을 차별 없이 평등하게 다루려고 하는 민주주의 정신을 결코 몰각하지 않으나, 그와 아울러 교육적·사회적 견지에서 여러 개인이 여러 개성과 여러 가치를, 자유롭게 불평등하게 발휘하려 하는 자유주의적 정신을 또한 지극히 중시하고자 하는 자이다(최재희 1947: 383).

(4) 진보적 민주주의

진보적 민주주의는 해방 초기 주로 좌익에서 국가건설 이념으로 표방한 용어이다(방기중; 박종무 2011: 142). 1945년 10월에 초등교원을 중심으로 조선교육혁신동맹이 결성되었다. 이 단체는 "제국주의 타파와 진보적인 인민교육에 진력하며 세계적 고도문화발전에 공헌을 기한다"는 창립취지를 내걸고 일제식민지 교육청산, 교육의 국가경영, 교육의 기회균등, 교육자의 교육행정담당 등을 주장했다. 이 내용은 11월 초 '진보적 민주주의 교육'으로 표방됐다(박종무 2011: 122). 조선교육자협회의 강령을 보면 다음과 같다. 1) 교육에서 일본 제국주의와 봉건주의를 제거한다. 2) 민주적이고 과학적인 교육 체계를 수립한다. 3) 민주주의 교육을 통해 조선의 정치, 경제, 문화적 발달을 장려한다. 4) 교육의 과학화와 실천에 대해 연구하고 그것을 개선한다(정용욱; 박종무 2011: 142).

이들의 교육정책을 보면 초등학교는 의무교육제로 하고 교육비는 국가부담으로 하자는 것이다, 학용품의 절반도 국가가 부담해야 한다고 했다. 교육부담은 국민소득에 의해 누진적으로 하자고 했다. 봉건적, 국수주의적, 비과학적교육을 청산하고 민주주의 교육이론을 수립하며 문맹퇴치를 급속히 실시하고 정치교육을 강화해야 한다고 했다. 가정교육·학교교육·사회교육의 긴밀한 연결, 종교와 교육의 분리, 학생의 자치제 실현, 경제건설의 기본인 기술의 육성과 기술자 양성을 위한 교육, 노동자 교육, 여성해방을 위한 교육, 남녀공학의 점진적 실시, 교육상의 남녀평등을 위한 대책 실현, 수재교육을 위한 제도 실시도 주장했다(박종무 2011: 143-144).

(5) 홍익인간 이념

미군정청 교육자문기구인 조선교육심의회에서는 우리나라 교육 이념의 문제를 다루었는데 반드시 민주주의에 기초를 두어야 한다는 것과 일제로 인해 흐려진 국가관념을 강력히 고취하기 위해 민족적 성격을 띠어야 한다는 것을 강조했다. 그 결과 '홍익인간'의 이념이 탄생한다. 한편, 홍익인간이 설정된 것은 이보다 앞선 상해임시정부 때부터라는 설도 있다. 임시정부는 정치균등·경제균등·교육균등의 삼균주의에 입각한 교육이념을 홍익인간과 이화세계(理化世界)에 두었다는 것이다(홍영도 1956: 350; 손인수 1990: 293-294). 홍익인간에 대해서는 다음과 같이 보고되었다(한국교육 10년사 간행회 1960: 85; 손인수 1990: 293).

홍익인간의 건국이상에 기하여 인격이 완전하고 애국정신이 투철한 민주국가의 공민을 양성함을 교육의 근본이념으로 함.

위의 이념을 관철하기 위하여 아래의 교육방침을 수립함.

1) 민족적 독립자존의 기풍과 국제우호·협조의 정신이 구전한 국민의 품성을 도야함.

2) 실천궁행과 근로역작의 정신을 강조하고, 충실한 책임감과 상호애조의 공덕심을 발휘케 함.

3) 고유문화를 순화앙양하고, 과학기술의 독창적 창의로써 인류문화에 공헌을 기함.

4) 국민체위의 향상을 도모하여, 견인불발의 기백을 함양케 함.

5) 숭고한 예술의 감상, 창작성을 고조하여 순후원만한 인격을 양성함.

다음은 홍익인간 이념이 탄생한 것과 관련하여 쓰여진 글이다.

일본제국주의의 잔존세력은 교육계에 뿌리 깊이 박혀 있다. 봉건사상에서 발생된 신비주의적 천황숭배사상을 어린 국민학교 아동에게 주입하고자 허둥지둥하던 그네들! 그러나 정의의 날은 드디어 왔다. 자유와 해방! (…) 완전독립국가 대조선 국민으로서의 자금(自衿)속에 자유롭고 씩씩한 국민을 길러내는 교육에 용단구입(勇斷求入)할 뿐이다. 교육순국 열성과 적성(赤誠)의 누적된 위대한 이념. 힘차게 나가자. 순국정신으로 (…) 교육이념은 확립되었다. "홍익인간의 대정신"에 침투할 수 있는 민족 (…) 이 신비한 교육이념달성의 기반은 완전독립 자주적 민주국가라는 자유이념 하에서만 있을 것이다 (…) 교육은 (…) 자유실현이어야 한다. 즉 자연적 개인적 자유가 아니고 초개인적 자유, 자연의 이성화적 자유다. 따라서 이 뜻의 자유교육은 그 효과가 인격교육, 문화교육, 개성교육, 창조교육, 자학자치(自學自治)의 교육이다(강문조 1946: 205-207).

그런데 "실천궁행과 근로역작의 정신", "충실한 책임감과 상호애조의 공덕심", "국민체위의 향상", "견인불발의 기백", "순국정신", "신비한 교육이념", "초개인적 자유" 등은 민주주의적 개념과는 거리가 있어 보인다(이나미 2011).

홍익인간 이념은 백낙준이 제안한 것으로, 『제왕운기』, 『삼국유사』의 내용에서 하늘(환인)의 서자인 환웅이 세계를 이롭게 하려고 한다는 구절에서 따왔다. 이에 대해 백남운이 일제의 팔굉일우(八紘一宇)를 연상한다 하여 비판했고 많은 사람들이 탐탁해 하지 않았다고 한다. 팔굉일우란 '팔방을 덮어 집으로 삼는다'는 의미로, '온 세상이 한 가족'이란 뜻이다. 일제의 대동아전쟁을 정당화하는 이데올로기로 쓰였다. 오천석은 다음과 같이 서술하고 있다(오천석 1964: 401; 오욱환·최정실 1993: 227).

교육이념을 다루는 분과위원회에서 교육이념과 교육방침이 채택되어 전체회의에 보고되었을 때 '홍익인간'이라는 말에 대하여 상당히 비판적인 논의가 일어났다. 그 반대의 이유가 두 가지 있었으니, 그 하나는 이것이 과학적으로 증명할 수 없는 고기(古記)에서 나온 말이므로 신화에 가까운 비과학적인 것이라는 것이었고, 일본인들이 과거에 즐겨 쓰던 '팔굉일우'라는 말과 비슷한 냄새를 피운다는 것이다.

백낙준은 당시의 상황을 다음과 같이 전하고 있다(백낙준 1977: 93-94; 김용일 1999: 153-154).

내가 생각이 나서 '홍익인간'이란 것을 우리 교육의 이념으로 정하자고 했던 것입니다. 이것이 분과위원회에서 결정이 되어서 밖으로 나갈 때에 어느 정도의 반대가 있었던 것입니다. 그 중 이 문제에 가장 반대하던 사람은 북한에 간 백남운 씨였습니다. 왜 '홍익인간'을 반대하였는가 하면, 반대하는 이유가 '팔굉일우'의 재판(再版)이라고 해서 반대하였던 것입니다. 이것이 전체위원회에서 결정이 되었는데, 원래 이 '홍익인간'이라는 교육이념은 다른 곳에서 빌려 온 것도 아니고, 또 이것이 다른 나라를 배타하는 제국주의 사상도 아니고, 근대사상 그대로를 반영한 것이니까 '홍익인간'으로 우리 이상을 삼자고 해서 채택이 되었던 것입니다.

홍익인간 이념에 대한 비판은 미군정관들에게서도 나왔다. '교육이념의 모호성과 미국식 민주주의와 배치되는 민족적 색채가 있다'는 것이다. 이에 대해 백낙준은 "홍익인간이라는 사상은 만인을 이롭게 한다는 매우 인도주의적인 사상으로서 (…) 영어로 'Maximum Service to Humanity'라고 번역"하기도 했다(오천석 1972: 58; 김용일 1999: 154). 안호상 역시 홍익인간 이념을 옹호하면서 민주주의 교육철학의 핵심은 인간을 크게 유익하게 하는 데 있다고 주장한다. 또한 그는 "북에는 로서아주의, 남에는 미국주의를 우리의 머리에 먹이고 있습니다. 그런 결과 38이남·이북을 통하여 민족정신은 왜놈시대보다 더 한층 파괴되고 있습니다"라고 하면서 이러한 상황에서 우리 교육이 나아갈 길은 민족적인 것이라는 것이며 그것은 인간을 중심으로 삼는 인간주의 - 홍익인간, 즉 사람주의로서 이는 동서고금의 불변의 진리라고 주장했다(안호상 1946: 43; 손인수 1990: 344).

홍익인간 이념은 1949년 12월 31일 제정된 교육법(법률 제86호)에 "교육은 홍익인간의 이념 아래 모든 국민으로 하여금 인격을 완성하고 자주적 생활능력과 공민으로서의 자질을 구유하게 하여 민주국가 발전에 봉사하며 인류공영의 이념실현에 기여하게 함을 목적으로 한다"는 규정에 의해 공식적 교육 이념이 되었다. 따라서 1956년 교과서에서도 홍익인간이 교육이념으로 설명되고 있다(민병태 1956: 130). 이후 이 법을 대체하여 1997년에 제정된 교육기본법에도 홍익인간 이념은 그대로 교육이념으로 인정되고 있다.

(6) 일민주의 교육

홍익인간 이념은 일민주의의 기본 사상이기도 하다. 안호상은 교육에 있어 일민주의를 주장함으로써 이승만 독재정권 합리화에 기여하였다. 오천석은 이를 스파르타식 훈련이라고 혹평했다. 일민주의는 홍익인간 사상에 바탕을 둔 한국적 민족주의로 국수주의와 국가주의적 요소가 강했다. 안호상, 이범석, 양우정이 초기 이승만 정부의 이데올로그 역할을 했으며 일민주의는 반공주의와 결합하여 초기 이승만 정권을 이끌어간 핵심이념이었다(임영태 2008: 218).

이승만이 1,641명의 교사를 불온교사로 몰아 교단에서 추방하면서 시작된 이승만 정부의 문교시책은 문교장관 안호상의 일민주의 교육론으로 수렴되었다. 소위 '민주주의 민족교육'이라고 불렸던 이 교육론은 외견상 미국식이 아닌 우리식 민주주의 교육을 하자는 것으로 보였으나, 일민주의 이름 아래 학도호국단을 창설하고 이들에게 군대식 복장을 착용케 하며 '우리의 맹세'를 외우게 하는 등 어느 모로 보나 일제 말기 파시즘 교육의 부활에 지나지 않는 것이었다(이인규 1990: 276). 안호상은 다음과 같이 일민주의를 설명하고 있다(안호상 1950: 57; 김용일 1999: 178).

일민주의는 우리 민족교육의 맨끝이다. 대한의 민족국가는 대한의 일민족국가로서 곧 대한민국이며 또 이 민국이 선 뒤로부터 우리는 민족교육을 실시하였다. 우리의 민족교육이 과거와 현재의 모든 나라들의 그것과 본질적으로 다른 까닭에 민주적 민족교육이라 하였는데, 그것이 곧 일민주의적 혹은 일민의 민족교육이다.

안호상은 일민주의 교육을 '민주적 민족교육'으로 규정하면서 교육목적을 1) 의리의 사람을 만드는 교육, 2) 기술의 사람을 만드는 교육, 3) 용기의 사람을 만드는 교육으로 내세우고 있다(안호상 1950: 58-61; 김용일 1999: 178). 이는 일본 제국주의의 이상적 인간이 실용적 인간, 용기와 애국심을 가진 인간이었다는 점을 놓고 볼 때 이 역시 일제의 교육 목표를 연상케 한다(이나미 2011).

또한 일민주의는 자본주의를 비판하기는 하지만 반공이념이란 면에서 정책주도세력과 입장을 같이 하고 있다. 즉 "우리의 최대의 적이요, 세계에 공통된 적인 공산당파를 박멸하려며는, 우리는 일체의 지방열과 파당심을 버리고 서로 함께 뭉쳐 한겨레, 곧 일민의 정신만을 가져야 한다"고 주장했다(양우정 1949: 128-129; 김용일 1999: 180).

(7) 반공교육

반공교육은 반공주의의 우세와 더불어 철저하게 실시되었다. 한국전쟁 기간 중에는 초등학교용 『전시 생활』, 중등학교용 『전시 독본』 등 전시생활을 지도하는 임시교과서가 등장하는데, 초등학생용에도 제목이, '탱크,' '군함' '싸우는 우리나라' '국군과 유엔군은 어떻게 싸우나' 등으로 전쟁 분위기를 냈다. 중등학생용에도 제목이 '침략자는 누구냐' '자유와 투쟁' 등으로 반공적 성격을 강하게 띠고 있다. 이러한 전시 교재의 편찬은 문교부 편수국에서 맡았다(부길만 2013).

반공교육은 또한 1954년부터 1963년까지 제1차 교육과정의 특징 중 하나이다. 제1차 교육과정의 구성 방침과 목표상의 특징 중 하나는 반공교육, 도의교육, 실업교육을 특히 강조하고 있다는 점이다. "반공·도의 교육을 강조하게 된 까닭은 해방 후의 사회적 혼란과 6.25 사변으로 인하여 도덕적인 타락이 현저하게 나타났으며, 반공 의식의 고양이 어느 때보다 필요함에 따라 취해진 것"(문교부 1988: 28)이라고 설명되었다.

1956년 발간된 교과서는 공산주의에 대해 다음과 같이 평하고 있다(민병태 1956: 153-154).

1) 개인의 존엄성과 가치를 인정하지 않는다. 사회의 존속은 개인의 희생을 전제로 하는 고로 진실한 국민의 지지를 받을 수 없다.

2) 주권이 국민의 의사에 따라 운용되는 것이 아니라, 하나의 정당에 의하여 운용된다.

3) 개인의 모든 자유를 말살하며, 언론·신앙·직업의 선택 등에 자유가 없다. 또 가정생활과 교육에 있어서의 자유도 허용되지 않는다.

4) 국민의 여론을 말살하며 투표는 형식에 지나지 않으므로, 민의의 반영과 다수결이 있을 수 없다.

5) 국민의 의사를 반영하여 정권을 교대하는 정당제도를 말살하는 고로, 정부와 국민이 유리된다.

6) 정치의 모순을 유지하기 위하여 항상 국민을 전쟁 체제 내에서 활동케 하는 고로 국민의 생활 향상이 불가능하다.

중학교 교과서 『국가생활』에서는 "국토 통일을 방해하는 공산주의의 민족적 죄악상"이란 소제목 하에 성경에 "너희 중에 누가 아들이 떡을 달라 하면 돌을 주며, 생선을 달라면 뱀을 줄 사람이 있겠는가?"라고 하는 예수의 말을 들어 공산주의자를 비판하고 있다(왕학수 1956: 142). 즉 공산주의자를 이웃도 아닌 가족에게 좋은 것이 아닌 나쁜 것을 주는 이로 묘사한 것이다. 또한 존 스톤과 박헌영의 대화도 소개하고 있다. 존 스톤이, 북한은 "소련의 일개 공화국으로 되어 그 연방에 포함되는 것이 좋지 않은가?"라고 묻자 박헌영이 "그렇게 되는 것이 좋을 것이오. 결국 한국은 소련방에 포함되어야 할 것이니까"라고 답했다고 하며 "이러한 매국 사상은 비단 박헌영 뿐만 아니라 모든 공산주의자들이 가지고 있는 것"이라고 소개했다(왕학수 1956).

(8) 교육의 민주화

이 시기 학제는 일제강점기의 6·4제를 개편하여 오늘날과 같은 6·3·3제로 하였으며 대학교육은 예전의 6년에서 4년으로 단축시켰다. 『정치와 사회』 교과서에 의하면 이는 6년간의 의무교육 확립, 고등교육의 2년 연장, 대학기간 단축을 통한 학비 부담 축소, 대학원제를 통한 학술 수준 향상의 효과를 도모하기 위함이었다. 또한 6년간의 국민학교 교육은 기초적인 의무교육이며 중학교는 "중견국민으로써 필요한 품성과 자질의 양성, 자율적 활동의 조장, 공평한 비판력의 양성, 건전한 신체와 정신의 육성, 직업에 관한 지식과 기능의 습득 및 근로정신의 육성"에 노력한다고 했다. 고등학교의 교육목표는 중학교의 것에 더하여 "국가 사회에 대한 이해력과 건전한 비판력", "민족의 사명을 자각", "개성에 맞는 장래의 진로를 결정", "일반 교양을 높이고 전문적 기술을 기르도록 노력"하는 것이라고 했다(민병태 1956: 140-141). 그러나 당시 교육의 한계도 함께 지적하고 있다. 교실과 교원의 부족으로 많은 국민학교에서 2부제를 실시하고 있는 점, 중학교육이 아직 의무화가 되지 못한 점 등을 들었다(민병태 1956: 146).

교과서는 또한 학교가 사회발전에 공헌해야 함을 강조하고 있다. 특히 "고등학교는 지방문화의 중심을 이루는 곳"이라고 했다. 농업고등학교라면 농산품을 전람하여 새로운 재배법의 우수한 점을 지방민에게 알리고 여자고등학교는 수예품 전람회와 요리법 전시회를 열어 가정주부를 자극할 수 있다고 했다. 또한 학예회, 발표회, 운동회를 통해 지방 사람을 계몽할 기회를 가진다고 했다. 강연회를 열어 민주주의 국가의 공민이 무엇인지 알릴 수 있고 농촌생활의 개선을 지도할 수 있다는 것이다. 즉 학교가 갖고 있는 여러 시설과 교사를 통해 학교와 사회를 연결할 수 있다는 것이다. 동창회 역시 재학생과 졸업생의 협력에 의한 성인교육과 농촌지도 등을 통해 지역사회 발전에 공헌할 수 있다고 했다. 또한 "학교교육을 받은 사람은 국가의 민주화를 추진하는데 충분한 자격을 가진다"고 했다. 그러므로 "우리는 국가에 대한 확고한 자각과 식견과 품성을 갖추도록 공부"하고 "국가 장래에 대하여 훌륭한 식견과 태도"를 "표시함으로써 모든 국민과 더불어 국가의 민주화에 헌신할 수 있다"고 했다(민병태 1956: 142-144). 즉 국가와 사회에 대한 학생의 의사표현을 지지하고 있다. "학생은 사회에서 좋은 점을 많이 배우며, 교육을 받은 학생으로서의 훌륭한 언동에 의하여 사회에 이바지하지 않으면 안된다"고 했다. 사회가 학생의 환경 조정에 노력해야겠지만 "학생도 이보다 더욱 적극적인 태도에서 환경을 극복하여 좋은 모범을 표시하여야 한다"고 했다(민병태 1956: 148).

또한 교과서에 의하면, 교육의 민주화는 매우 중요한 가치이며 이를 위해 "교육행정을 국가의 일반 행정과 지방 행정에서 분리할 필요"가 있다고 했다. 따라서 "교육과 학예에 관하여 국민의 의사 내지 지방 실정에 맞추어 민주적·자주적 사무를 담당케 하기 위한 지방 공공단체로서 교육위원회를 설치하고 있다"고 했다(민병태 1956: 130). 현대 국가는 "교육 운영에 사회의 요구를 민주적으로 반영할 필요가 있다"는 점, 즉 "국민의 자유로운 발의에 의한 교육과 학예의 민주적 발전이 요망"되므로 교육위원회를 설치한다는 것이다. 국민학교의 자모회와 유사한 미국의 PTA(Parents and Teachers Association)는 "학부형, 주로 모친이 교사와 협조하여 학교 시설의 개선, 학습 과정의 연구와 개선에 대한 협력, 학생의 타락 방지 및 위생과 오락 개선 등을 도모하는 회(會)"라고 했다. 우리나라의 경우, 학부형회와 후원회가 대체로 이러한 일을 담당하지만 교육행정과 관련된 자치단체는 아니므로 교육자치기관인 교육위원회를 설치하여 그 지역 내의 교육과 학예에 관한 행정 사무를 담당하게 한다는 것이다. "보통 학부형보다도 특히 교육에 대한 전문적 식견을 가진 사람이 국민의 지지에 의하여 선임되어 교육사항을 처리한다면 더욱 훌륭한 결과를 가져올 것"이라는 것이다. "교육위원회는 교육에 관하여 국민의 의사를 실현할 뿐 아니라, 인사와 예산 및 조례의 제정을 담당함으로써 교육에 대하여 민주적이고 효과적인 봉사를 할 수 있는 것"이라고 했다(민병태 1956: 144-145).

이와 같은 내용은 당시 비민주적인 정치권력과 사회 혼란에도 불구하고 교육 원칙에 있어서는 민주주의를 실현하고자 하는 의지가 있었음을 알 수 있다. 또한 해방 직후에 비해 시간이 지날수록 교육이 학생의 자율성과 적극성을 더 강조하는 방향으로 나아가고 있다는 징후가 보인다. 예를 들면 1948년『초등국어』에는 '생도들이 규칙도 잘 지켰다'는 점이 칭찬을 받을 행위이나, 1956년 교과서『국어』에서는 '씩씩하게 운동을 한 것'이 칭찬의 이유가 된다. 운동회 뿐 아니라 소풍, 학예회 등의 활동에서도 유사한 관점이 나타나고 있다. 병원을 다루고 있는 내용에서 과거 교과서에는 병원이 근대 문물의 수용이라거나 우리에게 유익한 존재라는 것을 강조했다면 1956년본에서는 병원놀이라고 하는 놀이적 관점에서 접근하고 있다. 라디오를 다루는 경우에도 라디오에 대한 설명이 아니라 라디오의 어린이 시간에 초점을 두고 있다. 즉 어린이 눈높이에 맞추어 교과서가 변화했다(윤여탁 외 2006: 162).

(9) 4월혁명과 2공화국의 교육이념

4월혁명 이후 2공화국이 들어서면서 교육이념도 달라져야 한다는 주장이 제기되었다. 권위주의와 독재에 대한 비판과 아울러 '자유'가 이전 보다 더욱 강조되었다. "우리가 진심으로 자유에 대한 인간 본연의 열망과 사회의 공동복지를 아울러 보장해 줄 민주사회를 지향한다던 제2공화국의 교육은 새 휴머니즘에 의한 자유교육으로 고무되어야 할 것"이라고 주장됐다. "참된 민주사회는 자유인으로써만 성립된다"고 하면서 "구미 각국의 민주주의가 성공할 수 있었던 것은 실로 중세기 이후 대학을 통하여 실시해 온 '리베랄 아트'의 교육으로 자유인을 키웠기 때문이며 지금도 이 리베랄 아트의 교육은 구미 교육의 핵심이 되어 있다"고 했다(김창수 1960). 다음의 글은 1공화국의 교육이념에 대한 직간접적 비판이 드러난다. 인간의 주체성과 국민의 자율성을 강조하고 관료주의와 국가의 교육 독점을 비판하고 있다.

> 본연의 인간이 된다는 것 그것이 인간 최상의 의무라면 교육의 목적은 인격을 만드는 것이 아니라 인격을 눈뜨게 하는 것이다. 성장하는 청소년을 가정, 사회 및 국가의 환경 또는 요청에 순응하도록 키우는 것이 아니라 인격의 초월성 속에서 자아의 독립, 자주성을 통하여 주체의 자각 속에 살아가도록 조성하는 것이다. 물론 청소년은 순수한 주체도 아니며 고립된 주체도 아니다. 여러 가지 공동체 속에 짜이고 그 속에서 형성된다. 이 공동체는 인간의 자연적 환경이며 가정과 국민 사회, 그리고 교회 등인데 본연적 교육사회이다. 따라서 참된 교육은 어느 한 공동체에 의한 독점적 지배를 항거한다. 더욱 중앙집권화한 정부의 관료적 지배를 배제한다. 교육기관의 하나인 학교제도는 국가의 기관으로 타락하거나 국가화해서는 안된다. 그러기에 학교교육의 목적, 제도, 내용 등등은 국가기구가 결정할 것이 아니라 그 나라의 문화와 국민의 유기적 조직에 의한 국민의 구체적 요구와 상황에 알맞게 마련되어야 한다. 이러한 의미에서 우리나라의 현행 교육제도 및 교육내용은 전면적으로 혁신개편되어야 한다(김창수 1960).

이어 "제2공화국은 그 정치적 이념에 있어서 부르주아 시대의 개인주의 또는 꿀벌통 같은 전체주의, 집합주의를 배격하며 인격의 권리를 기초로 한 사회적 갈망과 인간의 자유에 대한 열망의 요구를 충족시켜줄 인격주의적이며 공동체적인 문명사회를 지향"하고 있으므로 "우리나라의 교육은 인간 속에 자유의 감각과 책임의 감각, 인간적 권리와 인간적 의무, 공동복지를 위하여" 위험을 무릅쓰는 용기와 각 개인의 인간성에 대한 존경을 발전시켜 시대적 요청을 채워주어야 한다고 했다(김창수 1960). 즉 개인주의와 전체주의 모두를 배격하면서 공동체적 사회를 위한 교육을 지향한다는 점을 보여주고 있다.

04 _ 종교 이념

(1) 이승만의 종교관

기독교 신자인 이승만은 자신의 신앙에 치우친 행위로 논란을 많이 일으켰다. 이승만은 일제강점기 동안에도 사실상 항일운동보다는 종교운동에 치중했다. 한국이 일본에 강점되기 전부터 이승만은 주로 기독교 전파에 주력했으며, 잠시 한국에 왔을 때도 주로 YMCA 등 기독교 활동을 했다(서중석 2005). 3.1 운동이 일어나자 이승만은 미국 기자들과의 회견에서 한국의 독립운동 지도자들은 한국에 동양 최초의 기독교 국가를 건설하려고 한다고 말했다. 3.1운동은 사실상 천도교가 주도하여 기독교와 불교 지도자들과 학생들이 참여한 운동인데 그는 한국에서 새로 탄생할 국가가 기독교 국가가 될 것임을 공언함으로써 미국 언론과 기독교 단체들의 주목을 받고자 했다(고정휴 2004). 1920년 1월 보스턴집회에서 이승만은 다음과 같이 말했다.

우리 한국인은 미국의 그것과 동일한 원칙들을 위하여 투쟁하고 있습니다. 우리는 기독교의 원칙을 지지합니다. 우리는 한국의 건립을 위하여 미국의 자본을 필요로 하지만, 일본은 그것에 반대하고 있습니다. 우리는 만주뿐만 아니라 아시아 전체의 문호개방을 지지합니다(*Korea Review* Vol. I, No. 12).

해방 후 이승만은 당시 한국에서 기독교인이 1% 내외였음에도 불구하고 1948년 제헌국회 개원식에 국회의원 이윤영 목사에게 기도를 올려달라고 하고 개원식을 시작했으며 대통령 직무수행 선서도 하나님 앞에 맹세했다(서중석

2005). 국내의 다른 기독교인들 역시 애국심보다는 신앙을 더 앞세우기도 했다. 정부 수립 직후에 파주 국민학교에서는 기독교 신자 학부형들이 태극기에 경례하는 것을 우상 숭배하라고 반대하여 10일간이나 수업을 거부한 일도 있었다(김인회 1983; 손인수 1990).

한편, 이승만은 유교도 자신의 권력을 뒷받침하는데 활용하였다. 유교는 해방 후에도 한국 사회를 지배하는 이념이요 문화였다고 할 수 있다. 미대사관 직원 헨더슨은 1950년대 초까지 한국은 조선왕조와 다름이 없다고 하였다. 관존민비 현상이 일반적이었다. 지서주임은 영감으로 불렸으며 신임 고관이 오면 수천의 사람들과 학생들이 거리로 나와 순시를 기다렸다. 옛날과 차이가 있다면 고관이 가마가 아니라 자동차를 타고 왔다는 점이었다. 탐관오리, 난신적자 등의 용어가 여전히 사용되었으며 농민은 여전히 현물로 세금을 내고 각종 부역에 시달렸다. 자유당은 이러한 현물세를 폐지하거나 금납제화하려고 하였으나 이승만이 거부했다(서중석 2005).

이승만은 전근대적 용어인 '백성'을 자주 사용했다. 그러나 1800년대 말부터는 이미 한국 사회에서는 '인민'이 '백성'보다 더 자주 쓰였다. 이승만은 자신이 양녕대군 후예라는 의식이 강해서 군주처럼 행세했다. 미군정 버치가 『시카고 선』지 기자에게 "이승만은 결코 파시스타가 아니고 그보다 2세기 전"인 "순수한 부르봉파"라고 말했을 정도이다. 그는 영친왕 이은에 대해서 라이벌 의식을 가졌다고 한다. 이승만 생일에는 전 관공서를 임시휴일로 하고 야간통행금지도 없앴다. 한글파동 후 1955년 이승만이 서울의 이름을 바꾸라고 지시했을 때 서울의 이름도 이승만의 호인 '우남'으로 바뀔 뻔 했으며 서울시의 시민회관도 처음에는 우남회관이란 이름으로 추진됐었다. 그는 자신만이 높이 받들어지길 바라는 마음에서 윤봉길, 김구 등 대한임시정부 요인들이 묻힌 효창공원을 밀어버리고 운동장으로 만들려고 시도했다(서중석 2005).

독실한 기독교인이었던 이승만은 유교와 기독교는 서로 모순이 없다고 주장했다. 여성교육에 그렇게 애쓴 그는 여성은 어디까지나 여성의 천직을 잊어버려서는 안 되고, 결코 남자다운 여성이 되지 말기를 바란다고 충고했다. 또한 삼강오륜을 사회규범으로 삼아 교육시킬 것을 권했다. 이승만은 어린이날 담화에서 예전부터 내려오는 부자, 군신, 부부, 장유, 붕우의 도인 오륜을 엄절히 가르쳐서 이것이 문명한 나라 민족들의 교육하는 것으로 만들어야 할 것이라고 하였다. 1954년 담화에서는, 동양의 나라가 발전한 것은 다 공자의 큰 도에 힘입은 것이라고 하면서 세계에서 공자의 왕천하(王天下)하는 도를 본받아 세계를 개조하면 전쟁을 면하고 태평세계를 이룰 수 있다고 하였다(서중석 2005). 1957년 담화에서는, 단군기자와 성군명왕의 교육과 교화를 받아서 삼강오륜을 지켜온 덕택에 우리가 예의지방이 되었다고 하였다.

예전부터 우리가 배워서 행해오던 삼강오륜을 고칠 수 없는 것이다. 이것을 버리고 다 같이 한 계급으로 알아서 어른도 없고 아이도 없고 또 윗사람도 없고 아랫사람도 없이 그런데 모든 사람들이 다 동등으로 살며 대통령이나 정부의 관리를 다 민중의 공복이 되어 행한다는 것을 오해해 가지고 이것이 아무렇게나 해서 혼돈상태에 살게 되는 것으로 알게 된다면 그것은 대단히 잘못되는 일인 것이다.

그리고 덧붙여 대통령을 선거한다고 하여 대통령에 대해 예절도 없고 존경하는 태도도 없는 것은 잘못이라고 지적하고 "우리는 옛적부터 위에 앉은 분을 존중하며 높은 대우로 해가던 우리의 좋은 습관을 버리지 말고 지켜나가야만 우리 사회를 파괴하지 않고 우리 민주제도를 더욱 공고하게" 할 것이라고 주장했다(서중석 2005).

(2) 기독교와 반공

우리 역사에 있어서 기독교가 반공주의와 맺는 관련성은 매우 긴밀하다.

한국천주교회는 한국에 공산주의가 도입된 초기부터 공산주의에 반대하는 입장을 가졌고, 특히 해방 후 남한 천주교회는 반공의 기수가 되었으며 '순교신심'과 '성모신심'을 통해 반공에 앞장섰다(김정환 2007). 독실한 기독교 신자인 이승만의 강력한 반공사상은 이승만이 미국에서 공부할 시절 기독교 근본주의의 강한 반공주의에 영향을 받았다고 할 수 있으며, 미국에서 이승만을 지원한 단체는 기독교 단체인데 이들 역시 반공주의적 입장을 취했다. 또한 미군정이 자신의 지지세력으로 키운 집단 역시 기독교 단체였다(정병준 2001).

이승만 정권의 비판 세력이었던 민주당 역시 원칙적으로 반공을 표방한다는 측면에서는 이승만 정권과 다르지 않았는데 특히 천주교 신자인 장면은 신앙을 이유로 공산주의를 반대했다. 민주당은 창당 초기부터 조봉암을 비롯한 혁신계 인사의 참가를 기피하여 좌익전향자는 신당발기준비위원이 될 수 없다는 조항을 삽입시켰다. 혁신세력의 포섭을 반대한 파는 '자유민주파'로서 이들이 민주당을 결성하였고, 포섭을 찬성한 '민주대동파'는 민주당에서 제외되었다(백운선 1981). 이때 '자유민주'가 의미하는 것은 반공임을 알 수 있다. 장면이 반공을 주장한 이유는 공산주의가 무신론에 입각해 있기 때문이었다. 그는 미·소의 이데올로기 대립을 '그리스도교적 견해에 입각한 민주주의와 전체주의적 물질주의 즉 공산주의와의 싸움'으로 인식했다(허동현 1999). 또한 다음과 같은 이유에서 반공을 주장하였다.

오늘의 세계를 소란스럽게 하는 가장 중요한 싸움은 '자유에 대한 압제에 대한' 싸움이다. 이 압제는 여러 모로의 가면을 쓰고 인간에 대한 공격을 정당화하기 위하여 그릇된 철학을 지지하고 있다. 무신론자들은 세계를 제 것으로 만들려고 끊임없이 활동하고 있는데, 그『그리스도교 정치가』는 그리스도교 원리를 따라 깊은 지혜와 굽힐 줄 모르는 결심으로 이 장애와 싸워야 한다.. 정당에서 지도

하는 자리를 차지하는 그리스도교도도 정당의 정책에 그리스도교 원리를 침투시키고, 정부에게 그 실시를 촉구함으로써 나라에 영향을 줄 수 있는 것이다(장면 1964).

그의 평등사상 역시 기독교 신앙에서 비롯된 것이었다(허동현 1999).

우리 시대는 이들 많은 비그리스도교국이 자유와 독립 정신의 강력한 부흥에 참여하고 있다. 이러한 부흥은 신흥 국민 사이에도 완전한 평등에 대한 동경이 숨어 있다. 세계는 나날이 좁아져 가고 모든 종족과 모든 국민 사이의 접촉은 더욱 친밀하게 되어 간다. (…) 교회의 태도는 그 교육과 유력한 원조로 이 갈망을 채우기 위하여 온 힘을 기울인다. 하느님은 아버지이기 때문에 사람은 누구나 형제라는 이 교회의 가르침은 피부의 색깔, 인종, 사회적 지위의 구별없이 인격의 영원한 운명에 대하여 평등한 존엄을 각자에게 주는 것이다. 우리는 그리스도교도가 아닌 우리 형제, 특히 지식인에게 교회의 이 가르침을 열심히 또 절실하게 알려야 한다.

장면 뿐 아니라 미군정 이래 한국의 지배계층은 기독교적 신앙을 믿는 사람들이 많았고 그러한 신앙적 동기에서 반공을 주장한 인물들이 많았다. 장면이 정계에 입문할 수 있었던 배경에는 그가 독실한 천주교 신자였던 것이 크게 작용하였다는 것이 공통된 지적이다.

한편, 한국전쟁에 있어서 기독교가 책임이 있다고 하는 반성이 나중에 제기되기도 했다. 1988년 2월 NCC의 민족의 통일과 평화에 대한 한국기독교회 선언은 한국전쟁에 대해 다음과 같은 반성을 보여주었다.

우리는 갈라진 조국 때문에 같은 피를 나눈 동족을 미워하였고 속이고 살인하였으며, 그 죄악을 정치와 이념의 이름으로 오히려 정당화하는 이중의 죄를 범하여 왔다. 분단은 전쟁을 낳았으며 우리 그리스도인들은 전쟁방지의 명목으로 최강, 최선의 무기로 재무장하고 병력과 군비를 강화하는 것을 찬동하는 죄(시 33:16-20, 44:6-7)를 범했다. (…) 우리는 한국교회가 민족분단의 역사적 과정 속에서 침묵하였으며 면면히 이어져 온 자주적 민족통일운동의 흐름을 외면하였을 뿐만 아니라 오히려 분단을 정당화하기까지 한 죄를 범했음을 고백한다(박경서 1991).

(3) 불교정화론

이승만은 1954년 5월 '대처승은 사찰에서 물러나라'는 불교정화유시를 발표한다. 일본 승려처럼 가정을 가진 승려는 모두 사찰에서 물러나고 비구승 만이 정부에서 주는 전답을 가질 수 있다는 것이다(동아일보 1954. 9. 9). 이에 비구승 측은 급속히 세력을 확대하면서 이승만 정부의 적극적인 지지 세력이 된다(맹청재 2003: 65).

당시 김화담은 이승만의 불교정화 유시를 찬성하면서 대처승을 비판하는 글을 발표했다. 이는, "중생이 동족 간에 생존경쟁으로 약육강식, 우승열패를 반복윤회하는 전쟁화(禍) 중에서 일방은 물질문명을 구가하고 일방은 윤리도덕을 주창하여 오탁악세(伍濁惡世)에 신음하는 대중을 구하여 오는 사파국토(娑婆國土)에 우리나라 민족으로 대자대비하신 불타조화를 체득한 청정법신 비구승 중에서 성인이 출세하여 국난을 극복할 시기에 반영된 불교정화의 필요성을 깨닫게 된 것"이라는 것이다. 즉 비구승은 '불타조화를 체득한 청정법신'으로 이들 중에 성인이 나서 국난을 극복할 시기인데 마침 불교정화운동이 일어나게 되어 다행이라는 것이다. "일편단심으로 삼보(三寶)에 귀의하여 정신(淨身)생활로 국운회태를 지성발원"하는 곳에서 "천운과 국운도 정하여"졌을 것이라고 했다. 따라서 "최근에 대통령각하께서 불교정화를 위하여 누차 유시하신데 대하여 심심한 감명을 가지는 동시에 국가에 광명이 될 것을 신조로 불교정화가 속득성취함을 위하여 사찰에 대처승들 수행이 앞으로 정화됨을 촉구하는 바"라고 했다. 달이 15일에 보름달이 되는 것과 같이 15년을 정신(淨身)해야 광명을 얻는다고 하면서 남녀·음양의 교합은 일식·월식과 같이 광명이 없어질 것이라고 했다. 또한 과거 사명당과 같이 국난을 극복할 비구승이 나오기를 고대한다고 했다(김화담 1955).

사실상 이승만의 불교정화 유시는 사사오입개헌 파동으로 정권이 위기에 처하자 언론의 관심을 돌리기 위해 내놓은 것이라는 해석이 있으며(강인철 2003; 맹청재 2003: 64) 그러한 급작스런 조처에 불교계는 분열되고 갈등이 지속되었다.

소 결

치열한
이념 논쟁의 전개

제5부 한국시민사회 이념사는 시민사회 통제를 위해 국가권력이 만든 이념, 노동 통제를 위해 자본이 만든 이념, 국가와 시장 견제를 위해 시민사회에서 만들어진 이념을 다루었다. 당시 등장한 새로운 사상과 담론, 첨예화된 쟁점을 분석하며 주로 신문, 교과서, 연설문, 저서 등을 참고했다.

이 중 교과서는 국가나 지배권력이 자신의 이념을 전파할 수 있는 주요 수단이 된다. 정부수립 후 교과용 도서에 관한 규정은 1949년 12월 31일 제정된 교육법으로, "사범대학, 대학을 제외한 각 학교의 교과용 도서는 문교부가 저작권을 가졌거나 검정 또는 인정한 것에 한한다. 교과용 도서의 저작 검정에 관한 사항은 대통령령으로써 정한다"라고 되어있다. 1954년 4월부터 1963년 2월까지가 제1차 교육과정기로 법령에 근거해 교과용 도서편찬이 시작되었다. 이전 시기의 국정교과서, 검정교과서는 국가 필요에 따라 임시방편으로 발행되었다. 1차 교육과정기부터는 교육법과 교육법시행령에 근거해 관련법이 정비되고 이 법에 기초해 교과서 편찬과 검정이 이루어지기 시작했다 (부길만 2013). 1956년에 문교부 검인정 중·고등학교 교과서가 처음 출간된다. 이 시기 교과서를 보면 당시 정부가 강조한 이념 외에 시민의 민주주의 의식을 일깨우기 위한 내용이 많이 보이는데 이는 정부가 학계 및 교육계를 포함하여 시민사회를 완전히 장악하지는 못했음을 나타낸다.

당시 대표적 정치 이념으로는 무엇보다 민주주의를 들 수 있다. 민주주의 이념은 해방 후 미군정기에 교육된 것으로 여겨지나 일제강점기 이전부터 이미 한국 사회에 소개되었다. 앞서 살펴보았듯이 한국의 전통에서 민의 위상은 매우 높았고 동학은 평등을 주장했으며 구한 말 서구의 제도와 사상이 소개되면서 민주주의는 이미 많은 사람들에게 알려져 있었다. 무엇보다 3.1운동 이후 수립된 대한민국임시정부는 민주공화제를 표방했다. 1948년 제정된 제헌헌법은 특히 경제적 민주주의를 강조했으며 이승만정부의 독재는 비판세력으로 하여금 민주주의를 저항 이념으로 내세우게 했다. 한편 정부를 포함하여 지배세력은 반공주의를 앞세웠고 또한 독특하게 국수주의적인 일민주의를 주창했다.

경제이념과 관련해서 제헌헌법은 분배와 균형을 중시했으나 이승만 정부는 자유방임주의를 주장했다. 국영이냐 민영이냐 하는 문제는 당시 첨예한 논쟁거리였는데 동아일보 등도 '국영주의'를 반대하며 자유주의적 경제를 지지했다. 야당인 민주당도 자유경제를 주장했으나 사회정의 및 분배를 중시했고 특히 조봉암이 중심이 된 진보당은 사회민주주의를 표방했다. 당시 학교에서도 부의 분배, 경제적 균등, 노동자의 보호를 중요한 내용으로 가르쳤다.

이 시기 사회이념으로는 위생관념이 강조되었고 복지국가와 사회보장제도 등 복지 문제가 중요하게 거론되었다. 환경이념으로는 환경보호보다는 경제에 도움이 되는 치산치수, 애림사상 등이 강조되었다. 또한 박애주의와 인도주의가 인류의 보편적 이념으로 제시되었다.

해방 이후 문화계는 정치적 혼란과 좌우의 이념 대립을 그대로 반영하여 민족과 계급문제, 친일파 청산문제, 찬탁과 반탁을 둘러싼 대립, 국립대학안에 대한 찬반이 격렬하게 대립했다(임영태 2008: 107). 문화이념으로는 당시 검열 제도에 반발하여 사상과 언론의 자유가 주창되었다. 문학계 내에서는 민족문학과 계급문학, 순수문학과 현실을 강조한 문학, 대중문학과 참여문학이 서로 대립하면서 이념적 논쟁을 벌였다. 교육계에서는 미국식 교육이냐 민족 교육이냐를 두고 이견이 있었고 정권은 홍익인간 및 일민주의를 교육 이념으로 제시했다. 반공주의는 교육에서도 매우 강조되는 이념이었다. 종교 면에서는 이승만 자신이 기독교도여서 기독교가 우대를 받았으나 국민의 충성심 제고를 위해 유교사상도 중시되었다. 이 시기에 오늘날과 마찬가지로 기독교는 반공사상과 결합한다. 또한 불교계에서는 이승만의 불교정화론으로 인해 대처승과 비구승 간의 갈등이 시작되었다.

결 론

학생모 – 넥타이 – 촛불로 이어진
시민사회

    우리가 국가형성기를 이해한다고 할 때 공식 기록만을 본다면 그 시대를 지극히 일부만 파악하는 것이다. 그 시대의 감성적인 측면까지 포착하려면 시, 소설, 영화, 음악, 미술 등 다양한 매체를 살펴봐야 할 것이다. 감성적인 면에서 그 시대는 지금과 비교해본다면 매우 '신파적'이다. 감격, 진지, 열정, 눈물의 시기로 '뜨거운' 시대이다. 그때를 그린 영화 〈오발탄〉의 내용 중에, 옆구리에 총상이 있는 상이군인이 한 영화에 상이군인 역할로 캐스팅 제안이 들어오자 전쟁의 상처를 돈으로 사려고 한다며 극단적으로 반발하는 장면이 있다. 그 반발심과 함께 돈이 필요하자 은행강도 행각까지 벌인다. 그 시대에 깨끗한 양심은 곧 가난함으로 연결되는 것이었다. 권력이 있거나 권력에 줄을 대지 않는 이상 은행털이, 양색시나 되어서야 돈을 만질 수 있었다. 봉급만으로는 식구를 먹여 살릴 수 없는 가장, 전쟁 후유증으로 미친 노인, 양색시, 상이군인의 시대. 도저히 희망이 보이지 않은 시대. 그때야말로 헬조선이었다. 실로 '뜨거운' 사회였다.

    그러나 한편 '차가운' 사회였다. 영화 〈자유부인〉을 보면 당시 사회에 대한 차가운 경멸이 느껴진다. 자유부인의 시선과 말투는 단호하고 당당하다.

상류층 여성의 풍기문란을 비판한 영화라고는 하나 여주인공은 독립투사에 어울릴 이미지와 태도를 지녔다. 영화감독의 속내가 자못 의심스러운 부분이다. 자유부인을 비판한다는 명목 하에 당당한 새로운 여성을 보여주고 싶었던 것은 아닌지. 그녀의 태도에서는 재물과 쾌락에 대한 동경, 좌절과 함께 차가운 경멸이 동시에 보인다.

이 시기는 어쩌면, 상이군인으로 표상되는, 나약하지만 분노한 남성과, 자유부인으로 표상되는, 어두운 세상을 춤추며 비웃는 냉소적인 여성을 낳았는지도 모르겠다. 1945년부터 1961년까지는 16년 정도 되는 길지 않은 기간이지만 대한민국 역사에서 가장 큰 사건들이 일어났던 시기이다. 해방, 미군의 진주, 분단, 헌법 제정, 정부 수립, 테러와 암살, 한국전쟁, 민간인 학살, 독재, 부정 선거, 혁명, 쿠데타가 이 짧은 기간 동안 일어났다. 제정신을 갖고 살기 쉽지 않은 시대였다. 그러나 그래도 사람들은 살아냈다. 뜨겁게 또는 차갑게.

전반적으로 한국 시민사회의 취약함을 언급하면서 이 시기는 시민사회가 아직 성립되지 않은 때로 보기도 한다. 그러나 해방 후 생겨난 수많은 각종 정당과 단체들은 시민들의 활발한 사회 참여를 보여주는 것이다. 이 시기에는 특히 좌우 이념 대립이 극심하여 정치와 무관한 문화, 예술, 체육단체조차도 좌우 이념에 따라 나뉘어 조직되었다. 미군정과 이승만정부의 좌파 탄압과 우파 지원으로 시민의 동원과 참여의 구분이 불분명한 경우도 있었다. 그러나 이 시기 각 분야에서의 시민들의 참여는 이후 박정희 군사정권 때에 비하면 매우 활발했으며 또한 비교적 자발적이었다. 그 절정은 4월혁명으로 시민들은 독재에 저항하여 남녀노소를 불문하고 모두 거리로 나왔고 그 결과 이승만 정권을 굴복시켰다. 이후 광주항쟁, 87년 민주항쟁 등 불의에 저항하는 시민들의 투쟁의 역사는 이어졌고 그 결과 시민의 힘으로 한국의 민주화를 이룩했다. 오늘날 또다시 대통령 탄핵이라는 역사상 초유의 쾌거를 이뤄낸 한국 시민사회는 전세계인의 찬탄의 대상이 되고 있다. 그 시민사회의 힘이 이미 이 시기에 보여진 것이다.

당시 이승만 정권의 이념적 편향과 시민사회 탄압은 '혁명'을 '운동'으로 약화시키고 '시민'을 '국민'으로 길들이고자 했다. 애초의 3·1혁명을 3·1운동으로 부르고 헌법상에서 인민을 국민으로 바꾸는데 이승만과 그의 추종세력이 결정적 역할을 했다. 그러나 이름을 바꾼다고 본질이 달라지는 것은 아니다. 결국 그 시대 시민사회의 힘이 현재의 촛불혁명으로 다시 살아났다. 올해 2017년은 1987년 6월 민주항쟁 30주년을 맞이한 해이다. 1960년 4·19혁명, 1987년 6·10항쟁, 2017년 촛불혁명을 볼 때 그 혁명의 주기가 대략 30년이 아닌가 생각해본다. 그건 아마도 4·19 학생모의 자식이 6·10 넥타이로, 넥타이의 자식이 촛불로 자라난 것이리라. 그리고 그렇게 앞으로도 한국 시민사회의 저력은 계속 이어질 것이다.

1   황태연에 의하면, 조선은 영·정조 시기부터 양민과 천민의 여망을 수용하여 "이들의 이익을 엄호하고, 종교적 관용을 견지하고, 노비해방을 추구하고, 법치주의를 확립하고, 자연발생적 시장과 임금노동제를 정책적으로 촉진·확산시키고, 백성의 일반교육과 문화도덕을 선양하는 방식으로 '근대화'를 추진"했다. 즉 "군왕정부와 재야민중 간의 길항과 상호협력"이 이루어지는 '실질적 의미의 군민공치'가 시도되었던 것이다(황태연 2016).

2   한국학중앙연구원: "유엔한국임시위원단" 『한국민족문화대백과』

3   유엔을 의미함.

4   조선위원단을 의미함.

5   경찰 수에 대해서는 Report of the United Nations Commission on Korea 참조. 경찰제도에 대해서는 이후에도 헨더슨(2013)의 연구를 주로 참조했다. 헨더슨의 글 외에 국가형성기 경찰제도에 관한 비판적 연구는 매우 부족하다.

6   군은 여성문제에도 관심을 가졌다. 국방부는 1955년 하반기부터 3개월간 첩을 가진 남성 70명을 제적했는데, 이는 축첩문제를 그동안 여성들이 적극적으로 제기하지 않은 상황에서 일어난 일이다(경향신문 1955. 12. 29).

7   이는 세계사적으로도 유일무이한 것이라고 한다(강성현 2012: 95).

8   귀속재산처리와 관련해서는 주로 신용옥의 연구를 참조했다.

9   이 장은 이나미의 논문(2016)을 수정·보완한 것이다.

10 황상익 역시 법정 전염병 환자 수가 조선인에 비해 일본인이 오히려 더 많았던 점을 들어 일제가 조선인들의 전염병을 방치했다고 주장한다(황상익 2012). 그러나 『조선총독부 통계연보』에 의하면 인구 비례로 볼 때에 일본인 환자 수가 조선인 환자 수보다 더 많았고 총 환자수로는 조선인이 일본인보다 많았다. 또한 조선인은 전염병 환자들을 잘 신고하지 않아 그 수가 실제보다 적게 보고되었다(전재호 2016).

11 그러나 그럼에도 불구하고 식민지 시대 의료위생의 결핍을 주장하는 당대의 증언이 매우 많다고 한다(문명기 2013; 전재호 2016).

12 그런데 이 같은 한계를 가졌음에도 불구하고 미군정의 예방보건사업에 대해 당시 언론이 칭송을 아끼지 않은 것은, 일제강점기에는 이조차도 제대로 제공되지 않았음을 보여주는 것이라 할 수 있다. 문옥륜(1988: 95) 참조.

13 그러나 이 내용에 이어 방사능이 벼의 품종 개량과 암 치료에 쓰인다는 기사가 이어져 방

사능에 대한 기대는 여전히 지속되었다는 것을 알 수 있다.

14 이 주제와 관련해서는 박영선의 연구(2010)를 참조했다.

15 대한적십자사 홈페이지 참조.

16 대한적십자회는 적십자의 인도주의 정신을 강조하여 일제 탄압을 피하려고 했으나 독립을 표방한 것으로 간주되었다. "대한적십자사원 최웅림과 그의 관계자 정몽석의 공판은 적십자라는 것은 만주지방에 포박하여 있는 우리 불쌍한 동포를 구제하기 위하여 설립된 것인즉 별로 불온한 사상은 포함되지 아니하였습니다. 하매 그로 판사의 심리는 마치고 검사의 논고가 있었는데 그의 요지는 '대한'두 자는 독립사상을 포함한 것이라 불온사상을 입으로 표방하면 이것이 곧 제령위반이니"(동아일보 1921. 9. 1)

17 "박룡훈의 명령으로 전기 불온문서와 한국적십자 휘장을 최방연에게 보내"(동아일보 1921. 9. 26)

18 "가정부에서 조직한 대한민국 적십자회에 입회하야써 상해가정부를 완조하얏든 리병철, 림득산 김원학 리정숙 장태희 김영순 류인경 등은 대정팔년 사오월 경에 경성부에서 오현주와 및 다른 유지들과 함께 대한독립애국부인회를 조직하고 (…) 적십자회장 리뎡숙 서긔 신의경 김영수 등이 각각 피선되고"(동아일보 1920. 4. 24)

19 "평양부 서문통 기홀병원 간호부 김오선을 별안간 형사를 보내어 불러다가 취조하는 중 김오선은 조선독립운동의 목적을 가진 부인적십자단에 가입하였던 일이 있으며하며"(동아일보 1922. 1. 30)

20 1949년 11월 12일 언론기사를 보면, 구영숙 당시 보건부 장관은 기생제도부활문제에 관한 기자의 취재 경로를 밝히지 아니하고 아전인수 격으로 언론인을 공격하는 담화를 발표했다. 이에 대해 이승만은 신문기자는 자유롭게 발표할 수 있는 것이나 어떠한 문제에 대해서는 사교상 예의로 발표하지 않아야 할 문제가 있으므로 그것을 고의로 발표한다면 신사도에서 벗어나는 것이라고 비판했다. 그러나 법적으로 제재받을 일은 없다고 덧붙였다.

21 이후에도 영화 · 예술 관련 제도에 대해서는 이봉범의 연구(2009)를 주로 참조했다.

22 『문교월보』 32호(1957. 4)에 전문 수록. 제정은 1956년 7월 21일(이봉범 2009: 452).

23 금지된 월북 작가 작품 목록은 1952년 10월 30일자 동아일보에 실렸다.

24 그러나 한편 저자 한태연은 이후 유신헌법을 정당화하는 작업에 참여하여 비판을 받았다.

25 이후 '고소영(고려대, 소망교회, 영남)'으로 대표되는 이명박 정부 하에서 그 비율은 더 높아졌으리라 판단된다.

26 2004년 10월 2일 방영된 KBS의 "한국사회를 말한다" 참조.

27 이 조직이 1948년 8월 26일 전국적인 노동조합연합체인 대한노동총연맹으로 재발족된다.

28 동아일보 기사에 의하면, 국방부에서는 재향군인의 집결을 기하고 교양을 향상시키기 위

하여 1951년 12월 15일 재향군인회창립발기인회의를 개최한다(동아일보 1951. 12. 14).

29 G 5 HQ, US Army Forces, Far East, United Nations Civil Affairs Activities in Korea, 1952.11, Annex 24

30 카바 관련 자료는 정상호교수로부터 제공받았다.

31 문학조직의 폐쇄적 구조에 대해, 이봉범(2009)의 「1950년대 등단제도 연구」(『한국문학연구』 36권) 참고.

32 개항 후 한국사회에 새롭게 등장한 신조어에 대해서는 송찬섭 외(2016) 참조.

33 "1950년대에는 적색 제국주의, 소련 제국주의 또는 소련 식민주의라는 용어와 함께 공산제국 또는 소련제국이라는 개념이 자주 등장했다."(이삼성 2014: 380)

34 이후의 통일논의도 노중선(1996)을 주로 참조했음.

35 이는 당시 어려운 경제를 먼저 살리는 것이 급선무임을 간파한 것이긴 하나, 동시에 때마침 무르익은 남북간 평화통일, 화해협력 분위기에 찬물을 끼얹는 것이기도 하다.

36 안호상은 문교부장관 취임 후인 1948년 10월 교원을 상대로 한 연설에서 다음과 같이 민족주의를 앞세움으로써 미군정관들을 자극하기도 하였다. "신라가 망한 것은 교육에서 민족주의를 무시했기 때문입니다. 민주주의는 좋은 것이고, 우리의 교육은 민주주의 토대위에 세워져야 합니다. 그러나 이같은 민주주의도 확고한 민족주의의 바탕위에 세워져야 합니다. 한국인들이 민주주의라는 허울 아래 자기 앞의 모든 것을 맹목적으로 추종하는 것은 큰 잘못입니다. 따라서 민주주의를 받아들일 때에는 선별을 잘 해야 합니다."(김용일 1999: 178)

강돈구, 1993, 「미군정의 종교정책」, 『종교학연구』 12.

강동국, 2006, 「근대 한국의 국민·인종·민족 개념」, 『동양정치사상사』 5권 1호.

강동엽, 2003, 「허균과 유토피아」, 『한국어문학연구』 41집.

강만길, 1994, 『한국현대사』, 창작과비평사.

강문조, 1946, 「자유교육의 해부」, 『신교사』 창간호(1946. 6).

강성현, 2012, 「한국의 국가 형성기 '예외상태 상례'의 법적 구조」, 『사회와 역사』 94집.

강원용, 1993, 『빈들에서』, 열린문화.

──, 2005, 「정체성 혼란, 한국호 어디로 가나」, 『동아일보』 2005. 10. 20.

강인철, 1993, 「기독교국가 꿈 꾼 친미·반공의 화신」, 『복음과 상황』 1993. 2.

──, 2003, 『한국기독교회와 국가·시민사회』, 한국기독교역사연구소.

──, 2006, 「해방 이후 4·19까지의 한국 교회와 과거 청산 문제」, 『한국 기독교와 역사』 24호.

강준식, 2009, 「1945 08·15 그날 무슨 일이」, 『월간중앙』 2009년 8월호.

건국청년운동협의회, 1989, 『대한민국건국청년운동사』, 건국청년운동협의회총본부.

경남대극동문제연구소 편, 1993, 『지방미군정자료집』, 경인문화사.

고명균, 1990, 「국민계몽대의 전개과정」, 『한국사회변혁운동과 4월혁명』 2, 한길사.

고영복, 1986, 「4월혁명의 의식구조」, 『4월혁명론』, 한길사.

고정휴, 1993, 「제2차 세계대전기 재미한인사회의 동향과 주미외교위원부의 활동」, 『국사관논총』 49.

──, 2004, 『이승만과 한국독립운동』, 연세대출판부.

高峻石, 1976, 『南朝鮮學生鬪爭史』, 社會評論社(동경).

공보실, 1959, 「리대통령각하의 민주주의적 정치이념」, 『우리대통령 리승만박사』.

공보처, 1953, 『대통령이승만박사담화집』 1.

곽명숙, 2015, 「해방기 문학장에서 시문학의 자기 비판과 민족 문학론」, 『한국시학연구』 44.

곽상훈·이범석·윤보선·허정·장건상 외, 1966, 『사실의 전부를 기술한다』, 희망출판사.

곽채원, 2015, 「조선민주청년동맹의 결성 배경 연구」, 『현대북한연구』 18(2).

구도완, 1993, 「한국 환경운동의 역사와 특성」, 『한국사회학회 사회학대회 논문집』 1993. 12.

권영기, 1984, 「신진회에서 민통련까지」, 『월간조선』 4월호.

권귀숙, 2001, 「제주 4.3의 사회적 기억」, 『한국사회학』 35, 5.

권영민, 2004, 『한국현대문학대사전』, 서울대학교출판부.

권영설, 2000, 「이승만과 대한민국 헌법」, 유영익 편. 『이승만 연구』, 연세대학교출판부.

그레고리 핸더슨, 이종삼·박행웅 역, 2013, 『소용돌이의 한국정치』, 한울.

김건우, 2017, 『대한민국의 설계자들』, 느티나무책방.

김경수, 2012, 『언론이 조선왕조 500년을 일구었다』, 가람기획.

김국태 역, 1984, 「해방 3년과 미국 (1) − 미 국무성 비밀외교문서」, 돌베개.

김기진, 2002, 『끝나지 않은 전쟁, 국민보도연맹』, 역사비평사.

김기협, 2015, 『해방일기』, 너머북스.

김남식, 1988, 『남로당연구』, 돌베개.

김덕준, 1955, 「사회보장제도의 의의」, 『경향신문』 1955. 10. 19.

김도연, 1967, 『나의 인생백서』, 상산회고록출판동지회.

김동명, 1956, 「야당연합운동을 통하여 본 진보당의 성격(2)」, 『동아일보』 1956. 5. 9.

김두한, 1963, 『피로 물들인 건국전야』, 연우출판사.

김동구, 1995, 『미군정기의 교육』, 문음사.

김만석, 2014, 「국민화와 비국민화 구성의 장치로서 항구, 다방, 수용소」, 『로컬리티 인문학』 11.

김명복, 1959, 「나병환자」, 『경향신문』 1959. 4. 25.

김상숙, 2014, 「1948~1949년 지역 내전과 마을 청년들의 경험」, 『경제와 사회』 101.

김상훈, 2015, 「미군정기 교육정책 수립과 한국인의 역할」, 『역사연구』 28.

김성균, 2002, 「한국 공동체의 흐름과 스펙트럼」, 『지역사회개발연구』 27집 2호.

김성식, 1960, 「학생과 자유민권운동」, 『사상계』 1960년 6월호.

김세균, 1993, 「해방초기의 민중운동」, 『한국의 현대정치』, 서울대학교출판부.

김수자, 1999, 「대동청년단의 조직과 활동」, 『역사와현실』 31.

──, 2005, 「1948~1953년 이승만의 권력강화와 국민회 활용」, 『역사와현실』 55.

김영수, 2001, 『한국헌법사』 학문사.

김영수, 2008, 「동아시아 군신공치제의 이론과 현실」, 『동양정치사상사』 7권 2호.

──, 2009, 「세종대의 정치적 의사소통과 그 기제」, 『역사비평』 89호.

김영주, 2002, 「조선왕조 초기 공론과 공론형성과정 연구」, 『언론과학연구』 2권 3호.

김영일, 1955, 「건강교육의 중요성」, 『경향신문』 1955. 3. 12.

———, 1957, 「국민보건체육의 당면과제 (하)」, 『경향신문』 1957. 1. 24.

김예림, 2010, 「'배반'으로서의 국가 혹은 '난민'으로서의 인민」, 『상허학보』 29.

김옥란, 2008, 「1950년대 연극과 신협의 위치」, 『한국문학연구』 34.

김용일, 1999, 『미군정하의 교육정책 연구』, 고려대 민족문화연구원.

김용철, 1996, 「제1공화국하의 국가와 노동관계」, 『한국정치학회보』 29(3).

김운태, 1998, 『일본제국주의의 한국통치』, 박영사.

김유환, 2008, 「공법상 단체에 대한 정치활동제한」, 『행정법연구』 20.

김익균, 2011, 「해방기 사회의 타자와 동아시아의 얼굴」, 『한국학연구』 38.

김인걸 외, 1998, 『한국현대사 강의』, 돌베개.

김인회, 1983, 『교육과 민중문화』, 한길사.

김일림·오창은·옥은실, 2015, 「해방기 한국 문화운동 연구」, 『문화과학』 2015. 6.

김일영, 2000, 「한국의 역대 헌법에 나타난 '국가-사회'관계」, 『한국정치학회보』 34(2).

김자혜, 1957, 「1957년의 반성」, 『동아일보』 1957. 12. 27.

김재순, 1956, 「정당의 이념과 현실」, 『동아일보』 1956. 3. 3.

김정기, 1982, 『젊은 날의 환상』, 재동문화사.

김정환, 2007, 『한국전쟁과 현대의 순교자들』, 천주교 대전교구 2007년 사제연수자료집.

김종민, 1998, 「제주 4.3항쟁 - 대규모 민중학살의 진상」, 『역사비평』 1998년 봄.

김종범·김동운, 1945, 『해방전후의 조선진상』, 조선정경연구사.

김종태, 2015, 「발전 시대 이전 발전 담론의 위상」, 『한국사회학』 49(4).

김준연, 1966, 『나의 길』, 동아출판사.

김준현, 2014, 「1950년대 '진보' 개념의 변화와 반공주의의 내면화의 문제」, 『한국학연구』 35.

김지형, 1996, 「4.19 직후 민족자주통일협의회의 조직화과정」, 『역사와 현실』 21호.

———, 2001, 「4월민중항쟁 직후 민족자주통일협의회의 노선과 활동」, 『4.19와 남북관계』, 민연.

김진혁, 「한국경찰체제의 역사적 특성」, 『법학연구』 20.

김창수, 1960, 「자유민주 교육의 이념과 제도(상)」, 『경향신문』 1960. 8. 30.

김철수, 2013, 「해방 이후 한국의 종교지형 변화와 특성」, 『한국학논집』 53.

김춘식 외, 2005, 「정치커뮤니케이션 연구의 동향과 쟁점 및 미래의 연구방향」, 『커뮤니케이션

이론』1권 1호.

김태수, 이우헌, 이은애, 2010,『산재보상 이론과 실무』, 생각나눔.

김태준, 1998,「허균의 혁신사상」,『한국어문학연구』33.

김태희, 2013,「민(民)에 관한 갓난아이론과 호민론」, http://ahnsamo.kr/index.
     php?document_srl=1736439&mid=newsn(검색일 2014.4.12.).

김한식, 2007,「『백민』과 민족문학」,『상허학보』20.

──, 2014,「해방기 황순원 소설 재론」,『우리문학연구』44.

김행선, 1996,『해방정국 청년운동과 민족통일전선운동 연구』, 이회.

──, 2004,『해방정국 청년운동사』, 선인.

김형미, 2013,「공동체운동이란 무엇인가」,『황해문화』2013. 9.

김혜수, 1995,「정부수립 직후 이승만정권의 통치이념 정립과정」,『이대사원』28집.

김호기, 2000,「4월 혁명의 재조명: 사회학적 해석」,『문학과사회』13(2).

──, 2001,『한국의 시민사회』, 아르케.

김홍우, 2005,「한국정치사상 연구의 새로운 지평」,『정치사상의 전통과 새 지평』, 서울대학교
     정치학과·현대사상연구회.

김홍철 외, 1992,『한국종교사상사 3 – 천도교 원불교편』, 연세대학교출판부.

김화담, 1955,「불교의 정화」,『동아일보』1955. 2. 12.

김환태, 1960,「영국사회주의에 대한 소고」,『동아일보』1960. 9. 20.

김흥수, 1992,『해방후 북한교회사』, 다산글방.

남찬섭, 2005,「미군정기의 사회복지」,『월간 복지동향』78.

──, 2005,「1950년대의 사회복지」,『월간 복지동향』81.

대한민국 국회, 1999,『제헌국회속기록』, 선인문화사.

『대한민국사자료집』, 1994, 국사편찬위원회.

『대한민국헌정사』, 1995, 헌정연구원.

대한예수교장로회 남선교회전국연합회, 1985,『평신도운동사』, 기독교문사.

대한체육회, 1990,『대한체육회70년사』.

도회근, 2013,「사회통합을 위한 국민 개념 재고」,『저스티스』제134-2호.

동아일보사, 1985,『인촌 김성수』, 동아일보사.

류상영, 1989,「8.15 이후 좌·우익 청년단체의 조직과 활동」,『해방전후사의 인식』4, 한길사.

리처드 라우터백, 1948, 『한국미군정사』, 국제신문사.

맹청재, 2003, 「이승만의 종교활동과 종교정책에 관한 연구」, 목원대학교 석사논문.

명완식, 1954, 「한국사회사업 개관」, 『동아일보』 1954. 10. 17.

문교부, 1988, 『중학교 사회과 교육과정 해설』.

———, 1989a, 『고등학교 국민윤리과 교육과정 해설』.

———, 1989b, 『고등학교 사회과 교육과정 해설』.

문명기, 2013, 「식민지 '문명화'의 격차와 그 함의: 의료부문의 비교를 통해 보는 대만·조선의 '식민지근대'」, 『한국학연구』 제46집.

문선영, 2012, 「1950~60년대 라디오 방송극과 청취자의 위상」, 『한국극예술연구』 35.

문옥륜, 1988, 「전국민 의료보험과 도시보건소의 진료기능」, 『보건학논집』 25(1).

———, 1992, 「우리나라 보건소 기능 활성화 방안의 모색」, 『보건학논집』 29(1).

문지영, 2002, 「한국에서 자유주의: 정부수립 후 1970년대까지 그 양면적 전개와 성격에 관한 연구」, 서강대 박사논문.

미국무성비밀외교문서, 1984, 『해방삼년과 미국』, 돌베개.

민병태, 1956, 『정치와 사회』, 을유문화사.

민석홍, 1960, 「현대사와 자유민주주의」, 『사상계』 8.

민주주의 민족전선, 1946, 『해방조선』, 조선해방년보출판부.

——————, 1946, 『조선해방년보』, 문우인서관.

민주화운동기념사업회 연구소, 2008, 『한국민주화운동사』 1, 돌베개.

박갑동, 1988, 『박헌영』, 인간사.

박경서, 1991, 「통일을 위한 남북교회의 역할」, 『기독교사상』 394호.

박경석, 1995, 『서울학도의용군』, 서문사.

박명규, 2009, 『국민·인민·시민』, 소화.

박명림, 1996, 『한국전쟁의 발발과 기원』 2, 나남.

박명선, 1983, 『북한출신 월남인의 사회경제적 배경 및 사회이동에 관한 연구』, 이화여대 석사논문.

박민규, 2012, 「해방기 경남 지역의 시운동과 시 이념」, 『한국문학이론과 비평』 57.

박상필, 2003, 「한국 시민사회 형성의 역사」, 『아시아의 시민사회』, 아르케.

박선욱, 2017, 『윤이상 평전: 거장의 귀환』, 삼인.

박수웅, 2004, 「적십자회비모금제도의 개선방안에 관한 연구」, 경성대 석사논문.

박승길, 2015, 「한국 신종교 지형과 종교문화」, 『한국종교』 38.

박언하, 백현옥, 조미숙, 2009, 『아동복지론』, 광문각.

박영선, 2010, 「한국 시민사회 관련법의 변화에 대한 연구」, 성공회대 사회학 박사논문.

박용규, 2002, 「미군정기의 여성신문과 여성운동」, 『한국언론정보학보』 2002. 11.

──── , 2005, 「미군정기 방송의 구조와 역할」, 『한국언론학회 학술대회 발표논문집』 2005. 8.

박용만, 1965, 『경무대비화』, 삼국문화사.

박용상, 2012, 「국가안보와 표현의 자유 - 국가보안법을 중심으로」, 『저스티스』 128호.

박종무, 2011, 「미군정기 조선교육자협회의 교육이념과 활동」, 『역사교육연구』 13.

박종화, 1957, 「'휴맨이슴'의 모순과 긍정」, 『동아일보』 1957. 6. 2.

박찬승, 2013, 『대한민국은 민주공화국이다』, 돌베개.

박채복, 2005, 「한국 여성운동의 전개와 과제」, 『한독사회과학논총』 15(1).

박혜연, 1955, 「정치와 종교의 현실」, 『동아일보』 1955. 1. 21.

방기중, 2003, 「일제하 미국 유학 지식인의 경제인식」, 연세대학교 국학연구원 편, 『미주 한인의 민족운동: 미주 한인 이민 100주년 기념논집』, 혜안.

방선주, 1987, 「미국 제24군 G-2 군사실 자료 해제」, 『아시아문화』 3호.

배개화, 2014, 「조선문학가동맹과 북조선문학예술총동맹의 대립과 그 원인, 1945~1953」, 『한국현대문학연구』 44.

배병일, 2016, 「마을재산의 소유권의 발생과 변동에 관한 연혁적 연구」, 『법학논고』 53.

백낙준, 1977, 『한국의 현실과 이상(상)』, 연세대 출판부.

백남훈, 1973, 『나의 일생』, 해온백남훈선생기념사업회.

백영주·김수자, 2005, 「여성사 관련 자료의 보존현황과 관리방안」, 『한국기록관리학회지』 5(1).

백완기, 2008, 「김성수, 자유민주주의 정치체제로 건국을 추구하다」, 『한국사시민강좌』 43.

백운선, 1981, 「민주당과 자유당의 정치이념 논쟁」, 『1950년대의 인식』, 한길사.

백종만, 1996, 「해방 50년과 남한의 민간복지」, 『상황과복지』 창간호.

백철, 1959, 『문학의 개조』, 신구문화사.

변동명, 2007, 「제1공화국 초기의 국가보안법 제정과 개정」, 『민주주의와 인권』 제7권 1호.

부길만, 2013, 『한국 출판 역사』, 커뮤니케이션북스.

브루스 커밍스, 2001, 『브루스 커밍스의 한국현대사』, 창작과 비평사.

상허학회, 2006, 『1950년대 미디어와 미국표상』, 깊은샘.

서명원, 1956, 「정신위생」, 『경향신문』 1956. 10. 7.

서상일, 1957, 「새 세계관」, 『경향신문』 1957. 12. 10.

서상희, 2010, 「대한적십자사, 돈 안 되는 것들은 가라?」, 『월간 복지동향』 138.

서중석, 1991, 『한국현대민족운동연구』, 역사비평사.

―――, 1994, 『민주당·민주당정부의 정치이념』, 역사문제연구소.

―――. 2000. 「정치지도자의 의식과 유교문화 – 이승만을 중심으로」, 『대동문화연구』 36권.

―――, 2005, 『이승만의 정치 이데올로기』, 역사비평사.

―――, 2005, 『한국 현대사』, 웅진지식하우스.

―――, 2007, 『이승만과 제1공화국』, 역사비평사.

서호철, 2014, 「조선총독부 내무부서와 식민지의 내무행정」, 『사회와역사』 102.

석정길, 1970, 『탁류를 헤치고』, 형설출판사.

―――, 1983, 『새벽을 달린 동지들』, 갑인출판사.

선우기성, 1973, 『한국청년운동사』, 금문사.

―――, 1987, 『어느 운동자의 일생』, 배영사.

선우기성·김판석, 1969, 『청년운동의 어제와 내일』, 햇불사.

소정자, 1966, 『내가 반역자냐 – 전향 여간첩 수기』, 정우사.

소현숙, 2015, 「1956년 가정법률상담소 설립과 호주제 폐지를 향한 기나긴 여정」, 『역사비평』
2015. 11.

손병선, 1990, 「2대악법 반대운동」, 『한국사회변혁운동과 4월혁명』 2. 한길사.

손봉숙, 1987, 「제1공화국과 자유당」, 『현대한국정치론』, 법문사.

손석춘, 2004, 「한국 공론장의 갈등구조」, 『한국언론정보학보』 27호.

손세일, 1965, 「해방전야」, 『신동아』, 1965. 8.

손영원, 1987, 「1950년대 반공이데올로기의 사회적 성격」, 『한국현대사를 어떻게 볼 것인가』,
열음사.

손인수, 1990, 『미군정과 교육정책』, 민영사.

손충무, 1972, 『한강은 흐른다 – 임영신의 생애』, 동아출판사.

손호철·김윤철, 2003, 「국가주의 지배담론」, 『한국의 정치사회적 지배담론과 민주주의 동학』,
함께읽는책.

송건호, 1985, 「분단·민족사회·학생운동」, 『한국사회연구』 3집.

──, 1986, 「해방직후 사회운동의 분출과 그 양상」, 『한국사회연구』 4집.

──, 2002, 『송건호전집 1』, 한길사.

──, 2002, 『송건호전집 9』, 한길사.

송기춘, 2003, 「미군정기 및 대한민국 건국 초기의 종교관련제도의 정립과 관련한 헌법적 논의」, 『법과사회』 24호.

송남헌, 1985, 『해방3년사』, 까치.

송방송, 2007, 『증보한국음악통사』, 민속원.

송복, 2000, 「현재를 바로 세울 능력이 없으니 자꾸 과거를 바로 세우려 한다.」, 『월간조선』 2000년 12월.

송찬섭 외, 2016, 『한국 근대 신어의 유형과 특성』, 역락.

송형래, 1954, 「純血保持와 民族繁榮」, 『경향신문』 1954. 4. 25.

송호근, 2013, 『시민의 탄생』, 민음사.

송흥섭, 1952, 「하두철 저 『국민의학』」, 『동아일보』 1952. 11. 6.

신명순, 1995, 「한국에서의 시민사회 형성과 민주화과정에서 역할」, 『국가, 시민사회, 정치민주화』, 한울아카데미.

신용옥, 2008, 「대한민국 제헌헌법 경제조항 상의 국·공유화 실황」, 『사림』 30호.

──, 2009, 「제헌헌법의 사회·경제질서 구성 이념」, 『한국사연구』 144.

──, 2014, 「대한민국 제헌헌법상 경제질서의 사회국가적 성격 검토」, 『사림』 47호.

신용하, 1980, 「19세기 한국의 근대국가 형성문제와 입헌공화국 수립운동」, 『한국의 근대국가 형성과 민족문제』, 문학과 지성사.

신원철, 2013, 「노사협의회 제도의 형성과 전개(1945~1997)」, 『사회와역사』 98.

신종성, 1959, 「한국영화 제작에 대한 소고」, 『문교월보』 45호.

심지연, 1986, 「해방후 주요 정치집단의 통치구조와 정책구상에 대한 분석」, 『한국정치학회보』 20(2).

심지연 편, 1986, 『해방정국논쟁사』, 한울.

안미영, 2011, 「해방공간 귀환전재민의 두려운 낯섦」, 『국어국문학』 159.

안병욱, 1987, 「19세기 민중의식의 성장과 민중운동」, 『역사비평』 1집.

안병욱 편, 1992, 『한국사회운동의 새로운 인식』, 대동.

안외순, 2016, 『정치, 함께 살다』, 글항아리.

안호상, 1946, 「민주교육 철학론」, 『조선교육』 1집.

────, 1950, 『일민주의의 본바탕』, 일민주의연구원.

────, 1956, 「일민주의와 민주주의」, 『화랑의 혈맥』 창간호.

양우정, 1949, 『이대통령건국정치이념: 일민주의의 이론적 전개』, 연합신문사.

역사비평편집위원회, 2000, 『논쟁으로 본 한국사회 100년』, 역사비평사.

역사학연구소, 2004, 『함께 보는 한국근현대사』, 서해문집.

연정은, 2007, 「감시에서 동원으로, 동원에서 규율로」, 『죽음으로써 나라를 지키자 – 1950년
대, 반공·동원·감시의 시대』, 선인.

염형석, 1955, 「전염병 예방을 위해서」, 『경향신문』 1955. 7. 30.

오기영, 1947, 『민족의 비원』, 동아사.

오문환, 2005, 「동학에 나타난 민주주의」, 『한국학논집』 32집.

오미일, 2015, 「식민지 조선의 일본인 사회와 지역 단체」, 『역사문제연구』 34.

오욱환·최정실, 1993, 『미군 점령시대의 한국 교육』, 지식산업사.

오익제, 1994, 「민족의 광복과 천도교」, 『동학혁명 백주년기념논총』 하, 동학혁명 100주년기
념사업회.

오일용, 1966, 「정치삐라로 지샌 1945년의 해방정국」, 『신동아』 1984. 8.

오천석, 1964, 『한국신교육사』, 현대교육총서출판부.

────, 1972, 「군정문교의 증언 2」, 『새교육』 제214호.

오호택, 2006, 『헌법재판 이야기』, 살림.

왕학수, 1956, 『중등공민 국가생활』, 광문사(geodaran.com/243. 검색일: 2017.2.19.).

유민영, 1982, 『한국연극의 미학』, 단국대학교출판부.

유영익, 1995, 「이승만의 건국이상」, 『한국사 시민강좌』 17집.

유진오, 1949, 『나라는 어떻게 다스리나』, 일조각.

────, 1949, 『헌법해의』, 명세당.

────, 1950, 『헌법의 기초이론』, 명세당.

────, 1980, 『헌법기초회고록』, 일조각.

유혜경, 2009, 「이승만정권시기의 노동운동과 노동법」, 『노동법학』 30.

윤경로, 1995, 『새문안교회100년사』, 대한예수교장로회 새문안교회 역사편찬위원회.

윤수종, 2012, 「8.15 이후 농민운동의 전개과정」, 『진보평론』 51.

윤여탁 외, 2006, 『국어교육 100년사 2』, 서울대학교출판부.

윤정란, 2015, 『한국전쟁과 기독교』, 한울.

윤정란·안교성, 2012, 「한국전쟁기 한국교회 주도권 경쟁과 기독교 원외단체의 구호활동」, 『한국기독교역사연구소소식』 99.

윤제술. 1955. 「짓밟힌 정부조직법(8)」, 『동아일보』 1955. 6. 17.

윤철수, 1995, 「대한적십자사의 회비모금방법은 인도적인가」, 『월간말』 1995. 5,

윤해동·천정환·허수·황병주·윤대석, 2006, 『근대를 다시 읽는다 1』, 역사비평사.

윤현석, 2016, 「일제강점기 주민조직의 변이와 존속 과정에 관한 연구」, 『도시연구』 15.

원불교100년기념성업회, 『원불교대사전』.

이강국, 1946, 『민주주의 조선의 건설』, 조선인민보사.

이경남, 1986, 「청년운동 반세기」, 『경향신문』 1986. 12. 17.

──, 1989, 『분단시대의 청년운동』, 삼성문화개발.

이경란, 2013, 「한국 근현대 협동운동의 역사와 생활협동조합」, 『역사비평』 2013. 2.

이경식, 2017, 면담, 2017. 7. 1.

이길상, 1999, 『미군정하에서의 진보적 민주주의 교육 운동』, 교육과학사.

──, 2002, 「미군정기 교육연구와 『주한미군사』의 사료적 가치」, 한국정신문화연구원 편, 『『주한미군사』와 미군정기 연구』, 백산서당.

이나미, 2001, 『한국자유주의의 기원』, 책세상.

──, 2005, 「민 개념의 변화와 한국정치주체의 변동」, 『사회과학연구』 13집 1호.

──, 2011, 『한국의 보수와 수구: 이념의 역사』, 지성사.

──, 2014, 「서양인이 본 조선의 공공성」, 『동양정치사상사』 13권 1호.

──, 2014, 「근현대 한국의 민개념」, 『동양정치사상사』 13권 2호.

──, 2015, 「자유민주주의 대 민주주의」, 『내일을 여는 역사』 58호.

──, 2016, 「국가형성기(1945년~1960년) 한국 시민사회 제도사: 사회 영역을 중심으로」, 『시민사회와 NGO』 14권 1호.

──, 2017, 「한국의 진보·보수 개념 변천사」, 『내일을 여는 역사』 67호.

이대근, 2002, 『해방 후 1950년대의 경제』, 삼성경제연구소.

이만규, 1947, 『여운형선생투쟁사』, 민주문화사.

이민영, 2013, 「1947년 남북 문단과 이념적 지형도의 형성」, 『한국현대문학연구』 39.

이배용, 1996, 「미군정기, 여성생활의 변모와 여성의식, 1945~1948」, 『역사학보』 150.

이봉범, 2008, 「1950년대 문화 재편과 검열」, 『한국문학연구』 34.

────, 2009a, 「1950년대 문화검열과 매체 그리고 문학」, 한국현대문학회 학술발표회자료집.

────, 2009b, 「1950년대 문화정책과 영화 검열」, 『한국문학연구』 37집.

이상기, 1992, 「서북청년회와 해방정국의 암살자들」, 『월간 말』 73.

이삼성, 2014, 『제국』, 소화.

이상의, 2006, 『일제하 조선의 노동정책 연구』, 혜안.

────, 2010, 「일제하 조선경찰의 특징과 그 이미지」, 『역사교육』 115.

이수일, 2001, 「미국 유학시절 유석 조병옥의 활동과 '근대'의 수용」, 『전농사론』 7.

이승만 저, 이종익 역, 1987, 『일본군국주의 실상』, 나남.

이승희, 1994, 『한국현대여성운동사』, 백산서당.

이승희, 2014, 「전시체제기 연극통제시스템의 동원정치와 효과」, 『상허학보』 41.

이시형, 1995, 『보수·우익 지도자들의 건국사상: 이승만, 김구, 송진우를 중심으로』, 경희대 박사논문.

이연식, 2016, 「해방 직후 '우리 안의 난민·이주민 문제'에 관한 시론」, 『역사문제연구』 35.

이영재, 2015, 『민의 나라 조선』, 태학사.

────, 2016, 「한국 시민사회 제도사 세미나」, 토론문, 한양대 제3섹터연구소(2016. 4. 8).

이완범, 2009, 「김성수와 대한민국 정부수립」, 『동양정치사상사』 8권 1호.

이용기, 2000, 「미군정기의 새로운 이해와 '사회사'적 접근의 모색」, 『역사와현실』 35.

이용환, 1994, 「한국의 경제단체와 정책결정구조」, 『한국행정학회 학술대회 발표논문집』 1994. 10.

이우재, 1983, 「자립을 위한 서전」, 『4.19혁명론』, 일월서각.

이인규, 1990, 「한국 교육과정의 변천과정과 외세」, 『분단시대의 학교교육(2)』, 푸른나무.

이일구, 1956, 「치산치수와 화전민」, 『동아일보』 1956. 2. 10.

이재언, 2010, 『한국의 섬 1』, 아름다운사람들.

이재영, 2015, 「전평의 9월 총파업과 10월 인민항쟁의 역사적 성격」, 『레프트대구』 10.

이재오, 1984, 『해방 후 한국학생운동사』, 형성사.

────, 1985, 「미군정 시기의 학생운동」, 『분단시대와 한국사회』, 까치.

이정완, 1996, 「재향군인회의 위상」, 『군사논단』 1996 봄호.

이정은, 2008, 「1950년대 노동 지배 담론과 노동자의 대응」, 『역사비평』 2008. 5.

이종하, 2005, 「대한적십자사 직원의 직무만족」, 경북대 석사논문.

이종호, 2009, 「해방기 이동의 정치학」, 『한국문학연구』 36.

이준식, 2009, 「대한민국임시정부와 여성 독립운동」, 『한국민족운동사연구』 61.

이철범, 1960, 「사적 현실과 정치적 시련(하)」, 『경향신문』 1960. 10. 11

이철승, 1976, 『전국학련』, 중앙일보·동양방송.

이철승·박갑동, 1998, 『대한민국 이렇게 세웠다』, 계명사.

이태, 1994, 『여순병란』, 청산.

이태신, 2000, 『체육학대사전』, 민중서관.

이태영, 1961, 「논리와 현실의 배반지대」, 『경향신문』 1961. 4. 20.

이태준, 2005, 「군과 재향군인회 모두 개혁 대상이다」, 『인물과사상』 2005. 8.

이헌창, 2010, 「조선시대를 바라보는 제3의 시각」, 『한국사연구』 148.

이현출, 2002, 「사림정치기의 공론정치 전통과 현대적 함의」, 『한국정치학회보』 36집 3호.

이황직, 2014, 「해방 직후 유교단체들의 성격에 관한 연구」, 『현상과인식』 38.

이혜숙, 1989, 「해방직후 '전농'의 농민 운동」, 『월간말』 1989. 5.

───, 2014, 「해방이후 시민사회의 역사적 형성과정과 성격(1945-1953)」, 『사회와역사』
    102.

이호걸, 2009, 「1950년대 대중서사와 남성성의 정치적 징후」, 『동악어문학』 52.

이희주, 2010, 「조선초기의 공론정치」, 『한국정치학회보』 44집 4호.

이희훈, 2010, 「대한민국 정부수립 이후 언론관계법의 발전과 평가」, 『세계헌법연구』 16권 3호.

임병직, 1964, 『임병직회고록』, 여원사.

임송자, 2007, 『대한민국 노동운동의 보수적 기원』, 선인.

임영태, 2008, 『대한민국사 1945~2008』, 들녘.

임진준, 1955, 「주거와 문화」, 『동아일보』 1955. 2. 6.

장경학, 1961, 「빈곤으로부터 가족해방」, 『경향신문』 1961. 4. 2.

장규식, 2003, 「해방 직후 기독교사회단체의 동향」, 『한국기독교역사연구소소식』 61.

장동진, 1995, 「민주사회 운영의 기본원칙에 관한 정치이론적 논의」, 『국가, 시민사회, 정치민
    주화』, 한울아카데미.

장면, 1956, 「민족갱생의 길-청년과 더불어」, 『신세계』 7.

──, 1964, 『한알의 밀이 죽지 않고는』, 카톨릭출판사.

장신, 2009, 「조선총독부의 경찰 인사와 조선인 경찰」, 『역사문제연구』 22.

장준하, 1988, 『장준하문집』, 사상계.

장호근, 2007, 『예방외교』, 플래닛미디어.

전갑생, 2008, 「한국전쟁 전후 대한청년단의 지방조직과 활동」, 『제노사이드연구』 4.

전국농민조합총연맹서기부, 1946, 『전국농민조합총연맹 결성대회 의사록』.

전상숙, 2017, 『한국인의 국대 국가관, '민주공화국' 재고』, 선인.

전상인, 2000, 「이승만과 5.10 총선거」, 유영익 편, 『이승만연구』, 연세대학교출판부.

전재호, 2000a, 『반동적 근대주의자 박정희』, 책세상.

──, 2000b, 「자유민주주의를 중심으로 본 민주화운동」, 『한국정치외교사논총』 22권 2호.

──, 2012, 「한국 민족주의의 반공 국가주의적 성격」, 『식민지 유산, 국가 형성, 한국 민주주
　　　의 1』, 책세상.

──, 2016, 「한국 시민사회 제도사 세미나」토론문, 한양대 제3섹터연구소(2016. 4. 8).

전진한, 1948, 『건국이념』, 경천애인사.

전현수, 1993, 「해방 직후 전평의 조직과 활동(1945.8-1947.8)」, 『한국사연구』 81.

정병준, 2001, 『이승만의 독립노선과 정부수립운동』, 서울대 박사논문.

──, 2005, 『우남 이승만 연구』, 역사비평사.

정상호, 2013, 『시민의 탄생과 진화』, 한림대학교 출판부.

──, 2014, 「시민의 탄생과 진화」, 『시민과 세계』 24호.

──, 2017, 『한국시민사회사: 산업화기 1961~1986』, 학민사.

정승현, 2013, 「조봉암·진보당과 한국 현대 진보이념」, 『현대정치연구』 6(1).

정영국, 1995, 「이익집단의 발전과 역할」, 『국가, 시민사회, 정치민주화』, 한울.

정영진, 2015, 「1950년대 지식인의 자유주의 담론 연구」, 『사회와 철학』 29.

정용욱, 2002, 「해방 직전 미주 한인의 독립운동과 미국 정부의 대응」, 『정신문화연구』 25권 3호.

──, 2003, 『미군정자료연구』, 선인.

정용욱 편, 1994, 『해방직후 정치 사회사 자료집』, 다락방.

정용욱·이길상 편, 1995, 『해방전후 미국의 대한정책사 자료집』, 다락방.

정원각, 2013, 「한국의 협동조합운동의 역사와 현재」, 『진보평론』 57.

정은경, 2015, 「1950년대 서울의 공영주택 사업으로 본 대한원조사업의 특징」, 『서울학연구』 59.

정종윤, 1961, 「통일을 위한 국민의 각오」, 『경향신문』 1961. 1. 6.

정진석, 2015, 「해방기 문화단체와 좌익 신문」, 『근대서지』 12.

정하성, 2002, 『신지역사회개발론』, 백산출판사.

정해구, 1989, 「미군정과 좌파의 노동운동」, 『경제와사회』 2.

———, 1994, 「미군정기 이데올로기 갈등과 반공주의」, 『한국정치의 지배이데올로기와 대항 이데올로기』, 역사비평사.

정호기, 2009, 「이승만 시대의 위기 담론과 궐기대회」, 『사회와역사』 84.

정희상, 1989, 「전평 주역들의 증언 '10월 민중항쟁'」, 『월간말』 1989. 10.

제주4.3사건진상규명및희생자명예회복위원회, 2003, 『제주4.3사건진상조사보고서』, 선인.

조돈문, 1995, 「전평 노동조합들과 노동계급의 계급형성」, 『동향과전망』 1995. 6.

조동수, 1957, 「크리스마스 씰과 그 유래」, 『동아일보』 1957. 12. 5.

조병옥, 1954a, 「신민주주의를 제창함(3)」, 『동아일보』 1954. 12. 19.

———. 1954b, 「신민주주의를 제창함(10)」, 『동아일보』 1954. 12. 27.

———, 1959, 『민주주의와 나』, 연신문화사.

———, 1986, 『나의 회고록』, 해동.

조은정, 2014, 「해방기 문화공작대의 의제와 성격」, 『상허학보』 41.

조향록, 1955, 「선교사를 논함」, 『동아일보』 1955. 1. 26.

조현경, 1947, 「생활의 강인성과 취약성」, 『경향신문』 1947. 3. 2.

조형근, 2009, 「일제의 공식의료와 개신교 선교의료간 헤게모니 경쟁과 그 사회적 효과」, 「사회와역사」 82집.

조효원, 1956, 「지방행정연구회의 성과(하)」, 『동아일보』 1956. 12. 6.

조효제, 2000, 『NGO의 시대』, 창작과 비평사.

조흥식, 1996, 「해방 50년과 남한의 공공복지」, 『상황과복지』 창간호.

주성수, 2001, 「정부-NGO 관계와 NGO의 역할」, 『한국행정연구』 10(4).

———, 2003, 「정부의 신뢰 위기와 NGO와의 파트너십 대안」, 『한국행정연구』 12(2).

———, 2004, 『NGO와 시민사회』, 한양대 출판부.

———, 2006, 「한국 시민사회의 '권익주창적' 특성」, 『한국정치학회보』 40(5).

———, 2017, 『한국시민사회사: 민주화기 1987~2017』, 학민사.

중앙인민위원회서기국, 1946, 『중앙인민위원회제문헌』, 서기국.

중앙일보 현대사연구소, 1996, 『미군 CIC 정보 보고서』, 선인문화사.

중앙학도호국단, 1959, 『학도호국단10년지』, 중앙학도호국단.

지헌모, 1949, 『지청천 장군의 혁명투쟁사』, 삼성출판사.

진단학회, 1994, 『진단학보60년지』, 진단학회.

진덕규, 1981, 「이승만시대 권력구조의 이해」, 『1950년대의 인식』, 한길사.

차용석, 2007, 『형법각칙 개정연구 7』, 경제인문사회연구회.

쵀동, 1952, 「하두철 저 국민의학」, 『경향신문』 1952. 11. 14.

쵀동식, 1958, 「검열유감」, 『문교월보』 47호.

쵀봉대, 1985, 「정치적 이데올로기를 통해 본 이승만정권의 성립과 그 함의」, 『한국현대사 1』,
　　열음사.

———, 1995, 「초기 상공회의소 활동을 통해 본 해방 후 자산가 집단의 정치 세력화 문제」,
　　『사회와역사』 45.

쵀상용, 1988, 『미군정과 한국민족주의』, 나남.

쵀성윤, 2015, 「해방기 좌익 문학단체의 성격과 '민족문학론'의 전개」, 『국어문학』 58.

쵀영준, 2011, 「한국 복지정책과 복지정치의 발전」, 『아세아연구』 54권 2호.

쵀이조, 2004, 「재향군인회의 위상과 역할」, 『통일전략』 4(2).

쵀재희, 1947, 「교육상의 자유주의」, 「조선교육」 1권 7호.

쵀종술, 2003, 「한국의 경찰제도와 향후전망」, 『한국지방정부학회 학술대회자료집』 2003. 2.

쵀학소, 1946, 『농민조합조직론』, 사회과학총서간행회.

쵀형종, 1958, 「휴매니즘」, 『경향신문』 1958. 4. 27.

쵀혜진, 2012, 「해방 직후(1945.8~1948.7) 남한 전통음악계의 음악사회사」, 『한국음악연구』 51.

카바40년사 편찬위원회, 1995, 『외원사회사업기관활동사』, 카바40년사편찬위원회.

편집부, 2008, 「국제적십자운동과 대한적십자 구호활동」, 한국심리학회 학술대회자료집
　　2008. 6.

표영삼, 2004, 『동학 1』, 통나무.

하라 다케시, 김익한·김민철 역, 2000, 『직소와 왕권』, 지식산업사.

한경호, 2013, 「한국기독교 협동조합운동의 역사와 성격」, 『기독교사상』 2013. 7.

한국교육 10년사 간행회, 1960, 『한국교육10년사』, 풍문사.

한국노동조합총연맹, 1979, 『한국노동조합운동사』, 한국노동조합총연맹.

한국반탁반공학생운동기념사업회, 1986, 『한국학생건국운동사』, 한국반탁반공학생운동기념
　　　사업회.

한국사사전편찬회, 2005, 『한국 근현대사사전』, 가람기획.

한국역사연구회 근현대청년운동연구반, 1995, 『한국근현대청년운동사』, 풀빛.

한국역사연구회 4월민중항쟁연구반, 2001, 『4.19와 남북관계』, 민연.

한근조, 1955, 「헌정 7년의 회고(1)」, 『동아일보』 1955. 7. 26.

한배호, 2000, 『현대한국정치론 1』, 오름.

한상구, 1990, 「피학살자 유가족문제」, 『한국사회변혁운동과 4월혁명』 2, 한길사.

한상권, 1996, 『조선후기 사회와 소원제도』, 일조각.

한승홍, 1993, 『한경직의 생애와 사상』, 장로회 신학대학 출판부.

한은숙, 2016, 「권두 인터뷰」, 『민족화해』 79호.

한태연, 1959, 「한국자유민주주의의 위기」, 『사상계』 7, 2.

한혜경, 1995, 「민간비영리 복지기관의 재원조달 및 집행에 관한 연구」, 『보건사회연구』
　　　15(2).

한홍구, 2003, 『대한민국사 1』, 한겨레출판.

해방사, 1945, 『농민정치독본』, 해방사.

해방신문사 편, 1946, 『1946년 해방년지』, 해방신문사.

해방20년사편찬위원회, 1965, 『해방 20년사』, 희망출판사.

허균, 임형택 역, 1983, 「호민론」, 한국고전번역원.

허동현, 1999, 『장면』, 분도출판사.

허정, 1979, 『내일을 위한 증언』, 샘터사.

현신규, 1947, 「식수로 본 세계의 애국심(1)」, 『경향신문』 1947. 4. 5.

─── , 1947, 「식수로 본 세계의 애국심(2)」, 『경향신문』 1947. 4. 6.

홍석률, 2017, 『민주주의 잔혹사』, 창비.

홍영도, 1956, 『한국독립운동사』, 애국동지원호회.

홍이섭, 1994, 『홍이섭전집 6』, 연세대학교출판부.

황병주, 2000, 「미군정기 전재민구호 운동과 '민족담론'」, 『역사와현실』 35.

황상익, 2012, 「질병, 사망, 의료를 통해 본 일제강점기 조선 민중들의 삶: 식민지 근대화론의
　　허실」, 국제고려학회 서울 지회 주최 전국학술대회 2012. 7. 6.

황태연, 2016, 「조선시대 국가공공성의 구조변동과 근대화」, 『조선시대 공공성의 구조변동』,
　　한국학중앙연구원출판부.

후지이 다케시, 2015, CBS 시사자키 2015. 8. 30 인터뷰

찾아보기 INDEX